权威·前沿·原创

皮书系列为
"十二五""十三五""十四五"时期国家重点出版物出版专项规划项目

Y

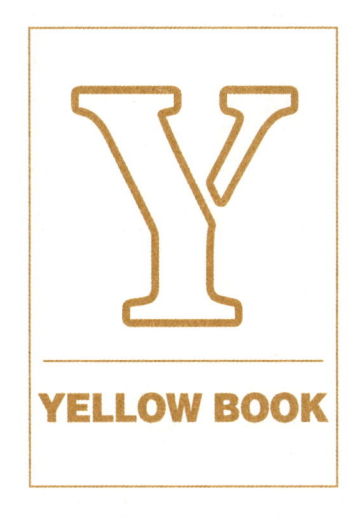

YELLOW BOOK

智库成果出版与传播平台

中国社会科学院创新工程学术出版资助项目

世界经济黄皮书
YELLOW BOOK OF WORLD ECONOMY

2025年世界经济形势
分析与预测

WORLD ECONOMY ANALYSIS AND
FORECAST (2025)

组织编写 / 中国社会科学院世界经济与政治研究所
主　编 / 张宇燕
副主编 / 孙　杰

社会科学文献出版社
SOCIAL SCIENCES ACADEMIC PRESS (CHINA)

图书在版编目（CIP）数据

2025年世界经济形势分析与预测 / 张宇燕主编；孙杰副主编 . -- 北京：社会科学文献出版社，2025.1（2025.1重印）.（世界经济黄皮书）. -- ISBN 978-7-5228-4800-6

Ⅰ. F113.4

中国国家版本馆 CIP 数据核字第 2024V48D40 号

世界经济黄皮书
2025年世界经济形势分析与预测

主　　编 / 张宇燕
副 主 编 / 孙　杰

出 版 人 / 冀祥德
责任编辑 / 姚冬梅　吴　敏
责任印制 / 王京美

出　　版	社会科学文献出版社·皮书分社（010）59367127 地址：北京市北三环中路甲29号院华龙大厦　邮编：100029 网址：http://www.ssap.com.cn
发　　行	社会科学文献出版社（010）59367028
印　　装	三河市东方印刷有限公司
规　　格	开本：787mm×1092mm　1/16 印　张：27.75　字　数：418千字
版　　次	2025年1月第1版　2025年1月第2次印刷
书　　号	ISBN 978-7-5228-4800-6
定　　价	128.00元

读者服务电话：4008918866

▲ 版权所有 翻印必究

世界经济黄皮书编委会

主　　编　张宇燕
副 主 编　孙　杰
编审组成员　张宇燕　孙　杰　张　斌　徐奇渊　高海红
　　　　　　　王永中　东　艳　高凌云　肖立晟　刘仕国
　　　　　　　毛日昇　宋　锦　郗艳菊

主要编撰者简介

张宇燕 中国社会科学院学部委员、中国社会科学院世界经济与政治研究所研究员、中国社会科学院国家全球战略智库理事长、中国社会科学院大学国际政治经济学院院长、博士生导师,中国世界经济学会会长,主要研究领域包括国际政治经济学、制度经济学等,著有《经济发展与制度选择》(1992)、《国际经济政治学》(2008)、《美国行为的根源》(2015)、《中国的和平发展道路》(2017)等。

孙 杰 中国社会科学院世界经济与政治研究所研究员、中国社会科学院大学国际政治经济学院特聘教授、中国世界经济学会常务理事,主要研究领域包括国际金融、公司融资和货币经济学,著有《汇率与国际收支》(1999)、《资本结构、治理结构和代理成本:理论、经验和启示》(2006)、《合作与不对称合作:理解国际经济与国际关系》(2016)、《宏观经济政策国际协调导论:理论发展与现实挑战》(2021)等。

摘 要

在经历新冠疫情、地缘政治冲突、通货膨胀和货币紧缩等多重冲击后，世界经济展现出超预期的韧性。全球贸易逐步复苏，国际投资下行趋势有望缓解。随着通胀率下降，主要央行纷纷开启降息周期，财政政策仍保持相对宽松，全球经济有望继续缓慢复苏。然而，世界经济运行中的短期问题和长期矛盾交织叠加，经济增长动能明显不足，下行风险不容忽视。展望未来，美联储货币政策宽松路径的不确定性、全球产业链加速重构、全球劳动力市场面临的结构性问题、人工智能正在引领新一轮科技革命和产业变革、世界贸易组织作用边际弱化、美西方炒作所谓中国"产能过剩"问题等因素值得关注。综合考虑世界经济发展呈现的各种迹象并审慎评估各种因素可能带来的影响，本报告预计，2025年世界经济将继续在中低速增长轨道上曲折运行，增速在3.0%左右。需要警惕的是，如果地缘政治剧烈动荡或贸易摩擦加剧，世界经济增速可能会进一步下降。

关键词： 世界经济　国际贸易　国际投资　国际金融

目 录

Ⅰ 总 论

Y.1 2024~2025年世界经济形势分析与展望
　　　　　　　　　　　　　　　　　　　　　　　　肖立晟　杨子荣 / 001

Ⅱ 国别与地区

Y.2 美国经济：继续扩张 ································· 杨子荣 / 017

Y.3 欧洲经济：增长复苏，乏善可陈 ······················· 陆　婷 / 040

Y.4 日本经济：平稳增长后面临压力 ······················· 周学智 / 060

Y.5 亚太经济：增速放缓 ························· 倪淑慧　杨盼盼 / 080

Y.6 印度经济：强劲反弹 ································· 贾中正 / 098

Y.7 俄罗斯经济：制裁与通胀 ····················· 林　屾　王永中 / 118

Y.8 拉美经济：低速增长 ································· 熊爱宗 / 135

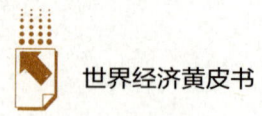

Y.9 西亚非洲经济：不确定性增加，经济复苏乏力 …… 孙靓莹 / 151

Y.10 中国经济：在提振总需求的同时寻找增长新动能
　　　…………………………………………… 徐奇渊 / 166

Ⅲ 专题篇

Y.11 国际贸易形势回顾与展望：弱势反弹　持续回暖
　　　………………………………… 马盈盈　苏庆义 / 175

Y.12 国际金融形势回顾与展望：央行货币政策
　　　转向与金融市场波动 ………… 杨盼盼　夏广涛 / 191

Y.13 国际直接投资形势回顾与展望：地缘经济
　　　碎片化和气候目标重塑 FDI 模式 ……… 王碧珺　赵家钧 / 214

Y.14 国际大宗商品市场形势回顾与展望：
　　　震荡和分化 …………………… 周伊敏　王永中 / 229

Ⅳ 热点篇

Y.15 从加息到降息：美联储货币政策转向和原因分析
　　　……………………… 杨子荣　栾　稀　肖立晟 / 252

Y.16 绿色产业所谓"产能过剩"：争议、事实与应对
　　　…………………………………………… 陈逸豪 / 266

Y.17 人工智能对全球劳动力市场的影响 …… 宋　锦　刘东升 / 286

Y.18 美国大选对中美及全球经贸格局的影响
　　　………………………………… 姚　曦　石先进 / 300

Y.19 世界贸易组织重要谈判进展
　　　………………………… 东　艳　张　琳　郭若楠 / 310

目　录

Y.20　全球产业链重构：回岸、近岸与友岸的趋势和特点分析
　　　　　…………………………………………… 李元琨　苏庆义 / 328
Y.21　全球智库重点关注的经济议题 ………… 吴立元　常殊昱 / 350

Ⅴ　世界经济统计与预测

Y.22　世界经济统计资料 …………………………………… 熊婉婷 / 367

Abstract ……………………………………………………………… / 404
Contents ……………………………………………………………… / 406

皮书数据库阅读**使用指南**

003

总 论

Y.1
2024~2025年世界经济形势分析与展望[*]

肖立晟 杨子荣[**]

摘　要： 在经历新冠疫情、地缘政治冲突、通货膨胀和货币紧缩等多重冲击后，世界经济展现出超预期的韧性。全球贸易逐步复苏，国际投资下行趋势有望缓解。随着通胀率下降，主要央行纷纷开启降息周期，财政政策仍保持相对宽松，全球经济有望继续缓慢复苏。然而，世界经济运行中的短期问题和长期矛盾交织叠加，经济增长动能明显不足，下行风险不容忽视。展望未来，美联储货币政策宽松路径的不确定性、全球产业链加速重构、全球劳动力市场面临的结构性问题、人工智能正在引领新一轮科技革命和产业变革、世界贸易组织作用边际弱化、美西方炒作所谓中国"产能过剩"问题等因素值得关注。综合考虑世界经济发展呈现的各种迹象并审

---

[*] 本文对于全球经济的预测数据主要来自中国社会科学院世界经济预测与政策模拟实验室。
[**] 肖立晟，中国社会科学院世界经济与政治研究所研究员、全球宏观经济研究室主任，主要研究方向为宏观经济、国际金融；杨子荣，中国社会科学院世界经济与政治研究所副研究员，主要研究方向为宏观经济、国际金融。

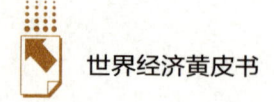

慎评估各种因素可能带来的影响，本报告预计，2025年世界经济将继续在中低速增长轨道上曲折运行，增速在3.0%左右。需要警惕的是，如果地缘政治剧烈动荡或贸易摩擦加剧，世界经济增速可能会进一步下降。

关键词： 世界经济　增长分化　全球贸易

一　引言

2024年世界经济增长趋于稳定。在经历了多重冲击后，世界经济继续缓慢复苏，但增长动能明显不足。尽管勉强避免了经济衰退，但能源危机、供应链瓶颈等结构性矛盾尚未根本缓解，地缘政治冲突加剧风险犹存，经济前景堪忧。

在2024年版世界经济黄皮书中，我们预计2024年世界经济增长率可能进一步降至2.5%。但就实际情况看，世界经济增速可能与2023年大致相当，维持在3.2%左右，国际机构也纷纷上调对2024年经济增速的预测值。2023年4月，国际货币基金组织（IMF）在《世界经济展望》中预测2024年全球经济增速将降至2.8%，而2023年10月已将预测值提升至3.2%。尽管正如我们在上年度报告中所预测的，企业和国家层面的供应链持续调整、贸易保护主义与资源民族主义依然盛行、疫情引发的"疤痕效应"等给全球经济带来负面影响，但全球经济仍然表现出惊人的韧性。这种韧性主要来源于紧缩性货币政策的影响较弱、主要经济体劳动力市场维持相对强劲以及美国经济表现亮眼等。

二　2024年世界经济形势回顾

一般来说，反映世界经济运行的主要指标包括经济增长、就业、物价、债务、资本市场、利率、汇率、国际贸易、跨境投资和大宗商品这十个方面。

（一）经济增长：在中低速轨道上曲折前行

2024年以来，全球经济在多重挑战下继续缓慢复苏。虽然地缘政治局势持续紧张、贸易碎片化趋势加剧、主要经济体货币政策紧缩等因素加大了不确定性，但世界经济增长总体保持稳定，主要国际机构对当前经济形势的总体看法较为审慎中性。2024年10月，IMF预计2024年世界经济将增长3.2%，较2023年下降0.1个百分点，与7月预测值持平。[①] 分国家类型看，预计发达经济体2024年的经济增速为1.8%，较2023年提高0.1个百分点。其中，美国和日本的经济增速分别为2.8%和0.3%，较2023年分别下降0.1个和1.4个百分点；欧元区和英国的经济增速分别为0.8%和1.1%，较2023年分别高出0.4个和0.8个百分点。预计新兴市场与发展中国家2024年经济增速为4.2%，较2023年下降0.2个百分点。其中，中国和印度的经济增速分别为4.8%和7.0%，较2023年分别下降0.5个和1.2个百分点；俄罗斯的经济增速为3.6%，与上年持平；巴西和南非的经济增速分别为3.0%和1.1%，较2023年分别高出0.1个和0.4个百分点。

（二）就业：整体表现稳健

2024年全球就业形势较2023年有所改善，但在经济增长放缓背景下，各国情况明显分化，青年就业问题依然突出。2024年5月，国际劳工组织（ILO）预计，2024年全球失业率从2023年的5.0%降至4.9%，但"就业缺口"（有意愿但未就业人口）仍高达4.02亿人。[②] 从失业率看，发达国家失业率偏低，劳动力市场较为紧张；大部分发展中国家失业率偏高。从失业率的变化趋势看，发达国家失业率大多呈上升趋势，新兴市场和发展中国家失业率大多呈下降趋势。美国劳工部数据显示，2024年9月美国经季调后的失业率为4.1%，较2023年3.6%的平均水平明显上升。欧盟统计局（Eurostat）数据显示，2024年8月欧元区经季调后的失业率为6.4%，为该机构从1998年4月

[①] IMF, "World Economic Outlook: Policy Pivot, Rising Threats," October 22, 2024.
[②] ILO, "World Employment and Social Outlook: May 2024 Update," May 29, 2024.

开始发布这一指标以来的最低水平。2024年下半年，英国和加拿大的失业率分别从2023年的4.03%和5.41%上升至4.45%和5.9%。主要新兴市场和发展中国家失业率偏高，但多呈下降趋势，如中国失业率从2023年的5.2%下降至2024年9月的5.1%，泰国、白俄罗斯等亚欧发展中国家失业率也呈下降趋势。值得关注的是，2024年6月俄罗斯失业率下降到2.4%的历史新低。此外，全球各国青年失业率偏高且短期内很难得到显著改善。2024年8月，国际劳工组织（ILO）预计，2024年全球青年（15~24岁）失业率为12.8%，约为25岁及以上成年人的3.5倍。其中，中低收入国家和中高收入国家的青年失业率分别为12.9%和15.3%。[①]

（三）物价：通胀进一步下降

2024年全球通胀进一步下降。据IMF估计，2024年全球平均通胀率为5.9%，较2023年下降0.8个百分点。其中，发达经济体的通胀率为2.7%，较2023年下降1.9个百分点。[②] 美国劳工部数据显示，2024年9月美国消费者价格指数（CPI）同比上涨2.4%，环比上涨0.2%；剔除食品和能源的核心CPI同比上涨3.3%，整体通胀呈缓和迹象。欧盟统计局数据显示，2024年9月欧元通胀降温，调和CPI同比上涨1.7%，自2021年以来首次跌破欧洲央行2%的目标。与美欧的通胀呈下行趋势相对，日本通胀率有所回升。日本总务省数据显示，2024年9月剔除生鲜食品的核心CPI同比上涨2.4%，为连续37个月同比上升。与发达经济体类似，新兴市场与发展中经济体的通胀率也持续下行，2024年9月为7.9%，较2023年小幅下降0.2个百分点。根据相关国家统计局数据，2024年9月中国、巴西、印度、俄罗斯和南非的CPI同比分别上涨0.4%、4.4%、5.49%、8.6%和3.8%。

（四）债务：杠杆率趋于下行但国别分化显著

全球债务总额继续攀升，但总杠杆率开始下降。与此同时，显著的国别分

[①] ILO, "Global Employment Trends for Youth 2024: Decent Work, Brighter Futures," August 2024.

[②] IMF, "World Economic Outlook: Policy Pivot, Rising Threats," October 22, 2024.

化趋势表明全球债务风险分布不均。国际金融协会（IIF）报告显示，2024年第二季度，全球债务总额达到312万亿美元，较年初仅增加2.1万亿美元，涨幅远小于上年同期的8.4万亿美元。[①]虽然债务总额仍在上升，但全球总杠杆率（债务总额与GDP之比）已经开始下降。2024年第二季度全球总杠杆率为328.4%，较上年同期减少0.8个百分点。这表明，全球债务风险整体趋于下行。分部门看，全球总杠杆率的下降主要由家庭部门和非金融企业部门驱动。2024年第二季度，这两个部门的杠杆率分别为90.6%和40.9%，较上年同期分别下降1.1个和0.9个百分点。分国家类型看，各国杠杆率变化趋势呈现明显分化：2024年第二季度，主要发达经济体的总杠杆率为376.8%，较上年同期减少3.9个百分点，杠杆率下降的原因包括高通胀的债务稀释效应、紧缩性货币政策对本国国内私人部门债务积累的抑制效应等；主要新兴市场的总杠杆率为245.2%，较上年同期增加4.4个百分点，杠杆率攀升的原因包括发达经济体紧缩性货币政策导致外部融资成本上升、部分经济体实施了较大规模的财政刺激等。从各国财政政策看，2024年全球财政政策立场仍保持在较为宽松的区间。IMF数据显示，在全球纳入统计的196个经济体中，预计2024年财政赤字运行的经济体占比高达78.6%，与2023年持平；财政赤字与GDP之比超过3%的经济体约占45.9%，较2023年减少5.1个百分点；财政赤字与GDP之比超过6%的经济体占比为14.8%，较2023年增加1.0个百分点。[②]IMF报告显示，分国别看，2024年，发达经济体的广义政府基本财政赤字与GDP之比为2.7%，财政立场基本与上年持平；新兴市场与中等收入经济体的广义政府基本财政赤字与GDP之比为3.5%，较上年增加0.2个百分点，整体财政立场更为宽松。[③]

（五）资本市场：全球普涨

2024年1~10月，全球股市普遍上涨，发达经济体股市延续了2023年的

---

① IIF, "Global Debt Monitor: Beware of Hidden Debt Risks," September 25, 2024.
② IMF, "WEO Database," October 2024.
③ IMF, "Fiscal Monitor: Putting a Lid on Public Debt," October 23, 2024.

良好表现。其中，美国标普500指数强劲增长19.6%。欧洲市场中，除了法国CAC40指数小幅下滑0.3%外，其他国家的主要指数均实现了不同程度的增长，如德国DAX指数增长10.6%，英国富时100指数增长4.9%。亚洲市场同样表现出色，日经225指数涨幅达到16.8%。相比之下，新兴市场和发展中经济体的股市表现更为分化，但仍以上涨为主。中国上证综合指数和香港恒生指数分别反弹10.2%和19.2%，扭转了2023年的下跌趋势。中国台湾、印度、菲律宾、马来西亚、以色列和印尼的股市均实现了正增长，尤其是中国台湾加权指数达到27.4%的高增长。然而，也有一些市场出现下跌，如俄罗斯RTS指数和墨西哥MXX指数分别下跌23.3%和11.7%。

（六）利率：总体步入下行通道

2024年，主要发达经济体纷纷开启降息周期，日本等少数经济体除外。2022~2024年，美联储的货币政策经历了从加息周期到降息周期的重大转变。美联储本轮加息周期自2022年3月开启，截至2023年7月共加息11次，累计幅度达525个基点，创下40多年来最强的加息周期。2023年12月14日，美联储宣布将联邦基金利率目标区间维持在5.25%~5.50%不变，这是自2023年9月以来，美联储连续第三次暂缓加息，同时也被普遍认为是此次加息周期的结束。2024年9月，美联储将联邦基金利率目标区间下调50个基点，降至4.75%~5.00%，这是4年来美联储首次降息。2024年10月，欧洲央行宣布将存款机制利率、主要再融资利率和边际借贷利率均下调25个基点，分别降至3.25%、3.40%和3.65%，这是欧洲央行2023年10月停止加息以来2024年第三次降息。2024年7月，英国央行宣布下调基准利率25个基点至5.0%，并在9月暂停降息，维持5.0%的利率不变。2024年10月21日，中国央行宣布1年期LPR和5年期LPR均下调25个基点，分别由3.35%和3.85%降至3.1%和3.6%。此前，2月20日中国央行将5年期LPR下调25个基点，7月22日将1年期LPR和5年期LPR均下调10个基点。与其他发达经济体相反，2024年3月和7月日本央行两次加息至0.25%，并在9月暂停加息，将利率维持在0.25%不变。从长期利率看，主要经济体的长期利率仍处相对高位。2023年，美国、欧元区、英国、日本和中国的10年期国债收益率分别为4.0%、3.3%、4.1%、0.6%和2.7%，截至2024年10月收益率分别为4.3%、3.1%、4.4%、1.0%和2.2%。

（七）汇率：美元指数持续波动

受全球经济状况变化、地缘政治紧张局势及美联储利率政策等影响，2023年以来美元经历了明显的波动。2023年初，美元指数回落至103左右，此后在100~107的区间内波动。2024年1~10月，美元兑日元先升后降，于7月10日达到最高值1∶161.73，累计升值7.8%；美元兑欧元不断波动，累计小幅升值1.4%；美元兑人民币先升后降再升，累计小幅升值0.3%。根据国际清算银行（BIS）编制的实际有效汇率指数，2024年10月，美元和欧元的实际有效汇率指数分别为110.03和101.48，分别较上年同期下降0.39%和0.07%；日元和英镑的实际有效汇率指数分别为71.44和111.03，分别较上年同期变动-1.5%和3.9%；巴西雷亚尔、印度卢比和中国人民币的实际有效汇率指数分别为103.66、103.17和92.01，较上年同期分别变动-9.2%、0.9%和0.5%；俄罗斯卢布和南非兰特的实际有效汇率指数分别为96.13和106.29，较上年同期分别上涨4.6%和7.7%。①

（八）国际贸易：逐步复苏

尽管地区冲突扩大导致贸易政策不确定性增加，但全球贸易仍在逐步复苏。世界贸易组织（WTO）的统计数据显示，2023年国际货物贸易量较上年下降1.1%；货物贸易额较上年下降4.9%至25.3万亿美元，服务贸易额较上年增长8.9%至6.9万亿美元。2024年10月，WTO预计，2024年国际货物贸易量增长2.7%。②2024年10月，美国纽联储发布的全球供应链压力指数（GSCPI）显示，9月该指数为0.13，虽较8月的0.20略有回落，但较上年同期上升120.2%，整体保持在接近历史均值的水平。值得注意的是，2024

---

① 该指数以2020年1月为基期，基期值=100。
② WTO, "Global Trade Outlook and Statistics," October, 2024.

年7~9月连续三个月该指数转为正值，虽然幅度较小，但可能预示着供应链压力出现轻微回升的迹象。①2024年10月24日，德鲁里世界集装箱运价指数（Drewry's Composite World Container Index）为3095美元/40英尺高箱货柜（FEU），较上年同期上升131%，相比2021年9月疫情期间的峰值10377美元/40英尺高箱货柜（FEU）下降70%，但仍比2019年疫情前的平均水平1420美元/40英尺高箱货柜（FEU）高出118%。②

（九）跨境投资：持续下行但趋势有望缓解

2023年全球外商直接投资（FDI）持续下降。联合国贸发会议报告显示，受疲软的增长前景、经济分裂化趋势、地缘政治紧张局势及供应链多元化等多重因素影响，2023年FDI下跌2%至1.33万亿美元。③若剔除少数欧洲中转经济体的影响，实际降幅超过10%。从投资流向看，主要受欧洲金融流动影响，发达国家FDI流入增至4640亿美元。欧洲FDI从2022年的-1060亿美元跃升至2023年的160亿美元，但如果剔除卢森堡和荷兰等中转经济体的影响，其他欧洲国家的流入下降14%。北美流入下降5%，其他发达地区也出现大幅下降。发展中国家FDI流入下降7%至8670亿美元，主要受亚洲下降8%的影响。非洲下降3%，拉美和加勒比地区下降1%。值得注意的是，最不发达国家FDI流入增至310亿美元，占全球FDI的2.4%。在投资政策方面，2023年各国采取的投资政策措施比2022年减少25%，但72%的政策措施对投资者有利。发达国家和发展中国家的政策取向出现分化：发展中国家86%的政策倾向于促进和便利投资，而发达国家57%的政策趋向限制性，主要涉及加强国家安全审查。2023年国际项目融资和跨境并购（M&As）尤为疲软，年跨境并购交易额下降，同时国际项目融资下降26%，但绿地投资项目数量增长2%，尤其是制造业项目扭转了十年来的下降趋势，并且增长主要集中在发展中

---

① Federal Reserve Bank of New York, "Global Supply Chain Pressure Index," https://www.newyorkfed.org/research/policy/gscpi.

② https://www.drewry.co.uk/supply-chain-advisors/supply-chain-expertise/world-container-index-assessed-by-drewry.

③ UNCTAD, "World Investment Report 2024," June 20, 2024.

国家，新增项目数量上升15%。虽然全球投资环境仍具挑战性，但2024年国际投资的下行趋势有望缓解。一方面，跨国企业的利润仍然处于较高水平，这将体现在利润再投资中，从而对跨境绿地投资形成有力支撑。另一方面，经历过去两年的高利率环境，发达国家央行陆续步入降息周期，融资条件的改善有助于促进国际项目融资的复苏和跨境并购交易的回暖。尽管低迷的增长前景、贸易与地缘政治紧张局势、产业政策及供应链多元化正在重塑国际直接投资模式，但总体而言全年FDI将温和增长，值得期待。

（十）大宗商品：价格回落

2024年大宗商品总体呈现价格回落态势。IMF数据显示，2024年全球大宗商品价格指数预计为165.2，较2023年小幅下降0.3%。[①] 然而，不同类别之间的价格变化差异较大。其中，能源价格方面，预计2024年的燃料价格指数为182.2，较2023年下降3.8%，主要由天然气和煤炭价格下降驱动。与此相对，布伦特原油价格因地缘政治紧张和OPEC+减产而上涨，预计2024年平均价格为84美元/桶，较2023年均价增长4.2%。[②] 食品价格方面，预计2024年食品和饮料价格指数为135.9，较2023年小幅下降0.3%，其中食品价格有所下跌，但饮料价格因天气原因而有所上涨。工业投入方面，预计2024年的工业投入品指数（含农业初级产品和金属）为164.5，较2023年小幅上涨0.5%，主要由农业初级产品上涨驱动，金属价格因供应充足和需求疲软而整体表现为小幅下跌。

三 当前及未来世界经济值得关注的问题

影响世界经济运行和走势的因素众多，新问题也不断涌现。如果从当前和可预见未来的角度看，以下六个问题特别值得关注。

[①] IMF, "WEO Database," October 2024.
[②] 原油价格为布伦特原油、西得克萨斯中质原油和迪拜法特原油现货价格的简单平均值。

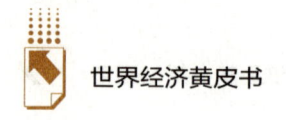

（一）美联储开启降息周期

2024年9月，美联储宣布将联邦基金利率下调50个基点至4.75%~5.00%的区间，开启了新一轮降息周期。2022年以来，面对高通胀压力，美联储大幅加息以遏制通胀，将联邦基金利率由0%~0.25%逐步上调至5.00%~5.25%。值得注意的是，在持续两年加息背景下，美国经济仍保持较强韧性，主要有以下原因。一是财政刺激政策持续支持。尽管美联储实施货币紧缩政策，但美国政府通过大规模财政支出（如基础设施投资、科技创新支持、清洁能源项目等），提供了大量就业机会和长期增长动力。此外，疫情期间财政刺激政策（收入补贴等）使美国居民储蓄增加，故政策退出后消费仍保持韧性。二是在基建支出、收入增长和放开移民等因素支撑下，美国房地产市场供不应求、库存紧张，迎来较强上行周期。2021年3月以来，美国自住房屋空置率连续13个季度低于1%。三是人工智能等新一轮科技创新迅速应用提高了美国经济潜在增长率，美国科技行业（尤其是苹果、微软、亚马逊、谷歌等大科技公司）在全球经济中的地位持续稳固。2024年以来，美国通胀压力逐步缓解，第三季度失业率小幅上升、新增非农就业人数出现波动。美联储开启新一轮降息周期，旨在实现经济"软着陆"，避免因不确定性而引发衰退。未来美联储降息节奏仍具高度不确定性，很大程度上取决于通胀、就业等关键经济指标的表现。2025年，特朗普执政后，其施政政策可能对美国就业和通胀带来显著影响，进而影响美联储降息进程。

（二）全球产业链加速重构

2020~2023年，全球贸易依次出现显著的近岸、友岸和回岸现象，全球产业链加速重构。分经济体来看，美国自2011年起回流显著，2020年以来出现显著的近岸和友岸趋势，并特别重视将东南亚作为其"印太战略"的重要支点。欧洲回岸长期趋势尚不明显，但其在政策端持续加码以促进回流，2020年以来欧洲近岸外包趋势较为显著，友岸外包存在分化，其中近岸外包目的地中以匈牙利、波兰、埃及、摩洛哥和罗马尼亚的制造业FDI增长尤为显著，主要集中在电子设备制造、化工、汽车制造、金属制造和半导体等五个核心行业。日韩产业链转移尚无显著趋势。分行业来看，回岸中高技术行业占比最高，近岸和友岸外包则以低技术行业为主。总体而言，以美国主导的全球产业链回岸、近岸和友岸外包的趋势短期内较为明显，未来需持续关注全球贸易区域化、政治化和碎片化的特点演变。尽管回岸、近岸和友岸已在短期内成为全球产业链重构的重要特征，但未来全球经济格局仍会持续变化，这三种趋势在演进过程中也可能面临本国劳动力成本上升、邻近国家的产业基础薄弱、盟友国家间利益分化等诸多因素的挑战。如果这三种趋势加剧，可能导致全球供应链的区域化、碎片化和政治化，影响全球资源的最优配置，削弱全球经济长期增长潜力。全球经济需要找到平衡，在供应链安全和推动全球化之间寻求共赢。

（三）全球劳动力市场面临结构性问题

全球劳动力市场面临三个结构性问题。第一，全球"就业缺口"（有意愿但未就业人口）和失业人员规模依然较大。2024年全球就业缺口规模仍然高达4.02亿，这部分人群主要分布在发展中国家；全球失业人员规模也高达1.83亿。第二，全球各国青年失业率偏高，短期内很难得到显著改善。全球15~24岁青年失业率约为25岁及以上成年人的3.5倍。另外，全球青年中的"尼特族"（未就业、未接受教育、未接受培训的青年）约占20.4%，2.7亿多"尼特族"很难在短期内获得体面的工作机会。第三，人工智能的广泛应用在提升生产率的同时，将替代部分就业岗位，造成劳动力市场结构性矛盾。人工智能技术的应用在提升部分岗位劳动者生产率的同时，将使另一部分缺乏计算机和基本数字技能的劳动者面临人工智能或数字技术"鸿沟"，进而加剧群体间的收入不平等。未来应关注人工智能的快速发展和大规模应用给全球劳动力市场带来的重大变革。

（四）人工智能正在引领新一轮科技革命和产业变革

以ChatGPT为代表的AI技术快速发展成为近年的热门话题，对社会经济产生深远影响。一方面，人工智能正在催生新产业、新业态、新职业，成为新兴产业投资的重要引擎。AI催生了大数据、云计算、平台经济等新兴产业和机器学习专家、算法工程师等新职业，带动了芯片、基础设施、大语言模型等领域的投资。据高盛估计，到2025年全球AI技术年度投资规模将达2000亿美元。另一方面，人工智能通过多个渠道对生产力产生显著影响，有望成为生产力提升的新动能。一是AI可以提高特定职业或组织中低技能员工的工作效率。例如，人工智能能够提升呼叫中心客服人员、软件开发人员、中级专业人士等群体的生产力。二是AI可以为科研工作者赋能，提高科研效率和突破瓶颈。例如，在生物医药领域，AI助力科学家理解蛋白质折叠过程；在能源领域，AI可用于优化控制聚变反应堆中的等离子体。三是AI可以辅助高技能劳动者工作，提升劳动生产率。以医疗行业为例，AI可以通过分析医学影像、化验报告和体检数据，为医生的诊断和治疗方案提供决策参考。不过也要看到，AI技术仍处于早期阶段，其对生产力的影响较为有限。历史经验表明，通用技术从萌芽到成熟普及需要较长时间，其间生产力的提升往往是渐进过程。AI提升生产力的具体路径仍存在不确定性，需要加强产学研协同，促进跨界融合，加快体制机制创新，构建包容审慎的发展生态。唯有发挥制度优势、厘清法律和伦理边界，做好系统谋划和精细治理，才能更好应对AI带来的机遇与挑战。[1]

（五）世界贸易组织作用边际弱化

2023年以来，世界贸易组织（WTO）在推进全球贸易治理方面取得了一些进展，但同时也面临诸多挑战，其作用边际有所弱化。一方面，WTO在投资便利化、电子商务、数字贸易、渔业补贴、农业补贴、气候变化等领域的谈判取得了一定突破。2024年举行的第十三届WTO部长级会议就渔业补贴、争端解决机制改革、电子传输关税、农业与粮食安全、新冠疫苗相关知识产权、电子商务、工业和农业补贴等广泛议题进行了讨论。这表明国际社会对

---

[1] Hogan M., Kalyani A., "AI and Productivity Growth: Evidence from Historical Developments in Other Technologies (No. 98109)," Federal Reserve Bank of St. Louis，2024.

加强多边协调、完善全球贸易规则体系有着强烈的诉求。但另一方面，WTO改革进程明显滞后于经贸规则调整和制度创新的现实需要。争端解决机制、农业补贴等一些重要议题长期僵持，有效解决方案迟迟难以形成。尽管各成员一直就争端解决机制尤其是上诉机构问题进行磋商，但直至2023年底仍未能达成一致。农业谈判涉及市场准入、国内支持、出口竞争等多个方面，始终是WTO改革中的"硬骨头"。发达国家与发展中国家在诸多议题上的利益分歧，是谈判进展缓慢的重要原因。争端解决机制的"停摆"、关键规则谈判裹足不前，极大地影响了人们对WTO的信心。在多边贸易体制受挫、WTO改革前景不明的背景下，区域贸易协定的作用日益凸显，一定程度上对WTO的主导地位形成冲击。近年来，以《区域全面经济伙伴关系协定》（RCEP）、《全面与进步跨太平洋伙伴关系协定》（CPTPP）为代表的高标准区域贸易协定相继达成，成为引领区域乃至全球经贸规则重构的新平台。与此同时，主要经济体纷纷加强区域内外经济联系，推进供应链"近岸化"布局，一些新兴市场和发展中国家也加快构建南南合作新机制，多边贸易体系碎片化趋势明显。这些都在客观上削弱了WTO在国际贸易治理中的作用。未来，WTO成员应凝聚共识，围绕透明度、通知、争端解决等优先领域深化谈判，对标新产业、新业态、新贸易方式，加快数字经济、绿色贸易、包容增长等新议题规则制定。只有着力突破"公约数"较大的议题，以点带面，才能增强WTO改革的内生动力，推动其向更加公正合理、普惠包容的方向发展。

（六）美西方炒作所谓中国"产能过剩"问题

美西方炒作所谓中国"产能过剩"问题，其存在不合理之处。此类炒作展现了其定义产能过剩问题的四大误区，需要加以澄清：第一，产能未完全利用不是产能过剩；第二，面向全球需求的出口增加不是产能过剩；第三，利润率下降与企业淘汰不是产能过剩；第四，潜在产能大于最乐观的需求预测不是产能过剩。四大误区的产生，直接源自美欧政客对所谓"产能过剩"问题的错误定义。经济运行实践和经济学理论均表明，产能未完全利用、大规模的出口贸易、利润率下降与企业退出市场、潜在产能大于预估需求都不宜成为衡量或预警产能过剩的指标。我国绿色产业的国际竞争力源自有效政策引导下的技术优势。相关产业政策符合竞争中性原则。我国绿色产业遵循竞争原则，在竞争中形成技术与成本优势，确立强势地位。西方国家对我国绿色产业"产能过剩"的无端指责是出于贸易保护主义和产业竞争的政治考虑，而非事实。对此，我国一方面应该坚定推进全球化进程和全球产能合作，使高质量产能惠及全球经济体；另一方面应积极推进国内改革，加快构建全国统一大市场，实现政府与市场更好结合，避免由制度性因素造成的短期产能过剩问题长期存在。

四 2025年世界经济形势展望

总的来说，尽管全球经济持续温和复苏，通胀压力有所缓解，主要央行普遍开启降息进程，且全球贸易逐渐回暖，国际投资有望企稳，但世界经济前景仍存在诸多不确定性，下行风险不容小觑。一是地缘政治冲突可能引发供给冲击和大宗商品价格剧烈波动。二是主要经济体货币政策失误风险犹存。三是贸易碎片化趋势加剧，可能扰乱全球产业链供应链，降低生产效率。

当前，世界经济运行中短期和长期因素交织叠加，充满不确定性的短期因素不断涌现，深层次矛盾和结构性问题日益凸显。与以往相比，全球经济增长面临的挑战增多，增长动力不足。特别需要关注的是，特朗普新政府在2025年实施的相关政策可能对全球经济产生显著影响。一方面，新政府可能对内采取减税、放松监管及大规模财政刺激等措施，短期内推动美国经济继续扩张；另一方面，可能对全球加征关税，阻碍贸易复苏，破坏多边贸易规则，甚至可能引发全球范围内的贸易战和加剧全球贸易碎片化，世界经济面临进一步分化的风险。

2024年6月，世界银行预计全年世界经济增长率稳定在2.6%，2025~2026年小幅上升至2.7%左右。[①]9月，OECD预测，2024~2025年世界

---

① World Bank, "Global Economic Prospects," June 2024.

经济增长率稳定在3.2%。[①]10月，IMF预测，2024~2025年世界经济增长率稳定在3.2%，其中，2024~2025年发达经济体经济增长率稳定在1.8%，2024年和2025年美国分别为2.8%和2.2%，欧元区分别为0.8%和1.2%，日本分别为0.3%和1.1%；2024~2025年新兴市场和发展中国家经济增长率稳定在4.2%，2024年和2025年中国分别为4.8%和4.5%，印度分别为7.0%和6.5%，巴西分别为3.0%和2.2%，俄罗斯分别为3.6%和1.3%，南非分别为1.1%和1.5%。[②]

影响2025年世界经济形势的因素很多，其中关键变量是中美经济运行态势。从目前的国际经济政治环境和世界经济形势来看，2025年世界经济仍将行进在中低速增长轨道，预计增长率为3.0%左右。新兴市场和发展中国家经济增长率仍将显著高于发达经济体，且不排除地缘政治剧烈动荡或贸易摩擦加剧导致世界经济增速显著下降的可能性。

参考文献

张宇燕主编《2024年世界经济形势分析与预测》，社会科学文献出版社，2024。

Hogan M., Kalyani A., "AI and Productivity Growth: Evidence from Historical Developments in Other Technologies (No. 98109)," Federal Reserve Bank of St. Louis, 2024.

IIF, "Global Debt Monitor: Beware of Hidden Debt Risks," September 25, 2024.

ILO, "Global Employment Trends for Youth 2024: Decent Work, Brighter Futures," August 2024.

ILO, "World Employment and Social Outlook: May 2024 Update," May 29, 2024.

IMF, "Fiscal Monitor: Putting a Lid on Public Debt," October 23, 2024.

IMF, "World Economic Outlook: Policy Pivot, Rising Threats," October 22, 2024.

---

① OECD, "OECD Economic Outlook, Interim Report," September 2024.
② IMF, "World Economic Outlook: Policy Pivot, Rising Threats," October 22, 2024.

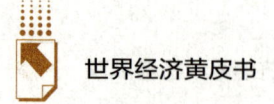

OECD, "OECD Economic Outlook, Interim Report," September 2024.

UNCTAD, "World Investment Report 2024," June 20, 2024.

World Bank, "Global Economic Prospects," June 2024.

WTO, "Global Trade Outlook and Statistics," October, 2024.

国别与地区

Y.2
美国经济：继续扩张

杨子荣*

摘　要： 2023年第三季度以来，美国实际GDP增长保持高于长期潜在水平，表明美国经济在经历加息周期后仍然保持扩张态势，展现出强劲的适应能力和内在动能。消费依然是拉动美国经济增长的主要动能，但增速正从过热回归常态；企业投资恢复正增长，逐渐成为经济增长的另一重要引擎。伴随着通胀压力缓解和就业市场降温，美联储于2024年9月开启降息周期，但未来降息节奏存在高度不确定性。展望未来，美国经济"软着陆"的可能性增大，且若特朗普新政府推出对企业减税、大规模财政刺激以及放松监管等措施，短期内美国经济有望继续扩张。

关键词： 美国经济　降息　扩张

---

* 杨子荣，中国社会科学院世界经济与政治研究所副研究员，主要研究方向为宏观经济、国际金融。

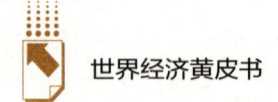

2023年按照不变价计算的美国GDP为22.7万亿美元，年度实际经济增长率为2.9%，显著高于我们在《2024年世界经济形势分析与预测》中预测的经济增长率2.4%。美国经济展现出超预期的韧性，至少体现在两个方面。一是经济增长率显著高于市场普遍预期。2023年10月，美联储、IMF、世界银行和OECD对2023年美国GDP增速的预测值分别为2.1%、2.1%、1.1%和1.6%。二是2024年9月，美国经济分析局将2023年美国GDP增速修正至2.9%，高于此前预计的2.5%。2024年，美国实际经济增长仍将保持高于长期潜在水平，但经济基本面有所承压，金融市场波动加剧。当前美国经济继续扩张，未来发展将面临诸多挑战和不确定性。短期内，美国经济仍具韧性，尤其是在特朗普新政府可能采取减税、大规模财政刺激以及放松监管等措施的激励下，美国经济有望继续扩张。

一 经济韧性凸显

2023年第三季度至2024年第二季度，美国实际GDP环比折年率分别达到4.4%、3.2%、1.6%和3.0%。这一增长轨迹不仅高于2022年的2.5%，也显著超过了长期潜在增长水平。这表明，尽管经历了加息周期，美国经济仍然保持扩张态势，展现出强劲的适应能力和内在动力。

消费依然是支撑美国经济增长的最大动力。2023年第三季度至2024年第二季度，个人消费支出平均拉动GDP环比折年率1.8个百分点，略低于2022年水平，接近疫情前水平。其中，耐用品、非耐用品和服务支出分别拉动GDP环比折年率0.2个、0.3个和1.3个百分点，服务消费成为主要推动力。消费模式的转变表明，美国经济正在逐步摆脱疫情影响，回归更为均衡的增长路径。

投资对经济增长的推动作用逐渐显现，成为经济韧性的重要支撑。2023年第三季度至2024年第二季度，国内私人投资平均拉动GDP环比折年率1.0个百分点，显著高于疫情前水平。其中，非住宅建筑、知识产权产品和设备投资分别拉动GDP环比折年率0.1个、0.2个和0.1个百分点，住宅和私人存货投资分别拉动GDP环比折年率0.2个和0.4个百分点，私人存货投资贡献突出。这表明尽管面临高利率环境，美国企业仍然保持着一定的投资动能。

净出口对经济增长的拖累效应减弱。2023年第三季度至2024年第二季度，商品和服务净出口平均拖累GDP环比折年率0.4个百分点，低于2021年和2022年水平，接近疫情前水平。

政府支出对经济增长的贡献较为显著。2023年第三季度至2024年第二季度，政府消费支出和投资平均拉动GDP环比折年率0.6个百分点，高于疫情前水平。

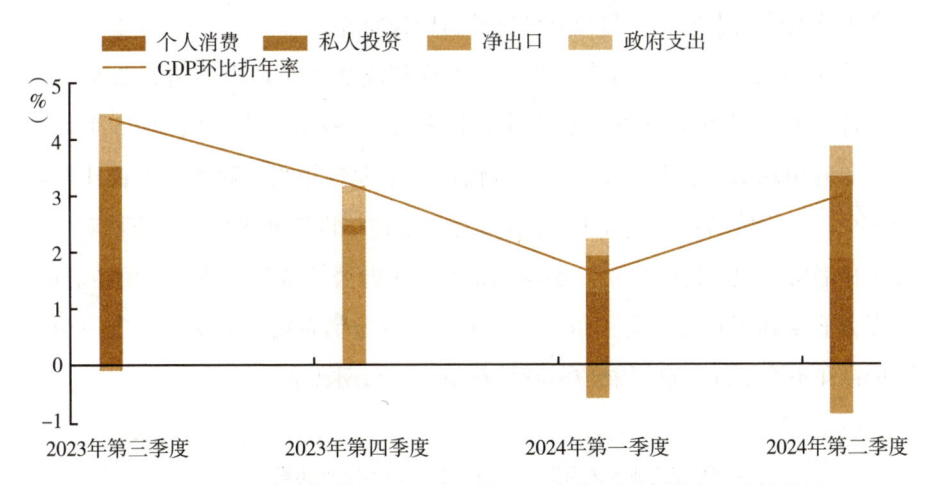

图1　2023年第三季度至2024年第二季度美国经济增速及动能分解

注：经季节调整的年化环比季度数据。
资料来源：美国经济分析局。

二　国内经济动能解析

美国消费从过热向常态回归，企业投资恢复正增长，显示美国国内经济增长动能仍较强。[①] 美元指数低位震荡、整体表现偏弱，美股强势上涨、刷新历史纪录，美债收益率曲线结束"倒挂"，金融市场风险与韧性并存。

---

① 本部分的"国内"特指美国国内私人投资和家庭消费对经济的拉动作用。

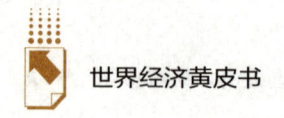

（一）消费从过热向常态回归

私人消费约占美国GDP的七成，是经济增长的核心引擎。2021年以来，在超额储蓄和疫情解封后报复性消费的推动下，美国消费经历了一段异常繁荣期。然而，随着这些临时性因素的作用消退，消费增长逐步回归正常水平。2024年1~8月，美国名义个人消费支出同比增长5.2%，核心零售同比增长2.7%，红皮书商业零售同比增长5.0%。这三大指标的走势基本一致，均显著低于疫情期间的高点，并趋于平稳，接近疫情前水平。这种趋势表明，美国消费正从过热状态逐步回归到更可持续的增长轨迹。

疫情不仅影响了美国消费总量，也深刻改变了其消费结构。截至2024年8月，美国耐用品消费占比上升至12.8%，较疫情前水平增加1.5个百分点；非耐用品消费占比21.2%，与疫情前水平大致相当；服务消费占比下降至66%，较疫情前水平下降1.7个百分点。这种结构性变化反映了疫情对生活方式和消费习惯的持续影响。超额储蓄和居家办公的普及拉动了耐用品消费，而服务业复苏则相对滞后。值得注意的是，服务消费能否完全回归疫情前水平仍存在不确定性，这可能预示着消费结构的长期转变。

图2 2022年1月至2024年7月美国消费走势

资料来源：美国红皮书研究机构、美国经济分析局、美国人口普查局。

美国消费向常态化转变，主要由以下四重因素驱动。第一，超额储蓄已耗尽，标志着疫情期间特殊消费动力的消退。2020年3月至2021年8月，政府提供的大规模转移支付增加了家庭可支配收入、居家办公和社交隔离措施导致消费机会减少，美国家庭积累了约2.4万亿美元的超额储蓄。这些超额储蓄在疫情后期成为支撑美国消费繁荣的重要因素。然而，根据旧金山联储的研究，截至2024年3月，美国家庭已基本消耗完疫情期间积累的超额储蓄，这使得美国家庭消费失去了额外的资金来源，消费动力趋于减弱。[①] 第二，劳动力市场紧张趋势放缓，对消费从强劲支撑转向温和支撑。截至2024年8月，美国失业率上升至4.2%，较上年低点上升0.8个百分点，但仍处于历史较低水平。同时，美国非农企业员工平均时薪同比上涨3.9%，增速有所放缓，但仍高于疫情前水平。第三，通货膨胀水平下降，对实际购买力的侵蚀减缓，为消费提供了一定缓冲。截至2024年8月，美国CPI同比涨幅降至2.5%。美国整体通胀率出现了较为明显的下降，在一定程度上缓解了名义工资增速放缓带来的影响，有助于维持实际工资水平。第四，股市上涨带来财富效应，刺激部分家庭增加消费。2024年1~8月，美国标普500指数上涨18.4%，纳斯达克综合指数上涨18.0%。

下一阶段，美国消费将面临韧性与压力并存的局面。消费韧性主要来源于三个方面：就业市场基本面仍然相对健康、通胀压力持续缓解有助于提振实际购买力、股市表现良好带来正面的财富效应。与此同时，消费也将面临至少两个方面的压力。其一，消费者信心不足。2024年8月，密歇根大学消费者预期指数跌至72.1，显著低于疫情前水平。其二，家庭储蓄率下降。2024年8月，美国个人储蓄存款占可支配收入比重下降至4.8%的低位，限制了未来消费增长空间。展望未来，美国消费走势将取决于以上韧性因素和压力因素的相对强度。短期内，就业市场相对稳定和通胀进一步缓解有利于继续支撑消费增长。

---

① Abdelrahman and Oliveira, "Pandemic Savings Are Gone: What's Next for U.S. Consumers?" https://www.frbsf.org/research-and-insights/blog/sf-fed-blog/2024/05/03/pandemic-savings-are-gone-whats-next-for-us-consumers/, 2024.

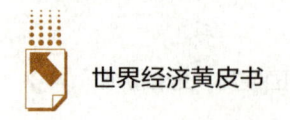

（二）投资继续蓄能

企业投资在美国GDP中所占比重不及消费，但其对经济形势变化的敏感度更高，波动幅度也更大，因此常常成为推动美国经济周期变化的关键因素之一。美国国内私人投资主要包括住宅投资、非住宅投资和存货变化三大类。其中，非住宅投资又可进一步划分为设备投资、知识产权投资和非住宅建筑投资。

2023年第三季度以来，美国企业投资出现了一些积极变化。国内私人投资总额同比增速由负转正，显示出企业投资正在恢复正增长态势。从具体投资类型来看，设备投资、知识产权投资和非住宅建筑投资均保持正增长，而住宅投资也正逐步摆脱负增长的阴霾，转向正增长（见图3）。

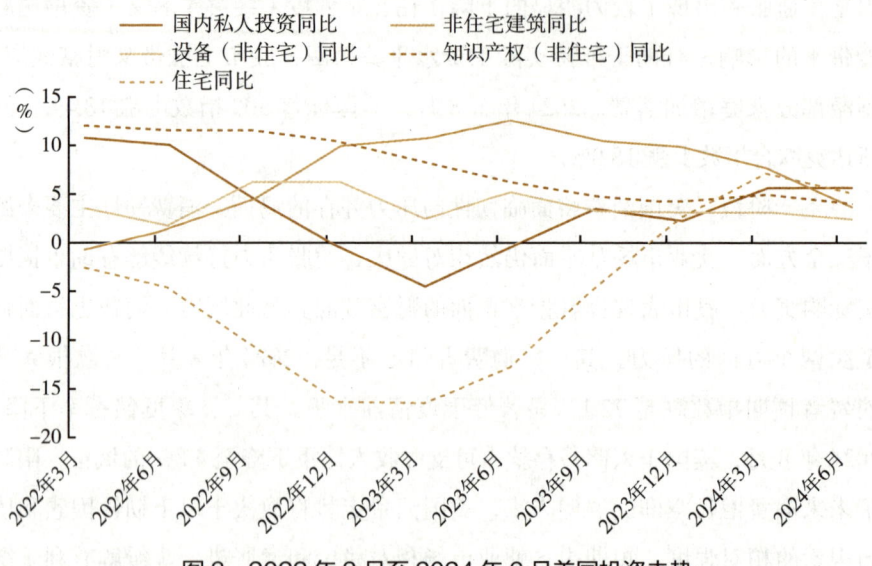

图3　2022年3月至2024年6月美国投资走势

资料来源：美国经济分析局。

在当前美国经济形势下，私人企业投资正在接过消费的接力棒，成为推动经济增长的重要引擎。这一趋势主要由三大支柱支撑：房地产市场筑底复苏、人工智能热潮兴起、"再工业化"进程加速。

1. 支柱一：房地产市场正在经历筑底过程，并有望迎来温和复苏

回顾疫情期间的市场表现，低利率环境、财政纾困政策对居民收入的提振，以及居家办公需求增加，共同推动了美国房地产投资和开工的持续增长。然而，2022年以来，随着利率大幅上升和房价上涨，美国房地产市场开始调整。2023年第三季度至2024年第二季度，美国新建住房销量同比上涨7.3%，新建住房库存同比增加1.2%，反映出市场需求逐步恢复。与此同时，新屋开工量同比下降1.3%，新建住房售价中位数同比下降1.2%，表明市场供需关系仍在磨合之中，价格走势也相对平缓。

展望未来，在经历了前期的调整之后，美国房地产市场正在步入筑底期，部分需求和供应指标已出现边际改善。随着利率环境逐步转向宽松，加之基本面因素的支撑，美国房地产市场有望在未来一段时期内实现温和复苏。这不仅将带动住宅投资增长，也将对美国经济整体复苏形成一定的支撑。

2. 支柱二：美国在人工智能领域取得领先优势，并逐渐将技术优势转化为现实生产力

2023年，OpenAI推出的生成式AI产品ChatGPT引发了全球范围内的AI热潮。这一事件不仅彰显了美国在AI前沿技术上的领先优势，也为美国科技企业带来了新的发展机遇。在ChatGPT的示范效应下，谷歌、微软、Meta等美国科技巨头纷纷加大对生成式AI的投入，掀起了新一轮技术创新和产业升级浪潮。生成式AI被视为继互联网和移动互联网之后的又一次技术变革。

美国凭借其雄厚的科技实力和发达的金融体系，已在AI领域确立了全球领先地位。首先，美国成为全球顶尖AI模型的"策源地"。据统计，2023年全球知名的AI模型中，有61个源自美国，远超欧盟的21个和中国的15个。而且美国AI模型的数量和质量优势，充分体现了其在AI基础研究和应用探索上的领先水平。其次，从AI产业各环节来看，美国同样具有明显的竞争优势。在算力层面，美国在全球半导体产业中占据着主导地位。在全球前十五大半导体厂商中，有8家来自美国。英伟达、英特尔、苹果、谷歌、AMD等美国科技巨头在设计和制造世界领先的AI芯片方面处于领跑位置。在算法方

面，美国企业也主导了当前主流 AI 框架和工具的开发。例如，被广泛用于 AI 开发的 TensorFlow、CNTK、Caffe 等框架，均由谷歌、微软等美国企业率先推出。最后，美国始终保持全球 AI 投资的领头羊地位。2023 年，美国 AI 领域的私人投资总额达到 672 亿美元，再创历史新高，远超其他国家和地区。随着资本加速向 AI 领域集聚，美国有望进一步巩固其在全球 AI 创新网络中的领导地位。

展望未来，AI 有望成为全球生产力提升和经济增长的新动能。高盛研究指出，随着以生成式 AI 为代表的前沿技术走向成熟，未来十年内 AI 的广泛应用有望使全球劳动生产率的年均增速提高 1 个百分点以上。美国作为 AI 产业的全球引领者，有望在这一过程中获得更多的经济增长红利。高盛预计，到 2025 年前后，美国 AI 相关投资占 GDP 的比重有望达到 2.5%~4% 的峰值。当前 AI 投资规模相对美国经济总量而言仍然较小，其对短期经济增长的拉动效应可能有限，但随着 AI 技术加速渗透到各行各业，其对美国经济的影响有望在 2025~2030 年逐步显现。

3. 支柱三：美国产业政策发力，"再工业化"或渐显成效

面对日益激烈的全球经济竞争，美国正在加紧调整其产业政策，力图通过"再工业化"战略重振制造业，夯实经济长远发展基础。近年来，从奥巴马政府到特朗普政府再到拜登政府，美国各届政府对制造业的战略地位和关键作用已逐渐达成高度共识。在政策层面，美国明确将制造业复兴作为国家战略，这一转变反映出美国对后工业化时代产业政策的深刻反思，以及对重塑全球产业链格局的战略考量。

事实上，早在 2008 年国际金融危机后，奥巴马政府就开始探索推动制造业复兴和再工业化。初期，美国制造业复苏更多依赖经济内生增长动力，政府虽有支持政策但力度有限。而到特朗普执政时期，美国产业政策开始呈现明显的"逆全球化"特征。在"美国优先"的旗帜下，特朗普政府大幅提高关税壁垒，强化贸易保护主义，试图通过重塑外部经济联系保护和发展本土产业。

进入拜登执政时期，美国产业政策再次迎来重大调整。一方面，新冠疫

情凸显了美国产业链供应链的脆弱性，加剧了美国社会对"去工业化"弊端的担忧。另一方面，全球地缘政治形势日趋紧张，美国意识到关键产业安全对维护国家利益的重要性。在此背景下，拜登政府力推"再工业化"和"制造业回流"，并将供应链安全上升到国家战略高度。2021年以来，拜登政府接连出台了三项法案，包括《基础设施投资与就业法案》《芯片与科学法案》《通胀削减法案》。这三大法案对制造业的支持力度空前，涵盖了从科研、人才、基础设施到关键产业补贴等多个层面。据美国国会预算办公室（CBO）测算，仅这三大法案在未来五年（2022~2026年）就将带来约2700亿美元的新增联邦支出，其中基建领域约1520亿美元，新能源领域约930亿美元，芯片领域约250亿美元。如此大规模的政策投入，凸显了美国发展制造业的决心。

在一系列产业政策的助推下，美国"再工业化"成效逐步显现。首先，制造业就业持续向好，成为拉动就业的重要力量。2022年，美国制造业就业人数不仅超过疫情前水平，还创2008年国际金融危机以来的新高。其次，非住宅类营建投资大幅增长，主要由基建以及计算机、电子和电气行业拉动。最后，产业回流趋势日益明显。科尔尼报告的美国制造业回流指数是观察制造业回流趋势的权威指标。2023年，该指数大幅上升至196个基点，创下历史最大增幅。这反映出，在美国产业政策的推动下，企业对亚洲低成本地区的依赖程度明显下降，更多的生产制造活动开始转移回美国本土和近岸地区。

展望未来，美国能否最终实现"再工业化"目标尚有不确定性，其制造业复兴仍面临诸多挑战，如劳动力成本高昂、金融过度繁荣等。但是，美国以制造业为核心推动产业结构优化升级的政策导向，无疑将对全球产业格局和经贸规则产生深远影响。

（三）金融市场风险与韧性并存

美元指数低位震荡。2023年第三季度以来，美元指数呈现相对低位震荡的态势，其间经历了两轮明显的涨跌，但整体走势依旧偏弱。作为衡量美元对一揽子主要货币汇率变化的重要指标，美元指数的走向主要取决于美国与其他主要发达经济体在货币政策和经济基本面方面的相对强弱。2024年上半年，美国通胀呈现横向移动趋势，市场预期美联储将延迟降息，进而推动美元指数反弹。第三季度，美国通胀再次掉头向下，在美联储降息预期的带动下，美元指数再次下跌。不过，美元指数在下跌至100左右时横盘，接近于疫情前水平（见图4）。美元指数的中枢可能已经上移，不宜在中期内对美元指数的下行抱有过高期待。

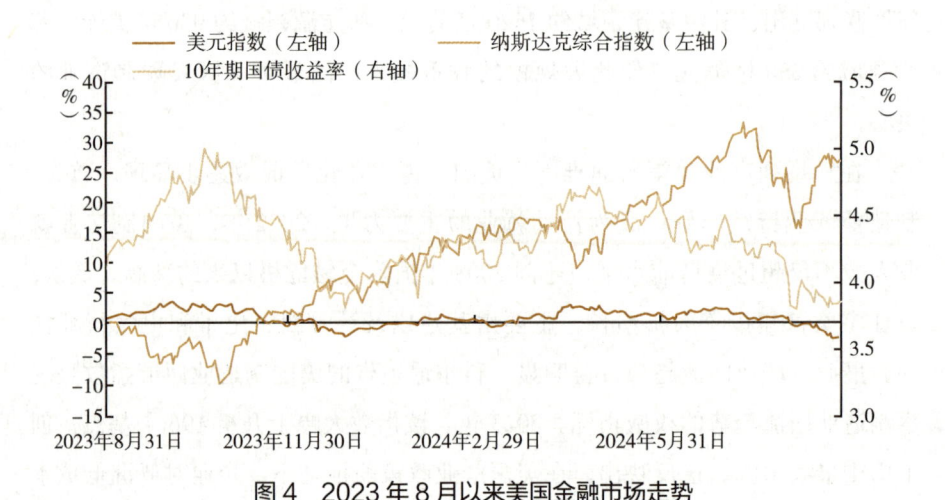

图4　2023年8月以来美国金融市场走势

注：美元指数和纳斯达克综合指数均是以2023年8月31日为基准的定基百分比变化。
资料来源：美联储、纳斯达克证券交易所。

造成美元指数中枢抬升的原因是多方面的。首先，地缘政治风险的重估强化了美元的避险属性。乌克兰危机爆发以来，地缘冲突呈现愈演愈烈之势，中东地区局势更是一度濒临失控。面对动荡的国际形势，资本往往择险而动，而美元作为全球主要储备货币，一直是避险资本的重点选择。其次，发达经济体间的实力对比进一步凸显美国优势。当前，美国经济表现明显强于欧洲和日本等其他主要发达经济体，人均GDP已超8万美元，分别是德国和日本的1.7倍和2.4倍。在疫情后复苏进程中，美国率先回到疫情前的增长轨迹，

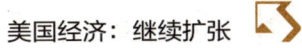

且有望依托科技创新实现生产率的持续提升，相比之下，欧洲和日本经济复苏乏力。IMF预测，2024~2029年美国年均经济增速将达2.1%，大幅领先于欧元区的1.3%和日本的0.7%。经济基本面的分化，无疑将为美元指数提供更为坚实的底部支撑。

展望未来，美联储降息周期的开启对美元指数构成一定贬值压力，但地缘政治风险犹存和美国经济韧性突出对美元指数形成较强支撑。鉴于特朗普新政府的对内减税和财政刺激、对外加征关税以及驱逐非法移民等政策，皆会推高通胀，进而推高美债收益率，这将有助于美元维持相对强势地位。

美国股市表现强劲。2023年9月至2024年8月，美国道琼斯工业指数和纳斯达克综合指数分别上涨19.7%和26.2%，接连刷新历史纪录。美股之所以表现如此亮眼，主要受益于三大利好因素的共振。首先，人工智能热潮的兴起为科技股注入了强心剂。以"七巨头"为代表的大型科技公司凭借雄厚的资本实力和领先的行业地位，叠加人工智能浪潮兴起，股价表现抢眼，进而带动整个科技板块乃至大盘强势上涨。其次，美国企业整体盈利能力仍维持高位。2024年上半年，美国企业利润同比增速达9.5%，这一增幅仍明显好于历史平均水平，彰显出美国企业的强大盈利能力和抗风险能力。最后，美联储降息预期也为股市走高提供了政策支撑。市场早已预期，2024年下半年美联储有望转向宽松，这将进一步改善美股的流动性环境，提振投资者信心。

不过，美股持续上涨，尤其是"七巨头"对大盘的极大拉动力，也引发了市场对重现2000年互联网泡沫的担忧。尽管当前美股与互联网泡沫时期确实存在诸多相似之处，但泡沫程度较彼时明显偏低。首先，从涨幅角度看，"泡沫"的典型特征是资产价格从低谷到高峰出现数倍甚至数十倍的暴涨。1999年4月至2000年3月，纳斯达克综合指数涨幅超过200%。相比之下，过去12个月纳斯达克综合指数涨幅与互联网泡沫尚有距离。其次，从市盈率指标看，互联网泡沫期间，纳斯达克综合指数市盈率一度高达65倍，完全脱离了企业基本面。而当下纳斯达克综合指数市盈率约为44倍，虽较历史均值偏高，但估值水平尚不离谱。综上，尽管当前美股走势强劲，但将其简单类比为互联网泡沫并不恰当。涨幅和估值水平等关键指标表明，美股的泡沫化

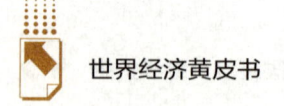

程度尚未达到互联网时代的危险级别。

短期来看，特朗普新政府的减税、财政刺激及放松监管等政策有助于改善企业盈利预期，助推美股进一步上涨。不过，考虑到特朗普决策的极大不确定性，美股的波动性可能加剧。

美债收益率曲线结束"倒挂"。2024年8月，美国2年期和10年期国债收益率曲线终结了长达两年的"倒挂"态势。这一历时两年之久的"倒挂"，创下了美债历史上持续时间最长的纪录。收益率曲线重归正常，也引发了人们对美国经济前景的广泛讨论。

从历史经验来看，美债收益率曲线"倒挂"是经济衰退的前瞻性指标，而美债收益率曲线由"倒挂"转向正常，通常预示着经济衰退的到来。这主要是因为在经济扩张周期的后半段，随着增长动能逐渐耗竭，通胀压力趋缓，市场开始预期美联储政策将转向宽松。这种预期推动短期利率比长期利率更快回落，进而带动收益率曲线重归正常。与此同时，美联储启动降息周期往往也意味着，美国经济已然积聚了一定的衰退风险，宽松政策正是为应对经济下行压力而采取的对冲之策。

然而，当前美国经济所处的特殊时期，使得收益率曲线变化的指示意义略显复杂。一方面，尽管经济增速较疫情刺激时期明显回落，但就业市场仍具韧性，消费需求依然强劲，这为经济增长提供了有力支撑。另一方面，美联储转向降息主要为应对就业市场趋冷提前布局，而非经济衰退风险已迫在眉睫。换言之，此次美联储降息在很大程度上是预防式降息，而非纾困式降息。

展望未来，美债收益率曲线结束"倒挂"能否如历史规律般成为经济衰退的前兆，尚存在一定的不确定性。一方面，经济基本面仍相对健康，加之就业、消费等需求侧指标仍具韧性，或能延缓甚至避免经济陷入衰退。另一方面，美联储货币政策转向宽松，有望在一定程度上对冲冲击，平抑经济周期波动。美国经济能否最终实现"软着陆"，仍有待观察。此外，地缘冲突、贸易摩擦、金融风险等诸多不确定因素的影响仍在发酵，经济前景可能存在波折。

三 贸易逆差收窄，海外增持美债

伴随着美国国内需求放缓和供给能力改善，美国贸易逆差继续收窄。海外投资者持有的美债余额继续增加。[①]

（一）贸易逆差收窄

2022年第三季度至2023年第二季度，美国贸易逆差收窄至8238亿美元。2023年第三季度至2024年第二季度，美国贸易逆差进一步收窄至8069亿美元。从进出口来看，2023年第三季度至2024年第二季度，美国出口额增加至3.1万亿美元，较上期同比小幅上涨1.7%；进口额为3.2万亿美元，与上期基本持平，出口增速快于进口增速，导致贸易逆差收窄。从贸易项来看，2023年第三季度至2024年第二季度，美国服务贸易顺差增加至2896亿美元，商品贸易逆差小幅增加至1.1万亿美元，贸易逆差整体收窄。

从出口目的地来看，2023年第三季度至2024年第二季度，加拿大、墨西哥、中国大陆、荷兰和日本分别是美国前五大出口地，占美国总出口的31.7%。其中，美国对荷兰的出口增速较快，达到10.3%；对墨西哥和日本的出口缓慢增长，分别为1.6%和0.2%；对加拿大和中国大陆的出口呈负增长，分别为-1.9%和-5.8%。[②]

从进口来源地看，2023年第三季度至2024年第二季度，墨西哥、中国大陆、加拿大、德国和日本分别是美国前五大进口来源地，占美国总进口的41.6%。其中，墨西哥对美国出口增速较快，达到5.1%；德国和日本对美国出口增速较缓，分别为1.1%和2.4%；中国大陆和加拿大对美国出口呈负增长，分别为-9.7%和-1.8%。

从货物贸易逆差来源地看，2023年第三季度至2024年第二季度，中国

[①] 本部分"美债"特指美国国债。
[②] 本部分的增速特指2023年第三季度至2024年第二季度的加总数据与2022年第三季度至2023年第二季度的加总数据，下同。

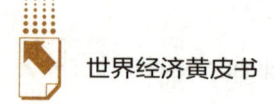

大陆、墨西哥、越南、德国和爱尔兰分别是美国前五大逆差来源地，占美国贸易逆差总额的64.4%。

（二）海外投资者持有美债余额增加

海外投资者持有的美债余额整体增加。2024年上半年，海外投资者持有的美债余额增加2662亿美元，其中，官方投资者持有余额增加405亿美元。

海外投资者对美债态度呈明显分化。截至2024年6月，日本、中国大陆、英国、卢森堡和加拿大是持有美债余额最高的前五大经济体（欧元区除外），这五大经济体的投资者持有的美债余额约3.4万亿美元，占海外投资者持有美债余额的41.4%。在这前五大投资者中，中国大陆持有的美债余额减少361亿美元；日本持有的美债余额减少190亿美元；英国、卢森堡和加拿大持有的美债余额则分别增加623亿美元、134亿美元和274亿美元。

表1　2023年第三季度至2024年第二季度美国前十大经贸与金融伙伴关系排序

单位：亿美元

出口排序		进口排序		贸易差额排序		持有美债余额排序	
经济体	出口额	经济体	进口额	经济体	贸易差额	经济体	持有美债余额
加拿大	3526	墨西哥	4885	中国大陆	-2767	日本	11177
墨西哥	3286	中国大陆	4226	墨西哥	-1599	中国大陆	7802
中国大陆	1459	加拿大	4161	越南	-1133	英国	7415
荷兰	860	德国	1599	德国	-837	卢森堡	3842
日本	776	日本	1493	爱尔兰	-724	加拿大	3748
德国	762	韩国	1270	日本	-717	开曼群岛	3194
阿联酋	746	越南	1236	加拿大	-635	比利时	3180
韩国	668	中国台湾	978	韩国	-602	爱尔兰	3080
塞拉利昂	466	爱尔兰	888	中国台湾	-567	法国	3072
巴西	455	印度	860	印度	-446	瑞士	2871

注：经贸伙伴关系选取的是各经济体与美国双边货物贸易数据，金融伙伴关系选取的是外国投资者持有的美债数据。

资料来源：美国商务部、财政部。

四　美联储开启降息周期

2024年9月，随着通胀压力明显缓解和就业市场降温，美联储开启降息周期。这一政策转向标志着美国经济在经历了一段时期的紧缩后，正步入新的货币政策调整阶段。然而，未来美联储的降息路径仍面临诸多不确定性，主要取决于通胀、就业等关键经济指标的变化情况。与此同时，美联储基于不同原因而采取的降息措施，对金融市场的影响也可能存在显著差异。

（一）美联储开始降息，缩表进程仍在持续

美联储2024年9月议息会议声明，将联邦基金目标利率下调50个基点至4.75%~5.00%。同时，美联储维持每月被动缩减250亿美元国债和350亿美元MBS的节奏不变。值得一提的是，美联储理事鲍曼在本次会议中投下反对票，表示更赞成降息25个基点。后续公开的美联储议息会议纪要也显示，对于9月的大幅降息50个基点，美联储内部出现了明显分歧，部分与会者更倾向于降息25个基点。

图5　2006年1月至2024年1月美联储货币政策走向

资料来源：美联储。

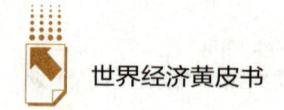

美联储大幅降息50个基点，并非出于对经济衰退的担忧而采取的"紧急降息"措施，也不应被视为未来降息的新节奏。美联储此次大幅降息更多的是对7月未降息的"补偿"，同时也反映出美联储的工作重心更多地向就业目标倾斜。具体来说，美联储大幅降息主要基于以下考量。

第一，就业指标的压力上升。2024年8月，美国失业率上升至4.2%，较2023年有明显提高，表明就业市场趋于疲软。7月，职位空缺率下降至4.6%，职位空缺数与失业人数之比下降至1.1，这意味着未来就业放缓可能更多地反映为失业率上升。此外，美国劳工部将从2023年4月到2024年3月的美国新增非农就业人数下调81.8万人，其间美国月均新增非农就业人数下降至17.4万人，与疫情前水平大致相当，这再次证明疫情对美国劳动力市场造成的过度紧张的影响已结束。

第二，通胀指标的压力下降。2024年8月，美国CPI同比上涨2.5%，核心CPI同比上涨3.2%，通胀持续向2%的政策目标靠拢。整体来看，美联储适度降息不大可能引发通胀显著反弹。一方面，就业市场持续降温，工资上涨放缓，不支持通胀继续上行。另一方面，即便美国房地产市场得益于降息而企稳复苏，房价及房租通胀的黏性也会因此进一步增强，这或导致核心通胀的回落需要更长一段时间，但大幅反弹的风险较低。

第三，对7月未降息的"补偿"。一方面，美联储认为疫情对就业和通胀的特殊影响已经消退，继续维持"限制性"高利率不再合适，有必要尽快将利率调整至"中性"水平。另一方面，从事后来看，考虑到7月就业数据表现不及预期，7月是一个比较合适的降息时点。但美联储在7月议息会议前并未拿到7月就业报告，因此，此次大幅降息50个基点，也有对7月未降息的"补偿"考虑。

（二）美联储未来降息路径面临三重不确定性

2024年9月，美联储发布经济预测报告，将2024年末政策利率中值由5.1%大幅下修至4.4%，2025年政策利率由4.1%下修至3.4%，长期政策利率小幅上修0.1个百分点至2.9%。

美国经济：继续扩张

不过，美联储未来的降息路径将取决于具体的就业和通胀数据。展望未来，美联储货币政策将至少面临三个方面的不确定性：特朗普新政府决策的不确定性、降息节奏的不确定性、降息终点的不确定性。

第一，特朗普新政府会在多大程度上兑现其竞选承诺以及相关政策可能产生的影响存在不确定性。特朗普在竞选过程中提及的政策主张主要包括对内减税、对外加征关税、放松监管、驱逐非法移民、鼓励化石能源投资、重视科技及外交孤立主义等。然而，特朗普新政府将如何执行这些政策尚不明朗，各国对此的应对措施也未可知。因此，这些政策对美国就业、通胀和经济走势的影响，以及对美联储决策的影响，均存在不确定性。

第二，美联储降息节奏存在高度不确定性。美联储在将联邦基金利率从"限制性"水平降至"中性"水平的过程中，若降息节奏过快，可能增加通胀反弹风险；若降息节奏过慢，可能增加经济衰退风险。根据芝加哥商品交易所的美联储观察工具，市场关于未来美联储降息节奏的预期已多次发生变化。在9月议息会议结束时，市场预期2024年底美联储还将降息75个基点，2025年降息125个基点；在11月美国总统大选结果公布前夕，市场预期2024年还将降息50个基点，2025年降息75个基点；在特朗普胜选后，市场预期2024年还将降息50个基点，但2025年仅降息50个基点。

第三，"中性"利率难以确定，美联储降息周期终点存在不确定性。"中性"利率是衡量利率政策是否具有足够限制性以及确定美联储中长期利率的主要基准，也决定了本轮美联储降息周期的终点。然而，中性利率只是一个理论值，在现实中是观察不到的，而且相对准确的估计只能在事后做出。也就是说美联储只能根据结果来倒推"中性"利率，这也意味随着联邦基金利率越靠近"中性"利率的大致区间，美联储货币政策的决策难度及不确定性将越大。首先，根据美联储的预测，长期利率为2.9%，较疫情前水平上升0.4个百分点，这也验证了我们之前关于市场和美联储认为美国中性利率已发生结构性上移的判断。其次，根据纽约联储LW模型的测算，美国的"中性"实际利率为1.22%，若加上2%的目标通胀水平，"中性"名义利率大约为3.2%。这意味着如果美国经济实现"软着陆"，本轮降息周期的终点可能在2.9%~3.2%。但是，据测算，如果特朗普新政府对全球进口商品征收10%的统一关税，对中国输美国商品加征60%的高额关税，这将立即推高美国通胀率2~3个百分点，届时美联储将被迫提前中止降息进程，联邦基金利率也将显著高于"中性"利率。

（三）美联储降息对金融市场的影响

1980年以来，美联储经历了六轮完整的货币政策周期。其中，1984年9月、1989年6月、1995年7月和2019年8月的首次降息属于预防式，而2001年1月和2007年9月的首次降息则可被视为纾困式。[1]考虑到1989年和2019年降息后，美国经济仍陷入了衰退，因此，本文仅比较分析1984年、1995年的预防式降息以及2001年、2007年的纾困式降息。

研究发现，美联储基于不同原因的降息，其对金融市场的影响存在质的差异。第一，预防式降息通常利好美股，而纾困式降息难以扭转美股下跌趋势。这主要取决于当时的经济状况和金融风险。1984年和1995年，在经济增长较快、企业盈利能力强的背景下，预防式降息进一步提振了美股。相比之下，2001年和2007年的纾困式降息难以抵消经济衰退和金融风险对美股的冲击。第二，无论是预防式降息还是纾困式降息，通常都会导致美债长期利率下行。这是因为美联储降息往往发生在通胀稳定或走低、经济疲软或面临衰退风险时，未来实际短期利率倾向于下行，而通胀预期也不会被抬高。美联储在1984年、1995年、2001年和2007年降息后，美债长期利率皆出现不同程度的下行。第三，相比纾困式降息，预防式降息对美元指数的利空影响更为有限。若美国经济增长仍然强劲，预防式降息下美元指数可能维持高位；若美国经济大幅下滑，纾困式降息则可能引发美元指数显著走弱。美联储在1984年和1995年降息后，美元指数仍然保持相对强劲；美联储在2007年降

---

[1] 美联储降息通常可以分为两大类型：预防式降息和纾困式降息。预防式降息是在尚未发生明显的经济问题但存在潜在风险时采取的货币政策，其主要目标是通过降息来提振信心和促进投资，以防范未来的经济衰退风险。纾困式降息是在经济出现明显衰退、金融危机或其他不利因素导致经济急剧下滑时采取的货币政策，其主要目标是通过降低利率来刺激经济活动和稳定金融市场，以应对已发生的经济衰退风险。

息后，美元指数显著走弱。①

展望未来，美联储降息的影响将取决于美国经济是否能"软着陆"。若经济"软着陆"，美联储采取预防式降息，美股可能上涨，美债收益率下跌，美元指数震荡；若经济"硬着陆"，美联储采取纾困式降息，美股、美债收益率和美元指数可能全面下跌。

五　财政赤字畸高，可持续性存疑

由于利息的成本负担加重、社会保障项目的费用及军费开支增加，2024财年，美国财政赤字是除新冠疫情期间外的最高水平。

（一）美国财政赤字畸高

美国国会预算办公室（CBO）预测，2024财年美国联邦政府预算赤字约为1.83万亿美元，较上一财年的1.69万亿美元扩大约8.3%。这是有记录以来的第三高，仅次于新冠疫情期间2020财年的3.132万亿美元和2021财年的2.772万亿美元。考虑到经济总量的增长，2024财年美国财政赤字占GDP的比重将有所回落。

从赤字构成来看，2024财年赤字扩大的主要原因是债务利息支出大幅增加、针对老年人的社会福利项目支出上升以及军费支出增加。CBO预计，受利率上升影响，2024财年美国政府的利息支出将达到9500亿美元，较上一财年增长34%，利息支出占GDP比重或创1998年来的新高。

从长期来看，美国政府债务压力不容忽视。一方面，持续的高额财政赤字将推动美国政府债务规模不断攀升。CBO估计，2024财年至2033财年，美国初级财政赤字占GDP的年均比重为2.1%，明显高于疫情前水平。与此同时，截至2033财年，美国公众持有的政府债务占GDP的比重将上升至106.7%，较2024财年上升8个百分点。另一方面，随着债务规模的扩大和名

---

① 值得说明的是，美联储在2001年1月采取纾困式降息后，美元指数不降反升，这主要是因为欧元区经济更快速地走弱。

义利率中枢水平的抬升，美国政府面临的利息支出压力将倍增。CBO 预计，2024 财年至 2033 财年，美国政府利息支出占 GDP 的年均比重将达到 3.4%，远高于疫情前水平。

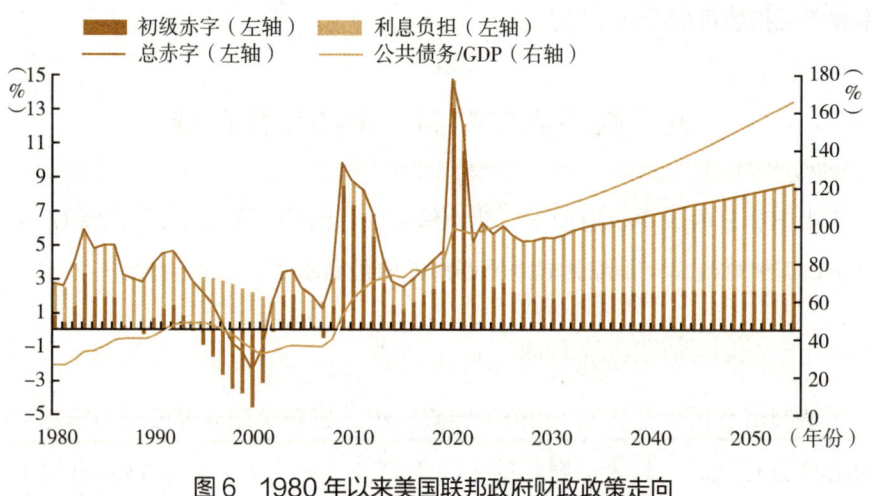

图 6　1980 年以来美国联邦政府财政政策走向

资料来源：CBO。

2024 年 6 月，IMF 在美国 2024 年第四条款磋商报告中指出，美国高企的财政赤字和债务可能给本国乃至全球经济带来的风险日益严重，美国政府亟须解决长期财政赤字问题。IMF 警告称，美国政府长期存在的财政赤字反映出严重且持续的政策错位，政府迫切需要扭转公共债务占 GDP 比重持续上升的趋势。

（二）特朗普新政府给财政政策带来不确定性

特朗普的减税政策和支出计划将导致美国财政赤字大幅增加。特朗普主张延续减税措施，计划将企业所得税税率从现行的 21% 进一步下调至 15%。根据宾夕法尼亚大学沃顿商学院预算模型（PWBM）的估计，特朗普的竞选税收和支出提案将在未来 10 年内使美国财政赤字增加 5.8 万亿美元，即便考虑到经济反馈效应，财政赤字也将增加 4.1 万亿美元。鉴于特朗普新政府出台的相关政策还将推高通胀和利率，财政利息负担也将显著增加，这将进一步增加财政赤字和政府债务，导致美国财政政策不可持续。

六 结论和展望

2023年第三季度至2024年第二季度，美国经济在承受高通胀和持续加息的压力后，并未陷入普遍预期中的衰退，反而保持了超预期的韧性和扩张势头。与此同时，美国经济"软着陆"的可能性逐步增大。

美国经济"软着陆"的迹象主要表现在两个方面。一是通胀压力持续缓解。2024年8月，美国CPI同比上涨2.5%，核心CPI同比上涨3.2%，通胀水平持续向2%的政策目标靠拢。二是失业率维持在相对低位。根据菲利普斯曲线理论，通胀率大幅下降通常伴随着失业率的明显上升。然而，在本轮美国通胀回落过程中，美国失业率仅出现有限幅度的上升。2024年8月，美国失业率上升至4.2%，仍处于历史相对低位。

美国能够在通胀率下降的同时维持相对稳定的失业率，主要源于两大原因。一是新冠疫情和乌克兰危机引发的供应链冲击影响基本消退，导致能源和食品价格明显下跌，从而缓解了通胀压力。二是史无前例的高职位空缺率逐渐回落，使得劳动力市场紧张状况缓解，并对通胀率产生下行压力的同时，避免了失业率的大幅攀升。具体而言，在新冠疫情初期，许多劳动力因健康、安全或家庭等原因退出市场，导致劳动力供给严重不足；同时，巨额纾困政策刺激消费强劲复苏，推高了劳动力需求，造成美国劳动力市场供需失衡。随着疫情影响的逐渐消退和失业补贴政策的退出，部分劳动力开始重返市场，加上大量移民的涌入，劳动力供给持续增加；同时，消费逐步回归常态，劳动力需求趋于稳定，促使美国劳动力市场的紧张局面得到进一步缓解。在此过程中，美国劳动力市场紧张状况趋于缓解主要表现为职位空缺率下降，而非失业率上升。

然而，即便美国经济最终能够实现"软着陆"，其未来发展仍面临诸多挑战和不确定性。首先，抗通胀的"最后一公里"可能崎岖不平。如果地缘

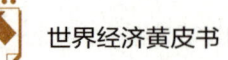

政治局势剧烈动荡，或特朗普新政府对全球加征关税，美国通胀可能出现反弹，从而迫使美联储放缓甚至中断降息进程。其次，美国失业率可能意外抬升。当前美国职位空缺率已回落至疫情前水平，如果未来企业招聘节奏放缓或裁员增加，将会更多地反映为失业率上升。2024年7月，美国失业率跃升至4.3%，触发萨姆法则，引发关于美国经济衰退的担忧与讨论。[①]自1960年以来，美国发生的9次经济衰退中，萨姆法则的预警成功概率高达100%。尽管后疫情时代美国经济结构和就业市场结构皆发生了较大变化，叠加当前错综复杂的宏观环境，在一定程度上削弱了失业率作为衰退预警指标的可靠性，但失业率与经济周期之间的内在逻辑关联并未发生根本改变，萨姆法则对经济衰退的警示意义仍值得重视。[②]

展望未来，主要国际机构对美国经济"软着陆"的预期不断上调。IMF、世界银行和OECD分别预测，2024年美国GDP增速为2.6%、2.5%和2.6%。美联储最新预测显示，2024年美国GDP增速为2.0%，失业率为4.4%，经济仍将运行在正常区间。短期内，美国经济仍具韧性，尤其是在特朗普新政府可能采取减税、大规模财政刺激及放松监管等措施的激励下，美国经济有望继续扩张，预计2024年美国经济增速或高达2.8%，2025年经济可能继续扩张。

参考文献

徐奇渊、杨子荣：《不宜对美元指数下行抱有过高期待》，《财经》2024年6月19日。

杨盼盼：《美国经济周期百年观察》，《当代美国评论》2020年第1期。

[①] 根据萨姆法则，当失业率的3个月移动平均值相对于前12个月的低点上升0.5个百分点或更多时，美国经济就很可能陷入衰退。

[②] 部分机构倾向于认为此次美国失业率虽然触发萨姆法则，但并不意味着美国经济已经或即将陷入衰退，主要有两个方面的原因：第一，过去两年，美国的失业率处于非正常低位，当前失业率上升属于就业市场正常化，而非指向经济衰退；第二，非法移民数量激增，在增加美国劳动力供给的同时，也可能扭曲劳动力市场真实的供需情况，间接推高失业率。

杨子荣:《美联储历次降息的背景、影响及启示》,《中国外汇》2024年第1期。

杨子荣、徐奇渊:《美联储也在等待明确信号》,《财经》2024年5月8日。

Board of Governors of the Federal Reserve System, "Monetary Policy Report," July 5, 2024.

Board of Governors of the Federal Reserve System, "Minutes of the Federal Open Market Committee," September 18, 2024.

Congressional Budget Office, "An Update to the Budget and Economic Outlook: 2024 to 2034," June 18, 2024.

Congressional Budget Office, "An Analysis of the President's 2025 Budget," October 4, 2024.

Pilossoph L., Ryngaert J.M., "Job Search, Wages, and Inflation," NBER Working Paper, 2024.

Y.3
欧洲经济：增长复苏，乏善可陈

陆 婷[*]

摘　要： 2023年第三季度至2024年第二季度，欧洲经济整体呈弱复苏态势。随着能源价格的下行以及限制性货币政策在经济中的传导效果显现，欧盟和欧元区通货膨胀率显著下降，逐步逼近欧洲央行2%的目标水平。然而，实际工资的增长以及消费信心的边际改善未能转化为区内的消费支出，高利率环境加剧了居民的储蓄倾向，也增加了企业的融资成本，对欧盟和欧元区内的消费和投资活动产生了显著的抑制作用。作为应对，欧洲央行于2024年6月进行了五年来的首次利率下调，正式开启降息周期。考虑到货币政策的时滞性，降息进程给欧洲经济带来的支撑作用很可能需要到2025年下半年才能显现。因此，欧洲大部分国家在2024年都有望恢复经济增长，但增长势头仍将较为疲弱，预计2024年欧洲经济的增长率为0.4%~0.7%，2025年则进一步小幅扩张至0.9%~1.2%。

关键词： 欧洲经济　地缘政治风险　经济增长

　　2023年第三季度至2024年第二季度，欧洲经济逐步走出增长停滞，但复苏动能仍然偏弱，高利率环境给欧盟和欧元区经济造成的负面影响持续显现，区内居民消费疲弱，企业投资保持在历史低位，制造业连续两年多处于萎缩区间。不过，在全球贸易活动温和复苏以及内需走软的影响下，商品和

---

[*] 陆婷，中国社会科学院世界经济与政治研究所副研究员，主要研究方向为国际金融。

服务贸易净出口给欧洲经济增长提供了一定的支撑。与此同时，欧盟和欧元区劳动力市场表现良好，通胀率从高位逐步向欧洲央行2%的目标水平回归，给予了欧洲央行启动降息进程、避免经济陷入衰退的政策空间。这一情形与我们在2024年版世界经济黄皮书中所作出的判断基本一致，即欧洲经济2024年将保持低速增长。

一 宏观经济增长趋势

（一）经济弱复苏

2023年第三季度至2024年第二季度，欧盟27国及欧元区各季度经季节与工作日调整后的实际GDP同比增长率分别为0.1%、0.4%、0.7%、0.8%（欧盟）和0.0%、0.2%、0.5%、0.6%（欧元区），环比增长率分别为0.2%、0.1%、0.3%、0.2%（欧盟）和0.0%、0.1%、0.3%、0.2%（欧元区）。这表明，在经历2023年的停滞之后，2024年上半年，欧洲经济呈现温和复苏的迹象，但整体复苏势头依旧较为疲软。英国方面，2023年第三季度至2024年第二季度，英国实际GDP环比增长率分别为-0.1%、-0.3%、0.7%和0.6%，同比增长率分别为0.2%、-0.2%、0.3%和0.9%，表明英国经济在进入2024年后，也逐步摆脱了技术性衰退的阴霾，实现了较为稳健的反弹。

从支出法分解来看，2023年第三季度至2024年第二季度，欧盟和欧元区的家庭消费整体表现疲弱，未能为经济增长提供有力支撑。在这段时期，欧盟和欧元区家庭与为家庭服务的非营利性机构（NPISH）消费对GDP环比增速的平均贡献度仅分别为0.12个和0.07个百分点，表明通胀放缓和收入增加尚不足以使居民消费支出摆脱低迷。总资本形成继续成为欧洲经济增长的最大拖累，对GDP环比增长率的贡献度始终保持在负值区间。其中，2023年下半年，总资本形成对GDP环比增长率的平均贡献度分别为-0.29个百分点（欧盟）和-0.22个百分点（欧元区），2024年上半年则进一步下滑，平均贡献度分别为-0.42个百分点（欧盟）和-0.56个百分点（欧元区）。进出口方面，在全球贸易逐步回暖的带动下，欧盟和欧元区商品和服务出口对实际GDP环比增长率

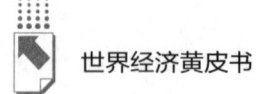

的贡献度分别由2023年第三季度的-0.35个和-0.63个百分点逐季上升至2024年第二季度的0.71个和0.73个百分点。商品和服务进口表现相对更具波动性。以欧盟为例，2023年第三季度至2024年第二季度，商品和服务实际进口对实际GDP环比增长率的贡献度分别为0.62个、-0.20个、0.22个和-0.28个百分点。

表1 欧盟和欧元区实际GDP增长率及各组成部分的贡献

单位：%，个百分点

项目	2023年 第一季度	第二季度	第三季度	第四季度	2024年 第一季度	第二季度
欧盟（27国）						
同比增长率	1.2	0.5	0.1	0.4	0.7	0.8
环比增长率	0.1	0.1	0.2	0.1	0.3	0.2
最终消费	0.13	0.27	0.32	0.21	0.22	0.19
家庭与NPISH消费	0.01	0.22	0.16	0.07	0.20	0.04
政府消费	0.13	0.06	0.16	0.13	0.03	0.15
总资本形成	-0.57	0.10	-0.42	-0.15	-0.46	-0.38
固定资本形成	0.07	0.03	0.03	0.16	-0.36	-0.39
存货变动	-0.64	0.08	-0.45	-0.31	-0.10	0.02
净出口	0.49	-0.30	0.26	0.03	0.57	0.43
出口	-0.03	-0.52	-0.35	0.24	0.35	0.71
进口	0.52	0.22	0.62	-0.20	0.22	-0.28
欧元区（20国）						
同比增长率	1.3	0.5	0.0	0.2	0.5	0.6
环比增长率	0.0	0.1	0.0	0.1	0.3	0.2
最终消费	0.18	0.23	0.30	0.17	0.17	0.11
家庭与NPISH消费	0.12	0.18	0.13	0.02	0.16	-0.03
政府消费	0.06	0.04	0.16	0.15	0.01	0.14
总资本形成	-0.52	0.31	-0.38	-0.05	-0.69	-0.42
固定资本形成	0.09	-0.02	-0.01	0.22	-0.39	-0.46
存货变动	-0.61	0.33	-0.38	-0.26	-0.31	0.04
净出口	0.31	-0.44	0.14	-0.05	0.84	0.50
出口	-0.20	-0.59	-0.63	0.18	0.57	0.73
进口	0.51	0.15	0.77	-0.24	0.27	-0.23

注：表中数据均为以不变价格计算的实际值，环比增长率为经季节与工作日调整后的值。GDP同/环比增长率的单位为"%"，其他各单项为对GDP增长的环比贡献，单位为"个百分点"。NPISH（Non-Profit Institutions Serving Households）为家庭服务的非营利性机构。存货变动中含有价品的收购减去处置。

资料来源：Eurostat，2024-9-10。

欧洲经济：增长复苏，乏善可陈

分季度来看，2023年第三季度，欧洲经济基本延续了前两个季度几近停滞的状态，实际GDP环比增速仅为0.2%（欧盟）和0.0%（欧元区）。欧洲制造业和服务业活动在高通胀、高利率、弱外需的压力叠加下深陷萎缩泥潭，该季度欧元区综合采购经理人指数（PMI）始终位于荣枯线以下，季度均值为47.5，其中，制造业PMI的季度均值仅为43.2。不过，受能源价格和通胀水平开始从高位回落的影响，居民消费支出表现尚属稳定，欧盟和欧元区居民实际消费支出的环比增长率均为0.3%，对经济增长的贡献度仅较前一季度小幅下滑了0.06个百分点（欧盟）和0.05个百分点（欧元区）。企业投资则基本处于停滞状态，欧盟和欧元区固定资本形成在该季度的环比增长率分别为0.1%和0.0%。净出口对本季度经济增长的拉动效应显著，但这主要是由进口的萎缩而非出口的扩张所导致的。从实际进出口规模来看，2023年第三季度，欧盟和欧元区货物和服务出口环比增长率分别为–0.6%和–1.2%，进口环比增长率分别为–1.2%和–1.5%。

2023年第四季度，欧盟和欧元区经济均勉强维持了0.1%的正环比增长率，但区内制造业和服务业的活动依旧低迷，综合PMI季度均值较第三季度进一步下滑至47.2。该季度的固定资本形成略有扩张，实际环比增长率分别为0.7%（欧盟）和1.0%（欧元区），但这一扩张主要弥补了存货的下降，因此总资本形成对实际GDP增长的贡献依旧停留在负值区间。消费者信心在这一季度出现边际改善，欧盟27国消费者信心指数从10月的–16.9上行至12月的–14.5，然而，当季欧盟和欧元区居民消费支出的环比增长率仅为0.1%和0.0%，表明信心的改善尚不足以抵消通胀和高利率环境对实际消费支出的抑制。

2024年第一季度，欧洲经济在服务业强劲复苏的推动下出现回暖迹象，综合PMI于3月实现了自2023年5月以来的首次扩张，超出市场预期。然而，欧洲的制造业依旧受到新订单减少、红海冲突等因素的困扰，处于持续收缩状态。服务业和制造业表现的不平衡进一步导致欧洲出现了双速复苏格局，希腊、西班牙等经济中服务业占比较高的国家在第一季度的经济表现显著优于德国、法国等经济中制造业占比较高的国家。同时，在能源价格持续下行、外部需求显著改善的共同作用下，欧洲货物及服务贸易出口大幅增长，环比增速达到0.7%（欧盟）

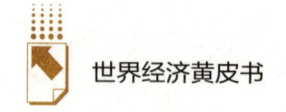

和1.1%（欧元区）。受其驱动，净出口成为当季欧洲经济增长最大的贡献者，其贡献度分别为0.57个百分点（欧盟）和0.84个百分点（欧元区）。

2024年第二季度，欧洲经济整体保持稳定，但复苏动能有所减弱，综合PMI在6月结束了连续五个月的回升态势，重新跌回荣枯线附近。其中，制造业PMI一度创下年内新低，打破了市场对制造业活动逐渐复苏的预期，服务业PMI也从53.3下滑至52.8。与此同时，在欧洲和法国议会选举等事件的影响下，欧洲地区政治风险显著上升，导致许多公司在新投资和新订单上"踩刹车"，加剧了经济复苏的不确定性。居民消费的表现也较为疲弱，季度环比增长率分别为0.1%（欧盟）和-0.1%（欧元区）。不过，该季度货物及服务贸易出口表现亮眼。以欧盟为例，其出口实际规模环比增长1.4%，同比增长1.8%，对实际GDP环比增长的拉动达到0.71个百分点。

（二）失业率处于低位

2023年7月至2024年7月，欧盟与欧元区就业市场表现稳定，整体失业率几乎没有出现波动。欧盟整体失业率基本维持在6.0%~6.1%，欧元区整体失业率从2023年7月的6.6%缓慢下行至2024年7月的6.4%。青年（25岁以下）失业率则经历了先升后降的过程。欧盟方面，青年（25岁以下）失业率从2023年7月的14.5%震荡上行至12月的15.0%，此后又逐渐回落至2024年7月的14.5%。欧元区青年失业率则从2023年7月的14.6%逐月上行至10月的15.0%，然后震荡回落至2024年7月的14.2%。欧盟和欧元区失业率波动幅度进一步收窄，表明欧洲劳动力市场处于相对吃紧的状态。

分国别看，2024年7月，捷克（2.7%）和波兰（2.9%）的失业率是欧盟成员国中较低的，西班牙（11.5%）、希腊（9.9%）、芬兰（8.4%）的失业率则处于较高水平。与2023年同期相比，2024年7月12个欧盟成员国的失业率出现了下降。其中下降幅度最大的是意大利，从7.8%下降至6.5%，下降了1.3个百分点；其次是希腊，从11.1%下降至9.9%，下降了1.2个百分点。11个欧盟成员国在报告期内经历了失业率上行，其中立陶宛上行幅度最大，从2023年7月的6.6%上升了1.4个百分点至8.0%；其次是芬兰，失业率从

2023 年 7 月的 7.3% 上升了 1.1 个百分点至 8.4%。英国方面，2024 年 7 月失业率为 4.1%，较 2023 年同期下降 0.2 个百分点。

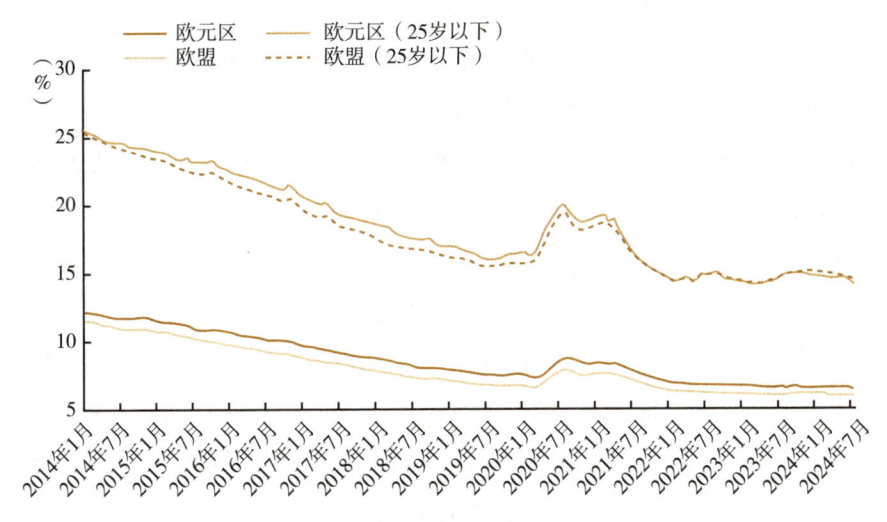

图 1 2014 年 1 月至 2024 年 7 月欧盟和欧元区失业率

资料来源：Eurostat。

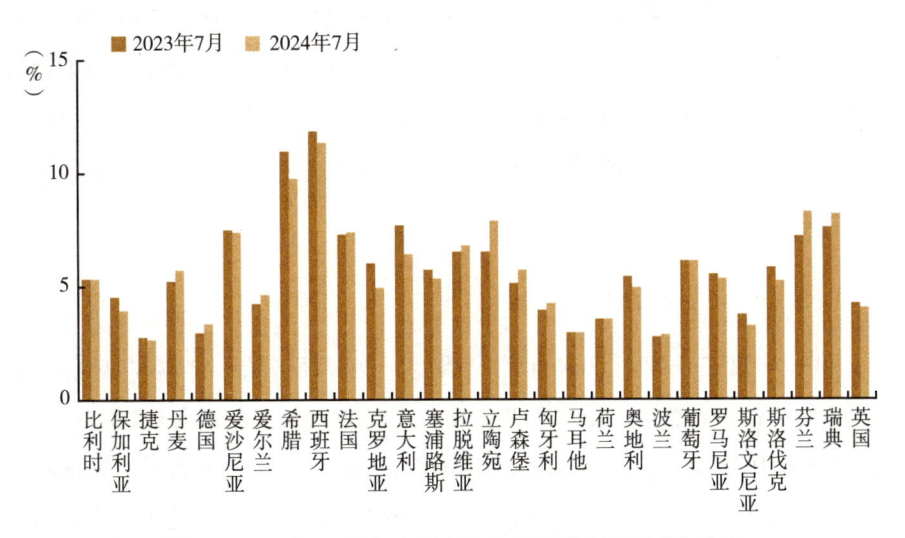

图 2 2023 年 7 月和 2024 年 7 月欧洲主要国家失业率

资料来源：Eurostat, Office for National Statistics。

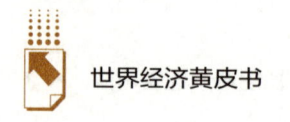

（三）物价水平回落

2023年8月至2024年7月，欧盟的消费价格调和指数（HICP）同比增长率整体呈下降态势，从5.9%下行至2.8%，下降3.1个百分点。不过，随着能源价格的止跌回升以及欧洲央行由加息到降息的立场转变，欧盟通胀水平在2024年第二季度曾一度出现抬头迹象，由2024年4月的2.6%震荡上行至7月的2.8%。欧元区HICP同比增长率也呈现同样的走势，从2023年8月的5.2%一度下行至2024年4月的2.4%，随后震荡回升至2024年7月的2.6%。

能源分项指标作为欧盟和欧元区通胀走势的主要驱动因素之一，其同比增长率自2023年10月触及-8.9%的低点之后就开始逐渐回升，并在2024年5月转入正值区间，同比增长0.55%。食品（含烟草、酒精）分项指标的同比增长率则从2023年8月的10.2%一路下行至2024年3月的2.3%，并在4月跃升至2.6%，此后再度震荡回落至7月的2.3%。

剔除能源和非加工食品后，欧盟和欧元区的核心通胀也实现了回落。2023年8月，欧盟和欧元区的核心HICP同比增长率分别为5.9%和5.3%，随后逐步下降，2024年4月分别处于3.0%和2.7%的低位。此后，欧盟核心HICP出现波动，在5月回升了0.2个百分点后再度下降至3.1%，并保持至7月。欧元区核心HICP在5月回升了0.2个百分点至2.9%，而后一直保持在该水平。

（四）欧洲主要国家经济走势

2023年第三季度至2024年第二季度，德国经济始终徘徊在衰退边缘，经季节与工作日调整后，四个季度实际GDP环比增长率分别为0.2%、-0.4%、0.2%和-0.1%。制造业表现低迷是拖累德国经济的一个重要因素，2023年第三季度至2024年第二季度，其制造业PMI均值仅为42.1，固定资本形成对实际GDP环比增长率的贡献均值为-0.2个百分点。创新能力不足、人口老龄化、能源转型艰难等结构性问题削弱了德国企业的全球竞争力，进而导致德国出

欧洲经济：增长复苏，乏善可陈

图3 欧盟消费价格调和指数及其组成部分

注：数据为当月同比增长率。
资料来源：Eurostat。

口从全球贸易温和复苏中的获益也较为有限，其报告期内四个季度货物与服务贸易出口的实际环比增速分别为 -0.7%、-0.9%、1.3% 和 -0.2%。综合来看，继 2023 年全年实际 GDP 萎缩 0.3% 后，2024 年德国经济将依旧停滞不前，甚至有可能再度萎缩。

英国经济在 2023 年下半年陷入技术性衰退，分季度实际 GDP 环比增长率分别为 -0.1% 和 -0.3%，全年英国经济仅增长 0.1%，是自 2009 年以来最弱的表现。高通胀是导致英国经济增长乏力的关键因素，2023 年下半年，英国通胀率的平均值为 5.4%，高出欧盟约 0.9 个百分点。高昂的物价不仅削弱了居民部门的购买力，还增加了企业生产成本，导致英国的投资和消费双双萎缩。不过，进入 2024 年上半年，随着大宗商品价格的回落以及全球贸易的改善，英国经济实现了 1.3% 的增长，超过了七国集团（G7）中其他国家。服务业产出连续两个季度环比增长 0.8%，制造业产出则在经历第一季度 1.1% 的增长后于第二季度下降至 0.6%。其中，运输设备制造业对制造业的拖累作用最为显著，其贡献度为 -0.3 个百分点。

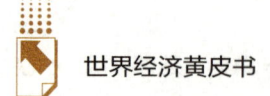

法国经济在报告期内整体表现平稳，四个季度的实际 GDP 环比增长率分别为 0.1%、0.4%、0.3% 和 0.2%。从对经济增长的贡献来看，对外贸易和政府消费是拉动法国经济增长的主要驱动力，二者在四个季度中对增长的平均贡献度分别为 0.3 个百分点和 0.1 个百分点。居民消费和企业投资则表现疲弱，尤其是企业投资，自 2023 年第四季度起连续三个季度呈负增长，表明法国政治右倾化带来的不确定性给企业投资决策造成严重的负面影响。

希腊、西班牙等南欧国家在报告期内的经济表现较为优异。一方面，随着通胀压力的缓解和欧洲居民实际购买力的恢复，南欧国家的旅游业迎来快速增长，带动了当地经济复苏。以西班牙为例，2023 年，西班牙旅游相关收入超过 1800 亿欧元，占西班牙 GDP 的 12.8%，旅游业就业人数也较 2022 年增长 9.1%。2024 年，西班牙国际旅游业务的增长势头依然强劲，预计旅游业全年创造收入的同比增长率将达到 5%。另一方面，得益于欧洲各项基金的支持，南欧国家在基础设施、数字化和绿色转型等方面的公共投资增长。目前，希腊政府已从欧盟复苏和恢复基金（RRF）中获得 75.9 亿欧元的补助和 96.2 亿欧元的贷款，西班牙政府则从 RRF 中获得 479.6 亿欧元的补助和 3.4 亿欧元的贷款，二者计划投资的公共项目数分别为 219 个和 398 个。

表 2　2023 年第一季度至 2024 年第二季度欧洲部分国家实际 GDP 环比增长率

单位：%

国家	2023年 第一季度	2023年 第二季度	2023年 第三季度	2023年 第四季度	2024年 第一季度	2024年 第二季度
德国	0.1	-0.2	0.2	-0.4	0.2	-0.1
法国	0.0	0.7	0.1	0.4	0.3	0.2
意大利	0.4	-0.1	0.3	0.1	0.3	0.2
西班牙	0.4	0.5	0.5	0.7	0.8	0.8
荷兰	-0.2	-0.3	-0.4	0.3	-0.3	1.0
比利时	0.4	0.3	0.3	0.3	0.3	0.2
奥地利	0.1	-1.1	-0.4	0.1	0.1	-0.4
爱尔兰	-5.5	-1.0	-1.9	-1.7	0.6	-1.0

欧洲经济：增长复苏，乏善可陈

续表

国家	2023年 第一季度	第二季度	第三季度	第四季度	2024年 第一季度	第二季度
芬兰	0.1	0.3	−1.2	−0.6	0.3	0.3
希腊	0.0	0.9	0.1	0.4	0.8	1.1
葡萄牙	1.5	0.1	−0.2	0.7	0.8	0.1
卢森堡	0.3	0.1	−1.1	0.1	0.7	0.6
斯洛文尼亚	0.6	1.1	−0.1	0.8	−0.1	0.2
立陶宛	−2.0	2.4	−0.1	−0.2	0.9	0.7
拉脱维亚	−0.2	0.0	−0.3	0.3	0.8	−0.9
塞浦路斯	0.0	0.3	1.1	0.9	1.0	0.7
爱沙尼亚	−1.2	−0.2	−0.5	−0.5	−0.3	0.0
马耳他	2.7	2.6	1.3	0.3	2.2	0.4
克罗地亚	1.5	1.7	−0.8	2.0	1.0	0.8
斯洛伐克	0.2	0.8	0.5	0.6	0.6	0.4
欧元区20国	0.0	0.1	0.0	0.1	0.3	0.2
波兰	0.9	−0.7	1.5	0.2	0.8	1.5
瑞典	0.2	−0.3	0.3	−0.2	0.8	−0.3
丹麦	1.9	0.1	1.2	1.7	−1.0	0.6
捷克	0.0	0.1	−0.4	0.3	0.4	0.3
罗马尼亚	−0.6	1.5	0.8	−0.6	0.5	0.1
匈牙利	−0.5	0.2	0.8	0.0	0.7	−0.2
保加利亚	0.3	0.4	0.5	0.5	0.5	0.5
欧盟27国	0.1	0.1	0.2	0.1	0.3	0.2
英国	0.2	0.0	−0.1	−0.3	0.7	0.6
瑞士	0.0	0.9	0.2	0.3	0.5	0.7
塞尔维亚	0.4	1.1	1.4	1.0	0.7	0.8
土耳其	−0.2	3.6	0.3	1.0	2.4	—
挪威	−0.6	1.2	−0.7	1.7	0.3	1.4

资料来源：Eurostat, Office for National Statistics。

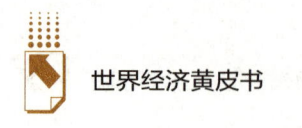

二 货币与金融状况

(一)货币政策转向,进入降息周期

2023年9月,为应对欧洲通胀高企的压力,欧洲央行进行了自2022年7月以来的第十次加息,将欧元区主要再融资利率、边际贷款便利利率及边际存款便利利率三大关键政策利率均上调25个基点。调整后,欧元区的三大关键政策利率分别为4.50%、4.75%和4.00%,达到1999年欧元问世以来的最高点。不仅如此,为确保欧元区通胀率能够适时回落到欧洲央行2%的目标,欧洲央行行长拉加德还在货币政策会议后表示,将使欧元区利率在足够长的时间内保持在这一高位。

2023年第四季度,欧洲通胀压力整体得到缓解,但在能源补贴措施退出、工资上涨压力持续、红海危机爆发等多重因素的影响下,欧洲央行对是否开启降息周期持较为审慎的态度,仅提前结束了紧急抗疫购债计划(PEPP)的再投资计划。2024年3月,欧洲央行继续"按兵不动"。由于2024年第一季度欧洲经济出现回暖迹象,市场对于欧洲央行迫切需要降息的预期逐渐降温。不过,随着通胀前景的进一步改善,欧洲央行在6月将主要再融资利率、边际贷款便利利率和边际存款便利利率均下调25个基点,是五年来的首次利率下调,宣告了降息周期的正式启动。

(二)货币供给温和增长

受欧洲央行逐步转向的驱动,欧元区货币供应量(M3)在2023年第三季度到2024年第二季度增速逐步回升,分别为-1.2%、0.2%、0.9%和2.3%。不过,即便是2.3%的增速仍远低于欧元区5%的历史平均水平,表明紧缩性货币政策仍对货币供给构成一定的约束。从各分支项目看,2年期以下定期存款的增速从高位逐步回落,由2023年第三季度的76.3%下降至2024年第二季度的34.8%。可交易有价证券增速平稳,四个季度的平均增速为19.3%。现金、隔夜存款、3个月以下的可赎回存款在报告期内始终保持着负增长,表明在通胀压力以及高利率环境的共同作用下，欧元区广义货币供应量的构成从流动性较好的金融工具转向流动性较差的金融工具。

与此同时，受财政政策转向中性的影响，欧元区政府部门信贷继续维持负增长。2023年第三季度至2024年第二季度，政府部门信贷余额的同比增长率分别为-2.1%、-2.5%、-2.5%、-1.4%。私人部门信贷规模则实现了温和扩张，信贷余额同比增速从2023年第三季度的0.2%上升至2024年第二季度的0.8%。其中，对非金融企业信贷仍处于收缩状态，但收缩程度有所减轻，信贷余额增速从2023年第三季度的-0.4%升至2024年第二季度的-0.2%。对家庭信贷增速则在报告期间经历了小幅波动，最终在2024年第二季度实现了0.3%的温和增长，与2023年第三季度的增速持平。

表3 欧元区货币与信贷的同比增长率

单位：%

项目	2023年	2023年第三季度	2023年第四季度	2024年第一季度	2024年第二季度
欧元区货币供给总量					
M1	-8.5	-9.9	-8.5	-6.6	-3.4
其中：流通中现金	-0.3	-0.2	-0.3	-1.2	-0.1
隔夜存款	-9.7	-11.4	-9.7	-7.5	-4.0
M2-M1（其他短期存款）	20.9	21.9	20.9	16.7	12.8
其中：2年期以下定期存款	66.6	76.3	66.6	49.8	34.8
通知期在3个月以下的可赎回存款	-3.9	-3.3	-3.9	-4.6	-3.5
M2	-0.9	-2.2	-0.9	-0.2	1.3
M3-M2（可交易有价证券）	19.3	19.9	19.3	19.3	18.7
M3	0.2	-1.2	0.2	0.9	2.3
欧元区信贷规模					
对政府部门信贷	-2.5	-2.1	-2.5	-2.5	-1.4
对私人部门信贷	0.4	0.2	0.4	0.8	0.8
其中：对非金融企业信贷	-0.1	-0.4	-0.1	-0.2	-0.2
对家庭信贷	0.1	0.3	0.1	-0.1	0.3

注：2023年全年的货币供给与信贷余额数据取年末值，因此也是2023年第四季度的数据。表中数据为年增长率，经过季度调整。

资料来源：European Central Bank, "Economic Bulletin," Issue 6/2024。

（三）欧元币值保持稳定

2023年7月至2024年8月，受高利率环境的影响，欧元名义汇率处于震荡上行通道，但在经济复苏疲弱、货币政策转向等因素的共同作用下，其上行幅度相对有限。欧元对41个最主要贸易伙伴货币的名义有效汇率（EER-41）指数在2024年8月达到125.2，为该指标创建以来的最高水平，但仅较2023年7月的123.7上涨1.2%。CPI平减后的实际有效汇率则震荡走平，2023年7月欧元对41个最主要贸易伙伴货币的实际有效汇率指数为96.1，2024年8月该指数降为95.7，二者相差仅0.4个点。

从双边汇率来看，2023年7月至2024年8月，欧元兑美元走势震荡，其间曾一度触及1.04的低位和1.12的高位，但最终在该段时间内，欧元兑美元仅从1.09上行至1.11，上涨1.8%。2023年下半年欧元兑英镑震荡趋平，基本维持在0.86上下，然而，进入2024年，欧元兑英镑逐步下行，2024年8月下行至0.84，较2023年7月的0.86下降2.3%。就亚洲主要货币而言，2023

图4　欧元名义与实际有效汇率（EER-41）指数

注：月度平均数据，1999年第一季度为100。
资料来源：ECB。

年 7 月至 2024 年 8 月，欧元兑人民币累计贬值 1.01%，从 1 欧元兑 7.95 元人民币贬至 1 欧元兑 7.87 元人民币；欧元兑日元累计升值 3.28%，从 1 欧元兑 155.94 日元升至 1 欧元兑 161.06 日元。

三　财政状况

（一）主权债务小幅下降

2023 年欧盟和欧元区国家财政状况较为稳定，财政赤字占 GDP 比重（即财政赤字率）分别为 3.5% 和 3.6%，前者较 2022 年上升 0.1 个百分点，后者则与 2022 年持平。就欧盟主要国家而言则有升有降，2023 年一般政府财政赤字率最高的是意大利，赤字率为 7.4%，较 2022 年的 8.6% 下降 1.2 个百分点；其次是匈牙利和罗马尼亚，赤字率分别为 6.7% 和 6.6%，较 2022 年分别上升了 0.5 个和 0.3 个百分点。丹麦和塞浦路斯是 2023 年财政盈余占 GDP 比重最高的成员国，均为 3.1%，前者较 2022 年下降 0.2 个百分点，后者则较 2022 年上升 0.4 个百分点。英国一般政府财政赤字 2023 年末为 GDP 的 5.8%，较 2022 年末的 4.6% 上升 1.2 个百分点。

广义政府债务负担占 GDP 比重方面，欧盟和欧元区政府债务负担在 2023 年均小幅下降，政府部门杠杆率分别由 2022 年的 83.4% 和 90.8% 下降至 81.7% 和 88.6%。其中，葡萄牙政府部门杠杆率下降幅度最大，从 112.4% 下降 13.3 个百分点至 99.1%；其次是希腊，下降 10.8 个百分点，由 2022 年末的 172.7% 降至 2023 年末的 161.9%。意大利、法国和西班牙的政府部门杠杆率都出现了小幅下降，但从整体水平上来看依旧处于高位，2023 年末分别为 137.3%、110.6% 和 107.7%。英国政府部门杠杆率在 2023 年小幅上升，从 2022 年的 100.4% 上升至 101.3%。立陶宛、拉脱维亚、罗马尼亚、波兰、芬兰是欧盟成员国中政府部门杠杆率在 2023 年出现上升的国家，但上升幅度均较小。

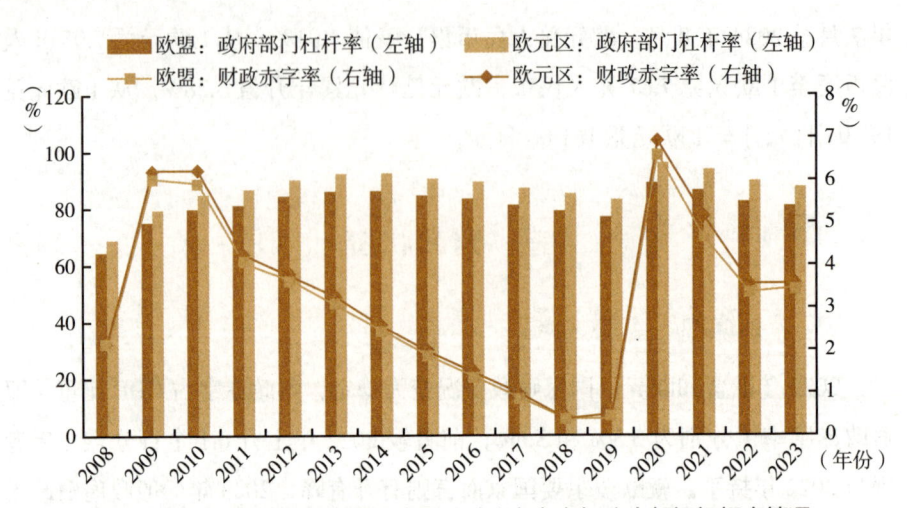

图5　2008~2023年欧盟及欧元区财政赤字率与政府部门杠杆率情况

资料来源：根据 Eurostat 相关数据整理。

（二）财政立场由中性转向收缩

2023年欧洲的财政立场基本保持中性，与2020~2022年占区内GDP约4%的扩张性财政支持力度形成鲜明对比。在能源支持政策逐渐退出的背景下，各国政府投资支出、欧盟复苏基金支出以及其他资本支出在2023年有所上升，二者的相互平衡使整体财政立场得以维持中性。进入2024年，欧洲的财政立场开始转向收缩，政府对私人部门投资的补贴以及其他资本支出显著下降。意大利是财政政策收紧幅度最大的国家，随着住房更新补贴政策的退出，意大利政府部门的其他资本支出将大幅下降。2024年，欧盟复苏基金和其他欧盟基金提供的财政支持在大部分成员国中表现为中性，但对克罗地亚和斯洛伐克而言，由于两国2023年度从欧盟复苏基金中获益较多，故相比之下2024年面临一定程度的财政紧缩。

四　对外贸易状况

2023年第三季度至2024年第二季度，欧盟向非欧盟国家出口商品额震荡回升，由6300亿欧元温和回升至6650亿欧元。从同比增速来看，2023年第三季度至2024年第一季度，欧盟向非欧盟国家出口商品额分别同比增长-5.78%、-6.73%、-2.91%，2024年第二季度才实现了同比正增长，为3.23%。欧盟内部的商品出口则先升后降，2024年第一季度达到3435亿欧元，2024年第二季度重新跌回3214亿欧元，不过仍高于2023年第三季度的3011亿欧元。从同比增速来看，2023年第三季度至2024年第二季度，欧盟内部的商品出口均为同比负增长，季度平均增长率为-12.67%。进口方面，欧盟从非欧盟国家进口商品的季度均值为5523亿欧元，较上一个报告期的季度均值6573亿欧元大幅下降；相比之下，欧盟内部商品进口则表现较为良好，四个季度的平均进口规模为3980亿欧元，季度平均同比增速为18.3%。

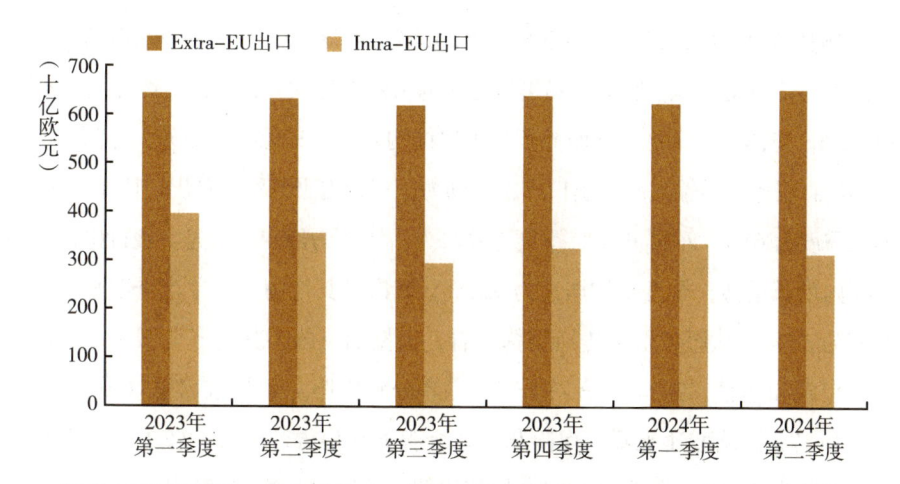

图6 2023年第一季度至2024年第二季度欧盟对外及欧盟内部货物出口额

注：数据未经季节和工作日调整。
资料来源：根据Eurostat相关数据整理。

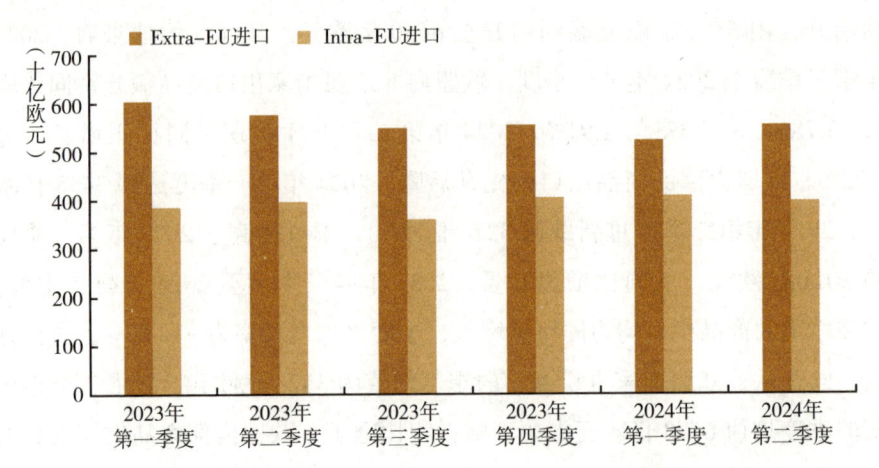

图7 2023年第一季度至2024年第二季度欧盟对外及欧盟内部货物进口额

注：数据未经季节和工作日调整。
资料来源：根据 Eurostat 相关数据整理。

服务贸易方面，2023年第三季度至2024年第二季度，欧盟对外服务贸易出口总额为1.47万亿欧元，服务贸易进口总额为1.30万亿欧元，同比增速分别为4.3%和5.7%，整体较为平稳。从服务贸易出口结构来看，其他商业服务，电信、计算机和信息服务，运输是欧盟出口的主要动力，三者占服务贸易总出口比重2023年第三季度为61%，2024年第二季度为63%，占比较为稳定。首先，旅行出口在报告期内增长迅猛，季度平均增速为9.26%；其次是其他商业服务，季度平均出口增速为8.3%。从服务贸易进口结构来看，占据前三的为其他商业服务、知识产权使用费和运输，2024年第二季度，三者分别占服务贸易进口总规模的30%、18%和17%。从增速来看，保险和养老金服务在报告期内波动较大，季度平均进口增速为7.61%；其次是知识产权使用费，季度平均进口增速为6.15%。

表4 2023年第一季度至2024年第二季度欧盟服务贸易出口

单位：十亿欧元

项目	2023年				2024年	
	第一季度	第二季度	第三季度	第四季度	第一季度	第二季度
服务	325.83	348.54	364.08	368.52	345.55	396.24
加工服务	9.46	9.04	8.78	9.37	9.02	8.74

续表

项目	2023年 第一季度	第二季度	第三季度	第四季度	2024年 第一季度	第二季度
维护和维修服务	7.09	7.82	8.08	9.09	7.23	8.09
运输	59.69	59.96	69.61	57.49	56.57	62.01
旅行	30.42	48.71	62.28	38.34	34.59	54.45
建设	2.53	2.67	2.62	2.85	2.16	2.75
保险和养老金服务	11.09	8.85	9.16	10.20	13.27	8.74
金融服务	24.27	24.15	25.27	25.97	26.01	26.15
知识产权使用费	28.61	26.41	24.51	27.78	29.82	29.30
电信、计算机和信息服务	66.08	69.03	71.18	81.12	74.34	79.17
其他商业服务	75.99	80.58	81.38	93.81	82.79	106.55
个人、文化和娱乐服务	4.92	5.18	5.44	5.35	4.86	5.53
政府服务	1.48	1.41	1.42	1.49	1.47	1.45
其他	4.19	4.74	4.37	5.65	3.41	4.31

注：数据未经季节和工作日调整。
资料来源：根据Eurostat相关数据整理。

表5 2023年第一季度至2024年第二季度欧盟服务贸易进口

单位：十亿欧元

项目	2023年 第一季度	第二季度	第三季度	第四季度	2024年 第一季度	第二季度
服务	302.83	299.51	307.98	345.64	320.36	327.84
加工服务	5.73	5.44	5.41	6.81	5.75	5.42
维护和维修服务	4.53	4.95	5.25	5.61	4.98	5.65
运输	54.13	51.72	51.15	53.50	53.49	54.78
旅行	28.39	30.34	38.02	32.98	32.65	32.37
建设	1.55	1.83	1.74	1.93	1.50	1.86
保险和养老金服务	10.09	7.76	8.09	8.77	12.86	9.15
金融服务	19.70	19.53	20.37	21.11	21.49	21.45
知识产权使用费	57.26	48.21	48.87	58.70	59.05	60.54
电信、计算机和信息服务	26.87	26.79	27.82	30.32	27.90	29.56
其他商业服务	86.62	95.43	93.34	117.69	91.94	98.40
个人、文化和娱乐服务	3.23	3.23	3.55	3.35	3.45	3.48
政府服务	0.91	0.65	0.76	0.95	0.78	0.69
其他	3.83	3.64	3.61	3.93	4.52	4.50

注：数据未经季节和工作日调整。
资料来源：根据Eurostat相关数据整理。

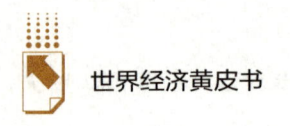

五　2025年欧洲经济展望

2023年第三季度至2024年第二季度，欧洲经济整体表现疲弱，虽然其在2024年上半年摆脱了增长停滞困境，但复苏动能明显不足。在能源价格下行、基数效应及限制性货币政策等因素的作用下，欧元区通胀压力显著缓解。然而，高利率环境对区内的企业投资和居民消费支出产生了较为明显的抑制作用。居民的储蓄偏好得到强化，区内消费表现始终较为疲软。受外部需求回暖而内部需求不足的影响，欧盟和欧元区商品和服务贸易的净出口表现良好，成为2024年上半年欧洲经济复苏的主要推动力之一。

展望未来，2024年下半年至2025年上半年，国际贸易对欧洲经济增长的支撑作用有限。一方面，在能源价格结构性调整、劳动力短缺以及生产率下降等因素的作用下，欧洲企业出口竞争力下滑严重，在全球市场中的份额持续下降，短期内欧洲主要发达经济体出口增速低于全球贸易增速的趋势较难被扭转；另一方面，全球贸易格局调整持续，受地缘政治风险和贸易保护主义的影响，全球贸易前景仍面临诸多不确定性，给欧洲带来强劲外部需求的可能性不大。与此同时，受货币政策时滞效应的影响，高利率环境给欧盟和欧元区内部经济造成的压力还需要一段时间才能消退。9月欧元区制造业PMI从8月的45.8%进一步下跌至44.8%，连续第27个月位于荣枯线以下，表明制造业的低迷还在不断加深。企业对资本投资趋于谨慎，消费支出和家庭住房贷款短期内也将维持较为疲弱的状态。不过，随着欧洲央行货币政策正常化进程的推进，消费和投资支出增长的大部分障碍将逐渐被消除，但考虑到货币政策传导的滞后性，降息给欧洲经济带来的支持恐怕要到2025年下半年才能够显现。

预计欧盟和欧元区2024年经济增长相当温和，均为0.4%~0.7%，2025年则回升至0.9%~1.2%。通胀方面，考虑到核心通胀率下降速度较慢，2025年欧盟和欧元区的通胀率可能均会维持在1.7%~2.0%。

参考文献

陆婷:《欧洲经济:低速增长》,载张宇燕主编《2024年世界经济形势分析与预测》,社会科学文献出版社,2024。

European Central Bank, "Economic Bulletin," Issue 6/2024.

European Central Bank, "ECB Staff Macroeconomic Projections for the Euro Area," September 2024.

European Commission, "European Economic Forecast, Spring 2024," Luxembourg, May 2024.

IMF, "World Economic Outlook," Update, Washington, July 2024.

OECD, "Economic Outlook: Turning the Corner, Interim Report," September 2024.

World Bank, "Global Economic Prospects," Washington, June 2024.

Y.4
日本经济：平稳增长后面临压力

周学智*

摘　要： 2023年是日本经济外部因素扰动较少的一年。尽管日本经济在2023年表现较好，但相较于2022年因商品贸易逆差收窄推动日本GDP增速有所提高而言，内需尤其是消费需求依然疲弱。进入2024年，日本民众收入在劳资谈判后有所提升，但收入提升对消费的拉动作用却较为有限，叠加上半年的"能登半岛地震"和车企丑闻事件，2024年上半年GDP实际增速为负。鉴于2023年较为平稳的经济状况，日本央行在2024年3月结束了"负利率"政策。2024年下半年及2025年，全球经济面临一定下行压力，对于日本经济而言可能将面临明显压力。

关键词： 消费　货币金融政策　汇率　日本

进入2023年，日本经济外部环境出现有利的边际好转——新冠疫情影响逐渐消解，全球物价涨幅开始回落，俄乌冲突没有显著升级。日本经济在2023年整体出现好转的局面，但进入2024年呈现出动力不足。从2024年中开始，日本经济面临的风险逐步加大。

2023年全年（自然年），修正后的日本实际GDP增速为1.68%。我们在《2024年世界经济形势分析与预测》中预计2023年日本实际经济增速为1.5%，结果基本一致。对日本而言，这一经济增速属于中等偏上成绩。例如，在安

---

* 周学智，中国社会科学院世界经济与政治研究所助理研究员，主要研究方向为国际投资、日本经济、国际宏观经济等。

倍晋三第二次执政到新冠疫情暴发前，即 2013~2019 年期间，只有 2013 年日本实际 GDP 增速超过 2023 年，为 2.01%。新冠疫情暴发后，只有 2021 年日本实际 GDP 增速达到 2.78%，但主要是 2020 年低基期所致。所以，2023 年对日本经济而言，可以说是成绩较好的一年。

进入 2024 年，前两个季度日本实际 GDP 同比增速分别为 -0.86% 和 -0.99%。若以半年计，2024 年上半年实际 GDP 同比增速为 -0.93%。在 2023 年经济情况较为稳定的背景下，2024 年 3 月，日本央行结束了所谓的"负利率"，力图让金融政策逐渐"正常化"。日本的劳资双方也在本年的"春斗"①中达成共识，劳动者工资上涨明显。2024 年上半年日本经济疲软在一定程度上是受到年初"能登半岛地震"以及车企丑闻事件等突发外生因素影响，2024 年下半年开始全球经济出现转冷态势，这对日本经济而言是较大风险点所在。

一 2023 年到 2024 年上半年日本经济：预计波峰已过

2023 年日本名义 GDP 为 592.8 万亿日元，较 2022 年大幅增长 5.5%。显著高于新冠疫情暴发前 2019 年的 557.9 万亿日元。实际增速方面，2023 年日本实际 GDP 实现 1.68% 的增速，为 2013 年以来（2021 年特殊除外）最好成绩。从贡献度看，贡献最大的是"商品和服务净出口"，2023 年日本"商品和服务净出口"同比正增长对日本实际 GDP 增速的贡献达到约 1 个百分点；投资和消费对日本经济的贡献较为平均，"私人最终消费支出"和"私人企业设备投资"对日本实际 GDP 增速的贡献分别为 0.43 个百分点和 0.34 个百分点。另外，前些年对经济贡献显著的"政府最终消费支出"在 2023 年有所减弱。2020~2022 年，"政府最终消费支出"对 GDP 增速的贡献分别为 0.5 个、0.7 个和 0.4 个百分点，2023 年则为 0，体现出日本政府在消费端的"逆周期调节"。

2024 年前两个季度，日本经济面临压力。2024 年 1 月 1 日，日本能登半

---

① "春斗"是日本工会团体在每年春季组织日本劳动者为提高工资而进行的"斗争"。

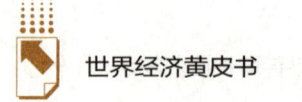

岛发生 7.6 级地震，对第一季度日本经济产生显著的负面影响。之后又爆出丰田、本田等车企数据造假丑闻，导致日本汽车行业受到显著影响。2024 年第一季度和第二季度，日本实际 GDP 增速分别为 -0.9% 和 -1.0%。其中表现较差的是"私人最终消费支出"，实际同比增速在前两个季度持续为负数，分别为 -1.8% 和 -0.3%，也是连续四个季度同比负增长，对 GDP 增速的贡献分别为 -1.0 个和 -0.2 个百分点。2024 年第二季度"私人企业设备投资"对经济起到正向支撑作用。此外，由于 2024 年上半年全球能源价格和大宗商品价格出现显著反弹以及日元贬值，日本进口额在第二季度显著增长，对 GDP 造成负面影响，拉低 GDP 增速 0.6 个百分点。

表1　2023年第一季度至2024年第二季度日本经济实际增长率分解

单位：%

项目	2023年 第一季度	2023年 第二季度	2023年 第三季度	2023年 第四季度	2024年 第一季度	2024年 第二季度
GDP	2.6	2.0	1.3	0.9	-0.9	-1.0
私人最终消费支出	3.1 (1.7)	0.2 (0.1)	-0.2 (-0.1)	-0.6 (-0.3)	-1.8 (-1.0)	-0.3 (-0.2)
私人住宅投资	-1.2 (0.0)	3.1 (0.1)	1.9 (0.1)	0.0 (0.0)	-3.7 (-0.1)	-3.2 (-0.1)
私人企业设备投资	5.7 (1.1)	1.2 (0.2)	-1.3 (-0.2)	2.3 (0.4)	-0.6 (-0.1)	2.2 (0.3)
私人库存变动	— (0.1)	— (0.2)	— (-0.4)	— (-0.5)	— (-0.3)	— (-0.6)
政府最终消费支出	1.6 (0.3)	-0.7 (-0.1)	0.0 (0.0)	-0.7 (-0.1)	-0.4 (-0.1)	0.8 (0.2)
公共固定资本形成	-0.7 (0.0)	6.3 (0.3)	3.1 (0.1)	-0.3 (0.0)	-4.4 (-0.2)	0.0 (0.0)
商品和服务净出口	— (-0.6)	— (1.2)	— (1.8)	— (1.5)	— (1.0)	— (-0.7)
出口	1.8 (0.4)	3.4 (0.8)	2.5 (0.5)	4.0 (0.9)	1.2 (0.3)	-0.3 (-0.1)
进口	3.9 (-1.0)	-1.8 (0.5)	-5.2 (1.3)	-2.3 (0.6)	-3.3 (0.8)	2.5 (-0.6)

注：表中数据为实际同比增长率；括号内数据为贡献度，单位为"个百分点"。"私人库存变动"为变动数字，无同比增速数据；"商品和服务净出口"绝对金额变动较大，且经常方向相反，无同比增速数据。

资料来源：日本内阁府。

从PMI角度，2023年下半年到2024年上半年日本制造业PMI和服务业PMI都经历了"寻底—筑底—反弹—乏力"四个阶段。日本制造业PMI和服务业PMI在2023年第三季度都经历了向下的过程。该过程也与全球景气度的走势一致。2023年第四季度和2024年第一季度，服务业PMI和制造业PMI先后见底并开始反弹。尤其是在2024年第一季度和第二季度前半段，制造业PMI和服务业PMI呈现同步反弹。全球经济在此期间也表现较好，一个有力的佐证是全球大宗商品市场，尤其是铜、铝等价格显著反弹。不过，到了5~6月，全球经济开始呈现反弹动能不足的态势，大宗商品也在第二季度相继见顶。日本的PMI指标也显示出同样的特征。

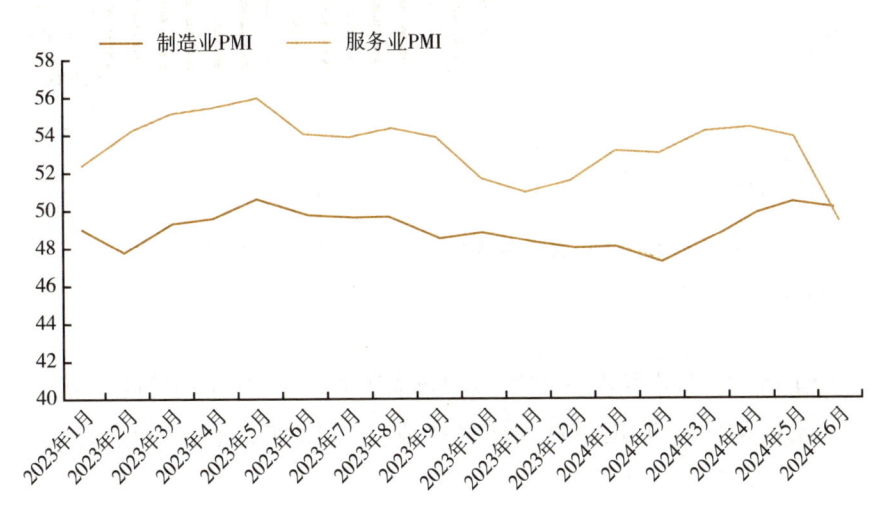

图1 2023年1月至2024年6月日本制造业、服务业PMI走势

资料来源：Wind数据库。

2023年和2024年第一季度，日本人口数量继续保持负增长。其中，日本人人口数量在2023年11~12月达到-0.7%的同比增速。2024年前三个月，日本人人口数量的同比增速虽有反弹，但依然处在-0.69%的低位。值得一提的是，相较于"日本人人口"数量的快速下跌，"日本总人口"数量跌速则较缓——同比跌速一直维持在-0.5%~-0.4%。这从一个侧面也反

映出，日本在人口数量减少的大趋势下，吸引了大量外来人口。这些人口虽然不能改变日本总体人口下降的势头，但是在一定程度上可以起到缓解作用。

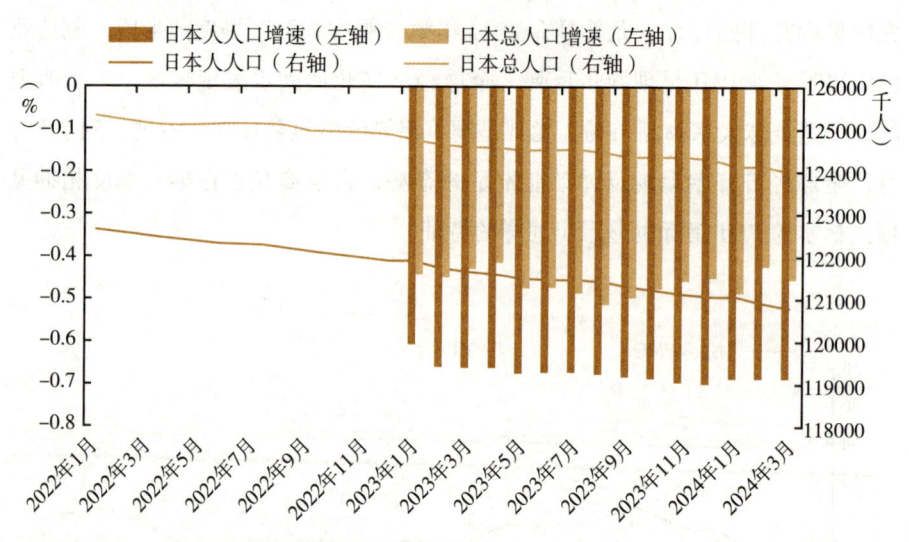

图2　2022年1月至2024年3月日本人口走势

资料来源：日本统计局。

综上所述，日本经济在2023年整体表现较好。需要注意的是，随着全球经济增长在2024年第二季度前后出现放缓，日本经济面临的风险凸显。

二　私人部门消费疲软，投资表现相对较好

2023年下半年到2024年"春斗"前，日本居民收入提高有限，在物价依然显著上涨的情况下，实际消费同比增速经常出现负值。即使经历了2024年的"春斗"之后，日本劳动者名义工资显著提升，但消费的反应相对平淡。与之相对应，投资表现则相对较好，日元贬值的正向效应有所显现。

（一）收入提升有利消费但效果有限

2023年下半年到2024年上半年，日本私人部门消费持续疲弱。2023年第三季度，日本私人部门消费支出的实际同比增速为-0.2%，此后三个季度分别为-0.6%、-1.8%和-0.3%。尽管岸田文雄政府在2023年第四季度出台了一系列旨在提高居民收入的措施，但从消费数据看效果并不明显。此外，日本劳动者在2024年"春斗"中取得明显成效。根据日本劳动组合总联合会公布的信息，2024年"春斗"中日本劳动者的薪水平均涨幅为5.1%，是1992年以来的最高值。[①]相关财政刺激和企业涨薪举措，确实令日本劳动者收入有所提高。根据日本统计局的数据，日本"二人以上家庭中的劳动者家庭"实际收入在2024年5月同比增速转正至3.0%——此前已经连续19个月同比增速为负。2024年6月和7月日本"二人以上家庭中的劳动者家庭"实际收入继续增长，分别为3.1%和5.5%，相较于以上的实际收入增速，名义收入增速更高，高于实际增速约3个百分点。

不过，日本"二人以上家庭中的劳动者家庭"占"二人以上家庭"总数的比重为54.0%，而在"二人以上家庭"中有近半数是"个人营业者家庭"和"无职业者家庭"，所以"春斗"带来的劳动者收入具有一定局限性，消费依然低迷。2024年第二季度，GDP中实际"私人部门消费"同比增速为-0.3%。根据月度调查数据，4~6月"二人以上家庭"实际消费支出同比增速分别为0.5%、-1.8%和-1.4%。从消费倾向数据也可以看出，日本民众收入的增加并没有带动消费。2024年4~6月，日本"二人以上家庭中的劳动者家庭"的平均消费倾向分别为76.2%、84.7%和36.9%；2023年同期则分别为73.9%、90.2%和41.1%。2024年7月同样显示日本居民虽然收入增加，但消费信心依然不足——平均消费倾向低于2023年同期4.7个百分点。日本民众的消费信心仍需增强。

---

① 日本劳动组合总联合会：《2024年春斗第7回（最终）调查结果》，https://www.jtuc-rengo.or.jp/activity/roudou/shuntou/2024/yokyu_kaito/kaito/press_no7.pdf?78。

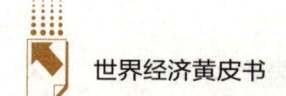

表2　日本实际消费金额同比增速（二人以上家庭）

单位：%

指标	2023年 1月	2023年 7月	2024年 1月	2024年 2月	2024年 3月	2024年 4月	2024年 5月	2024年 6月
消费总额	4.8 (-0.3)	-1.3 (-5.0)	-4.0 (-6.3)	2.8 (-0.5)	1.9 (-1.2)	3.4 (0.5)	1.4 (-1.8)	1.9 (-1.4)
食品	6.8 (-0.5)	5.8 (-2.8)	2.8 (-2.7)	6.9 (2.0)	6.7 (1.8)	1.5 (-2.7)	0.9 (-3.1)	5.2 (1.5)
居住	-8.0 (-12.1)	-15.4 (-18.6)	-18.2 (-19.8)	11.4 (9.5)	-4.2 (-5.8)	5.2 (3.5)	-2.1 (-3.5)	-22.5 (-23.6)
光·热·水	21.0 (5.3)	-6.7 (3.2)	-22.0 (-9.4)	-21.0 (-18.6)	-13.8 (-12.3)	-3.0 (-1.9)	-3.7 (-9.7)	-0.3 (-7.3)
家具·家居	-2.1 (-9.1)	8.8 (0.4)	4.6 (-1.8)	3.0 (-2.0)	2.7 (-0.5)	4.4 (1.9)	-7.4 (-10.0)	28.3 (23.7)
衣帽鞋	8.4 (5.1)	11.3 (6.9)	4.9 (1.8)	14.5 (11.6)	3.0 (0.8)	13.7 (11.3)	1.8 (-0.4)	10.6 (8.2)
保健医疗	-6.6 (-7.1)	-5.5 (-7.5)	10.7 (8.2)	11.4 (9.4)	0.8 (-0.7)	2.4 (1.2)	7.6 (6.4)	3.7 (2.3)
交通·通信	1.1 (-1.0)	-3.0 (-5.0)	-10.5 (-13.1)	1.8 (-1.1)	5.7 (3.2)	-7.8 (-10.2)	6.6 (4.2)	-1.0 (-3.4)
教育	-9.0 (-9.6)	-18.8 (-19.8)	31.4 (29.6)	43.3 (41.5)	12.6 (11.2)	24.8 (25.9)	8.2 (9.3)	6.2 (7.3)
教养娱乐	20.5 (18.6)	1.9 (-2.8)	-2.8 (-9.0)	5.7 (-1.5)	1.1 (-5.7)	-3.6 (-9.2)	-3.6 (-8.4)	4.5 (-1.0)
其他消费	0.2 (-4.7)	-6.4 (-9.9)	6.3 (-8.6)	-1.7 (-4.8)	0.3 (-2.7)	13.2 (10.0)	3.9 (0.6)	0.4 (-2.8)

注：表中数据为名义增速，括号内数据为实际增速。抽样调查数据。
资料来源：日本统计局。

具体来看，2024年6月"家具·家居"、"衣帽鞋"、"教育"、"食品"和"教养娱乐"的增速较快。其中"食品"消费增加主要源于物价因素，在以"米"价为代表的物价上涨中，日本民众不得不增加名义消费。"家具·家居"和"衣帽鞋"的消费则具有一定波动性。"家具·居家"中，"一般家具"和"冷气空调"消费增幅较大，"衣帽鞋"中"和服"的消费增幅较大。"教育"和"教养娱乐"的消费增加，从另一个侧面说明日本服务业表现相对较好。

（二）2023年下半年到2024年上半年投资表现分化

2023年下半年到2024年上半年，日本与投资相关项表现出一定分化。具体而言，除私人部门企业设备投资外，其他分项都出现负增长状况。

2023年第三季度到2024年第二季度，日本"私人企业设备投资"金额的同比增速分别为－1.3%、2.3%、－0.6%和2.2%。若将以上四个季度与再之前四个季度进行同比，则为微增0.6%。投资相关其他项目的表现则比较疲软。"私人住宅投资"分季度同比增速以负值为主，2023年第三季度到2024年第二季度"私人住宅投资"实际同比增速分别为1.9%、0.0%、－3.7%和3.2%，较前一个周期减少1.22%。此外，"公共固定资本形成"也出现萎缩，四个季度同比增速分别为3.1%、－0.3%、－4.4%和0.0%，较前一个周期减少0.57%。

从以上消费和投资数据可以看出，日本经济平稳，但内生动力并不强。疲软的消费和"中规中矩"的投资，并不能说明日本经济较之前尤其是所谓的"失去的数十年"有根本改变。

（三）物价同比增速回落，隐忧逐步显现

2023年全球物价增速逐步放缓，对于日本而言同样如此。不过，日本物价增速回落一方面缓解了通胀的担忧，但另一方面则反映出内需不足的状况。

2023年7月，日本综合CPI同比增速为3.3%，2024年1月降至2.2%，此后开始反弹，整体维持在2.5%~2.8%。扣除生鲜食品后的CPI（核心CPI）同比增速从2023年7月的3.1%下降到最低2024年2月的2.0%，之后维持在2.5%上下（浮动0.3个百分点）。扣除生鲜食品和能源后的CPI（核心—核心CPI）同比增速则从2023年7月的4.3%下降到2024年6月的2.2%，7月更是跌破2%至1.9%。在日本综合CPI和核心CPI中，能源相关项目（如电费、取暖、能源项）与国际能源价格变动的关系较为紧密，外生性较强。食品相关项目的价格同样受全球因素影响之外，还更具有刚需特征。所以，核心—核心CPI更能够反映出日本的内需状况。事实是，日本核心—核心CPI的同比增速在2023年7月后下降更快。该情况也与日本国内消费不振相印证。日

本官方部门尤其是日本央行行长植田和男曾在2023年第四季度至2024年第一季度期间多次表达出对日本CPI增速能否真正维持在2%以上的忧虑——尽管彼时CPI增速高于2.0%。对CPI增速的担忧，是岸田文雄政府在2023年末推出一系列旨在提高居民收入的财政刺激政策的原因之一，也是日本政府支持2024年"春斗"给劳动者大幅涨薪的原因之一，还是日本央行在2024年3月才显著收紧货币政策的原因之一。

2023年7月到2024年6月，日本PPI同比增速与全球大宗商品价格走势基本一致，呈现"高—降—升"的特征。2023年7月，日本PPI同比增速为3.7%。此后伴随着全球大宗商品价格的下跌，日本PPI同比增速也呈现下降态势。随后伴随着全球大宗商品价格阶段筑底反弹，日本PPI同比增速也同步见底反弹。2024年第二季度，伴随着大宗商品价格反弹到高点，以及2023年的低基期因素，日本PPI同比增速再度上升，2024年6月达到2.6%。不过，伴随着2024年下半年全球经济下行风险的增加，以及大宗商品价格再度疲软，日本PPI同比增速预计不会显著上行。

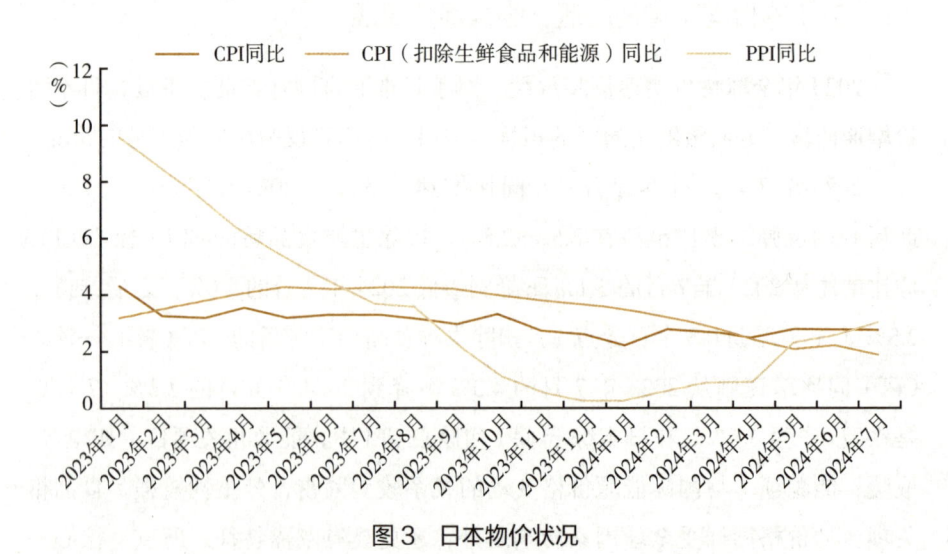

图3　日本物价状况

资料来源：日本统计局、日本央行。

三 金融状况：货币政策显著调整，金融市场转折点或已确认

2023 年下半年以来，日本银行的货币政策显著调整，无论是利率层面还是资产负债表层面，都明显紧缩。叠加美联储降息周期的开启，料日元对美元汇率的中期低点已现。此外，无论是 10 年期国债收益率还是股票指数，预计短期内都很难再创新高。

（一）日本央行显著调整货币政策

2023 年 7 月到 2024 年 7 月，日本央行共计召开 9 次金融政策会议。从 9 次会议的决定中，可以清晰看出日本央行显著调整金融政策的路径。其中政策调整较大的会议为，2023 年 10 月会议、2024 年 3 月会议和 2024 年 7 月会议。

在 2023 年 10 月会议中，日本央行放弃了执行已久的将长期利率波动区间控制在 ±0.5% 的限制。由于日本长期利率——如 10 年期国债收益率有上涨动能，这也就意味着日本央行对 10 年期国债收益率上行更加"默认"，而非此前的显著打压。2024 年 3 月会议则被认为具有标志意义。在此次会议上日本央行决定，在利率操作方面只保留对短期利率的控制，不再对金融机构在日本银行账户的存款设定 -0.1% 的政策利率，而是将短期利率目标转为对无担保隔夜拆借利率进行控制，目标为 0.0%~0.1%。此项改动也被视为负利率政策的结束。在长期国债方面，日本央行在此次会议上也不再提及对长期利率的控制，但保留了继续买入长期国债的表述。在资产购买方面，日本央行表示将停止对 ETF 和 J-REIT 的买入，逐步减少商业票据和公司债的购买，并在 1 年后结束购买。在 2024 年 7 月的金融政策会议上日本央行继续加大紧缩力度。日本央行宣布将无担保隔夜拆借利率的目标提升到 0.25%，并且在资产购买方面也明确表示将减小国债的购买力度，原则上每个季度减少 4000 亿日元的购买量。

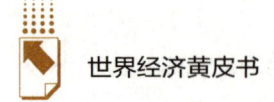

从日本央行以上会议的表述可以看出，日本央行对资产购买相关政策的改变相对较晚。从日本央行的资产负债表也可以看出，2023年下半年到2024年上半年，日本央行的资产负债表依然处在"扩表"周期，虽然进入2024年后资产负债表的扩张步伐有所减缓，但在2024年7~8月，日本央行的资产负债表创下历史新高。2023年7月，日本央行资产金额为741.6万亿日元，2023年12月达到750.0万亿日元。虽然2024年6月日本央行资产负债表较前几个月有所缩小，为753.7万亿日元，但7~8月连创新高，分别为761.7万亿日元和764.8万亿日元。

分项来看，日本央行资产负债表的结构变动较2023年以前出现一定差异，体现为长期国债占比整体有所下降。2023年7月，日本央行持有的国债金额为589.9万亿日元，占日本央行资产总额的79.5%；2024年6月日本央行持有的国债金额为588.5万亿日元，占资产总额的78.1%。其中短期国债占比经历了"上升—下降"的过程，从2023年7月的0.38%上升到2024年4月的0.53%后开始下降，2024年6月降至0.49%，7月和8月先后下降到0.39%和0.35%。日本央行持有的长期国债金额较大，持有金额的变动对资产总额会产生显著影响。2023年下半年到2024年上半年，日本央行持有的长期国债总额从587.1万亿日元下降到584.8万亿日元，占比从79.2%下降到77.6%。相反的是，日本央行在此前一直增持长期国债，日本央行对长期国债管制的放松从该数据也可见一斑。日本央行持有商业票据和企业债的金额也都呈现显著的下降态势，不过该趋势在2023年上半年乃至更早就已经形成。日本央行资产负债表中金额增加较多的是"贷款"，从2023年7月的93.1万亿日元上升到2024年6月的107.0万亿日元，表明日本央行的支持政策更具有针对性。不过该金额与2022年3月的151.5万亿日元相比下降明显——彼时日本经济面临的内外风险较大。

表3　日本银行资产负债表

单位：万亿日元

时间		国债			商业票据	企业债	ETF	J-REIT	贷款	总计
		长期	短期	总计						
2023年	7月	587.1	2.8	589.9	2.6	7.0	37.1	0.7	93.1	741.6
	12月	588.4	3.9	592.3	2.3	6.0	37.2	0.7	99.9	750.0
2024年	1月	593.0	3.9	596.9	2.5	6.1	37.2	0.7	101.4	756.4
	2月	596.7	4.1	600.8	2.6	6.1	37.2	0.7	101.2	760.4
	3月	585.6	4.0	589.7	2.2	6.1	37.2	0.7	107.6	756.4
	4月	589.7	4.0	593.8	2.4	5.9	37.2	0.7	106.3	758.3
	5月	592.8	3.9	596.7	2.1	5.9	37.2	0.7	106.3	761.1
	6月	584.8	3.7	588.5	2.1	5.8	37.2	0.7	107.0	753.7
	7月	589.8	3.0	592.8	2.2	5.7	37.2	0.7	110.8	761.7
	8月	593.5	2.7	596.2	2.1	5.7	37.2	0.7	110.8	764.8

注："总计"还包括其他项目，如"杂项""外汇"等项目，但总体金额不大，包含的信息量有限。
资料来源：日本银行。

（二）金融市场在延续此前趋势后，2024年下半年转折概率加大

2023年下半年，日本10年期国债收益率呈现先升再降的走势。日本10年期国债收益率从7月初的低于0.4%上涨到10月末的高于0.95%。一是日本10年期国债收益率上行受到外围——如美国10年期国债收益率上行的带动；二是市场对日本央行转变货币政策的预期。11月后，随着日本央行对货币金融政策进行微调的措施落地，叠加美国10年期国债收益率开始显著下行，日本10年期国债收益率开始下跌。到2024年1月，最低跌到0.55%附近。之后全球经济进入反弹小周期，通胀预期随之升温，美国10年期国债收益率开始反弹，叠加日本央行"退出负利率"的政策落地，日本10年期国债收益率再度上行，并在7月初达到1.106%的高点。随后，日本10年期国债收益率在8月之后出现猛烈下跌，国内方面，主要源于市场认为日本央行紧缩货币金融政策的力度偏鸽派；国外方面，则是全球尤其是美国的物价增速疲软，

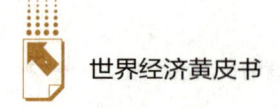

经济下行压力加大，美国10年期国债收益率下跌。综合来看，相较于国外而言日本国内宏观经济状况变动更为温和，日本央行货币金融政策能够对10年期国债收益率产生一定影响，但外围因素尤其是美国宏观因素不可忽视，其对日本10年期国债收益率的影响十分显著。

2023年下半年到2024年上半年，日元兑美元汇率大致经历了"下跌、反弹、再下跌"的过程，进入2024年下半年，日元对美元汇率呈现快速升值态势，不排除日元对美元汇率转折点已经出现的可能。第一阶段，日元对美元汇率在2023年下半年整体呈现贬值再升值的态势，走势与美国10年期国债收益率同日本10年期国债收益率之差（下文简称"美日利差"）走势高度吻合。第二阶段，伴随2023年11月之后美国10年期国债收益率走低，日美利差缩窄，美元对日元汇率也呈现贬值态势。从最高1美元可兑换151.7日元贬到2024年1月2日的1美元可兑换140.88日元。第三阶段，进入2024年，美国10年期国债收益率反弹，美日利差再度拉大，美元对日元汇率一度上涨到161日元兑换1美元左右。伴随着美国10年期国债收益率走低，市场对美联储降息预期不断升温，加之日本央行较为鹰派的态度，2024年7月后日元开始快速升值。日元本轮升值的重要起点是北京时间7月11日美国公布的CPI数据低于预期，以及随后公布的就业等宏观指标低于预期。截至2024年8月30日，美元对日元汇率跌到146.14日元兑1美元，几乎对冲了2024年全部涨幅。伴随着全球经济尤其是美国经济下行压力加大，美元兑日元汇率的高点极有可能已经在161的位置得到确认。

需要注意的是，在2023年下半年到2024年上半年的日元贬值周期中，日本官方部门也有出手干预的行动。结合此前几次干预行为看，日本官方部门对汇率进行干预的点都处在阶段性底部（顶部）区域。根据日本财务省公布的信息，2024年4月29日和5月1日，日本财务省两次出手干预汇率，动用金额分别为5.92万亿日元和3.87万亿日元。这两个交易日中，日元对美元汇率都发生巨震。不过日本财务省此举并没有立刻扭转日元的弱势。此后两个月，美元对日元汇率从大约155的位置升值到最高161.9555。随后日元开始大幅升值。此前日本官方的两组干预行为分别发生在 2022 年 9~10 月和 2010 年 9 月至 2011 年 11 月。前者是日本官方部门意欲缓解日元贬值压力，日本财务省在美元对日元汇率 145 左右位置进行操作。后者是日本官方部门意欲阻止日元升值，在 85~75 的区间多次进行干预。从结果看，日本官方部门的这三次干预行为都没有让日元汇率立刻"转势"。但这三次干预行为的操作价位都处于日元即将"转势"的顶部区域或底部区域。从最近三组日本官方部门的行为可以看出，日本官方部门很难从根本上左右汇率市场走势，但出手干预代表着日本官方部门的态度及其对市场的综合研判结果，值得高度重视。

图 4　2023 年 7 月至 2024 年 9 月美元/日元汇率、美日利差走势

注：图中数据为周均值数据，截至 2024 年 9 月 8 日所在周。
资料来源：Wind 数据库。

股市方面，日本股市在 2023 年下半年到 2024 年上半年维持强势上涨态势。2023 年 7 月，日经 225 指数开于 33517.6 点，之后经历了三个月的回调后，2023 年 11 月再度开启上涨，并在 2024 年 6 月收于 39583.08 点，其间上涨 18.1%。日经 225 指数在本轮反弹中超越了 1989 年日本经济泡沫破裂前夕

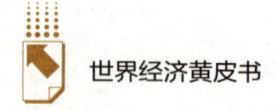

创造的38957.0的历史高点。值得说明的是，日本股市此次反弹并破35年前高点的原因是多方面的。从日本国内角度，"安倍经济学"实施后的扩张货币政策推动了资产价格上涨；日本企业在最近十年里进行的管理改革也有一定成效；与其他国家相比日本宏观数据表现虽不出彩，但相较于此前日本自身状况而言，最近10年的成绩可以说是"及格以上"。以上因素都有助于日本股市上涨。但不可否认的是，在最近10年，尤其是新冠疫情暴发后，全球股市都处于上涨周期，股市的上涨并不完全意味着日本经济"脱胎换骨"。

四　财政状况：政府部门负债有所节制

相较于前几年，日本政府预算增速有所减缓，负债存量与GDP之比保持平稳，从有的维度而言甚至呈现降低态势。一方面在于日本政府预计2023~2024年度经济环境会较前几年更加平稳，从而削减甚至取消了某些项目的支出；另一方面也在于物价提升对债务存量起到了稀释效果。

（一）2024财年预算收缩

相比2023年度，日本政府2024年度预算金额有所减少，总预算金额为112.6万亿日元，较上年度减少1.8万亿日元，降幅为1.6%。2023年是全球以及日本物价增速回落的一年，也是俄乌冲突形势相较于2022年更为平稳的一年。所以，在新冠疫情结束后，物价上涨压力边际缓解，外部政治军事压力没有显著加大的背景下，日本政府部门有条件缩减开支。

在预算收入方面，"税收"有所增加。具体而言，"继承税"、"挥发油税"、"酒税"、"烟税"、"汽车重量税"、"其他税收"和"印纸收入"[①]均有所增加。以上税收增加与日本物价上升存在密切关系。收入减少的项目为"关税"、"石油煤炭税"和"电源开发促进税"。以上减少项目与日本进口金额减少、国际能源价格同比增长疲软以及相关倾斜政策有关。

---

① 类似于印花税。

支出方面，有所增加的是"社会保障相关费"、"文教及科学振兴"、"地方转移支付"和"国债费"，其中前三项主要与民生相关，"国债费"的增加源于日本政府在2024年度需要偿还更多的债务和支付更多的利息。支出减少的项目主要集中于与新冠疫情、能源价格和俄乌冲突有关的项目。

表4　日本财政收入、支出预算金额及变动

单位：万亿日元

指标	2023年度	2024年度
税收	69.4	69.6
其他收入	9.3	7.5
公债	35.6	35.4
以上收入合计	**114.4**	**112.6**
社会保障相关费	36.9	37.7
文教及科学振兴	5.4	5.5
国债费	25.3	27.0
恩赐费用	0.1	0.1
地方转移支付	16.4	17.8
防卫相关费用	10.2	7.9
公共事业相关费	6.1	6.1
经济合作费	0.5	0.5
中小企业对策费	0.2	0.2
能源对策费	0.9	0.9
食品供给费	1.3	1.3
其他费用	5.8	5.7
预备费用	1.0	1.0
新冠疫情对策费及油价・物价上升对策费	4.0	—
油价・物价上升对策费及提高劳动者收入相关预备费	—	1.0
乌克兰情况经济紧急对策费	1.0	—
以上支出总额*	**114.4**	**112.6**

注：国债费指的是国债利息及偿还费用；恩赐费用指的是公务员退休金；经济合作费指的是对发展中国家的经济援助费用。"*"四舍五入原因，以及限于篇幅个别较小项目未列入表中原因，所列数值之和小于总计金额。

资料来源：日本财务省：《令和5年度一般会计岁入岁出概算》《令和6年度一般会计岁入岁出概算》。

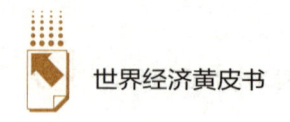

（二）2023年度日本政府部门长期债务存量续创新高，但与GDP之比不变

2023年度日本政府部门长期债务与GDP之比较2022年度呈现下降态势，2024年度继续降低。

从绝对值角度看，日本政府部门长期债务的绝对值依然在上升。2024年度，日本国家负债金额为1136万亿日元，相比于2023年度上升34万亿日元。其中，普通国债余额为1105万亿日元，较2023年度增加29万亿日元，但国债余额与GDP之比则从174%下降到172%，更显著低于2022年度179%的峰值。2024年度日本地方债务余额为179万亿日元，绝对金额和与GDP之比实现了双降，更显著低于2022年度水平。中央与地方合计，长期债务总额为1315万亿日元，较2023年度增加30万亿日元，与GDP之比从2023年度的209%降为206%。

在经历新冠疫情、俄乌冲突和全球物价上涨后，日本政府部门的支出压力有所缓解。此外，相对较高的物价增速和名义GDP增速，也有助于稀释政府部门债务。

表5　日本政府部门长期债务状况

单位：万亿日元，%

指标	2022年度	2023年度	2024年度预计
普通国债余额	1027	1076	1105
对GDP之比	179	174	172
中央和地方长期债务余额	1239	1285	1315
对GDP之比	216	209	206

资料来源：日本财务省：《日本の财政关系资料》相关年份。

五　商品贸易赤字改善，但净出口仍负多正少

相较于2022年，2023年日本贸易赤字问题得到一定程度改善。2023年，

日本商品出口总额为100.4万亿日元，进口商品总额为106.9万亿日元，商品贸易逆差为6.5万亿日元。相较于2022年15.5万亿日元的贸易赤字，情况有所好转。需要说明的是，2023年日本经济增速高于2022年，商品贸易逆差的收窄就贡献了9.0万亿日元，相当于2023年日本名义GDP的1.5%。也可以看出，日本2023年GDP增长的改善，外部因素发挥了重要作用，也反映出日本内需并不强的事实。日本商品贸易逆差收窄主要在于进口额减少。2023年进口商品金额较2022年减少7.5万亿日元，出口则增加了1.5万亿日元。出口方面，2023年增速较快的是交通工具和机械类相关产品，如飞机类增长42.7%、乘用汽车出口增长36.6%、建设用·矿山用机械增长16.2%。进口商品减少主要集中在原料端，木材进口减少44.2%、煤炭减少25.0%、非铁金属减少25.9%、液化天然气减少22.9%等。进口金额减少与全球大宗商品价格在2023年呈现同比下跌态势有关。

进入2024年，日本对外贸易状况保持平稳。上半年出口金额为51.5万亿日元，进口金额为54.8万亿日元，贸易逆差3.3万亿日元。整体情况较2023年而言依然处于相对平稳状态。

图5　2022年1月至2024年7月日本进出口金额

资料来源：日本财务省。

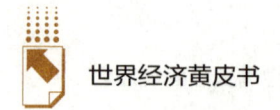

从分地区和国家情况看，2024年上半年日本出口最大的目的国为美国、中国和韩国，金额分别为10.4万亿日元、9.1万亿日元和3.3万亿日元，占比分别为20.2%、17.7%和6.5%，2022年该数据分别为18.6%、19.4%和7.2%。相较于2022年，日本出口对美国进出口依赖度更强，超过中国。进口方面，2024年上半年日本进口商品金额来源最大的国家为中国、美国和澳大利亚，占比分别为21.9%、11.9%和7.2%，2022年该数据则分别为22.2%、10.5%和8.3%。

六　日本经济形势展望

预计2024年下半年全球经济下行压力逐步加大，加之日本国内需求没有明显改善，2024年日本经济状况会较2023年严峻，该状况有可能持续到2025年。

相关机构对日本实际GDP增速的预测值较接近，2024年主要为0.6%左右，2025年主要为1.0%左右。不过，基于前两个季度日本实际GDP负增长的事实，以及2024年下半年全球经济增长遭遇阻力的事实，2024年全年日本GDP实际增速达到0.6%的难度较大，本报告认为日本2024年GDP实际增速可能为0.4%。该预测结果与表6中所列机构的预测值有一定差别，主要原因在于，一是国际机构的预测数据公布时间早于日本第二季度GDP数据，日本第二季度GDP同比增速较低的情况未被考虑。二是日本国内机构对本国的预测往往偏乐观。2025年日本经济预计会有所反弹，实际GDP增速有望达到1.0%。

表6　国际和日本机构对日本实际经济增长率的预测

单位：%

机构	发布时间	报告或文献	2024年	2025年
国际货币基金组织	2024年7月	世界经济展望	0.7	1.0
世界银行	2024年6月	全球经济展望	0.7	1.0
日本银行	2024年7月	经济物价情势展望	0.6	1.0
日本综合研究所	2024年9月	日本经济展望	0.6	1.2

续表

机构	发布时间	报告或文献	2024年	2025年
日本生命保险基础研究所	2024年9月	2024~2025年度经济预测	0.7	1.1
三菱UFJ研究咨询	2024年9月	2024~2025年度短期经济预测	0.6	1.3
三菱综合研究所	2024年9月	内外经济预测修订	0.6	0.8

注：国际机构中，IMF为自然年预测值，世界银行和表格中日本机构的预测值为年度预测值。

资料来源：IMF,"World Economic Outlook," Update; World Bank, "Global Economic Prospects"；日本银行：《経済・物価情勢の展望》，2024年7月；日本総研：《日本経済展望》，2024年9月；ニッセイ基礎研究所：2024・2025年度経済見通し―24年4-6月期GDP2次速報後改定；三菱UFJリサーチ＆コンサルティング：2024-2025年度短期経済見通し；株式会社三菱総合研究所：2024年4-6月期2次QE後「内外経済見通し」改定値。

参考文献

周学智：《日本经济：疫情后的稳定复苏》，载张宇燕主编《2024年世界经济形势分析与预测》，社会科学文献出版社，2024。

日本财务省：《日本の財政関係資料》，2024年版。

日本銀行：《金融市場調節方針に関する公表文》，2023年及2024年上半年相关月份。

日本銀行：《経済・物価情勢の展望》，2024年7月。

日本総研：《日本経済展望》，2024年9月。

ニッセイ基礎研究所：2024・2025年度経済見通し―24年4-6月期GDP2次速報後改定，2024年9月。

三菱UFJリサーチ＆コンサルティング：2024-2025年度短期経済見通し，2024年9月。

株式会社三菱総合研究所：2024年4-6月期2次QE後「内外経済見通し」改定値，2024年8月。

IMF, "World Economic Outlook, Update," 2024年7月。

World Bank, "Global Economic Prospects," 2024年6月。

Y.5
亚太经济：增速放缓

倪淑慧　杨盼盼*

摘　要： 在2023年通货膨胀压力下行和国际旅游业持续复苏等多重利好下，亚太经济增长势头意外强劲，2024年上半年走势向好，但随着紧缩货币政策抑制经济的作用逐渐显现和美联储货币政策的不确定，下半年增长水平预计略低于2023年。2024年亚太地区17个国家的加权平均经济增速预计为4.5%，比2023年下调0.4个百分点，但仍比全球经济增速高1.3个百分点。同时，亚太地区的通货膨胀率持续下行，国际游客增加带来的物价上涨影响有限；在美联储降息预期下，亚太地区多数经济体货币对美元升值；各国经常账户主要受商品出口的影响出现分化，欧美需求下降使得部分国家经常账户恶化，半导体和电子行业需求增长带动部分国家经常账户改善。展望2025年，亚太经济增长面临诸多不确定性，特别是美国政策，将从贸易和金融等渠道对区域内经济增长带来冲击；但是宽松的货币和财政政策下国内需求的稳健增长、半导体和电子行业外需的扩张以及区域贸易协定的推进都将有效拉动本区域经济增长，使其在全球经济增长进程中持续扮演积极角色。

关键词： 国内需求　宽松政策　亚太地区

---

* 倪淑慧，中国社会科学院世界经济与政治研究所助理研究员，主要研究方向为国际金融、金融发展；杨盼盼，中国社会科学院世界经济与政治研究所副研究员、国际金融研究室主任，主要研究方向为国际金融、亚太经济。

亚太经济：增速放缓

2023年，通货膨胀压力的下行和国际旅游业的恢复推动亚太经济复苏进程加快。在《2024年世界经济形势分析与预测》中，我们预计亚太地区主要经济体2023年的加权实际经济增速为4.6%，2023年亚太经济体最终实现的加权增速为4.9%，主要原因是印度的经济增速超预期。在上一年的展望中，我们认为2024年亚太地区经济复苏态势将延续，外部需求改善和国际旅游业的复苏给予区域经济增长较强支撑，但食品价格黏性、高利率水平和债务水平仍使其存在较大不确定性。2024年以来，高利率水平抑制国内需求和大宗商品价格波动使得经济复苏进程受到不利影响；不过亚太地区强劲的货物出口、稳健的内需和旅游业的复苏，使其经济韧性仍好于全球其他地区。展望2025年，更为宽松的货币政策环境、稳健的国内需求和区域内贸易投资的深化，将有望推动亚太经济持续增长，但同时亚太经济也将面临激进的贸易保护和金融市场波动风险。

一 亚太经济形势回顾：2023~2024年

2023~2024年，亚太经济复苏进程仍旧曲折。2023年通货膨胀压力的下行和国际旅游业的恢复推动亚太经济复苏进程加快。全球经济增长放缓、紧缩货币政策的抑制作用以及美联储货币政策的不确定性，使得2024年经济增长态势整体略弱于上年。

（一）各国经济复苏进程不均

亚太经济在2024年的复苏面临多重挑战，但其增速仍高于全球经济增速。2024年，亚太地区17个国家的加权平均经济增速预计为4.6%（见表1），比2023年下降0.3个百分点。根据国际货币基金组织（IMF）2024年10月的预测，2024年全球经济增速预计为3.2%，亚太经济比全球经济增速高1.4个百分点。从这个视角出发，亚太经济仍然是驱动全球经济增长的关键引擎。除中国外的其他亚太经济体2024年经济增速预计为4.3%，也显著高于全球经济增速。按发展阶段分组，区域内发达经济体在2024年的加权平均经济增速预计为1.2%，较上年下降0.3个百分点，低于全部发达经济体的平均经济增速0.6个百分点；区域内新兴和发展中经济体在2024年的加权平均经济增速为5.4%，与上年相比下降0.4个百分点，比全部新兴和发展中经济体的平均经济增速高1.2个百分点。除中国之外的亚太新兴和发展中经济体在2024年的加权平均经济增速为6.1%，比上年低0.4个百分点，比全部新兴和发展中经济体的平均经济增速高1.9个百分点。与2022年不同，中国2023年和2024年实现的经济增速都高于亚太整体经济增速，持续成为拉动区域经济增长的主导力量，回归过去的常态。

表1　亚太主要国家国别和加总经济增长率

单位：%

区域	2020年	2021年	2022年	2023年	2024年	2025年
亚太17国						
中国	2.2	8.4	3.0	5.3	4.8	4.8
日本	-4.2	2.7	1.2	1.7	0.4	1.0
韩国	-0.7	4.6	2.7	1.4	2.5	2.2
文莱	1.1	-1.6	-1.6	1.4	2.4	2.5
柬埔寨	-3.6	3.1	5.1	5.0	5.5	5.8
印度尼西亚	-2.1	3.7	5.3	5.0	5.0	5.1
老挝	-0.4	2.1	2.3	3.7	4.1	3.5
马来西亚	-5.5	3.3	8.9	3.6	4.8	4.4
缅甸	-1.2	-10.5	-4.0	2.5	1.0	1.1
菲律宾	-9.5	5.7	7.6	5.5	5.8	6.1
新加坡	-3.9	9.7	3.8	1.1	2.6	2.5
泰国	-6.1	1.6	2.5	1.9	2.8	3.0
越南	2.9	2.6	8.1	5.0	6.1	6.1
印度	-5.8	9.7	7.0	8.2	7.0	7.0
澳大利亚	-2.1	5.5	3.9	2.0	1.2	2.1
新西兰	-1.4	5.6	2.4	0.6	0.0	1.9
加拿大	-5.0	5.3	3.8	1.2	1.3	2.4

亚太经济：增速放缓

续表

区域	2020年	2021年	2022年	2023年	2024年	2025年
区域及全球加总							
世界	-2.7	6.6	3.6	3.3	3.2	3.2
亚太经济体	-1.2	7.0	4.0	4.9	4.6	4.7
－除中国	-4.1	5.8	4.9	4.7	4.3	4.6
发达经济体	-4.0	6.0	2.9	1.7	1.8	1.8
－亚太	-3.3	4.3	2.4	1.5	1.2	1.7
新兴和发展中经济体	-1.8	7.0	4.0	4.4	4.2	4.2
－亚太	-0.6	7.8	4.4	5.8	5.4	5.4
－亚太除中国	-4.6	6.8	6.4	6.5	6.1	6.1

注：区域及全球加总增速均采用基于购买力平价（PPP）的各国GDP权重测算加权平均增速。增速为保留1位小数四舍五入，这一做法会轻微影响文中差值比较。

资料来源：国际货币基金组织（IMF）《世界经济展望》数据库（2024年10月），2024年和2025年部分国家增速为笔者预测，部分加总指标由笔者测算。

图1中横坐标对应的是2023年亚太地区17个国家的实际GDP增速，纵坐标对应的是2024年各国实际GDP增速预测值，交叉点对应横轴的数值为2023年17国实际GDP增速的加权平均值（5.0%），交叉点对应纵轴的数值为2024年17国实际GDP增速的加权平均预测值（4.5%）。从各国的相对位置可以看出：①2023年引领亚太地区经济复苏的印度、中国，以及越南、菲律宾、印度尼西亚和柬埔寨等东盟国家，2024年增速仍然较高，是拉动区域经济增速的主导力量；②2024年只有马来西亚与区域平均增长水平的相对位置有所调整，表现为2023年经济增速下滑幅度较大，低于平均水平，2024年经济增长缓慢回升，再次成为拉动区域经济复苏的力量；③区内较多发达经济体2024年的经济增速将继续回落至其历史平均水平，反映出其宏观经济政策的正常化，包括新加坡、澳大利亚、新西兰、加拿大和韩国等。

2024年亚太地区的17个主要经济体中有10个经济增长预计较2023年上升（实心点标注），主要为东盟国家、韩国和加拿大。这些经济体的经济增长的原因包括：①区域内多数国家通货膨胀水平持续下行，对私人消费和企业投资形成较好支撑，如菲律宾、新加坡等私人支出上涨较快，有助于维持经济增长。②国际旅游业蓬勃发展，特别是中国出境旅游加快发展，前往马来西亚、新加坡和泰国的中国游客数量增长迅猛，均超过2019年水平；2024年东盟国家整体旅游收入基本恢复至疫情前水平，仍有持续扩张的空间；旅游业的持续复苏带动区域内国家的国内零售贸易大幅上涨，也使得服务出口持续向好，同比增长约8.4%。③人工智能（AI）推动的全球半导体行业上升周期继续支持该区域的出口，全球供应链中断风险的缓解以及全球需求的回暖都使得区域内各国出口大幅上涨，如韩国、越南和马来西亚等。④各国政府采取了一系列政策措施来支持经济增长，整体对区域内国家经济增长和房地产市场稳定起到支撑作用。

2024年亚太地区有7个经济体的经济增长较上年放缓（空心点标注），包括缅甸、日本、印度、澳大利亚、新西兰、中国和印度尼西亚。这些国家经济增长放缓的原因各不相同：①部分经济体在2023年经济增速较快，而2024年因基期效应、经济景气程度略有下降而增速下降，如印度。②缅甸国内政治动荡，使得投资和国际旅游业受到严重打击，同时对天然气、农业、采矿等领域也带来较大冲击，加上居高不下的通货膨胀大大限制了国内民众的购买力提升，使得经济增速下滑超过1.5个百分点。③高财政赤字、汇率大幅波动、货币政策正常化叠加国内经济改革政策的不确定性，是日本经济增速下滑的主要原因，相比2023年，日本经济增速下滑约1.3个百分点。④大宗商品价格下降对区域内大宗商品出口国产生不利影响，如印度、新西兰、澳大利亚和印度尼西亚。⑤中国经济仍然面临总需求不足的问题，投资增速总体偏低，政府开支放缓，因而经济增长较上年有所放缓，2024年9~10月一揽子计划推出后，经济增长有望加速。

（二）通货膨胀继续下行

2024年，全球通货膨胀下行，亚太地区通胀压力也有所缓解。亚太地区主要国家2024年消费者价格指数（CPI）低于世界5.8%的平均水平，仅有老挝和缅甸明显高于世界平均水平，均为22.0%。

亚太经济：增速放缓

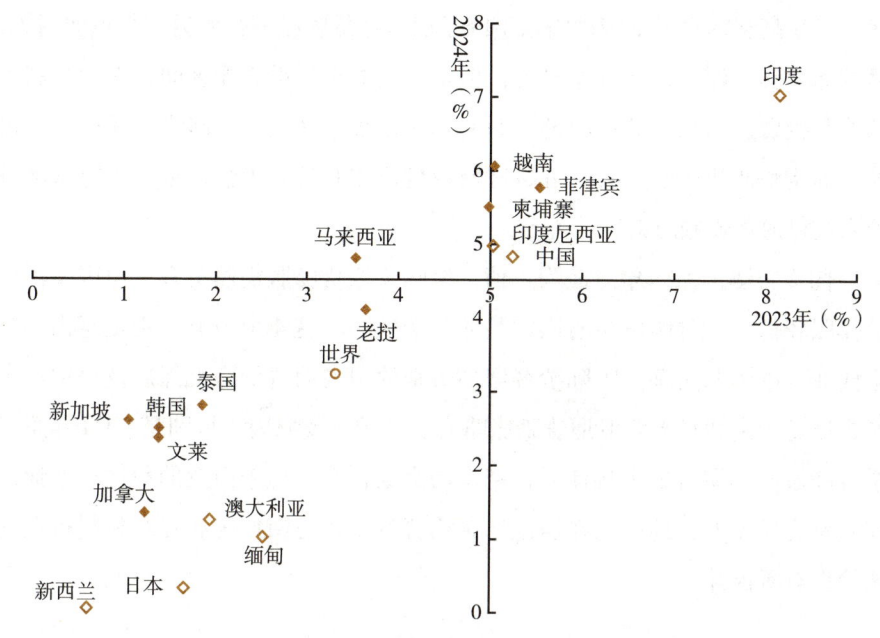

图1 2023年和2024年的亚太主要国家经济增长

注：横轴和纵轴分别代表了对应国家在2023年和2024年经济增长的情况。因此，第一象限（右上）的国家是2023年和2024年GDP增速均快于均值的国家，第三象限（左下）的国家是2023年和2024年GDP增速均慢于均值的国家，第二象限（左上）的国家是2023年GDP增速慢于均值但2024年GDP增速快于均值的国家，第四象限（右下）的国家是2023年GDP增速快于均值但2024年GDP增速慢于均值的国家。按常例，2024年增速较上年提升的国家将用实心点标注，增速下降或持平的将用空心点标注。

资料来源：同表1。

2024年，亚太地区的17个主要经济体中有13个通货膨胀水平较2023年呈现下行态势（见图2），除泰国外，其余国家通货膨胀下降幅度均超过世界平均水平。通货膨胀下行的主要原因是食品等大宗商品价格下降、货币政策收紧造成国内需求放缓、全球供应链的改善和区域内货币走强，具体情况如下：一是2023年极端天气下以主粮大米为代表的食品价格上涨，是亚洲地区出现通货膨胀黏性的主要原因，但2024年食品价格下行带动区域整体通货膨胀下行，如老挝、菲律宾等。二是部分国家政府对国内能源价格实施限价，也推动通货膨胀下行，如澳大利亚政府通过国内天然气供应临时价格上限法

085

案。三是高利率水平下国内需求下降是引致通货膨胀下行的另一个重要因素，尽管菲律宾、印尼已经开始降息，但整体仍处于货币紧缩区间，大大抑制了消费和投资。四是全球供应链中断问题的缓解和区域生产网络的深度融合也推动通货膨胀进一步下行。五是区域内货币相对美元走强，进一步降低区域国家进口通货膨胀压力。

图2右侧国家两年之差为正值，意味着通货膨胀仍然上升，但因整体通货膨胀较低，上升幅度也有限，整体影响较小；这4个国家分别是越南、马来西亚、中国和文莱。国际游客增加带来的国内消费价格上涨以及房地产市场企稳是越南和马来西亚通货膨胀略有上升的主要原因。特别是2024年第二季度随着国际游客的大幅流入，越南的交通行业、马来西亚的餐饮行业通货膨胀都有所提升。此外，在房地产企稳背景下，越南住房和建筑材料行业的物价也有所提升。

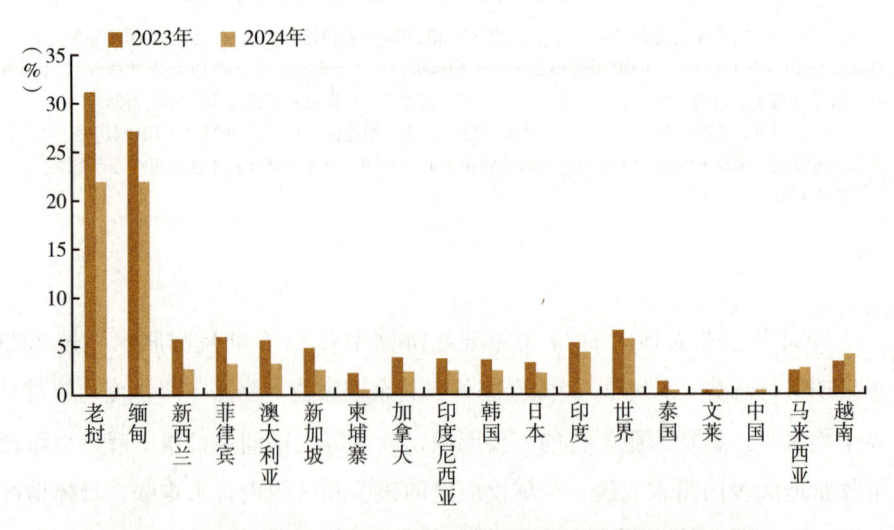

图2　2023年和2024年亚太主要国家和世界的通货膨胀率

注：通货膨胀率为年平均消费者价格指数（CPI）的变动率，国家按2024年与2023年的通胀水平之差由低到高排序，最左边的国家为通胀下降幅度最大的国家，最右边的国家为通胀上升幅度最大的国家。

资料来源：国际货币基金组织（IMF）《世界经济展望》数据库（2024年10月）。

（三）亚太地区多数货币相对美元升值

2024年以来，亚太地区大部分经济体货币对美元升值（见图3）。以2024年9月相对于2024年1月的汇率走势看，亚太地区各国货币对美元的平均升值幅度为1.5%。区域内有10个国家升值，升值幅度超过5%的经济体有2个，分别是马来西亚、泰国。马来西亚（升10.1%）和泰国（升5.9%）是新兴和发展中经济体中升值幅度最大的。新加坡（升3.1%）和日本（升2.3%）是发达经济体中升值幅度最大的。区域内多数经济体货币普遍升值的共同原因是美元在美联储货币政策宽松的预期及进程中呈现相对弱势。马来西亚林吉特是区域内表现较好的货币，稳健的经济增长、通货膨胀处于合理区间、主要贸易伙伴中国的经济政策是该货币升值幅度最大的原因。2024年第二、第三季度，马来西亚经济增速分别为5.8%和5.3%，略高于市场预期，低通货膨胀下家庭消费的增加、政府支持下投资活动的稳健、出口和旅游业的回暖，加上第三季度中国出台经济刺激政策的预期，都推动马来西亚货币持续走高。强劲的出口和外国资本的持续流入是泰国货币走强的主要原因。泰国的出口增长强劲，尤其是电子、汽车和机械制造行业；美联储降息政策下，国际资本持续流入泰国，带动泰国货币走高；但是由于国际资本流入方向的不确定性，泰铢未来走势也存在较大不确定性。

区域内有6个国家货币对美元贬值，包括老挝（贬2.2%）、加拿大（贬0.9%）、印度（贬0.8%）、越南（贬0.7%）、韩国（贬0.4%）和菲律宾（贬0.2%）等。缅甸货币汇率维持不升不贬。老挝货币贬值是由经济基本面导致，居高不下的通货膨胀、大量的外部债务、脆弱的经济、有限的外汇储备，都难以对老挝货币形成有效支撑。为了资助大型基础设施项目，如中老铁路和水电大坝，老挝面临着每年平均约13亿美元的债务偿还义务，约相当于GDP的9.3%。较高的家庭债务、经济增速的放缓和先于美国降息的货币政策，是加拿大货币贬值的主要原因。自2024年3月以来，印度股市出现净流出，9月外资再次净卖出印度股票，是印度货币贬值的主要原因。极端台风天气造成的制造业产量大幅下滑，使得第三季度越南货币反弹较小；受韩朝局势紧张影响，第三季度韩国货币反弹也比较小；两国货币第三季度升值幅度均未能覆盖前两季度的贬值幅度，是越南和韩国货币总体贬值的原因。

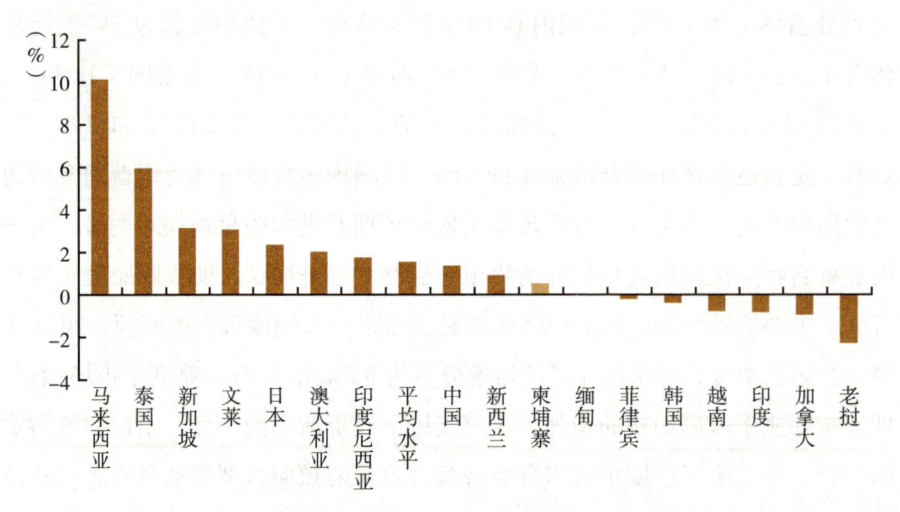

图3　2024年1~9月亚太主要国家汇率走势

注：①所有国家汇率走势均为2024年9月相对于2024年1月的变动。②正数表示本币相对于美元升值，负数表示本币相对于美元贬值，图中按照升值幅度由大到小排列。
资料来源：CEIC。

（四）经常账户受商品出口影响分化

2024年亚太地区的顺差国预计为9个，逆差国为8个。与上年相比，顺差国数量有所下降，逆差国数量有所上升。图4根据2024年和2023年经常账户余额占GDP的比重之差从低到高排列，左侧9个国家两年之差为负值，表明经常账户余额占GDP的比重较上年下降。商品出口下滑是区域内国家经常账户恶化的主要原因，比如柬埔寨主要出口服装类产品至美国和欧盟市场，欧美经济下行使得其出口下滑；中国对煤炭和铁矿石需求的下降使得澳大利亚出口大幅下滑；美国持续关注对越南贸易逆差，实施相应的贸易保护政策，使越南的出口规模逐步降低；能源和大宗商品价格的相对高位使得区域内能源进口国经常账户普遍恶化，如柬埔寨；服务贸易进口的增加是新加坡经常账户恶化的原因，根据EIU国别报告，新加坡服务进口预计从2023年的295.5亿美元增加到2024年的304.8亿美元，为提升国内服务业竞争力，新加坡将增加旅游、金融、教育和医疗相关的设施和服务。

其余8个国家两年之差为正值，表明经常账户余额占GDP的比重出现上升。经常账户改善国中，文莱主要是石油产量增加带动出口规模提升的结果。文莱的Salman油田启动，2024年产量达到峰值，导致其矿物燃料出口增长强劲，经常账户余额占GDP的比重从12.9%上升至15.9%，提升了3个百分点。除了半导体相关产品需求强劲持续推动对外出口增长外，韩国服务出口增速快于进口增速，叠加来自国外投资的利润和分红收入净汇入，使得韩国经常账户余额占GDP的比重从1.9%上升至3.9%，提升了2个百分点。全球电子行业需求逐渐恢复带动出口强劲增长、国际游客恢复至疫情前水平、服务贸易赤字的收窄以及积极参与区域贸易协议等带动马来西亚经常账户不断改善。

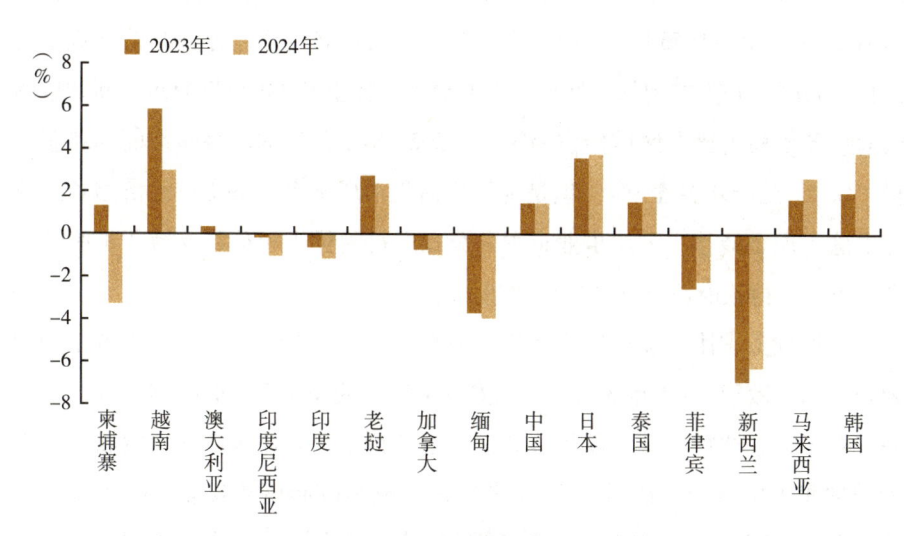

图4 2023年和2024年亚太主要国家经常账户余额占GDP之比

注：国家按2024年与2023年的经常账户余额占比之差由低到高排序，最左边的国家经常账户余额占比下降幅度最大，最右边的国家经常账户余额占比上升幅度最大。新加坡和文莱顺差规模较大，未在图上体现；其中新加坡2023年和2024年分别为19.8%和17.8%，文莱分别为12.9%和15.9%。

资料来源：国际货币基金组织（IMF）《世界经济展望》数据库（2024年10月）。

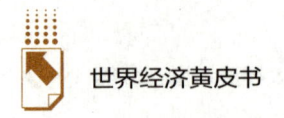

（五）政府债务调整方向出现分化

2024年政府部门的债务调整出现一定程度的分化。相较于2023年，2024年有5个国家的债务规模有所下降，有12个国家的债务规模有所上升，但上升规模总体有限（见图5）。政府债务上升主要源于为促进经济增长而采取的扩张性财政政策。为了稳定市场预期、推动经济高质量发展，中国针对房地产市场、内需、就业等领域，推出了一系列经济刺激政策，叠加经济增速放缓，推动政府债务占GDP比重上升了5.7个百分点。泰国政府采取扩张性财政政策刺激国内需求，通过加快基础设施建设来提升投资水平，如"东部经济走廊"项目和"陆桥"项目，还推出数字现金钱包计划，向"脆弱"群体（福利卡持有者和残疾人）无条件发放泰铢，以上均增加了政府支出，使得2024年泰国政府债务占GDP的比重上升了约2.6个百分点。人口老龄化下社会保障和公共支出的增加使得日本仍然是区域内政府债务水平最高的经济体，2024年为刺激经济增长采取的扩张性财政政策和国防开支的增加，使得日本政府债务占GDP比重提升约1.4个百分点。人口老龄化、提升制造业竞争力的投资和国防开支的增加，使韩国政府债务占比上升1.4个百分点。新加坡的政府债务规模占比在区域内位列第二。2024年1月新加坡将标准商品和服务税（GST）进一步升至9%，但是为了应对生活成本上升并支持经济增长，政府实施了现金转移、公用事业退税、公司所得税优惠和信贷支持等扩张性财政政策，使得政府债务整体规模小幅上升。

政府债务占比下降较快的是老挝和加拿大。除了延续2023年财政紧缩计划外，老挝政府2024年3月将增值税（VAT）税率从7%提高到10%，并提高了对车辆、饮料、游戏设备等商品的消费税率，以此来增加财政收入，收入增加和支出减少，使得2024年老挝再次成为政府债务规模下降幅度最大的国家，政府债务占GDP的比重下降了7.5个百分点。西方对俄罗斯的能源进口禁令将使加拿大的能源出口规模上升，进而政府收入增加，政府债务占GDP的比重持续小幅下降1.4个百分点。

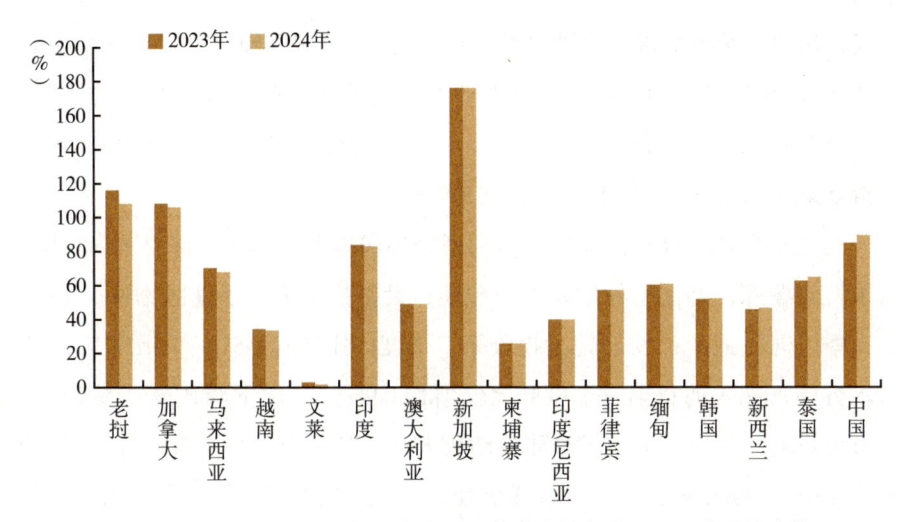

图 5　2023 年和 2024 年亚太主要国家政府债务占 GDP 比重的走势

注：国家按 2024 年与 2023 年的政府债务（GrossDebt）占比之差由低到高排序。日本由于政府债务占比过高，未在图上体现，2023 年和 2024 年分别为 249.7% 和 251.1%。

资料来源：国际货币基金组织（IMF）《世界经济展望》数据库（2024 年 10 月）。

二　亚太主要国家经济形势回顾与展望

本部分主要回顾韩国、印度尼西亚、澳大利亚和加拿大 2024 年经济走势，并对 2025 年的经济增长前景做出展望。①

（一）韩国

韩国经济在 2024 年呈现前高后低走势。韩国经济在 2024 年上半年走势较好，第一季度和第二季度的实际 GDP 同比增速分别为 3.1% 和 2.3%。电子和电气行业周期性上升、半导体相关产品需求强劲持续推动出口和制造业增长，是韩国经济前期走高的主要原因。2024 年 1~9 月，韩国出口表现较好，同比增速连续为正，多个月份还呈现双位数增长，进口第三季度恢复正

---

① 本地区主要经济体的选取参考的是亚太地区 G20 国家，其中中国、日本和印度的经济形势请参见本黄皮书其他报告。

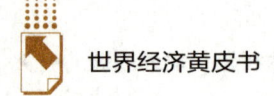

增长；出口持续增加带动贸易顺差不断扩大，6月贸易顺差达到82.8亿美元，是2020年9月以来的高点。从制造业PMI来看，前三季度PMI平均分别为50.6、51.0和50.5，均在荣枯线以上，但是月度数据略有波动，其中3月和4月滑至荣枯线以下，9月更是跌至48.3的低点。

与出口保持较高增速不同，高利率叠加房地产市场下行使得国内投资和需求持续萎靡，韩国整体增长不及预期。设备投资第一季度同比减少1.0%，第二季度同比减少3.4%；建设投资第二季度同比下降0.5%，环比下降1.7%；需求方面，私人消费第二季度同比仅增长0.9%，环比下降0.2%。受美国经济形势影响，韩国金融市场整体波动较大，年初韩国综合指数半月内下跌近9%，韩国金融服务委员会推出禁止股票卖空政策和"企业价值提升计划"，带动韩国股市在第一季度末较年初低点上涨12.8%；但是在第三季度全球股市整体上行的背景下，韩国综合指数下跌7.3%；特别是8月5日，较7月中旬下跌超过15%。随着通货膨胀水平明显趋稳，韩国央行于2024年10月11日将基准利率下调25个基点至3.25%。

展望2025年，半导体、消费电子、电动车、创意产业等相关产品出口仍将为韩国经济增长提供一定支撑，通货膨胀下行和宽松的货币政策将带动国内投资和消费稳步复苏，政府减税计划也将推动高端制造业发展；但是2024年第三季度全球PMI下滑使得外需或不及预期、韩国电子产品出口面临着来自中国等新兴国家的竞争压力，房地产市场风险、高水平家庭债务和金融市场的波动在制约私人消费的同时，也给经济增长带来较大不确定性，而美国关税政策和韩朝关系再度紧张也将给韩国经济造成一定负面影响。因此，预计韩国经济2024年将小幅下滑，增速为2.2%左右。

（二）印度尼西亚

印度尼西亚是东南亚的内需大国，2024年前三季度国内需求增长较为强劲，叠加稳健的国内外投资和对外贸易，带动印度尼西亚经济增长较为稳健。印尼2024年第一季度和第二季度的实际GDP同比增速均为5.1%，这一增速基本与2023年同期持平。从消费者信心指数来看，前三季度分别为124.0、125.4和

123.8，1~9月平均为124.3，基本与2023年持平，处于相对高位。印尼政府重视基础设施建设和产业链的发展，如基础金属工业和电动汽车电池行业；2024年上半年印尼共获得530亿美元的国内外投资，同比增长22.3%，其中外商直接投资达到269.2亿美元，占国内外投资的比重达到50.8%，远超同期泰国238亿美元的规模。贸易方面，印尼出口从2024年第二季度起稳步回升，7~8月出口同比增速均为6.6%；进口增长更为显著，7~8月进口同比增速分别为11.1%和9.5%，这使得印尼整体贸易顺差收窄。

2024年以来，印尼的制造业PMI经历了第一季度的稳步上扬之后呈现明显触顶回落态势，前三季度分别为53.3、51.9和49.1，7~9月分别为49.3、48.9和49.2，连续3个月处于荣枯线以下；上一次连续3个月收缩还是在2020年新冠疫情期间；本年度制造业的持续不景气是由全球宏观经济低迷和汇率升值增加投入成本等造成的。制造业景气程度下滑背景下印尼裁员人数大增。印尼人力部的数据显示，截至2024年9月，印尼裁员人数已增至52993人，较2023年9月增加25.3%，较2024年8月增加14.6%。与此同时，在外国游客大幅增长的背景下，5~9月印尼消费者价格指数（CPI）环比连续下降，也反映出其国内需求逐渐疲软迹象。为推动经济增长，印尼央行于2024年9月18日将政策利率下调至6.00%，考虑到制造业不景气和内需疲软，预计第四季度其有可能进一步降息。

展望2025年，印尼经济预计将保持5.0%或更高的增速。这一增速是印尼经济增长的长期平均水平，也比疫情前水平要高。区域价值链的重塑，有望继续支撑印尼国内投资和出口增长；印尼央行降息以及通货膨胀上升趋缓，使私人消费增速将略有加快；国际旅游业的复苏和加入区域贸易协定的申请也能对经济增长起到一定的支持作用。需要注意的是，高利率和内需疲软使得政府预算赤字率和政府债务规模不断提升，加上国内熟练劳动力的缺乏，限制了国内外投资推动高价值制造业发展的能力。

（三）澳大利亚

澳大利亚为区域内重要的大宗商品出口国，包括铁矿石和煤炭等关键大

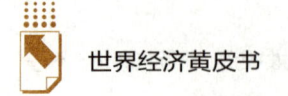

宗商品在内的出口价值不断下降，药品和服装等消费品的进口激增，叠加高利率下私人需求疲软，2024年上半年经济增速有所下滑。从季度GDP同比增速来看，第一季度和第二季度分别增长1.1%和1.0%，环比增速均为0.2%，考虑减税提振消费支出，经济状况将在2024年下半年有所改善，预计澳大利亚2024年经济增速为1.3%左右。贸易条件恶化是澳大利亚经济增速放缓的主要原因。中国经济增速放缓和向低碳替代品的转变，对澳大利亚炼焦煤和铁矿石的需求逐渐下降，1~8月澳大利亚出口额同比均为负增长，3月增速为-13.7%；进口端则大幅上涨，1~7月进口同比增速均为正，其中3个月增速为双位数，最高为2月的17%。高利率下通货膨胀的相对黏性使得私人消费持续疲软。第二季度，澳大利亚消费者物价指数CPI为3.8%，较第一季度上涨0.2个百分点；教育、住宅和交通分项CPI同比增速分别为5.6%、5.2%和4.6%。4~5月家庭消费开支指数同比增速分别为2.0%和1.3%，远低于2023年同期约10%的增速。来自Finder的调查数据，40%的澳大利亚人的储蓄不足1000澳元，近半数的人如果收入中断，仅靠储蓄最多只能维持一个月的生活。为应对居民家庭财务压力，2024年7月1日，澳大利亚政府第三阶段减税政策正式实施，涉及现金补贴、最低工资、能源成本、退休金、关税和签证等多个方面，将对家庭消费和收入带来正面影响。政府预计在2024/2025财年财政赤字将扩大，一方面铁矿石需求疲软使得财政收入减少，另一方面减税措施和住房供应方面的政府支出均增加，2024年财政余额将从小幅盈余转向赤字，预计财政赤字率为1.5%。

展望2025年，尽管商品外部需求增长持续放缓，但是政府减税计划将带动私人消费稳步复苏；进一步，2024年第四季度澳大利亚国民银行下调所有固定利率贷款期限内自住业主和投资者的固定抵押贷款利率，表明澳大利亚储备银行有望在2025年初开启降息周期，这有利于私人消费和投资的稳步增长，预计2025年澳大利亚经济增长将小幅上涨至2.1%。

（四）加拿大

受高水平家庭债务负担和劳动力市场压力上行的影响，加拿大2024年上半年经济增长出现下滑。第一季度和第二季度GDP同比增速分别为0.7%和0.9%。高利率、住房成本的持续上行，叠加较高的家庭债务水平，加拿大消费者破产数量不断上升，8月加拿大消费者提交了11388份破产申请，比上年同期增长8.9%。这一数字仅次于2009年经济大衰退期间的破产申请量，显示出消费者正面临前所未有的财务压力。劳动力市场压力加大，失业率从1月的5.3%一路攀升至8月的7.5%，尽管9月快速下滑至6.5%，但劳动力市场仍较为疲软。加拿大统计局数据显示，6月共有46354家企业倒闭，这是四年来最大的一波倒闭潮，企业倒闭率上升至5.0%。随着消费者需求的减少，新企业的创办数量也急剧下降。6月，加拿大新企业的创办数量为39482家，是自2023年3月以来的最低水平。

加拿大通货膨胀压力得到缓解，8月CPI同比增速降至1.9%，达到央行2%的政策目标，9月进一步下降至1.7%。尽管通货膨胀稳步下行，但是住房价格仍居高不下，特别是租金价格；9月住房分项CPI同比水平较年初的6.5%有所下滑，但仍在5%的相对高位。随着整体通货膨胀稳步下行，6月加拿大成为首个降息的G7国家，截至9月已经连续降息三次，从5%降至4.25%，降息合计75个基点，10月23日再次降息50个基点；综合考虑通货膨胀下行和高失业率，预计加拿大央行在12月会再次降息50个基点，有经济学家建议其一次性降息75个基点。

展望2025年，加拿大经济或将探底回升。美国大选引发的诸多不确定性也会对加拿大经济带来一定冲击，如贸易摩擦等；国内较高的家庭债务水平和失业率也将限制经济复苏步伐。但是随着通货膨胀水平和基准利率的下降，消费者和企业的信心将在2025年得到改善；利率下降预计将减轻高负债家庭部门的负担，有利于推动家庭部门支出的增加和房地产市场的复苏。预计加拿大2024年经济增速为1.3%，2025年将回升至2.4%。

三 2025年亚太经济展望

从上述分析不难看出，亚太地区不少经济体的经济2024年第三季度呈

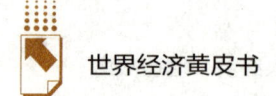

现增速略有放缓态势，2025年这一态势有较大可能延续，但是亚太经济体仍将是世界范围内最有活力的经济体，亚太区域经济增速将显著高于世界经济增速。带动亚太区域经济持续增长的因素有：其一，全球供应链中断风险缓解带动通货膨胀持续下行，为货币政策宽松提供了更大空间，这将有利于区域内国家私人消费和投资的扩张，叠加原本稳健的国内需求，对经济提供了较强支撑；其二，各国政府将继续实施刺激性财政政策，如减税、补贴或基础设施投资，这样有利于经济持续稳健增长；其三，对半导体和电子产品需求的增长，特别是区域内国家对半导体产业的持续投资，将带动本区域出口保持强劲；其四，国际旅游业的持续复苏和《区域全面经济伙伴关系协定》（RCEP），也将持续推动本区域经济增长。

但是也仍有许多不确定性可能将放缓区域经济增长进程，包括：其一，尽管2025年区域内多数国家货币政策将趋于宽松，但是货币政策对企业利息成本的影响存在一定的滞后效应，短期对国内投资的刺激作用存在较大不确定性。其二，美国大选和中美贸易关系紧张对区域内经济增长带来较大影响，激进的贸易保护政策可能会在不同程度上抑制区域经济增长前景。其三，极端天气风险仍有可能扰动食品供应和价格，不断升级的地缘政治冲突可能会再次触发全球供应链中断风险，并推高全球能源价格和货运成本；潜在的价格上涨必将阻碍区域内贸易增长，并再次推高区域内部分国家通货膨胀。其四，美国货币政策的不确定性也将对区域内金融市场稳定带来较大冲击，增强区域金融的脆弱性，严重时或将触发金融危机。综上，本报告预测2025年亚太经济增速约为4.7%，略低于2023年的增速。

参考文献

张宇燕主编《2024年世界经济形势分析与预测》，社会科学文献出版社，2024。

中国社会科学院世界经济与政治研究所世界经济预测与政策模拟实验室：《CEEM全球宏观经济季度报告》，2023年第4季度至2024年第3季度。

Asian Development Bank, "Asian Development Outlook (ADO) 2024: Steady Growth, Slowing Inflation," July 2024.

Asian Development Bank, "Asian Development Outlook (ADO) 2024: Update: Solid Growth as Inflation Eases, Yet Risks Loom," September 2024.

ASEAN+3 Macroeconomic Research Office, "ASEAN+3 Regional Economic Outlook 2024," May 2024.

ASEAN+3 Macroeconomic Research Office, "Update of the ASEAN+3 Regional Economic Outlook 2024," October 2024.

Economist Intelligence Unit, "Country Reports, 17 Countries: Australia, Brunei Darussalam, Cambodia, Canada, China, India, Indonesia, Japan, Korea, Lao P.D.R., Malaysia, Myanmar, New Zealand, Philippines, Singapore, Thailand, Vietnam," October 2024.

International Monetary Fund, "World Economic Outlook: Steady but Slow: Resilience amid Divergence 2024," April 2024.

International Monetary Fund, "Regional Economic Outlook Asia and Pacific:Steady Growth amid Diverging Prospects 2024," April 2024.

International Monetary Fund, "World Economic Outlook:Policy Pivot, Rising Threats, 2024," October 2024.

International Monetary Fund (IMF), "World Economic Outlook Database," October 2024.

Y.6
印度经济：强劲反弹

贾中正 *

摘　要： 2023/2024 财年，印度经济在前期复苏的基础上强劲反弹，实际 GDP 增速为 8.2%，是世界主要经济体中增长最快的。印度经济景气度较高，采购经理人指数（PMI）一直处于扩张区间。通货膨胀率呈下降趋势，且已降至通胀目标值以下。印度农村的通货膨胀率明显高于城市，但二者通胀率均呈下降趋势。批发价格指数（WPI）缓慢回升。失业率持续下降，男性失业率明显低于女性。劳动参与率创新高。印度卢比的实际有效汇率持续回升，创六年半来的新高。印度股市延续趋势性上涨行情，股指迭创历史新高。财政政策积极扩张，债务规模逐步扩大。货币政策保持稳定，但降息节点或将临近。展望未来，影响印度经济走势的外部因素包括全球经济复苏进程、发达经济体推行宽松货币政策的节奏和力度、大宗商品价格波动程度、地缘政治风险水平以及极端气候变化等；内部因素则包括最终消费支出、政府投资、服务业和制造业活跃度、通货膨胀率走势等。综合考虑各方面因素，本报告预计 2024/2025 财年印度实际 GDP 增长率为 7.0% 左右，2025/2026 财年经济仍将保持较高增速。

关键词： 经济增长　股票指数　财政政策　货币政策　印度

印度经济在 2022/2023 财年持续复苏的基础上，2023/2024 财年强劲反弹

---

* 贾中正，中国社会科学院世界经济与政治研究所助理研究员，主要研究方向为世界经济、国际政治经济学。

印度经济：强劲反弹

至8.2%，在世界主要经济体中是增长最快的。该增速高于本报告上一年度的预测值，主要是因为2023年经调整后的季度经济增速超预期，例如，得益于私人消费支出和固定资本形成总额的贡献和拉动，2023年第二季度印度经济增速较初值上调0.4个百分点，加之第四季度经济增速创财年新高，整个财年经济实现强劲增长。具体来看，印度经济景气度较高，通货膨胀率呈下降趋势，失业率持续下降，印度卢比的实际有效汇率持续回升并创六年半来的新高，股指迭创历史新高，财政政策积极扩张，货币政策保持稳定。展望未来，综合考虑各方面因素，本报告预计2024/2025财年印度实际GDP增长率为7.0%左右，2025/2026财年经济仍将保持较高增速。

一 经济强劲反弹

2023年第二季度，印度实际GDP增长率为8.2%，较上年发布的初值上调0.4个百分点。从需求侧"三驾马车"的影响来看，私人消费支出对经济的贡献率和拉动作用最大，固定资本形成总额的贡献率和拉动作用次之。具体来看，私人消费支出对当季经济增长的贡献率为38.6%，拉动经济增速3.2个百分点；固定资本形成总额的贡献率为35.6%，拉动经济增速2.9个百分点；净出口的贡献率为-66.7%，拖累经济增速5.5个百分点，成为掣肘经济增长的主要因素。需要注意的是，统计误差项对当季经济增长的贡献率高达94.9%，拉动经济增速7.8个百分点（见图1）。后疫情时代私人消费支出惯性反弹、服务业快速复苏以及基础设施投资活动显著增多等的共同作用，是第二季度经济增速大幅反弹的主要原因。

随着私人消费支出的拉动作用明显减弱，第三季度实际GDP同比增长率小幅回落至8.1%。其中，私人消费支出和政府消费支出的贡献率分别为19.1%和15.0%，拉动经济增速1.5个和1.2个百分点；固定资本形成总额的贡献率为47.8%，拉动经济增速3.9个百分点；净出口的贡献率为-22.8%，拖累经济增速1.8个百分点。第四季度实际GDP同比增长率大幅反弹至8.6%，创该财年季度增速新高。其中，支撑增长的主要因素是私人消费支出和固定资本形成总额，贡献率分别为28.8%和36.0%，拉动经济增速2.5个和3.1个百分点；净出口的贡献率是-15.0%，拖累经济增速1.3个百分点。在全球经济复苏乏力的大背景下，净出口对印度季度经济增长的拖累较为明显，但后续随着稳步复苏引致外需增加，净出口对季度经济增长的作用也由负向拖累逐步转为正向拉动。

进入2024年，印度经济反弹势头明显减弱，经济增速逐季下滑。2024年第一季度实际GDP同比增长率回落至7.8%，这与固定资本形成总额的贡献率和拉动作用明显减弱有关，私人消费支出的贡献率和拉动作用也出现下降，但同时，净出口的贡献率和拉动作用开始由负转正，成为助推经济持续复苏的重要力量。具体来看，固定资本形成总额的贡献率为28.0%，拉动经济增速2.2个百分点，比2023年第四季度分别下滑8个和0.9个百分点；私人消费支出和政府消费支出的贡献率分别为28.2%和1.3%，拉动经济增速2.2个和0.1个百分点，私人消费支出的贡献率和拉动作用比2023年第四季度分别下滑0.6个和0.3个百分点；净出口的贡献率为1.1%，拉动经济增速0.1个百分点，相较于2023年第四季度均扭负为正。

2024年第二季度，印度实际GDP同比增长率进一步回落至6.7%，低于预期的6.8%，是近15个月来最低的季度增长率，预示着经济反弹势头显著减弱，这与上年同期高基数效应、极端天气条件及选举期间政府活动受限等有关。从行业和产业的贡献来看，涵盖建筑业与电力、燃气、水供应和其他公用事业服务以及制造业等领域的第二产业增长成为推动经济增长的关键驱动力，其增速达到8.4%，其中建筑业与电力、燃气、水供应和其他公用事业服务的增长尤为突出，分别为10.5%和10.4%；制造业增长7.0%。相较而言，第三产业的增长则急剧放缓，从上年同期的10.7%降至7.2%，其中贸易、旅游和通信领域的增长放缓尤为显著，从9.7%降至5.7%。从需求侧"三驾马车"的影响来看，私人消费支出和政府消费支出的贡献率分别为62.6%和-0.4%，拉动经济增速4.2个和-0.02个百分点；固定资本形成总额的贡献率为38.8%，拉动经济增速2.6个百分点；净出口的贡献率为10.0%，拉动经济增速0.7个百分点。考虑到包含消费和投资的内需约占印度经济活动的 70%，①内需的稳健复苏叠加外需的回暖对推动经济增长发挥了至关重要的作用。

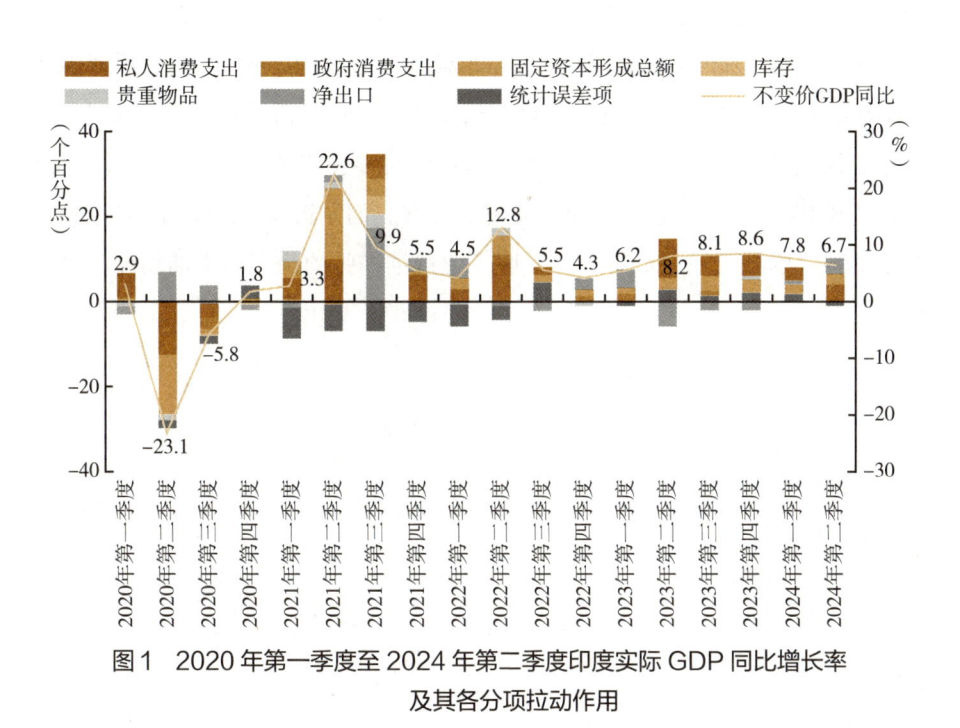

图1 2020年第一季度至2024年第二季度印度实际GDP同比增长率及其各分项拉动作用

资料来源：印度统计和计划执行部（MOSPI）、Wind数据库。

印度经济景气度较高，一直处于扩张阶段。2023/2024财年，印度月度综合采购经理人指数（PMI）均在50%的枯荣线以上，特别是进入2024年，综合PMI在3月达到61.8%的高点后下滑至8月的60.7%（见图2），但1~8月的综合PMI均突破了60%。分制造业和服务业来看，制造业PMI的月度数据也均在50%的枯荣线以上，在2023年12月跌至54.9%的低点后开始反弹，并在2024年3月升至59.1%的高点后有所回落，8月降至57.5%。标普全球（S&P Global）在2024年6月3日发布的汇丰印度PMI报告显示，印度制造业企业对未来增长前景的乐观态度达到近九年半以来的最高水平，这种信心

---

① India Brand Equity Foundation, "Indian Economy: Overview, Market Size, Growth, Development, Statistics," https://www.ibef.org/economy/indian-economy-overview, September, 2023.

主要来自创新及其对经济和需求增长将保持强劲的预期。相较而言，服务业的经济景气度更高，服务业PMI月度数据不仅均在50%的枯荣线以上，且在2024年1~8月均超过60%。服务业PMI先在2023年7月达到62.3%的高点后，逐步回落至11月的56.9%低点，2024年1月反弹至61.8%，之后回落至8月的60.9%。总体而言，印度经济景气度较高，经济活动处于扩张区间，且服务业比制造业更加活跃。印度经济结构一直存在服务业"超前"、制造业"落后"的现象，服务业占GDP比重超过50%，而制造业占比仅为15%左右。鉴于这种"倒挂式"的经济结构，服务业持续扩张的确有助于推动经济强劲反弹。

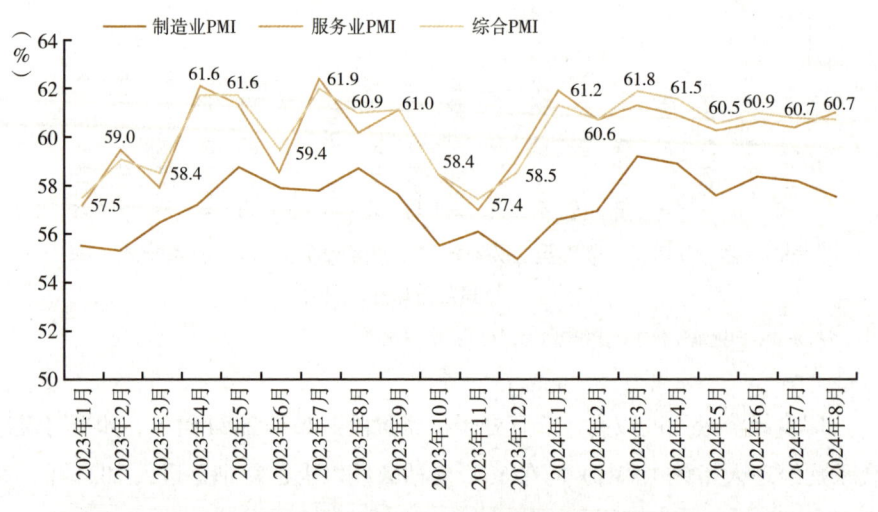

图2　2023年1月至2024年8月印度采购经理人指数（PMI）走势

资料来源：标普全球（S&P Global）、CEIC数据库。

二　通胀率总体下滑，失业率降至新低

通货膨胀率总体呈下降趋势，且已降至通胀目标值以下。2024年前8个月，消费者价格指数（CPI）同比增长率均值为4.6%，比上年同期（均值

5.8%）下降1.2个百分点。自2023年9月以来，印度通货膨胀率并未再突破其央行设定的6%的上限。特别是进入2024年，通货膨胀率在波动中延续下降态势，并在7月降至3.54%的阶段新低（见图3），这是自2019年10月以来首次跌至印度央行设定的通胀目标值4%以下。

  从CPI走势看，2023/2024财年，印度CPI同比增长率先从2023年4月的4.70%跌至5月的4.31%，又逐月反弹至7月的7.44%，创近15个月的新高，之后CPI开始总体进入下降通道。进入2024年，CPI同比增长率7月下跌至3.54%的低点，创近59个月的新低，8月CPI稍有反弹至3.65%，略超预期，但仍低于印度央行设定的目标值。究其原因，2023年夏季高于平均水平的持续高温叠加洪涝灾害等的影响，致使番茄、洋葱和土豆等印度民众消费的主食减产，占CPI篮子约一半的食品价格同比上涨11.51%，此外，燃料和照明价格同比上涨3.67%，住房价格同比上涨4.47%，导致2023年7月通胀率升至新高。为了遏制不断上涨的粮食价格，印度政府在2023年7月禁止出口除巴斯马蒂香米以外的白米，该决定影响了约25%的大米出口，加之印度业已对小麦和糖实施了出口限制，同时采取增加关键商品供给等措施，这对飙升的食品价格降温发挥了重要作用。随着极端天气和自然灾害的影响逐渐消退、相关支持政策效果不断释放，印度通胀率自2023年7月开始总体呈下滑趋势，并在2024年7月创阶段新低。国际货币基金组织（IMF）在2024年10月发布的《世界经济展望》报告中预测，2024年印度的通货膨胀率或将达到4.4%，比4月的预测值下调0.2个百分点；2025年则进一步下降至4.1%，比4月的预测值下调0.1个百分点。亚洲开发银行（ADB）在2024年7月发布的《亚洲发展展望》报告中预测，2024/2025财年印度的通货膨胀率约为4.6%，2025/2026财年则进一步下滑至4.5%。

  印度农村的通货膨胀率明显高于城市，但二者通胀率总体均呈下降趋势，通胀压力明显减弱。2024年1~7月，农村CPI同比增长率均值为5.2%，城市CPI同比增长率均值为4.2%，前者比后者高1个百分点。相较于2023年同期，农村和城市CPI同比增长率分别下降0.5个和1.4个百分点。从月度数据来看，农村CPI同比增长率从1月的5.34%降至7月的4.10%，创近33个月新低；

城市 CPI 同比增长率则从 1 月的 4.92% 降至 7 月的 2.98%，创近 66 个月新低。二者的通胀率均已处于印度央行设定的目标值附近，且城市通胀率明显低于目标值，预示着通胀压力明显减弱。

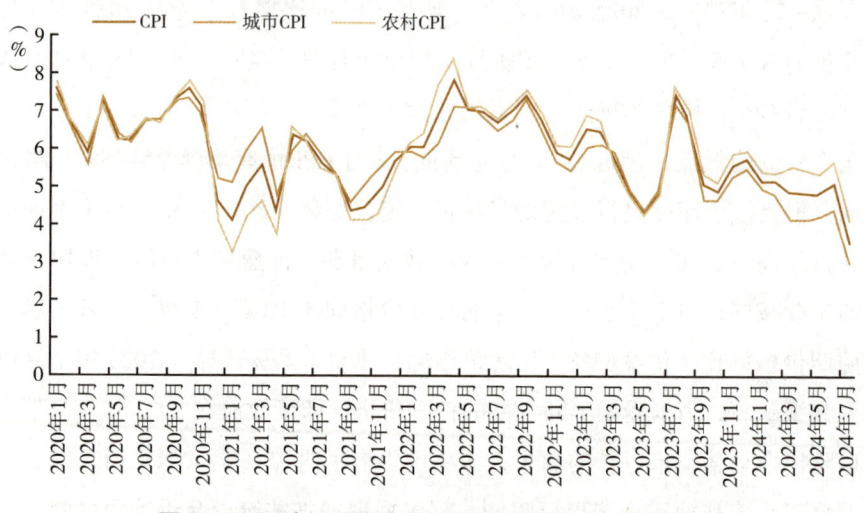

图3 2020年1月至2024年7月印度CPI同比走势

资料来源：印度统计和计划执行部（MOSPI）、Wind 数据库。

批发价格指数（WPI）缓慢回升。2023/2024 财年，印度 WPI 同比增长率呈深"V"形走势，从 2023 年 1 月的 4.8% 下滑至 6 月的 -4.2%，创自 2015 年 11 月以来的新低，而后开启反弹进程，11 月由负转正至 0.4%（见图4）。进入2024年，WPI 同比增长率在波动中延续回升态势，从 1 月的 0.3% 升至 6 月的 3.4%，创近 16 个月新高，这主要与蔬菜、食品和制成品等价格明显上涨有关。其中，蔬菜价格飙升38.76%，比5月高6.34个百分点；食品价格同比上升8.68%，比5月高1.28个百分点；制成品价格同比上涨1.43%，比 5 月高 0.65 个百分点。7 月 WPI 出现明显回落，约为 2.0%。这意味着价格从批发端向消费端的传导压力减弱，有利于降低通胀预期，缓释通胀压力。

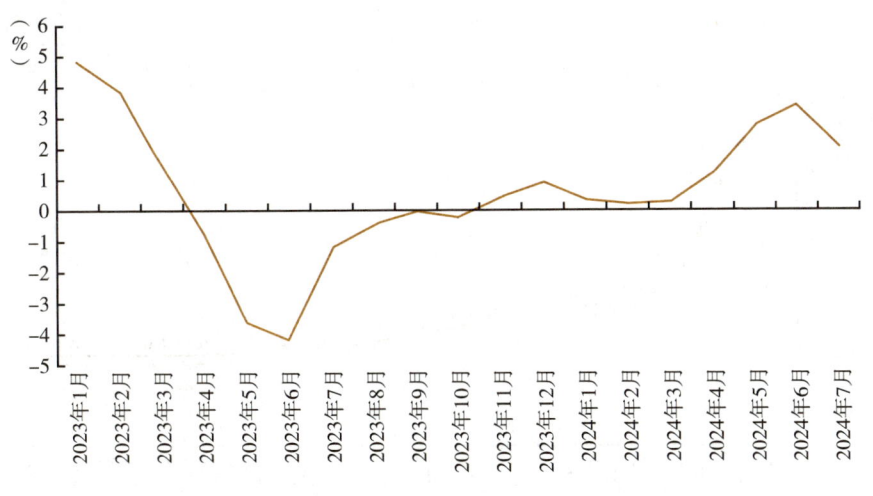

图4　2023年1月至2024年7月印度批发价格指数同比走势

资料来源：印度商业和工业部、CEIC数据库。

失业率持续下降，男性失业率明显低于女性。印度统计和计划执行部（MOSPI）的季度统计数据显示，印度城镇失业率在2020年第二季度达到创纪录的高位20.9%后，总体呈下降态势。2024年第一季度城镇失业率为6.7%，第二季度下滑至6.6%（见图5），是有季度统计数据以来仅次于2023年第四季度（6.5%）的次低，说明印度失业率虽然偏高，但就业市场总体仍处于复苏中。男性失业率明显低于女性。其中，2024年第一季度城镇男性失业率为6.1%，第二季度城镇男性失业率为5.8%，创季度统计新低。相较而言，第一季度城镇女性失业率为8.4%，也创季度统计新低；第二季度城镇女性失业率为8.9%，远高于城镇男性失业率。女性高失业率不利于印度人口红利的有效释放，解决女性失业问题需要多措并举，包括强化支持女性就业观念、改善教育体系以提高女性受教育程度、加强针对女性的职业培训、鼓励企业雇佣更多适龄女性以及加强对女性的保护等措施。另据印度经济监测中心（CMIE）的数据，2024年8月，印度失业率为8.5%，比7月的7.9%上升0.6个百分点。当月失业率上升的同时，劳动参与率也大幅上升。适龄劳动人口中寻找工作者比例明显上升，求职者人数大幅增加，岗位竞聘激烈，是8月失业率上升的主因。

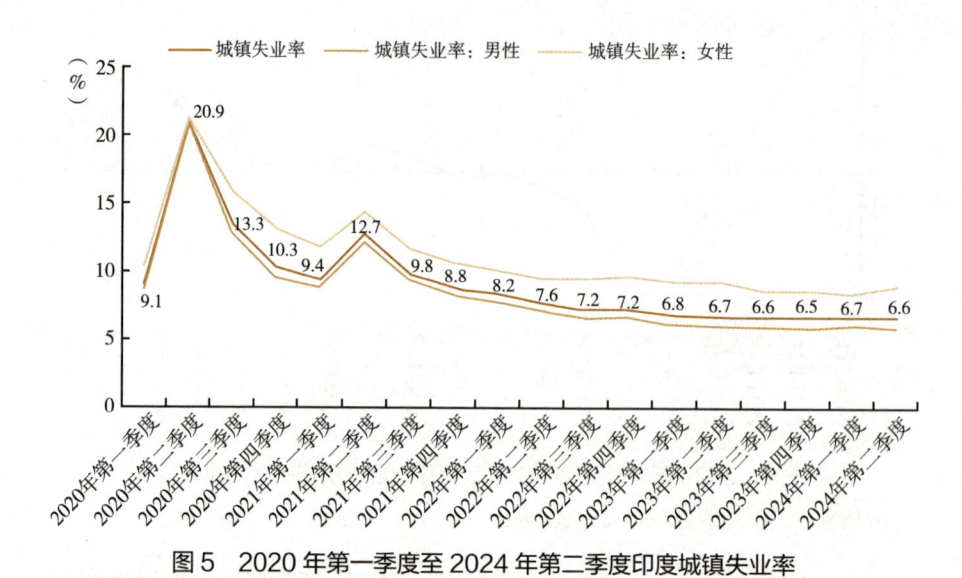

图5 2020年第一季度至2024年第二季度印度城镇失业率

资料来源：印度统计和计划执行部（MOSPI）、Wind数据库。

劳动参与率创新高，男性劳动参与率远高于女性劳动参与率。根据印度统计和计划执行部（MOSPI）的数据，2024年第一季度，15岁及以上的劳动参与率为50.2%，创季度统计新高；第二季度15岁及以上的劳动参与率为50.1%（见图6），是季度统计次高。男性劳动参与率约是女性劳动参与率的3倍。其中，2024年第一季度和第二季度，15岁及以上男性劳动参与率分别为74.4%和74.7%，是季度统计的次高和新高。同期，15岁及以上女性劳动参与率分别为25.6%和25.2%，是季度统计的新高和次高。印度女性劳动参与率低，不仅与其根深蒂固的歧视女性的文化和社会氛围密切相关，而且也与多数女性受教育程度不高、雇主雇佣女性意愿不高、女性在公共场所安全感不足等有关。

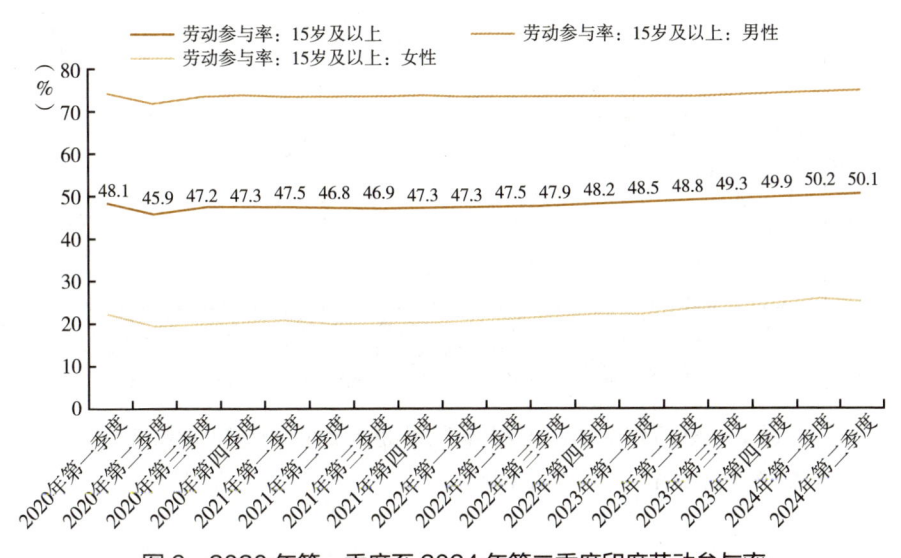

图6 2020年第一季度至2024年第二季度印度劳动参与率

资料来源：印度统计和计划执行部（MOSPI）、Wind数据库。

三 汇率持续回升创阶段新高，股指迭创历史新高

印度卢比的实际有效汇率持续回升，并创六年半来的新高。2023年以来，印度卢比实际有效汇率（以2018~2019年为基期）开启上升趋势，从1月的96.54大幅爬升至7月的101.44，之后高位震荡下滑至12月的99.63（见图7）。进入2024年，印度卢比实际有效汇率重拾升势，从1月的99.86持续攀升至7月的102.8，创自2018年2月以来的新高。总体来看，2024年1~7月，印度卢比的实际有效汇率延续回升态势，升幅达到2.94%，这也反映了印度经济强劲反弹的走势。

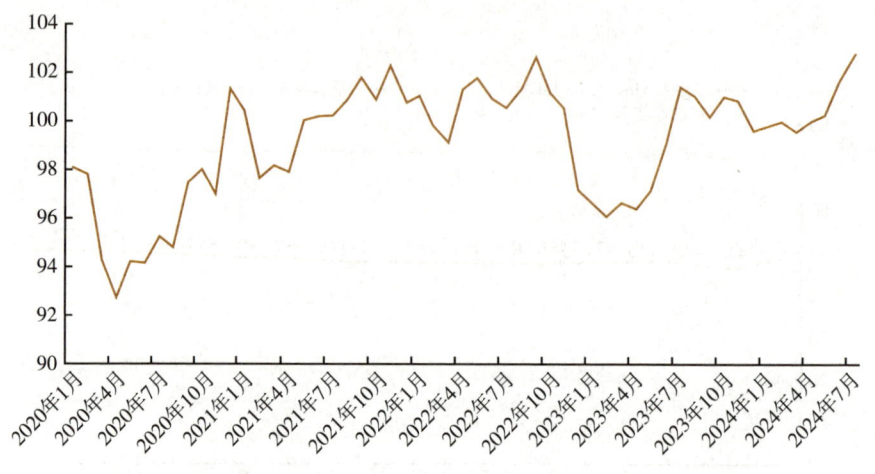

图7　2020年1月至2024年7月印度卢比实际有效汇率走势

资料来源：印度储备银行（RBI）、Wind数据库。

印度卢比相对美元小幅贬值。2024年以来，印度卢比汇率（直接标价法）在波动中有所贬值，先从1月1日的83.20卢比/美元下滑至3月11日的82.68卢比/美元，后又回升至9月4日的83.97卢比/美元（见图8），总体贬值约1.02%。比较来看，2023年同期印度卢比汇率升值约0.06%。印度卢比对美元币值相对保持稳定，一是与印度经济强劲增长的基本面有关。二是印度央行为防止卢比过度波动，采取择机入市的干预措施。三是美元指数呈现出先扬后抑的区间震荡走势。美联储为了遏制高企的通胀，自2022年3月开启加息周期，美元指数先从底部爬升至阶段高位，后又逐步下滑至99~107的区间内，此后维持震荡走势至今。进入2024年，美元指数先从1月1日的101.333上升至4月16日的106.517（当日最高点），此后震荡走低至9月4日的101.358，已基本回落至年初水平。随着通货膨胀率逐步下滑并接近美联储设定的2%的目标值，美联储在2024年9月开启降息进程实现首次降息，并在11月继续降息，但同时，特朗普在美国总统大选中再次胜出，意味着在"美国优先"战略下的美元也难以明显走弱，10月以来美元指数不降反升的走势已反映了市场对此的预期，相较而言，印度卢比或将承受贬值压力。

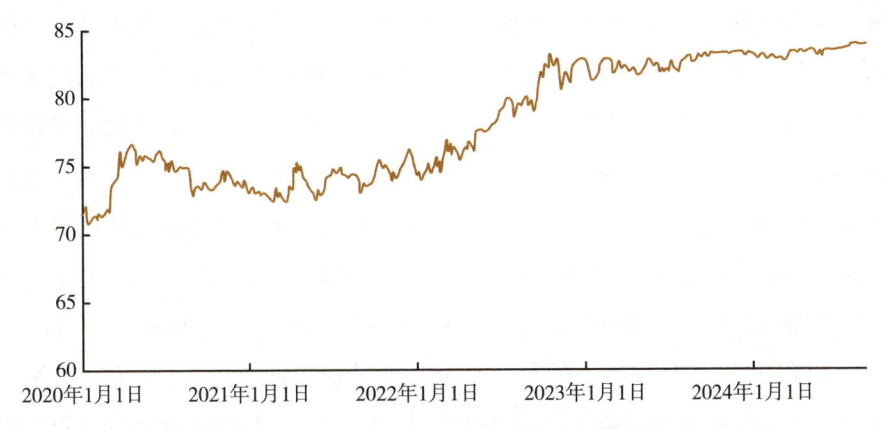

图8 2020年1月以来美元兑印度卢比汇率走势（直接标价法）

资料来源：印度储备银行（RBI）、Wind数据库。

印度股市延续趋势性上涨行情，股指迭创历史新高。孟买证券交易所Sensex30指数在2023年上涨18.2%的基础上，2024年继续高歌猛进走出单边趋势性上涨行情，屡创历史新高。Sensex30指数从2024年1月1日的72271.94点持续攀升，并在9月2日爬升至82559.84（见图9），是自1991年1月2日有Sensex30指数统计数据以来的新高。2024年以来，Sensex30指数更是屡创历史新高。截至9月4日收盘，Sensex30指数已上涨14.0%。与此同时，印度Nifty50指数也屡创新高。在截至2024年9月5日的169个交易日中，Nifty50指数曾44次创下历史新高，年内累计涨幅高达16.83%。得益于这一迅猛走势，印度股市在MSCI新兴市场可投资市场指数（MSCI Emerging Markets Investable Market Index）中的权重也不断上升至22.14%，在新兴市场经济体中的权重已升至首位。

强劲的经济增长、企业盈利能力提升以及国际资本流入，是推动印度股指屡创新高的主要原因。从经济增长来看，国际货币基金组织（IMF）的统计数据显示，2000~2022年印度实际GDP年均复合增长率为6.5%，高于同期全球3.6%的平均增速，也高于同期新兴市场和发展中经济体5.3%的平均增速。另据印度统计局统计，2003~2023年印度名义GDP（印度卢比现价）年均增长12.7%，与同期印度Nifty50指数的年均涨幅相近。2024年前两个季度，印度实际GDP同比增速分别为7.8%和6.7%，在全球主要经济体中名列前茅。从企业盈利来看，2004~2023年，印度Nifty50指数每股净利润同比增速的均值为14.6%，快于同期明晟（MSCI）新兴市场指数每股净利润平均增长12.5%的速度。从外资情况来看，外资持续流入成为推升印度股指的重要力量。受益于经济强劲增长、全球产业链重构等，国际资本流入印度资本市场热情高涨。自2007年以来，外资净买卖印度股票的趋势性变动，基本上同步甚至略微领先于印度股指的同比变动。2000~2023年，除2008年、2011年、2018年和2022年外资净卖出外，其余年份外资均是净买入。[①]2024年第二季度，印度外商直接投资（FDI）同比增长约47.7%。印度工业信贷投资银行证券（ICICI Securities）的数据显示，2024年上半年，外国证券投资者（FPI）持有的印度股票约占印度股票市值的16%，成为推动印度股市屡创新高的重要因素之一。

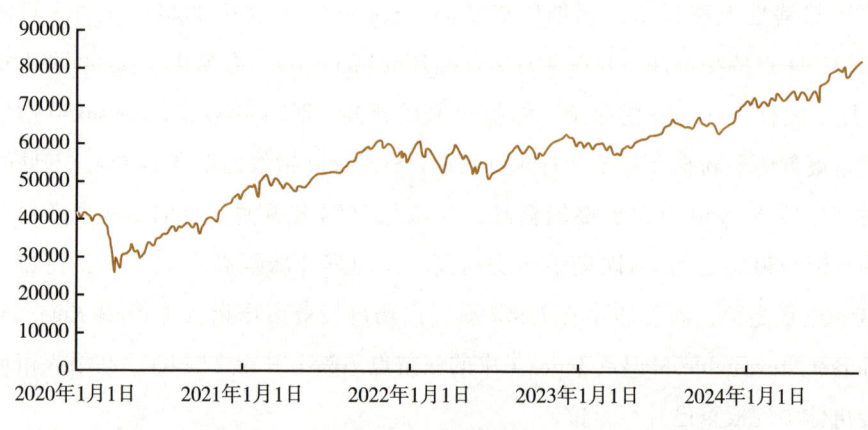

图9　2020年1月以来印度孟买证券交易所Sensex30指数

资料来源：孟买证券交易所、Wind数据库。

印度股市迅猛的上涨势头推升其整体估值，外资开始调整持股结构和投资方向。伦敦证券交易所集团（LSEG）的数据显示，相较于中国蓝筹股17倍

---

① 管涛：《印度股市表现为何持续优异》，中国首席经济学家论坛，2024年3月4日。

的市盈率和马来西亚大型股 15 倍的市盈率，印度大中型公司 12 个月平均市盈率在 24 倍左右，不仅处于其历史较高水平，而且也是主要经济体市场中最昂贵的。正因如此，一方面，外资通过"卖大买小"调整持股结构。印度工业信贷投资银行证券（ICICI Securities）的数据显示，2024 年上半年，外资对印度中小企业的买盘远高于对其大盘股的买盘。孟买证券交易所的数据则显示，8 月外资卖出了 6.62 亿美元的印度股票。另一方面，外资通过"抛售二级市场、买入一级市场"调整投资方向。由于企业盈利增长预期放缓，外国投资者正在抛售昂贵的二级市场股票，转而投向一级市场的新股，以寻求更低的投资成本和更高的回报。法国兴业银行研究报告显示，2024 年以来，外国投资者在印度一级市场已购买超过 60 亿美元的股票，是自 2021 年以来的最高水平。

四　财政政策积极扩张，债务规模逐步扩大

扩大财政支出范围。印度财政部 2024 年 7 月发布的 2024/2025 财年财政预算案显示，莫迪新政府决定维持 2 月临时预算案中基础设施建设投资额不变，为支持基础设施建设支出 11.1 万亿卢比，约占 GDP 的 3.4%，比 2019 年的 1.7% 翻了一倍。扩大民生领域支出，财政预算将为教育和农业分别提供 1.48 万亿卢比和 1.52 万亿卢比的支持，并将提供 2 万亿卢比（约 239 亿美元）的一揽子计划来增加就业、刺激经济。鉴于当前印度的正规就业率，特别是女性的就业率较低，印度政府推出一项支持就业正规化的"就业联系激励计划"（Employment Link Incentive），旨在从帮助首次求职者、创造制造业就业机会以及对雇主的支持等方面来推动城市就业正规化。莫迪新政府还计划在农村和城市建造 3000 万套住房；将中小公司的贷款限额翻倍，以加大对其的支持力度。此外，为了支持政治盟友，莫迪新政府的财政预算中将为比哈尔邦（Bihar）建造高速公路、医学院和铁路枢纽等项目拨款，并通过多边机构向安得拉邦（Andhra Pradesh）提供 1500 亿卢比作为特别财政援助。

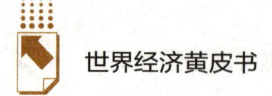

优化调整财政收入结构。莫迪新政府在2024/2025财年的财政预算案中拟通过调整优化税收结构，以确保财政收入稳定。一方面，通过降低税率支持企业或产业发展。莫迪新政府承诺将外国公司的企业所得税税率从40%降至35%，以吸引外资进入，激励跨国公司在印度投资建厂。废除"天使税"，以支持初创企业成长壮大。调整部分进口原料和商品的进口关税，如降低黄金、银、铂、锂、铜和钴等的进口关税，将手机和充电器等零部件的关税削减至15%等，以支持印度当地制造业发展。个人所得税作为印度政府最重要的税源，在过去的预算收入中占比高达20%以上。为了减轻家庭负担，莫迪新政府决定对所得税进行调整，提高个人所得税起征点，将个税起征点从50000卢比增加到75000卢比，同时，将养老金领取者的家庭养老金起征点也从15000卢比增加到25000卢比。另一方面，通过提高税率和增加其他收入等来弥补缺口。在预算案中，莫迪新政府提高了资本利得税和证券交易税，将短期资本利得税税率由15%提高至20%，长期资本利得税税率由10%提高至12.5%（持有12个月以上的上市证券视为长期资本资产，持有24个月以上的其他资本资产也视为长期资本资产，在计算长期资本利得时暂停适用指数化优惠；转让非上市债券和债权的资本利得则视为转让短期资本资产的利得），以遏制衍生品交易和股市中投机行为增多的现象，并可部分弥补所得税削减的缺口。

中央政府债务规模续创新高。印度经济增速在2024年第二季度超预期放缓，为莫迪新政府雄心勃勃的经济刺激计划增加了不确定性。为了支持积极的财政政策发挥效能，印度中央政府举债规模连创新高。印度财政部发布的数据显示，2023/2024财年，印度中央政府债务规模从2023年第二季度的161.9万亿印度卢比持续增长至第四季度的170.1万亿印度卢比。2024年第一季度，中央政府债务规模再创新高，已攀升至174.0万亿印度卢比（见图10）。相较于上一财年，印度中央政府债务规模增长14.7%。

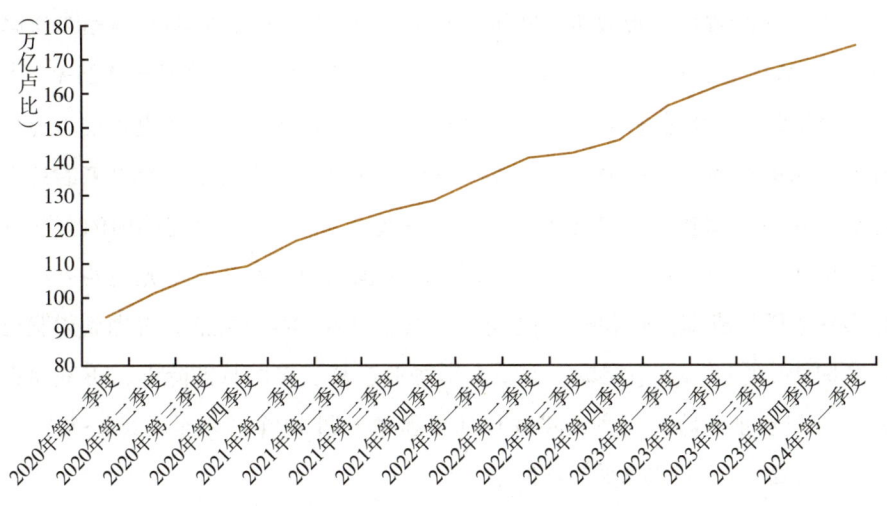

图10　2020年第一季度至2024年第一季度印度中央政府债务总额

资料来源：印度财政部、CEIC 数据库。

五　货币政策保持稳定，但降息节点或在临近

印度央行继续维持基准利率不变。尽管印度通货膨胀率总体呈下降态势，且在2024年7月已降至通胀目标值以下，但考虑到通货膨胀仍存在反弹的可能，印度储备银行（RBI）货币政策委员会（MPC）在2024年10月9日决定维持基准回购利率在6.5%不变，但放松鹰派货币政策立场，将政策立场转向为"中性"，暗示下一步可能降息。这是印度央行自2019年6月以来首次改变立场。自2022年5月以来，为缓解持续攀升的通货膨胀压力，印度央行开启货币政策紧缩周期，累计加息250个基点。2023年4月，印度央行暂停加息，并将基准回购利率维持在6.5%的水平，此后一直持续至11月，该基准回购利率均保持不变。

放松货币政策的时点或在临近。印度央行货币政策的转变受内外因素的共同影响，其中国内因素是其关注重点。从外部因素来看，当前，部分发达经济体货币政策已开启降息周期，在路透社追踪的10个发达经济体央行中，

有一半已开始放松货币政策。欧洲央行 2024 年 9 月 12 日宣布年内第二次降息 25 个基点至 3.50%。加拿大央行在 9 月 4 日连续第三次降息至 4.25%，考虑到经济疲软、失业率高企等因素影响，10 月其继续降息 25 个基点的可能性较高。因潜在的通胀压力缓解，英国央行于 8 月 1 日进行了疫情以来的首次降息。新西兰储备银行也在 8 月将利率下调至 5.25%，是该周期内的首次降息。瑞典国家银行则于 5 月开始降息。瑞士国家银行在 3 月率先在西方经济体中降低借贷成本，6 月再次降息至 1.25%，并计划继续降息。考虑到通胀已持续向 2% 的目标水平靠拢，劳动力市场业已从过热的状态降温，美联储在 9 月 19 日也加入降息行列，将联邦基金利率下调 50 个基点至 4.75%~5.00%，开启自 2020 年 3 月以来的首次降息。

尽管美联储、欧洲央行或英国等国央行降息对印度货币政策转变带来一定影响，但都并非主要影响因素。印度国内的宏观经济状况及其通货膨胀发展动态才是印度央行考虑的重点。从内部因素来看，国际金融机构野村证券在 2024 年 9 月 3 日认为，受新鲜作物到货、"蛛网周期"（生产者基于当前的市场价格来决定下一周期的产量）以及良好的季风降雨等因素影响，印度食品价格下降趋势将会延续，预计在 2024/2025 财年的剩余月份食品通胀率约为 4.5%，远低于 2024 年 1~7 月的 8.3%。同时，考虑到印度第二季度经济放缓趋势明显，印度央行可能开启降息周期，到 2025 年中期政策利率将累计下调 100 个基点至 5.5%。2024 年 8 月 13 日汇丰发布报告，认为如果未来几个月持续有充足的降雨和较低的气温，印度的食品价格可能会进一步下跌，印度央行可能会在 2024 年第四季度至 2025 年第一季度总计降息 50 个基点，使政策利率降至 6.0%。高盛在 2024 年 5 月发布的报告则显示，印度央行的首次降息很可能发生在 2024 年 12 月，预计将降息 50 个基点。

相较而言，印度央行货币政策委员会对食品价格黏性引致的通胀持谨慎态度，可能希望在基于季风和夏季作物播种情况评估食品通胀前景后，再做出是否放松货币政策的决定。目前，印度通胀率已降至印度央行设定的目标中值附近，后续通胀率如若能在目标区间内基本保持稳定，加之第三季度经济增速超预期降至近两年来的最低水平，印度央行开启降息的节点或在临近。

六 预测与展望

针对印度经济运行情况，主要国际机构、市场机构和印度央行均对其经济增长情景做了预测。从结果来看，印度央行的预测较为乐观，而其他机构的预测则总体持谨慎乐观态度。印度储备银行（RBI）在2024年8月8日预测，2024/2025财年印度经济增速将达到7.2%，较之前的预测值提升0.2个百分点。其行长Shaktikanta Das在9月13日预测，印度在未来几年的预期增长率或为7.5%，并且"有上升的可能性"，在中期内可实现高达8.0%的经济增长。

国际货币基金组织（IMF）将印度描述为"世界上增长最快的主要经济体"，并在2024年10月发布更新版的《世界经济展望》中预测，由于新冠疫情期间积压的需求已经耗尽，随着经济重新挖掘潜力，印度GDP增长率将从2023财年的8.2%放缓至2024财年的7.0%、2025财年的6.5%。相较而言，2024财年经济增速与7月的预测值一致，较4月的预测值上调0.2个百分点；2025财年的预测值则保持不变。此外，IMF在2024年初预测，到2025年印度名义GDP将达到4.3398万亿美元，超过日本（4.3103万亿美元），跃居世界第四大经济体之位。高盛预测，印度将逐步超过日本、德国和美国，有望在2075年成为仅次于中国的世界第二大经济体。世界银行集团在2024年9月3日将2024/2025财年印度经济增长预期从6月的6.6%上调至7.0%，反映了其对印度经济增长的乐观预期。该预测是世界银行基于印度经济整体表现及其对印度经济政策的评估。世界银行认为，印度经济增长主要得益于其庞大的国内市场、不断增加的中产阶级以及政府推动的改革措施等。此外，印度科技和服务业等的发展也为其经济增长提供了新的动力。为此，世界银行对印度经济中期发展前景持乐观态度，预计2025/2026财年、2026/2027财年印度经济仍将保持强劲增长态势。亚洲开发银行（ADB）在2024年7月发布的《亚洲发展展望》报告中预测，2024/2025财年印度GDP增长率为7.0%，2025/2026财年升至7.2%。

相比而言，多数国际金融机构或智库对印度经济增速的预测较为谨慎。中国社会科学院世界经济与政治研究所世界经济预测与政策模拟实验室预测，2024年印度GDP增长率为6.8%，2025年进一步升至7.1%。高盛在2024年8月下调印度增长预测值，认为受财政赤字率下滑，政府缩减支出；央行严控无抵押贷款，家庭信贷增速放缓，可能影响居民消费增长等因素制约，2024年印度实际GDP增长率为6.7%，2025年则进一步下滑至6.4%。J.P.摩根在2024年9月9日发布的报告预测，2024年印度实际GDP增长率为6.5%，推动经济增长的核心动力将主要来自制造业和出口。野村证券在2024年9月3日预测，印度经济增速将从2024财年的8.2%降至2025财年的6.7%，2026财年经济下行风险将增加，经济增速可能进一步下滑。

展望未来，影响印度经济走势的因素较多，外部因素包括全球经济复苏进程、发达经济体推行宽松货币政策的节奏和力度、大宗商品价格波动程度、地缘政治风险水平以及极端气候变化等，内部因素则包括最终消费支出、政府投资、服务业和制造业活跃度、通货膨胀率走势等。综合考虑各方面因素，本报告预计2024/2025财年印度实际GDP增长率为7%左右，2025/2026财年经济仍将保持较高增速。

参考文献

Asian Development Bank, "Asian Development Outlook," July, 2024.

Ministry of Finance, Government of India, "Key to the Budget Documents 2024-2025," July, 2024.

Ministry of Finance, Government of India, "Key Features of Budget 2024-2025," July, 2024.

Ministry of Finance, Government of India, "Budget at a Glance 2024-2025," July, 2024.

The International Monetary Fund, "World Economic Outlook: Steady but Slow:

Resilience amid Divergence," April, 2024.

The International Monetary Fund, "World Economic Outlook Update: The Global Economy in a Sticky Spot," July, 2024.

The International Monetary Fund, "World Economic Outlook: Policy Pivot, Rising Threat," October, 2024.

World Bank Group, "Global Economic Prospects," June, 2024.

Y.7

俄罗斯经济：制裁与通胀

林 屾　王永中[*]

摘　要： 受国内消费需求增加、政府国防开支增长、能源和粮食价格企稳、石油出口流向调整较成功等因素的影响，俄罗斯经济实现正增长，2023年为3.6%，2024年第一、第二季度分别为增长4.8%、3.8%，但同时面临卢布持续贬值、通货膨胀率持续冲高、财政赤字上升等挑战。展望未来，俄罗斯经济中的积极因素有经济内循环韧性较强、消费者需求旺盛、能源和粮食出口稳定、制造业投资增加，消极因素有国防开支挤出私人投资、高通货膨胀率、卢布贬值风险、美西方制裁限制技术和设备获取、高端商品供给不足、劳动力短缺等。预计俄罗斯经济增速2024年可能达3%左右，2025年降至1%左右。

关键词： 经济增长　战时经济　能源制裁　通胀　俄罗斯

一　经济形势回顾

乌克兰危机自2022年2月爆发以来，已经持续了两年多的时间，俄罗斯受到的制裁范围广、手段多、速度快、数量大、影响深，多于所有其他国家受到的西方制裁总和。[①]2023年，西方国家对俄罗斯制裁范围进一步扩大。

---

[*] 林屾，中国社会科学院世界经济与政治研究所助理研究员，武汉大学欧洲问题研究中心兼职研究员，主要研究方向为世界经济；王永中，中国社会科学院世界经济与政治研究所研究员，主要研究方向为能源经济学。

[①] Mikhail Mishustin, "Annual Government Report on Its Performance to the State Duma," http://government.ru/en/news/51246/, 2024.

西方制裁不仅针对俄罗斯大企业，也针对外国涉俄业务的企业和组织等。当前俄罗斯国内需求已明显大于其商品和服务供给，出现供给短缺问题，叠加西方国家制裁等因素，俄罗斯通胀大幅跃升，成为困扰当前俄罗斯经济发展的核心问题。

得益于国内消费需求复苏、政府国防开支增长、国际大宗商品价格较高、石油出口流向调整较成功、财政和货币政策调整较及时等，俄罗斯经济显示出强劲增长态势，2023年GDP增长率约上升3.6个百分点，比上年度预测值高近1.6个百分点。[1]尽管受到严厉制裁，俄罗斯经济仍维持强劲增长势头，失业率接近历史最低，消费者信心指数升至历史新高。2023年，俄罗斯固定资产投资增长近10%，企业利润增长24%，居民工资收入增长8%。强劲的投资和消费活动表明，俄罗斯国内市场活跃，政府和企业都在积极寻求增长机会。这种内需驱动的增长模式有助于俄罗斯经济在制裁环境中保持稳定。不过，俄罗斯也面临卢布贬值、通货膨胀率反弹和财政赤字上升等挑战。展望2025年，俄罗斯经济增长取决于国际能源和粮食价格走势、政府开支、制造业投资、通货膨胀率、卢布汇率、劳动力供给等因素，预计会实现小幅正增长。

（一）经济快速增长，优于预期

受益于油气和粮食等大宗商品价格企稳、军工和社会保障投资增加，俄罗斯经济在2023年稳步上升，在2024年前两个季度持续增长。2023年，俄罗斯名义GDP为171万亿卢布（约为1.99万亿美元），比上年增长3.6%，名义美元增速-12.3%，其中固定资产投资额为30万亿卢布，同比增长9.8%，[2]创近12年来最高纪录，为其经济增长提供了有力支撑。为保持投资增长势

---

[1] 林屾、王永中：《俄罗斯经济：制裁与韧性》，载张宇燕主编《2024年世界经济形势分析与预测》，社会科学文献出版社，2024。
[2] 自乌克兰危机爆发以来，俄罗斯遭受美西方国家全面制裁，官方不再定期公布主要宏观经济指标。部分指标的发布大幅度延迟或改为不定期发布。为缓解可能的数据偏误问题，本文尽量采用多种渠道的数据。因篇幅有限，本文数据主要源自俄罗斯联邦统计局、财政部、央行，以及国际货币基金组织、世界银行，文中不再赘述。文中增速指标除特别标注外，皆为同比数值。

头，俄罗斯已签署60多项保护和促进投资协议，涉及投资金额约4万亿卢布。俄罗斯继续通过国家福利基金向大型基础设施项目提供长期融资。根据俄罗斯政府数据，2023年，国家福利基金为17个项目提供了资金，总价值超过1万亿卢布。2024年俄罗斯经济表现继续优于预期，第一、第二季度分别增长4.8%、3.8%，这主要源于防务开支增加推高了工业生产，以及社会保障上调和工资上涨刺激了消费者需求。

从GDP分年度组成看，2023年俄罗斯消费和投资增速持续提升，净出口增速大幅下滑。其中，政府消费因战时经济在2023年持续扩大，投资在2023年一度保持两位数增长，净出口受外部制裁、外需不振等因素影响，在2023年四个季度均大幅收缩。2024年前两个季度俄罗斯消费和投资增速有所放缓，净出口因基数效应增速大幅回升。其中，政府消费在2024年前两个季度有所停滞，但居民消费持续增加；投资在2024年前两个季度增速分别下滑至6.4%和7%；净出口因基数效应在2024年前两个季度分别上涨44.8%、72.5%（见表1）。

表1 2023年第一季度至2024年第二季度俄罗斯GDP及组成部分的变动

单位：十亿卢布，%

指标		2023年				2024年	
		第一季度	第二季度	第三季度	第四季度	第一季度	第二季度
GDP	规模	33983	34495	34956	35265	35617	35804
	增长率	-1.4	4.6	5.2	4.8	4.8	3.8
最终消费	规模	23690	24090	24471	24701	24835	25150
	增长率	1.6	8.8	8.7	7.0	4.8	4.4
居民消费	规模	17172	17534	17838	18033	18293	18592
	增长率	-0.7	9.6	9.8	7.7	6.5	6.0
政府消费	规模	6386	6398	6412	6406	6393	6395
	增长率	8.4	7.3	6.8	5.7	0.1	0.0
投资	规模	8721	8687	8933	9323	9279	9296
	增长率	15.7	29.9	7.2	15.4	6.4	7.0
净出口	规模	1669	1391	2253	2154	2417	2400
	增长率	-75.8	-75.4	-42.6	-36.6	44.8	72.5

注：按支出法2021年不变价季节性调整后计算。

资料来源：俄罗斯联邦统计局、CEIC数据库。

（二）对外贸易持续萎缩

俄罗斯对外贸易持续萎缩。2023年，俄罗斯出口额约4165亿美元，下降近29%；进口额约1720亿美元，减少近36%；贸易顺差约2445亿美元，下降24%。①2024年前两个季度出口额分别下降3.4%和2.9%，进口额分别下降25.2%和18.2%（见表2）。俄罗斯与新兴市场和发展中经济体的进出口规模均超过发达经济体，且差距在2024年逐步拉大，说明在西方制裁下俄罗斯力求开发新市场。

2023年，俄罗斯向发达经济体、发展中国家的出口额分别为2030亿美元、2136亿美元，从发达经济体、发展中国家的进口额分别为770亿美元、950亿美元。2023年，俄罗斯与友好国家的贸易增长，特别是与中国的贸易增加，与友好国家的份额增加到77%。2024年第一、第二季度，俄罗斯向发达经济体、发展中国家的出口额分别为966亿美元、1017亿美元，从发达经济体、发展中国家的进口额分别为324亿美元、400亿美元。尽管俄欧在能源领域出现明显的脱钩，但欧盟仍是俄罗斯最大的出口市场和进口来源地，中国是仅次于欧盟的俄罗斯第二大贸易伙伴，不过俄罗斯从中国进口额与从欧盟进口额之间的差距迅速收窄（见表2）。

表2　2023年第一季度至2024年第二季度俄罗斯对外贸易规模及变动

单位：亿美元，%

项目		2023年				2024年	
		第一季度	第二季度	第三季度	第四季度	第一季度	第二季度
贸易总额	规模	1520	1454	1466	1445	1362	1345
	增长率	-30.3	-22.7	-21.1	-26.5	-10.4	-7.5
出口额	规模	1032	1015	1071	1047	997	986
	增长率	-32.0	-31.9	-23.0	-26.0	-3.4	-2.9
发达经济体	规模	503	495	522	510	486	480
	增长率	-32.0	-31.9	-23.0	-26.0	-3.4	-2.9

① 因样本期内卢布汇率波动较大，贸易数据为参考各个数据来源的近似值。

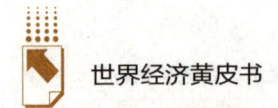

续表

项目		2023年				2024年	
		第一季度	第二季度	第三季度	第四季度	第一季度	第二季度
欧盟	规模	398	392	413	404	384	380
	增长率	-32.0	-31.9	-23.0	-26.0	-3.4	-2.9
发展中国家	规模	529	521	549	537	511	506
	增长率	-32.0	-31.9	-23.0	-26.0	-3.4	-2.9
中国	规模	123	121	127	125	119	117
	增长率	-32.0	-31.9	-23.0	-26.0	-3.4	-2.9
印度	规模	22	22	23	22	21	21
	增长率	-32.0	-31.9	-23.0	-26.0	-3.4	-2.9
进口额	规模	488	439	395	398	365	359
	增长率	-26.4	12.1	-15.5	-28.0	-25.2	-18.2
发达经济体	规模	218	197	177	178	163	161
	增长率	-26.4	12.1	-15.5	-28.0	-25.2	-18.2
欧盟	规模	146	132	118	119	109	108
	增长率	-26.4	12.1	-15.5	-28.0	-25.2	-18.2
发展中国家	规模	269	243	218	220	201	199
	增长率	-26.4	12.1	-15.5	-28.0	-25.2	-18.2
中国	规模	136	123	110	111	102	100
	增长率	-26.4	12.1	-15.5	-28.0	-25.2	-18.2
印度	规模	7	6	6	6	5	5
	增长率	-26.4	12.1	-15.5	-28.0	-25.2	-18.2

资料来源：国际货币基金组织、CEIC 数据库。

（三）卢布贬值并维持低位

乌克兰危机爆发以来，卢布兑美元、欧元汇率大幅波动，呈现下跌—反弹—再下跌—维持低位的走势。随着美西方国家制裁加剧，卢布汇率2022年7月至2023年9月持续贬值，跌至接近1美元兑100卢布的价位，随后至2024年8月持续保持在1美元兑90卢布左右的低位（见图1）。根据俄罗斯经济发展部的预测，2025年卢布的汇率可能跌至105卢布/美元的水平。俄罗斯的外国直接投资大规模外流也加大了卢布贬值压力。2022年第一季度至2024年第二季度，有8个季度俄罗斯外国直接投资为负值，2023年俄罗斯国际资本流动状况有所改善，外国直接投资流入为79亿美元，而2022年外国直接投资流出达430亿美元。

图1 2021年1月以来俄罗斯卢布与美元、欧元的官方月均汇率

资料来源：俄罗斯央行、Wind数据库。

（四）通货膨胀率持续冲高

自2023年5月起，俄罗斯通胀率再度上扬至10%左右。2024年8月，俄罗斯CPI同比上涨9%，远高于俄罗斯央行设定的4%目标增长率。其中，核心CPI和食品类CPI持续爬升，逼近10%；服务类CPI增长率自乌克兰危机以来持续高于10%，仅2024年1~7月有所回落，8月再度回升（见图2）。此轮通胀主要有三个成因：一是政府对战时经济部门的高额支出叠加劳动力市场供应紧张，带来了强劲的实际工资增长，并转化为俄罗斯国内需求激增。2024年初，政府大幅降低消费者暂停还贷的门槛，只要其能证明收入下降或"受到紧急情况影响"便可暂停还贷。二是军队运营费用的上升和士兵工资的上涨。俄罗斯银行向在乌克兰的军人提供延期还贷服务。2024年7月，俄罗斯政府把报名参战者的联邦奖金翻番，提高到40万卢布，且向阵亡者家属提

供巨额补偿。三是外部金融制裁使俄罗斯进口商在跨境结算上受阻，俄罗斯国内增加的消费需求压力难以通过增加消费品进口来释放。

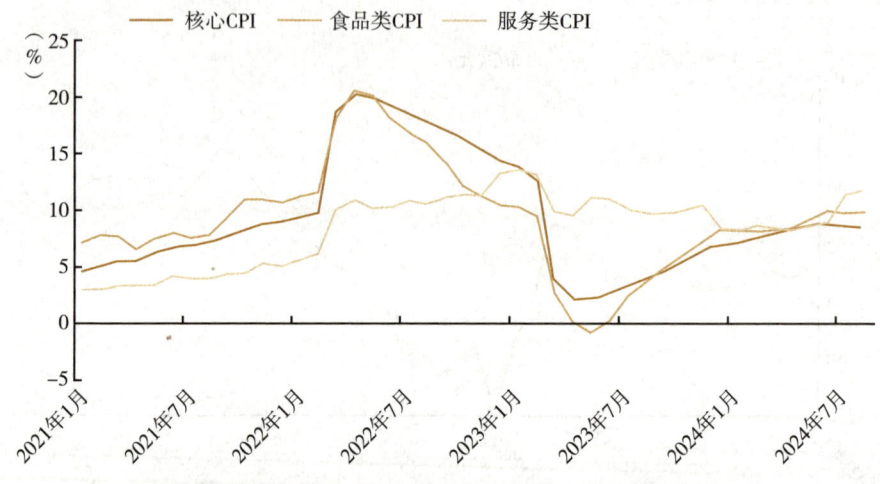

图2　2021年1月以来俄罗斯各类CPI指数的变动率

资料来源：俄罗斯央行、俄罗斯联邦统计局、Wind数据库。

提高公民福祉是俄罗斯政府的关键目标之一。2023年，俄罗斯政府根据通货膨胀调整养老金、津贴和福利，将最低工资增加18%以上，开设400多个现代化的人力资源服务中心。[①] 具体来看，俄罗斯政府采取多项措施抑制通胀，主要有：一是出台政策限制汽油和柴油等成品油出口，优先保障农业和军事等领域的需求，将汽油出口禁令延至2024年底，确保国内石化产品供应。二是以超过通货膨胀率的速度提高最低工资。同时，俄罗斯央行通过加息等货币政策工具抑制通胀，具体有：一是加息。2024年7月加息200个基点，基准利率从16%上升到18%，9月上调政策利率100个基点至19%，10月底再度加息200个基点至21%，已达历史新高。此举旨在稳定卢布币值，并鼓励民众储蓄，削减消费开支。二是收紧信贷。2024年7月结束抵押贷款利率补贴，导致抵押贷款申请率迅速减半。三是收紧对过度负债消费者的贷款标准约束。

---

① Mikhail Mishustin, "Annual Government Report on Its Performance to the State Duma," http://government.ru/en/news/51246/, 2024.

（五）财政余额由负转正

俄罗斯财政政策力度不减。据官方统计，俄罗斯2023年财政预算收入达29.1万亿卢布，同比增长4.7%。俄罗斯官方认为其经济对大宗商品出口的依赖程度正在降低，非石油和天然气收入增长25%。有力的财政政策为俄罗斯经济发展打下了基础。

俄罗斯财政余额由负转正。2023年，俄罗斯财政状况因油气出口收入下降和战争成本增加而维持恶化，财政预算赤字约占GDP的2.3%。2024年财政余额由负转正，第一季度达到6060亿卢布，第二季度降为710亿卢布，其中自然资源税、关税收入增长较快（见表3）。据俄罗斯财政部初步测算，2024年前8个月财政预算收入23万亿卢布，同比增长35.5%；预算支出23.4万亿卢布，同比增长22.2%；预算赤字仅为3310亿卢布，占GDP的0.2%，低于全年计划水平（1.1%）。此前，俄罗斯总统普京于2024年7月签署法律，批准了对2024年联邦财政预算的修改。根据修订的预算，俄罗斯2024年财政预算支出将增加5220亿卢布至37.182万亿卢布，约占国内生产总值（GDP）的19.4%；预算收入将减少30亿卢布至35.062万亿卢布，约占GDP的18.3%。根据该文件，2024年俄罗斯石油和天然气额外收入预计从1.821万亿卢布下调至1.053万亿卢布。2024年俄联邦预算赤字占比将增至国内生产总值（GDP）的1.1%，达到2.12万亿卢布。而俄罗斯国内公共债务上限将提高至26.68万亿卢布；外债上限将降至630亿美元。此外，由于汇率原因，俄罗斯国家福利基金到2024年底的预计资金量将从11.19万亿卢布增加到11.51万亿卢布。

表3　2023年第一季度至2024年第二季度俄罗斯财政收支结构

单位：十亿卢布，%

指标		2023年				2024年	
		第一季度	第二季度	第三季度	第四季度	第一季度	第二季度
政府收入	规模	11691	13965	15196	18222	16248	17086
	增长率	-10.5	5.4	31.7	19.8	39.0	24.8

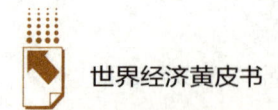

续表

指标		2023年				2024年	
		第一季度	第二季度	第三季度	第四季度	第一季度	第二季度
自然资源税	规模	1967	2252	3055	3969	3781	3464
	增长率	−32.6	−41.8	19.9	17.7	92.2	53.8
关税	规模	447	579	546	881	589	620
	增长率	−58.0	−42.0	−24.1	33.1	31.7	7.0
政府支出	规模	13422	14425	14042	21095	15642	17015
	增长率	27.6	11.2	8.6	12.4	16.5	18.0
盈余	规模	−1731	−460	1154	−2873	606	71
	占GDP比重	−5.1	−1.3	3.3	−8.1	1.7	0.2

注：俄罗斯联邦财政部并未公布财政支出的细分项目。
资料来源：俄罗斯联邦财政部、CEIC数据库及笔者计算。

从财政收入构成看，传统石油和天然气收入增速最快。2024年1~8月非油气收入15.5万亿卢布，同比增长27.3%；油气收入7.6万亿卢布，同比增长56.2%，包括增值税在内的流转税收入同比增长15.5%。尽管存在石油禁运和出口价格上限，但俄罗斯石油出口税的收入仍然很高。

从财政支出结构看，2023年公共管理（包括军事）、建筑（包括在俄罗斯远东地区的住房和基础设施投资）和制造业（与战争相关的子行业，如金属制品和其他车辆的制造）的支出显著增加。得益于21世纪头十年积累的财政储备，俄罗斯自乌克兰危机以来放弃紧缩财政政策，2022~2023年政府总支出平均增长15%。优先发展基础设施是俄罗斯政府的一项关键目标。2023年俄罗斯政府建造了超过1.1亿平方米的住房，改善了约10000个庭院和公共空间。升级公用事业基础设施，解决了供暖和供水问题。启动从莫斯科到喀山的M-12东方高速公路建设。加强工业和技术主权是俄罗斯政府的一项关键目标。2023年俄罗斯制造业增长7.5%，机械制造行业增长21%。确保宏观经济稳定、可持续性和预算平衡也是俄罗斯政府的一项关键目标。2023年俄罗斯政府推出集群投资平台和工业抵押贷款，支持工业企业发展。通过关于科技公司发展的法律，定义了其标准。①2024年前两个季度，俄罗斯财政预算支出增幅略有减小，财政略有盈余。芬兰银行的数据显示，2024年俄罗斯军费开支将增长约60%，以促进武器弹药的生产，且支出并不限于战争相关事项，养老金支出和基础设施投资均有明显增长。②

通过改革税制，增加税收收入。据经济学人智库预测，如按照目前速度，俄罗斯财政储备恐将在5年左右耗尽。与此同时，俄罗斯政府面临高昂的借贷成本。2024年7月，俄罗斯国家杜马通过了关于税法的修正案，包括更高的公司税率（从20%提高到25%）、对个人收入征收新的累进税、取消对IT企业的税收减免、增加部分采矿业的额外税收。此举将有助于弥补俄罗斯长期以来的财政赤字，但会对其企业造成压力。从俄罗斯财政部来看，新的税收政策每年将额外产生26万亿卢布的政府收入，有助于缩减因高额军费开支而产生的财政赤字。

（六）制裁诱发经济结构改变

面对制裁，俄罗斯经济结构改变主要体现在生产和收入的地理结构发生变化。一是与战争相关的生产得到发展。军工业生产聚集的地区经济增长较快，俄罗斯国民经济结构较制裁前发生改变。二是较贫穷地区居民收入增长。根据Solanko的研究，在俄罗斯征兵更普遍的地区，家庭存款增长得更快。③三是经济处于满负荷状态。俄罗斯军事生产的增加导致高通胀和民用经济占比下降，军费开支激增导致各部门和地区之间的增长不均衡，可能形成军工经济挤占民生经济、军工业劳动力需求争夺服务业劳动力需求的局面，对俄罗斯当前和未来经济造成了扭曲。

---

① Mikhail Mishustin, "Annual Government Report on Its Performance to the State Duma," http://government.ru/en/news/51246/, 2024.

② https://www.bofbulletin.fi/en/blogs/2024/russia-further-increases-military-expenditure-at-the-expense-of-other-financing-needs/.

③ Solanko L., "Where do Russia's Mobilized Soldiers Come from? Evidence from Bank Deposits," BOFIT Policy Brief 1/2024.

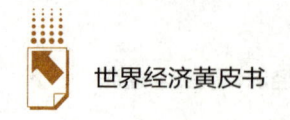

（七）推行政策以应对劳动力短缺

俄罗斯劳动力短缺，其失业率虽低，但劳动力市场结构性矛盾突出，高技能劳动力流失严重。劳动力短缺依旧是俄罗斯经济面临的主要困难。2023年俄罗斯的出生人口为120余万人，为1999年以来的最低水平。据俄罗斯国家统计局预测，到2027年出生率将持续下降。有观点认为，出生率下降将不可避免地导致内需市场萎缩，消费市场规模在5年内或将下降近4%，这将使俄罗斯经济面临严峻的挑战。劳动力不足也是俄罗斯必须面对的问题，尽管失业率处于历史低位，但这意味着存在劳动力供给不足问题，近期俄罗斯劳动力的需求创新高即为鲜明的例证。人口、保护母子和家庭支持是俄罗斯政府的一项关键目标。2023年俄罗斯政府建立从怀孕开始的援助系统，包括分娩和抚养17岁以下的儿童。俄罗斯推出生育资本计划，规定生育一孩家庭母亲可获得63万卢布奖励，二孩家庭母亲可获得83万卢布奖励，俄罗斯居民预期寿命已达73.5岁。[①]

与此同时，俄罗斯面临更大力度引进移民或提高劳动生产率的压力。一是俄罗斯积极吸引工业移民以补充劳动力缺口。据官方测算，2024年上半年，俄罗斯工业移民工资同比增长38%，到年底，工资可能会升至18万卢布。其中，建筑工人、工厂工人和快递员等职业对移民的需求量较大，从而中亚劳动力供应对俄罗斯的重要性显著增强。俄罗斯与中亚在劳动力流动、外贸、投资、运输物流等领域的合作尤为突出。二是俄罗斯对提高劳动生产率给予更多关注，但并非所有行业都可通过使用先进技术来提高效率。俄罗斯政府表示，未来6年将是工业加速发展的关键时期。未来一段时间，俄罗斯或将重点提高工业、制造业部门的生产效率，以改善整体经济结构。

二 俄罗斯对外能源贸易

西方对俄罗斯的制裁主要集中在能源领域，包括价格上限、保险和金融

[①] Mikhail Mishustin, "Annual Government Report on Its Performance to the State Duma," http://government.ru/en/news/51246/, 2024.

服务限制等，然而，俄罗斯通过打折出售和转向亚洲市场等措施，成功规避了部分制裁造成的影响。同时，俄罗斯通过灵活应对和调整策略，成功减少了制裁对其经济造成的负面影响。经过两年多的努力，俄罗斯经济已基本适应了战争和制裁的外部压力。但美国宣称要对协助与俄罗斯交易的外国银行实施二级制裁，届时俄罗斯对外贸易结算将严重受阻，进而对其外贸产生显著的负面影响。

尽管西方对俄罗斯石油实施价格上限，但其交易价格仍高于每桶60美元的限价，俄罗斯能源出口保持稳定。2023年7月中旬以来，俄罗斯乌拉尔原油价格已经超过西方国家设置的60美元/桶价格上限，石油出口收入上升，在一定程度上规避了西方价格上限制裁（见图3）。但随着国际原油价格下跌，俄罗斯乌拉尔原油价格和布伦特原油价格之间的差价有所扩大，基本稳定在20美元/桶左右。

图3 2021年1月以来乌拉尔、布伦特原油价格走势

资料来源：OPEC、世界银行、CEIC数据库。

俄罗斯能源特别是石油出口方向调整继续巩固。从乌克兰危机爆发至2024年7月，欧盟从俄罗斯化石燃料进口量大幅下降，被中国、印度、土耳其超越。分主要国家和地区看，欧盟从俄罗斯化石燃料日均进口量由2022年高峰期的接近100万吨当量,急速下跌至2023年至2024年10月的日均进口量不足20万吨当量;中国从俄罗斯化石燃料日均进口量由2022年初的日均40万吨当量跃升至2024年10月的日均60万吨当量;印度从俄罗斯化石燃料日均进口量由2022年初的日均3万吨当量跃升至2024年10月的日均30万吨当量;土耳其从俄罗斯化石燃料日均进口量由2022年初的日均10万吨当量跃升至2024年10月的日均20万吨当量(见图4)。

图4 2022年1月以来俄罗斯对主要市场化石燃料的日均出口量

资料来源:CREA Analysis, https://www.russiafossiltracker.com/。

中国超越欧盟成为俄罗斯化石燃料最大进口国家或地区,印度、土耳其的进口累计金额业已接近欧盟,但欧盟依旧是俄罗斯天然气最大进口地区。分主要国别看,乌克兰危机以来至2024年10月,中国从俄罗斯进口化石燃料累计突破2000亿欧元,同期欧盟累计接近2000亿欧元,印度累计突破1000亿欧元,土耳其累计突破750亿欧元。分化石燃料品种看,乌克兰危机以来至2024年10月,中国、欧盟、印度和土耳其分别累计从俄罗斯进口石油达1488亿欧元、1009亿欧元、960亿欧元和536亿欧元,中国、欧盟、印度和土耳其分别累计从俄罗斯进口天然气达261亿欧元、910亿欧元、0和219亿欧元,中国、欧盟、印度和土耳其分别累计从俄罗斯进口煤炭达309亿欧元、36亿欧元、115亿欧元和82亿欧元（见图5）。

能源出口仍然是俄罗斯经济的重要支柱。2023年，俄罗斯石油和天然气产业收入约为9万亿卢布，对GDP的贡献超过27%。尽管面临西方制裁，俄罗斯通过多元化能源出口市场和调整策略，成功避免了制裁带来的严重影响。能源出口的稳定性和多元化策略是俄罗斯经济保持韧性的关键。国际石油市场的紧张局势促使那些尚未对俄罗斯实施制裁的国家增加了对俄罗斯原油的采购，这在一定程度上弥补了乌拉尔原油相对于布伦特原油的折扣，并增加了俄罗斯的经常账户盈余。中国、印度等新兴市场的需求有助于稳定俄罗斯在全球能源市场的地位。

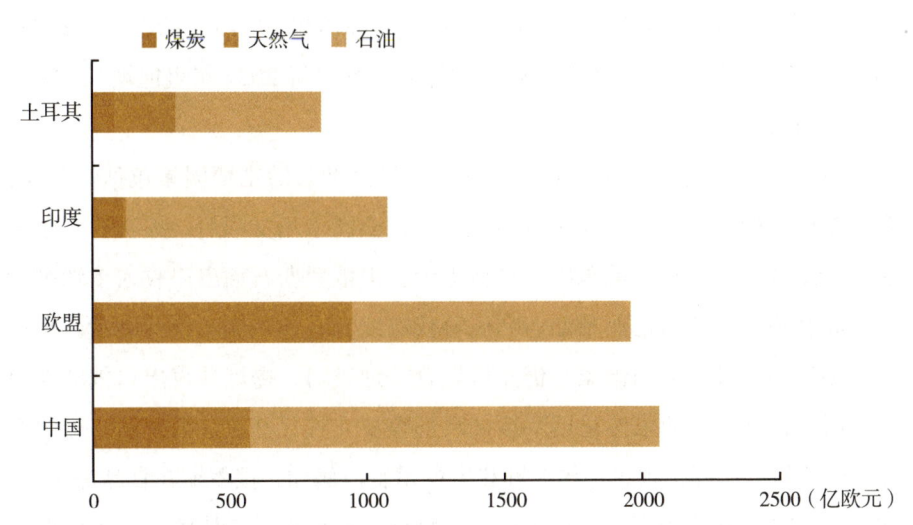

图5 2022年2月至2024年10月俄罗斯化石燃料对主要国家或地区出口累计金额

资料来源：CREA Analysis, https://www.russiafossiltracker.com/。

此外，俄罗斯能源出口还将遭遇一系列可能影响贸易的物流障碍，特别是其缺乏将天然气出口从欧洲转移的基础设施。目前，俄罗斯大部分天然气管道网络都与欧洲相连，而其天然气产能中液化天然气的比重不足10%。尽管如此，俄罗斯能源行业正在逐步适应新形势。俄罗斯政府已决心对物流系统进行大规模改造，但这将是一个渐进的过程。值得注意的是，到2023年，

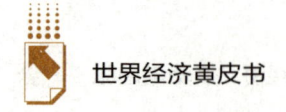

俄罗斯已成为全球第四大液化天然气生产国，且在过去六年里其液化天然气的出口量增长了近3倍。

三 经济前景分析

目前，国际机构和俄罗斯机构的预测普遍认为，俄罗斯经济短期将继续实现正增长。2024年，国际货币基金组织的《世界经济展望》中预测俄罗斯经济2024年增长3.6%，2025年增长1.3%；世界银行的《地区经济简报·2024年秋季》中预测俄罗斯经济2024年增长2.2%，2025年增长1.1%；经合组织的《经济前景展望报告》中预测俄罗斯经济2024年增长3.7%，2025年增长1.1%。俄罗斯国内机构经济发展部预测2024年GDP增长2.8%，2025年将为2.3%。综合各方预测，预计俄罗斯经济2024年可能增长3%左右，2025年降至1%左右。

从积极方面看，预计未来推动俄罗斯经济增长的主要因素包括：首先，俄罗斯推行的能源出口多元化政策，让其在欧洲市场受限后，成功找到了新的出口定位。尽管存在能源出口价格上限，但俄罗斯石油出口收入依然维持在较高水平。俄罗斯已熟悉如何利用替代航线和其他机制来绕开制裁。那些没有参与制裁俄罗斯的国家，仍然可以合法地进口、提炼并再出口俄罗斯原油。因此，能源行业依然是俄罗斯经济的重要支柱。其次，俄罗斯实施的进口替代政策，实际上促进了生产和投资的增长。例如，俄罗斯在食品加工业、建筑业、军工制造业等领域加大投入，降低对外部市场的依赖。这不仅增强了国内产业的自给自足能力，也带动了经济增长。最后，由于消费需求的恢复、劳动力市场的需求旺盛以及实际工资的增长，俄罗斯经济展现出了对大规模制裁的强大抵抗力。比如，在制裁压力下，俄罗斯国内的消费市场依然保持了活跃，这得益于民众的消费信心和购买力的提升。

从消极方面看，预计高利率、劳动力短缺以及制裁将对俄罗斯的经济增长形成阻碍。第一，维持供需平衡和物价稳定是俄罗斯当前必须面对的现实挑战。长期维持高利率将成为经济发展的不利因素，并可能抑制市场投资。

但鉴于俄罗斯近期经济过热的状况，降息的可能性并不大。第二，制裁对俄罗斯各行业的影响并不均衡，存在结构性问题。俄罗斯天然气[①]、汽车和航空等行业受制裁的影响可能最为严重，而大量与战争相关的、涉及俄罗斯政府投资的行业则可能持续增长。第三，俄罗斯获取高技术和关键零部件受到阻碍。尽管自2014年西方首次实施制裁以来，俄罗斯一直在推动进口替代，但其工业仍然严重依赖于主要由西方制造商提供的进口零部件。西方禁止向俄罗斯销售技术产品导致关键零部件短缺，俄罗斯工业难以维持乌克兰危机爆发前的产能水平。尽管俄罗斯规避制裁的举措在一定程度上取得了成效，但采购技术产品变得更加困难和昂贵。俄罗斯对能源、运输设备、高科技产品与服务等产业链相关商品的外部需求收缩以及零部件的稀缺，将导致其工业部门的产能下降问题日益严重。第四，俄罗斯军事动员后，劳动年龄人口外流将继续对劳动生产率形成压力。第五，俄罗斯财政政策的不可持续风险上升。俄罗斯政府动用国家主权财富基金的流动性资产为战争提供资金支持，但该基金的规模已大幅缩减。据彭博社估计，自乌克兰危机以来，俄罗斯主权财富基金的规模几乎缩小了一半。[②] 第六，俄罗斯经济过热风险依然存在。在军工工业的大量投资和技术获取受限等因素的共同影响下，俄罗斯经济的短期过热可能会阻碍全要素生产率的提高，并挤压私营部门的投资和发展空间，从而加剧通货膨胀。

参考文献

林屾、王永中:《俄罗斯经济：制裁与韧性》，载张宇燕主编《2024年世界经济形势分析与预测》，社会科学文献出版社，2024。

International Monetary Fund, "Policy Pivot, Rising Threats, World Economic

---

[①] 一是天然气出口总量下降，二是因制裁天然气开采和下游产业产能受到很大冲击。
[②] https://www.bloomberg.com/news/articles/2024-01-17/war-in-ukraine-drains-nearly-half-of-accessible-russian-reserves.

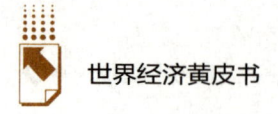

Outlook," October 2024.

Mikhail Mishustin, "Annual Government Report on Its Performance to the State Duma," http://government.ru/en/news/51246/, 2024.

OECD, "OECD Economic Outlook, Interim Report September 2024: Turning the Corner," OECD Publishing, https://doi.org/10.1787/1517c196-en Paris, 2024.

Solanko L., "Where do Russia's Mobilized Soldiers Come from? Evidence from Bank Deposits," BOFIT Policy Brief 1/2024.

World Bank, "Europe and Central AsiaEconomic Update," Fall 2024.

Y.8
拉美经济：低速增长

熊爱宗*

摘　要： 2024年拉美和加勒比地区经济增速可能会进一步放缓，预计从2023年的2.2%放缓至1.8%。拉美和加勒比地区总体通胀水平持续下降，使该地区多数国家货币政策得以继续宽松，但部分国家通胀压力依然存在，限制了货币政策宽松空间。拉美和加勒比地区仍面临较大的政府债务压力，债务偿还负担加重迫使政府削减财政支出，降低了政府调控经济的能力。全球经济不确定性上升，拉美和加勒比地区的外需增长也可能进一步放缓。在这种情况下，2025年拉美和加勒比地区经济增速可能会有所反弹，但预计仍保持在低速增长路径。拉美和加勒比地区一直是"美元化"的重要区域，近年来，各国不断对"美元化"政策进行反思，并在国内和区域层面采取措施积极推进"去美元化"，以此实现本地区货币与金融独立，降低地区经济发展的脆弱性。

关键词： 经济形势　美元化　拉美和加勒比地区

2023年拉美和加勒比地区经济增长2.2%，虽然继续保持正增长，但增速相比2022年有较大幅度下降。我们在《2024年世界经济形势分析与预测》中预计，2023年拉美和加勒比地区经济增速将放缓至1.7%，实际增长情况比我们的预测更为乐观，这部分是因为该地区货币政策在2023年

---

* 熊爱宗，中国社会科学院世界经济与政治研究所副研究员、国际政治经济学研究室主任，主要研究方向为国际金融、新兴市场。

下半年转入宽松立场为经济带来一定刺激，与此同时，私人消费和政府消费并非如我们预计得那么羸弱。2024年拉美和加勒比地区经济增速可能会进一步放缓，预计为1.8%。货币政策将会进一步宽松，但财政政策在债务压力之下难以对经济形成更多刺激，同时全球经济增长不确定性上升，外部需求放缓也将进一步影响拉美和加勒比地区的经济发展。2025年拉美和加勒比地区经济增长可能会有所加快，但将依然维持低速增长态势。

一 2023年与2024年上半年经济情况

（一）经济增速进一步放缓

据联合国拉美和加勒比经济委员会（Economic Commission for Latin America and Caribbean, ECLAC）的《2024年拉丁美洲和加勒比经济调查报告》初步统计，2023年拉美和加勒比地区经济增长为2.2%，相比2022年下降1.8个百分点。[①]其中，南美洲地区经济增长1.6%，中美洲和墨西哥地区经济增长3.2%，加勒比地区经济增长9.1%。主要国家经济增速出现下滑甚至萎缩。2023年墨西哥经济增长3.2%，相比2022年下降0.7个百分点，巴西经济增速相比2022年也有所下降，智利、乌拉圭、哥伦比亚等国经济增速均下降至不足1%。阿根廷经济2023年则萎缩1.6%，秘鲁、古巴等国经济增速也由正转负。不过，也有部分国家经济出现好转。如巴拉圭经济增速从2022年的0.2%上升到4.7%，哥斯达黎加从2022年的4.6%进一步加快至5.1%。从地区层面看，高利率以及地缘政治紧张局势诱发的大宗商品价格波动加剧造成地区投资增速大幅下滑，全球经济不确定性增加导致本地区外需不佳，是2023年经济增长放缓的主要原因。2024年拉美和加勒比地区将继续维持低速增长态势，经济增速可能会比2023年进一步放缓。2024年第一季度拉美地区经济同比增长仅1.5%，连续四个季度走低，全年经济增速预计为1.8%。

[①] 在《2023年拉丁美洲和加勒比经济调查报告》中，联合国拉美和加勒比经济委员会对2022年拉美和加勒比地区经济增速的初步统计是3.8%，《2024年拉丁美洲和加勒比经济调查报告》将该地区2022年的经济增速提高至4.0%。

（二）通胀率持续大幅下降

2024年拉美和加勒比地区国家的通货膨胀率继续回落，6月该地区平均通货膨胀率降至4.3%，相比2023年同期下降0.6个百分点，相比2022年同期下降5.4个百分点。国际大宗商品价格下降、货币政策紧缩、货币贬值速度放缓、国内需求走弱等多重因素推动该地区通胀率走低。不过，当前该地区的通胀率仍高于历史平均水平。与此同时，部分国家的通胀率仍高于其通胀目标。分国家来看，从2024年3月开始，巴西通胀率逐步回归至央行设定的目标区间，2024年4月降至3.7%，不过7月反弹至4.5%。秘鲁通胀率在2024年4月降至3%以下，9月进一步降至1.8%。但仍有部分国家通胀率维持在高位。墨西哥通胀率在2023年10月降至4.3%之后，2024年出现轻微反弹，从2024年6月起基本维持在5%左右，总体高于其通胀目标。部分经济体通胀率虽有较大幅度下降，但2024年依然维持在较高水平。2024年2月，委内瑞拉通胀率降至100%以下，但2024年8月依然高达35.6%。阿根廷通胀率进入2024年也出现较大幅度下降，2024年8月仍高达44.7%。拉美和加勒比地区国家的核心通胀仍保持较强的黏性，未来大宗商品价格上涨仍可能导致该地区通胀反弹。

（三）失业率持续下降

2023年拉美和加勒比地区的失业率保持平稳下降，第四季度该地区15个国家平均失业率降至6%。2024年第一季度失业率虽反弹至6.5%，但相比2023年同期下降0.4个百分点，总体延续2022年下半年以来的走势。该地区劳动参与率自2022年第二季度以来一直保持在62.5%以上，2024年第一季度为62.6%，与2023年的情况总体相当。分国家来看，巴西失业率继续下降，2024年8月下降至6.6%，相比2024年1月下降1个百分点。哥斯达黎加失业率自2023年第二季度开始降至10%以下，2023年第四季度一度降至7.3%，2024年失业率略有上升，但相比2022年和2023年仍有较大幅度下降。墨西哥失业率总体维持稳定，虽然自2024年4月之后有所回升，但2024年8月

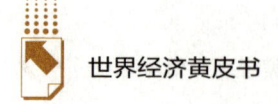

也不过3%，在该地区处于较低水平。秘鲁失业率在进入2024年后曾升至7%以上，不过2024年7月再度降至6%。不过，也有国家失业率在上升。2024年第一季度阿根廷失业率为7.7%，相比2023年第一季度上升0.8个百分点。智利失业率仍维持在较高水平，2024年5~6月降至8.3%，但8月升至8.9%。总体来看，拉美和加勒比地区失业率呈下降趋势，但部分国家存在上升的压力。

（四）货币整体维持贬值

2023年第三季度美元指数开始反弹，同时，拉美和加勒比地区多数国家货币政策相继转为宽松立场，加剧了本地区货币对美元的贬值。不过，2023年第四季度，随着美联储降息预期升温，美元指数走低，多数拉美和加勒比国家货币对美元出现升值。如2023年11月相比10月，智利比索、哥伦比亚比索、墨西哥比索、巴西雷亚尔对美元升值分别为4.5%、4.4%、4%、3.2%。进入2024年，全球货币政策分化加剧，避险情绪推动美元走高，新兴市场货币普遍出现对美元贬值，拉美和加勒比地区货币更是首当其冲。2024年1~8月，阿根廷比索、巴西雷亚尔和墨西哥比索对美元贬值均超过10%，哥伦比亚比索、巴拉圭瓜拉尼、乌拉圭比索对美元贬值也超过3%。特别是受2024年6月大选影响，当月墨西哥比索对美元贬值达到7.6%。2024年9月，美联储启动降息，受此影响，巴西雷亚尔、智利比索等对美元出现一定程度的升值。

（五）外部环境存在挑战

2023年拉美和加勒比地区对外贸易出现萎缩，其中货物出口下降1.4%，进口下降则达5.7%，这使得货物贸易出现一定的顺差，占比达到GDP的0.6%。服务贸易则保持增长，其中出口增长11.7%，进口增长2.5%，服务贸易顺差占比达到GDP的0.8%。在这种情况下，2023年该地区经常账户逆差相比2022年有所收窄，占GDP的比例为1.3%。由于全球经济不确定性上升，主要贸易伙伴经济增长放缓，这对拉美和加勒比地区的出口造成负面影响，2024年该地区经常账户逆差占GDP的比重可能会进一步上升。2023年，拉美和加勒比地区吸引的外资相比2022年出现轻微下降。据联合国贸发会统计，2023年流入该地区的外国直接投资为1930亿美元，相比2022年下降1.4%。其中巴西、墨西哥等地区吸引外资大国分别下降10.2%和0.7%，阿根廷、智利等则出现逆势增长，相比2022年分别增长48.7%和24.6%。2024年拉美和加勒比地区国家纷纷出台针对外资的刺激措施，这有望促进本地区外资流入增长。2024年8月，阿根廷政府发布法令，颁布"大型投资激励制度"（RIGI），旨在吸引海内外大规模投资。而阿根廷多个省级政府也推出税收和融资优惠措施，以吸引那些"小型投资激励项目"。据墨西哥经济部发布的数据，2024年上半年墨西哥吸引的外国直接投资达到310.96亿美元，创历史新高，全年外国直接投资流量预计将远超2023年水平。巴西央行在2024年9月底预计全年流入的外国直接投资将超过700亿美元，也将超过2023年水平。与此同时，拉美和加勒比地区侨汇收入继续保持增长，2023年拉美和加勒比25国的侨汇收入达到1480亿美元，相比2022年增长7.2%。

（六）货币政策进一步宽松

随着通胀的降低，拉美和加勒比地区部分国家从2023年开始下调利率。哥斯达黎加央行2023年3月将基准利率从9%降至8.5%，2024年9月已降至4.25%。智利货币政策自2023年7月转向宽松立场，截至2024年10月已累计9次降息600个基点。出于刺激经济的需要，即使面临较大的通胀压力，阿根廷央行自2023年12月开始实行了大幅度的降息，截至2024年9月共6次下调基准利率，累计降息9300个基点，成为降息政策最为激进的国家。墨西哥、乌拉圭、多米尼加、巴拉圭、秘鲁等在2023~2024年也都有不同程度的降息。巴西货币政策自2023年8月起转向宽松立场，2024年5月降息至10.5%，累计降息325个基点。不过，2024年9月，出于对通胀反弹的担忧，巴西央行再次将基准利率从10.5%上调至10.75%。对于多数拉美和加勒比地区国家而言，当前的基准利率仍处于较高水平，随着通胀压力的缓解特别是美联储进入降息周期，多数国家货币政策仍有进一步宽松的空间。

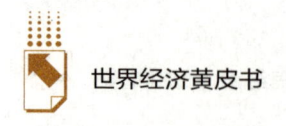

（七）政府债务仍居于高位

在政府收入方面，2023年拉美地区（16国）中央政府收入占GDP的比例从2022年的19.2%下降至18.6%，加勒比地区（12国）的中央政府收入占GDP的比例则从2022年的27.2%下降至2023年的26.9%。在政府支出方面，2023年上述拉美地区国家中央政府支出占GDP的比例从2022年的21.4%升至21.7%，不过，加勒比地区国家的中央政府支出占GDP的比例从29.6%降至28.5%。在这种情况下，2023年拉美地区国家的中央政府财政赤字占GDP的比例从2022年的2.2%扩大至3.1%，同期加勒比地区国家的中央政府财政赤字占GDP的比例从2.4%收窄至1.6%。受此影响，2023年拉美地区国家中央政府公共债务占GDP的比例上升至55%，而加勒比地区国家中央政府公共债务占GDP的比例则降至70.7%。ECLAC预计，2024年拉美和加勒比地区国家政府财政状况保持稳定，政府债务占GDP的比例或略有下降。不过，个别国家的政府债务规模依然很大，如阿根廷、巴巴多斯、多米尼加、巴拿马、牙买加、巴西等。与此同时，部分国家公共债务中的外币债务比例或国外债权人比例较高，这也进一步增加了债务的脆弱性。

二　主要国家经济形势

本部分对拉丁美洲和加勒比地区主要国家巴西、墨西哥、阿根廷和委内瑞拉的经济形势进行分析。

（一）巴西

2023年巴西经济增长2.9%，相比2022年下降0.1个百分点。大豆和玉米丰收带动农业生产大幅增长，成为巴西2023年经济增长的主要推动力量，而工业和服务业生产则维持微弱增长，特别是制造业和建筑业出现负增长，对经济增长构成拖累。进入2024年，巴西经济缓慢恢复，2024年第一季度经济同比增长2.5%，第二季度同比增长3.3%，同比增速连续三个季度呈现逐季加速态势。从环比增速来看，2024年第一季度经济环比增长1.0%，第二季度环比增长1.4%，均好于2023年下半年的情况。2024年9月，巴西财政部和央行对2024年巴西经济增长预期均在3%以上。

伴随经济的逐步恢复，巴西失业率持续下降。巴西国家地理统计局数据显示，2023年巴西全国失业率为7.8%，较2022年下降1.8个百分点。2024年8月，巴西失业率已经降至6.6%，相比2023年同期下降1.2个百分点，相比2024年1月下降1个百分点。巴西失业人口降至740万，为2015年1月以来的最低值。与此同时，巴西工人总数达到1.025亿人，创下历史最高水平。

通胀有所回升，巴西央行重回加息周期。自2023年9月之后，巴西通胀率逐步下降，2024年4月降至3.7%。不过此后通胀率略有回升，2024年8月通胀率维持在4.2%，但总体仍保持在巴西央行设定的通胀目标区间内。在通胀率逐步走低的情况下，2024年上半年巴西货币政策延续2023年以来的宽松政策立场，2月、3月、5月先后三次降息至10.5%。不过，出于对通胀反弹的担忧，2024年9月巴西央行将基准利率从10.5%上调至10.75%，这是2022年8月以来巴西央行首次加息。巴西央行在2024年9月27日的《焦点调查》中预计，2024年基准利率将升高至11.75%，2025年会重新降至10.75%。

巴西政府保持财政整顿立场，财政政策面临一定的紧缩压力。2023年8月，巴西众议院通过新财政框架法案，旨在以每年0.5个百分点的幅度，将基本预算平衡占GDP的比例从2023年的-0.5%，调整到2026年的1.0%。2023年12月，巴西财政部部长宣布向国会提交一揽子计划，推动政府实现2024年的零财政赤字目标。2024年4月，在向国会提交的《2025年预算指导法案》中，巴西政府重申了2024年零基本赤字的承诺，同时降低了2025~2026年的目标值，给予基本预算盈余占GDP的比例上下0.25个百分点的容忍区间，这给了巴西政府一定的财政政策操作自由度。2024年7月，巴西财政部宣布将削减财政支出259亿雷亚尔，以实现财政目标。总体来看，要实现巴西政府设定的财政目标，政府仍需要在控制支出和增加收入上继续努力，这在确保财政持续性的同时也降低了对经济的刺激力度。

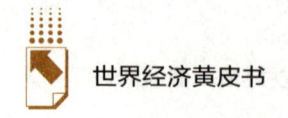

（二）墨西哥

2023年墨西哥经济增长3.2%，低于2022年的3.9%。2024年，墨西哥经济增速继续走低。第一季度实际GDP同比增长1.6%，较上个季度下跌0.7个百分点，GDP环比增长0.3%；第二季度GDP同比增长2.2%，环比增长0.9%。2024年上半年，经济同比增长1.8%，其中私人消费对经济增长贡献最大，同比增长2.5%；净出口成为拖累经济的最大因素，同比增长-3.4%。

墨西哥失业率总体处于低位。从2023年开始墨西哥失业率总体保持在3%以下，2023年7月曾升至3.1%，不过此后又再次下降，2024年3月为2.3%，为2001年以来的最低水平。从2024年4月开始，墨西哥失业率有所回升，8月再次升至3%，总体仍保持在较低区间。墨西哥劳动参与率维持在60%以上，2024年8月为60.2%，与2023年情况基本相当。2024年8月，墨西哥失业人口为190万人，相比2023年同期略增6.8万人。

通货压力有所缓解，墨西哥央行加入降息阵营。2023年墨西哥通胀压力缓解，2023年10月通胀率降至4.3%，为2022年8月通胀率的一半，不过此后出现一定的波动回升，特别是2024年7月再次达到5.6%，8月降至5.0%。尽管通胀率总体相比2022年有较大幅度下降，但目前依然超过墨西哥央行设定的通胀目标上限。在通胀总体下行、经济增长压力加大的情况下，2024年3月，墨西哥央行开启自2021年6月加息周期后的首次降息，将基准利率下调25个基点至11%，并先后在2024年8月和9月两次降息，将基准利率下调至10.5%。宽松的货币政策立场将会对经济增长形成刺激，但也可能会进一步加大通胀风险。

财政政策偏向紧缩。2024年6月，墨西哥左翼执政联盟候选人克劳迪娅·辛鲍姆赢得总统选举，成为墨西哥首位女总统，并于2024年10月正式宣誓就职。在财政政策上，辛鲍姆总统继承了前任总统洛佩斯的"第四次变革"思想，主张实施财政紧缩政策。辛鲍姆表示将优先考虑削减赤字，以稳定未来几年的债务形势。这使得新政府的政府支出和经济刺激计划受到限制。2024年4月，墨西哥政府公布《2025年经济政策预备标准》，提出2025年财政赤字占 GDP 的比例将从 5% 降至 2.5%，为此 2025 年财政支出将削减 8336 亿比索。这意味着财政政策将难以对经济增长形成有效的拉动。

（三）阿根廷

2023 年阿根廷经济再次出现萎缩，经济增速为 -1.6%，主要原因是固定资产投资萎缩带来国内需求下降，与此同时，出口也出现较大幅度下降。2024 年阿根廷经济形势进一步恶化。第一季度经济同比下降 5.2%，环比下降 2.2%；第二季度经济同比下降 1.7%，环比下降 1.7%。2024 年上半年经济同比萎缩 3.4%。2024 年 6 月国际货币基金组织预计，2024 年阿根廷经济将萎缩 3.5%。

经济衰退对劳动力市场带来冲击。2024 年阿根廷失业率有所上升，第一季度失业率为 7.7%，第二季度下降至 7.6%，远高于 2023 年第三季度和第四季度的水平（均为 5.7%）。2024 年第二季度阿根廷失业人口为 108.8 万人，相比 2023 年第二季度增长 24.8%。阿根廷劳动参与率基本维持稳定，2024 年第二季度为 48.5%，与 2023 年下半年的水平基本持平。

阿根廷依然面临严峻的通货膨胀形势。阿根廷通货膨胀率在 2023 年 2 月超过 100% 之后，2023 年 12 月再次超过 200%，达到 211.4%，当月阿根廷物价指数环比上涨达到 25.5%，创下 30 年以来的最高纪录。进入 2024 年，阿根廷通货膨胀率继续上涨，2024 年 4 月达到 289.4%，此后稍稍回落，2024 年 8 月仍高达 236.7%。在物价飞涨的压力下，阿根廷贫困危机进一步加剧。2024 年上半年阿根廷有 42.5% 的家庭陷入贫困，这一比例相比 2023 上半年上升了 12.9 个百分点；有 52.9% 的人口陷入贫困，相比 2023 年上半年上升 12.8 个百分点。

"紧财政"与"宽货币"政策相配合。2023 年 12 月，哈维尔·米莱就任阿根廷总统，采取了一系列激进的财政改革措施，通过增加税收、削减政府补贴、降低资本支出等措施来改善政府财政状况。2024 年 1~9 月，阿根廷国家公共部门（SPN）基本盈余占 GDP 的比例达到 1.7%，这是 2008 年以来阿根廷政府首次连续 9 个月实现财政盈余。2024 年 9 月，阿根廷政府向国会提交2025年预算草案，宣布2025年将坚持零财政赤字。在财政政策紧缩的情况下，阿根廷货币政策积极扩张。尽管面临严重的通胀压力，阿根廷央行从2023年12月开始下调基准利率，截至2024年9月阿根廷央行共6次下调基准利率，从2023年12月的133%降至40%。与此同时，阿根廷政府还对比索实行了大幅贬值。2023年12月，阿根廷将比索官方汇率贬值54%，即从1美元兑366.5比索下调至1美元兑800比索，随后比索继续对美元单边贬值，至2024年9月底比索兑美元再次贬值18%。宽松的货币政策以及货币大幅贬值可能会进一步加剧通胀。

阿根廷外债规模总体保持稳定，2024年第二季度外债总额为2868.81亿美元，相比2023年略有下降。2024年1月和6月，国际货币基金组织分别完成对阿根廷中期贷款安排下的第七次和第八次审查，总计向该国拨付41亿特别提款权（约合55亿美元）支持资金。此外，根据阿根廷央行的消息，2024年6月，中国央行和阿根廷央行同意将2023年货币互换协议激活部分（350亿元人民币，约50亿美元）进一步展期至2026年7月，这也极大缓解了阿根廷面临的债务压力，帮助阿根廷央行更好地克服外部流动性危机。

（四）委内瑞拉

2023年委内瑞拉经济维持正增长。据ECLAC统计，2023年委内瑞拉经济增长为3%，虽然相比2022年有较大幅度下降，但已是该国连续两年保持经济正增长。2024年委内瑞拉经济有望延续增长态势。委内瑞拉央行数据显示，2024年前两个季度经济分别同比增长8.4%和8.8%，相比2023年有所加快，上半年经济累计增长8.6%，全年经济增长有望超过8%。

经济增长主要是由石油部门推动。委内瑞拉央行数据显示，2024年前两个季度，委内瑞拉石油生产同比分别增长18.9%和11.1%，远高于非石油部门。根据石油输出国组织（OPEC）的统计，2023年委内瑞拉原油产量升至平均每日78万桶，已经连续三年出现回升，相比2022年增长8.3%。2024年8月委内瑞拉原油产量已经接近每日93万桶。石油出口方面，2023年委内瑞拉原油出口平均每日55万桶，相比2022年增长25%，扭转了2022年的下降态势。2024年委内瑞拉石油出口继续保持较快增长，2024年8月石油出口达到每日88.5万桶，创下四年多来的最高水平。非石油部门中，2024年上半年增长较快的部门则为矿业、建筑业、金融和保险业等。

通货膨胀率有所降低，但压力依然较大。尽管通货膨胀率仍处于高位，但从2023年开始委内瑞拉通胀率不断下降。2024年以来委内瑞拉价格指数月度环比增长率维持在2%以下。从价格同比增长率来看，2023年12月委内瑞拉价格同比增长率降至200%以下，2024年2月降至100%之下，2024年8月更是降至35.5%。通胀率下降很大程度上源自货币供给速度下降。进入2024年，委内瑞拉货币供应量（M2）月度同比增长率从2023年中期超过400%逐步下降至200%以下。

美国对委内瑞拉的制裁反复为其经济带来不确定性。2023年10月，委内瑞拉政府与反对派就2024年总统选举签署协议，委内瑞拉政府与反对派双方可以根据各自规则推选总统候选人。作为回应，美国政府决定对委内瑞拉实施一项为期6个月的通用许可证，对委内瑞拉的石油、天然气等放松部分制裁限制，这也是委内瑞拉经济得以恢复的一个重要原因。不过，2024年4月，美国政府宣布，由于委内瑞拉政府未能履行其有关大选的承诺，美国恢复对委内瑞拉石油和天然气行业的制裁。这为刚刚有所恢复的委内瑞拉经济再次带来不确定性。

三 "美元化"在拉美地区经济的进展

拉美和加勒比地区一直是"美元化"的典型和代表区域。21世纪初，拉美和加勒比地区的"美元化"程度达到顶峰，此后部分国家的"美元化"程度有所下降，但美元在该地区依然发挥着重要的作用。2022年乌克兰危机爆发后，美国进一步加大了对俄罗斯的金融制裁力度，美元"武器化"的肆意使用加剧了国际社会的担忧，这也促使拉美和加勒比地区各国重新反思"美元化"政策。

"美元化"可以分为金融美元化、实际美元化、官方美元化。金融美元化

（financial dollarization）是指一国居民资产和负债有很大一部分以美元进行计价，实际美元化（real dollarization）是指一国实际交易支付中广泛使用美元，官方美元化（official dollarization）则是指直接采用美元作为法定货币。[1]金融美元化和实际美元化反映了在金融交易和实体交易中美元对于本币的替代程度，而官方美元化则是美元直接替代了本币的法币地位。拉美和加勒比地区各国在以上"美元化"中都有体现。

部分国家如巴拿马、厄瓜多尔、萨尔瓦多等直接实施了官方美元化。巴拿马早在1904年就将美元作为法定货币，其本国货币巴波亚（balboa）只是一种辅币，仅用作小额交易。厄瓜多尔、萨尔瓦多则是2000年之后将美元作为法定货币。为应对经济危机、货币大幅贬值以及恶性通货膨胀，厄瓜多尔2000年1月实行了全面美元化，随后厄瓜多尔原有的货币苏克雷停止流通。萨尔瓦多2001年1月实行了官方美元化，但不同的是，萨尔瓦多的本币科朗并没有被废除，但是必须按照8.75科朗兑1美元的汇率兑换为美元使用。

除了完全的"美元化"之外，部分国家还通过货币局制度达到"美元化"的目的。东加勒比货币联盟（ECCU）是一个由加勒比国家组成的货币联盟，[2]其从1976年7月开始就将共同货币——东加勒比元与美元保持2.7∶1的固定兑换比率，从而达到一种准货币局安排，[3]通过维持与美元的固定汇率来实现价格稳定的目标。为消除恶性通货膨胀并刺激经济增长，1991年4月阿根廷政府实施"兑换计划"（convertibility plan），引入货币局制度，将阿根廷比索与美元1∶1挂钩，比索的发行以100%美元作为基础。不过，阿根廷在2002年放弃货币局制度，转而实施对美元的浮动汇率，结束了"美元化"政策。

拉美和加勒比地区"美元化"更多体现在金融美元化上。如在拉美国家

---

[1] Eduardo Levy-Yeyati, "Financial Dollarization and De-dollarization in the New Millennium," Latin American Reserve Fund Working Paper, January 2021.
[2] 成员国包括安提瓜和巴布达、多米尼克、格林纳达、圣基茨和尼维斯、圣卢西亚、圣文森特和格林纳丁斯。
[3] 东加勒比货币联盟货币发行并不要求100%外汇储备支持，而是60%，但在实际执行过程中一般超过90%。

中央政府的债务中，多个国家的美元债务占总债务的比例就超过50%。其中巴拿马、厄瓜多尔等实施官方美元化的国家美元债务占比最高。巴拉圭也是一个有着长期金融美元化传统的国家，其中央政府债务中美元债务比例甚至一度超过厄瓜多尔这样的完全美元化国家。近年来，部分国家的金融美元化程度有所下降，但是这一趋势并不是特别明显（见图1）。此外，拉美和加勒比地区各国在国际债券发行中更是严重依赖美元计价。据ECLAC统计，2023年拉美和加勒比地区国际债券发行中，有76%是以美元计价的，在过去五年中美元发行的债券占总债券的比例在80%以上。

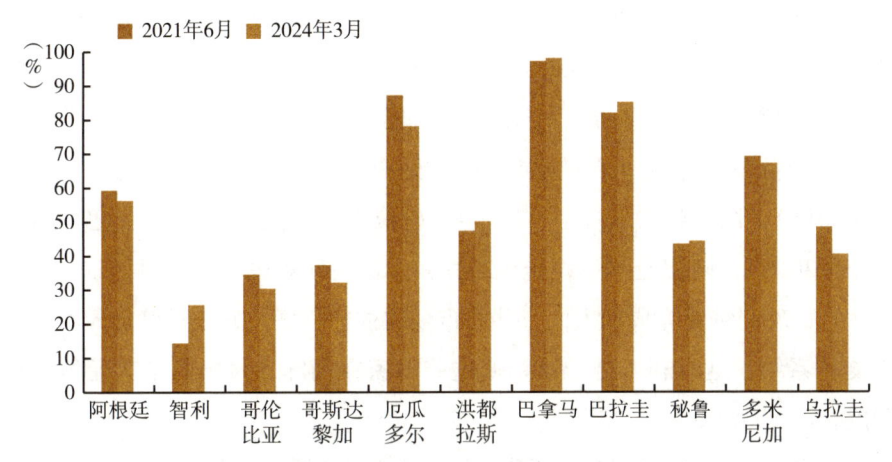

图1 拉美部分国家中央政府债务中美元的比例

资料来源：ECLAC，"Economic Survey of Latin America and the Caribbean,"2021，2024。

实施"美元化"可以带来降低通胀、稳定汇率等诸多潜在好处，但也会导致一国货币主权丧失，并可能加剧金融的脆弱性。有鉴于此，近年来拉美和加勒比地区各国也一直采取各种措施"去美元化"。广义的"去美元化"措施有很多，包括加强宏观审慎管理，如通过收紧外汇头寸的资本金要求以减弱银行借入和借出外币的动机，也包括大力发展本币债券市场，这有利于降低企业对外币融资的依赖。近年来，拉美和加勒比地区国家本币债券市场取得积极进展，如2017年乌拉圭首次在国际市场成功发行两只以本币

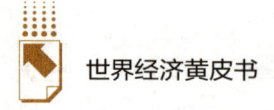

计价的债券，2024年2月巴拉圭也首次在国际市场发行了本币计价的主权债券。

与此同时，拉美和加勒比国家还通过加强区域合作共同推进去"美元化"。一是积极推进区域跨境结算与本币支付结算。随着地区一体化的深入发展，拉美和加勒比国家积极推进地区支付安排的建设，并取得一定的成效，该地区先后建立中美洲结算所（Central American Clearing House，1961~1984）、互惠支付和信贷协定（Reciprocal Payments and Credits Agreement，1965）、加勒比共同体多边清算安排（the Caribbean Community Multilateral Clearing Facility，1977~1983）、本地货币支付系统（Local Currency Payments System，2008）、区域支付补偿统一体系（Unified System of Regional Payments Compensation，2009）、互联支付系统（Interconnected System of Payments，2011）等。[1] 其中，本地货币支付系统是一个在南方共同市场（Mercosur）内以本币进行结算的国际支付系统，在该系统下，巴西与阿根廷（2008）、巴西与乌拉圭（2014）、阿根廷与乌拉圭（2015）、巴拉圭与乌拉圭（2015）、巴西与巴拉圭（2018）、阿根廷与巴拉圭（2021）分别签订双边本币支付协议。2024年7月，玻利维亚完成加入南方共同市场的法律程序，并表示将加入本地货币支付系统，这有利于进一步降低这些国家在国际支付中对于美元的使用程度。

二是讨论构建区域共同货币的可能。除了东加勒比货币联盟外，南美在巴西和阿根廷的共同推进下，也在积极探索创建区域共同货币。2023年1月，巴西和阿根廷领导人表示，将推进有关南美共同货币的讨论，以进一步促进金融和贸易流动，降低运营成本和外部脆弱性。[2] 在2023年5月举行的南美洲国家领导人峰会上，巴西总统卢拉再次呼吁创建南美区域共同货币。然而，创建区域共同货币并非易事。从20世纪80年代开始，巴西和阿根廷就这一计划讨

---

[1] Drakopoulos D., Mu Y., Vasilyev D., Villafuerte M., "Cross-Border Payments Integration in Latin America and the Caribbean," IMF Working Paper WP/24/119, 2024.

[2] Escriben Lulay Alberto Fernandez, "Relanzamiento de la alianza estratégica entre Argentinay Brasil, Perfil," 21 de Enero de, 2023.

论过多次，从经济角度看，南美国家可能也没有达到最优货币区（OCA）的标准。[①] 但相关的讨论表明了拉美持续推进货币金融合作、追求货币独立自主的态度。

四　拉美地区经济形势展望

2023 年拉美和加勒比地区经济增长 2.2%，相比 2022 年有较大幅度下降，部分国家甚至出现萎缩。2024 年该地区经济增速可能会进一步放缓至 1.8%。地缘政治风险加剧、贸易紧张局势升级等进一步加剧全球经济不确定性，同时，全球经济特别是主要贸易伙伴经济增长放缓，也将进一步抑制本地区的外需增长。大宗商品价格存在上行风险，这虽有利于拉美地区大宗商品出口国的对外贸易发展，但也可能加大本地区的通胀风险。在美联储转入降息周期的背景下，拉美和加勒比地区货币政策也由紧缩周期转向宽松周期，由于当前利率水平总体较高，未来仍有进一步下降的空间。但部分通胀压力较大的国家，其货币政策调整将受到限制。拉美和加勒比地区依然面临沉重的债务负担，各国都在尽量避免因财政赤字过大而加剧债务压力，有限的财政政策空间无法为经济增长提供更多的支持。预计 2025 年拉美和加勒比地区经济增速或有所回升，但依然维持在低速增长路径。

参考文献

ECLAC, "Economic Survey of Latin America and the Caribbean," 2024 (LC/PUB.2024/10-P), Santiago, 2024.

[①] Berg A., Borensztein E., Mauro P., "An Evaluation of Monetary Regime Options for Latin America," *The North American Journal of Economics and Finance,* 2002, 13(3); Padilla L., Rodriguez García-Brazales Á., "Can South America form an Optimal Monetary Area? A Structural Vector Autoregression Analysis," *International Economics and Economic Policy,* 2021, 18(2).

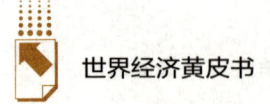

ECLAC, "Fiscal Panorama of Latin America and the Caribbean," 2024 (LC/PUB.2024/5-P), Santiago, 2024.

ECLAC, "Foreign Direct Investment in Latin America and the Caribbean," 2024 (LC/PUB.2024/8-P), Santiago, 2024.

Y.9
西亚非洲经济：不确定性增加，经济复苏乏力

孙靓莹[*]

摘　要： 受到全球金融市场波动、大宗商品价格浮动、发达经济体经济活动减缓以及地缘经济进一步分化等影响，西亚非洲地区经济增长动力不足。2023年西亚非洲地区多个国家同时出现近十年未有的较大幅度经济倒退，拖累地区总体经济增速。在此背景下，西亚北非地区2023年经济增速为1.4%，预计2024年将继续保持低速增长，约为1.5%。撒哈拉以南非洲地区经济增速2023年达到3.6%，2024年预计增速保持不变。除外部不确定因素之外，地区冲突、极端气候变化、发展融资缺口加大等内部问题也困扰着西亚非洲地区的经济增长，但一些国家经济表现出较强韧性，或将成为未来地区经济增长中的稳定器或推进器。

关键词： 地区冲突　气候变化　西亚　北非　撒哈拉以南非洲

2023年，西亚北非地区经济增长1.4%，低于《2024年世界经济形势分析与预测》中的预测增速2.0%，受全球地缘经济分化、冲突、气候相关冲击及具体国家因素影响，在未统计叙利亚GDP增速的情况下，2023年西亚北非地区共有六个国家及地区经济呈负增长，分别是伊拉克（-2.9%）、科威特（-3.6%）、沙特阿拉伯（-0.8%）、约旦河西岸和加沙（-5.4%）、苏丹

---

[*] 孙靓莹，中国社会科学院世界经济与政治研究所助理研究员，主要研究方向为国际发展、联合国可持续发展议程和债务可持续性。

（-18.3%）及也门（-2.0%）。相较于 2022 年仅两国经济呈负增长（利比亚和苏丹，分别为 -8.3% 和 -2.5%），地区经济形势进一步恶化，其中地缘冲突是最突出的原因。2023 年撒哈拉以南非洲经济增速保持在预期水平，《2024 年世界经济形势分析与预测》中的预测增速为 3.3%，而实际增速为 3.6%，略好于预期，这主要是由于该地区各国政策调整效果初现，内外经济失衡得到纠正为经济增长提供了一定支撑。

一　西亚非洲经济形势回顾：2023~2024 年

本文中的西亚非洲主要包括西亚北非和撒哈拉以南非洲两个次区域。正如 IMF 在 2024 年 10 月《世界经济展望》中提到的，在全球经济增速保持平稳的表象之下，美国经济增速弥补了其他主要发达经济体增速的下滑，亚洲经济增长弥补了西亚北非及撒哈拉以南非洲地区经济增速的下滑。[①] 从总体上看，2023 年下半年至 2024 年上半年西亚非洲地区经济增长表现不佳。也门、苏丹及巴以冲突带来的负面效应凸显，拖累了西亚北非地区经济增长，而内部脆弱性和外部不确定性阻碍了撒哈拉以南非洲经济增速的进一步提高。

（一）西亚北非地区：地区冲突影响经济增长潜力

根据国际货币基金组织（IMF）公布的数据，西亚北非地区经济增速在 2020 年触底后，2021 年反弹势头明显但后续增长乏力。[②] 地区冲突频发使得该地区大部分国家经济倒退，2022 年和 2023 年该地区经济增速持续走低，分别为 4.2% 和 1.4%。在西亚北非地区，加沙和以色列之间的冲突造成了巨大的人类苦难，加剧了周边经济体本已充满挑战的经济发展环境。除地缘冲突外，石油减产对欧佩克组织成员国造成石油收入损失以及地区经济体继续采取必要的紧缩政策也是该地区经济增速走低的重要原因。随着冲突升级并蔓

---

① IMF, "World Economic Outlook," October, 2024.
② 在没有特别说明的情况下，本文数据来自 IMF《世界经济展望》数据库（World Economic Outlook Database），2024 年 10 月 24 日下载。

西亚非洲经济：不确定性增加，经济复苏乏力

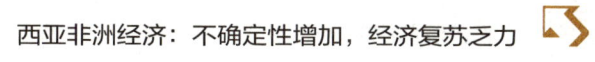

延到加沙和以色列以外的地区，红海航线进一步受到干扰，严重影响地区贸易和部分冲突地区的旅游业发展。

表1 西亚非洲地区经济增速（年均增长）

单位：%

区域	2006~2019年	2020年	2021年	2022年	2023年	2024年E	2025年E
西亚北非国家	2.7	-6.3	4.7	4.2	1.4	1.5	4.2
阿尔及利亚	2.1	-5	3.8	3.6	4.1	3.8	3
亚美尼亚	4.9	-7.1	5.8	12.6	8.3	6	4.9
阿塞拜疆	2.1	-4.2	5.6	4.7	1.1	3.2	2.5
巴林	3.5	-5.9	4.4	6.0	3.0	3.0	3.2
伊朗	1.8	3.3	4.7	3.8	5.0	3.7	3.1
伊拉克	5.7	-12.4	1.4	7.7	-2.9	0.1	4.1
科威特	1.1	-4.8	2.3	5.9	-3.6	-2.7	3.3
利比亚	4.6	-29.5	28.3	-8.3	10.2	2.4	13.7
阿曼	2.1	-3.4	2.6	9.6	1.3	1.0	3.1
卡塔尔	3.2	-3.6	1.6	4.2	1.2	1.5	1.9
沙特阿拉伯	2.3	-3.6	5.1	7.5	-0.8	4.8	4.6
阿联酋	2.5	-5.0	4.4	7.5	3.6	4.0	5.1
埃及	4.8	3.6	3.3	6.7	3.8	2.7	4.1
约旦	2.5	-1.1	3.7	2.4	2.6	2.4	2.9
黎巴嫩	-0.3	-24.6	2.0	1.0	-0.7	—	—
摩洛哥	3.2	-7.2	8.2	1.5	3.4	2.8	3.6
叙利亚	—	—	—	—	—	—	—
突尼斯	2.1	-9.0	4.7	2.7	0	1.6	1.6
约旦河西岸和加沙	3.5	-11.3	7.0	4.1	-5.4	—	—
吉布提	5.6	1.3	4.5	3.9	7.0	6.5	6.0
毛里塔尼亚	3.9	-0.4	0.7	6.8	6.5	4.4	4.2
索马里	3.1	-2.8	3.5	2.7	4.2	4.0	4.0
苏丹	0.3	-3.6	0.5	-2.5	-18.3	-20.3	8.3
也门	-2.7	-8.5	-1.0	1.5	-2.0	-1.0	1.5

资料来源：IMF：《世界经济展望》，2024年10月。

153

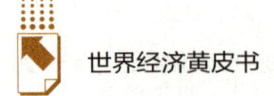

受到地区冲突影响，红海地区安全形势恶化不仅扰乱了西亚北非地区的正常贸易，还抬高了航运成本。在冲突爆发前，全球约15%的贸易和30%的集装箱贸易通过苏伊士运河，因此红海是全球海上贸易的重要通道。从巴以冲突爆发到2024年3月，商船遇袭导致海运保费急剧上升，从中国到地中海运输一个40英尺标准集装箱的成本从1000美元左右飙升至4000美元以上。①2023年11月到2024年2月底，通过苏伊士运河的贸易量急剧下降，降幅超过50%。同时，冲突爆发后，涉事国家旅游业遭受重创。旅游业是西亚北非国家国民经济的重要组成部分，旅游收入占其GDP的2%~20%，在某些国家占商品和服务出口的比重高达20%~50%。冲突爆发后，黎巴嫩和约旦的酒店客房入住率急剧下降，不仅影响旅游业收入，也降低了国家总体外汇收入。

通货膨胀率在该地区的广泛下降是一个积极因素。具体而言，2024年西亚北非石油出口国的平均通胀率预计为8.7%，但是新兴市场和微型经济体的通胀率将保持在25.6%，低收入国家将保持在69.9%（尤其是埃及、苏丹和也门）。吉布提、毛里塔尼亚、索马里、苏丹和也门普遍存在粮食安全问题。除了冲突的不利影响外，公共部门总融资需求缺口的增加将是大多数新兴市场和微型经济体面临的重大挑战。

西亚北非地区国家经济增速进一步分化。2023年石油出口国经济增速为1.4%，略高于平均增速，原因之一是石油出口国与冲突地区直接经济往来有限，并灵活采用替代贸易路线避免货物贸易量下降。海湾合作委员会（GCC）经济体的非石油部门增长强劲，以沙特、阿联酋为代表的国家通过结构性改革推动经济多样化的努力正在产生效果，而国内需求和资本流入的增加也促进了经济增长。GCC以外的其他石油出口国的经济增长相对稳定，一些国家受益于油价上涨和强劲的生产（伊朗、利比亚）以及天然气价格上涨（阿尔及利亚）。

---

① IMF, "Regional Economic Outlook, Middle East and Central Asia: An Uneven Recovery Amid High Uncertainty," April 2024.

表2 撒哈拉以南非洲经济增速（年均增长）

单位：%

区域	实际GDP增速							消费者价格		
	2006~2019年	2020年	2021年	2022年	2023年	2024年	2025年	2023年	2024年E	2025年E
撒哈拉以南非洲国家	3.2	-1.6	4.8	4.1	3.6	3.6	4.2	17.6	18.1	12.3
石油出口国*	-0.9	-3.9	1.9	1.7	1.4	-0.9	5.5	20.7	29.3	22.6
尼日利亚	1.9	-1.8	3.6	3.3	2.9	2.9	3.2	24.7	32.5	25.0
安哥拉	0.8	-4.0	2.1	4.2	1.0	2.4	2.8	13.6	28.4	21.3
加蓬	2.2	-1.8	1.5	3.0	2.4	3.1	2.6	3.6	2.1	2.2
乍得	1.7	-2.1	-0.9	3.6	4.9	3.2	3.8	4.1	4.9	3.7
赤道几内亚	-4.6	-4.8	0.9	3.7	-6.2	5.8	-4.8	2.5	4.0	2.8
中等收入国家**	3.9	-4.2	5.3	5.5	4.0	3.8	4.7	9.4	6.3	5.2
南非	1.3	-6.2	5.0	1.9	0.7	1.1	1.5	5.9	4.7	4.5
肯尼亚	4.7	-0.3	7.6	4.9	5.6	5.0	5.0	7.7	5.1	5.2
加纳	6.2	0.5	5.1	3.8	2.9	3.1	4.4	39.2	19.5	11.5
科特迪瓦	6.1	0.7	7.1	6.2	6.2	6.5	6.4	4.4	3.8	3.0
喀麦隆	3.9	0.5	3.0	3.7	3.2	3.9	4.2	7.4	4.4	3.5
塞内加尔	5.6	1.3	6.5	4.0	4.6	6.0	9.3	5.9	1.5	2.0
赞比亚	3.9	-2.8	6.2	5.2	5.4	2.3	6.6	10.9	14.6	12.1
低收入国家***	4.6	0.1	5.0	4.7	4.5	4.5	5.0	26.3	23.1	11.0
埃塞俄比亚	9.1	6.1	6.3	6.4	7.2	6.1	6.5	30.2	23.9	23.3
坦桑尼亚	6.8	4.5	4.8	4.7	5.1	5.4	6.0	3.8	32	4.0
刚果（金）	-1.5	1.7	5.9	8.8	8.4	4.7	5.0	19.9	17.8	9.2
乌干达	5.4	-1.1	5.5	6.3	4.6	5.9	7.5	5.4	3.5	4.4
马里	5.0	-1.2	3.1	3.5	4.4	3.8	4.4	2.1	2.5	2.0
布基纳法索	6.0	1.9	6.9	1.8	3.1	5.5	5.8	0.7	2.1	2.0

注："*"包括刚果（布）和南苏丹。"**"包括贝宁、博茨瓦纳、佛得角、科摩罗、斯威士兰、莱索托、毛里求斯、纳米比亚、圣多美和普林西比以及塞舌尔。"***"包括布隆迪、中非共和国、厄立特里亚、冈比亚、几内亚、几内亚比绍、利比里亚、马达加斯加、马拉维、莫桑比克、尼日尔、卢旺达、塞拉利昂、多哥和津巴布韦。

资料来源：根据2024年《世界经济展望》数据及笔者计算。

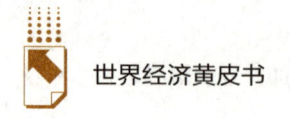

（二）撒哈拉以南非洲地区：内外部因素拖累经济短期向好

2023年，撒哈拉以南非洲地区经济增速从2022年的4.1%下降为3.6%，预计2024年增长率会保持这一水平，难以出现较大幅度增长。资源富裕型国家的经济增长率仅为该地区其他国家的一半左右，石油出口国由于油价低位等，经济增长最为艰难。在遭遇新冠疫情及俄乌冲突的冲击后，该地区大多数国家仍然存在不同程度的内部和外部失衡。此外，该地区普遍存在的对外部门脆弱问题会进一步带来货币贬值，影响通胀水平。

为此，撒哈拉以南非洲地区各国政府采取了一系列紧缩政策以抑制通货膨胀。目前，该地区大多数国家的通胀率有所下降，约有1/2的国家通胀率低于或处于目标区间。财政整顿改革有助于积累资源、确保债务可持续性。超过2/3的国家在2023年巩固了财政账户，主要国家的财政赤字中位数占国内生产总值的比重缩小1.3个百分点（包括科特迪瓦、加纳和赞比亚等国显著改善）。预计2024年财政赤字中位数占国内生产总值的比重将再减小0.4个百分点，债务与国内生产总值的比率（中位数）不再上升，但仍维持在58%的高位。尽管在2024年7~8月全球金融市场动荡期间主权债券利差有所上升，但自2022年中的峰值以来，主权债券利差大幅收窄，部分原因是全球金融条件放宽。此外，2024年有更多撒哈拉以南非洲国家重返欧洲债券市场，包括贝宁、科特迪瓦、肯尼亚、塞内加尔及喀麦隆。

总体而言，撒哈拉以南非洲国家在实现经济增长方面面临四重困境。首先，经济增长总体乏力且发展不平衡。2024年预计该区域经济增长率与2023年持平，维持在3.6%的相对低位。资源富裕型国家的经济增速只有该地区其他国家的一半左右，石油出口国同样面临困境。萨赫勒地区长期存在的冲突及局势紧张，干旱对马拉维、赞比亚以及津巴布韦农业及水电发展的破坏性影响，以及在中非共和国、几内亚、马达加斯加和马里广泛存在的电力供应不足和持续性经济紧缩都影响着上述国家经济的中长期增长。

其次，该地区融资缺口巨大，优惠性融资不足，主权债券利率高企。目前欧洲债券发行的收益率仍高于新冠疫情前水平，2024年发行的主权债券收益率上升至7.6%~10.7%的高位，而2015~2019年加权平均收益率仅为6.8%。在发展援助资金总量流入呈下降趋势的背景下，地缘政治的分裂也给外援造成了新的障碍，传统援助国不愿为萨赫勒地区政变后的受援国提供新的援助资金。实际最优惠贷款利率的中位数2024年8月约为5.4%，仍处于较高水平。

再次，极端天气对经济发展造成了巨大破坏。该地区发生自然灾害的风险加大。南部非洲连续遭遇了毁灭性干旱，2024年2月降水量创下近40年来的新低，而创纪录的高温又加剧了干旱。马达加斯加遭受了热带风暴的破坏。在东非，季风、洪水和山体滑坡在4~5月影响了超过160万人。西非和中非持续遭受严重洪灾，仅尼日利亚就有100多万人受到严重影响。萨赫勒地区在3~4月经历了极端热浪天气。这些冲击导致粮食价格飙升和基础设施遭到破坏。从长远来看，该地区面临着气候变化带来的巨大挑战。[1]

最后，旨在增强经济增长动力的改革措施加剧了社会动荡，影响了政策的实际效果。2020~2024年，马耳他、布基纳法索、尼日尔、乍得出现了冲突及政变事件，尼日利亚、喀麦隆、中非共和国、南苏丹、埃塞俄比亚、刚果（金）、莫桑比克出现了冲突事件。一些长期困扰该地区的问题如贫困、缺乏包容性、就业前景有限、对腐败政府不满以及社会治理不力等，造成了普遍的社会挫败感。生活费用的快速上升，特别是食品价格上涨加剧了民众的不满。在这一背景下，旨在加强宏观经济稳定的政策调整，如增加税收或减少补贴以控制财政赤字的措施可能会加重民众生活负担，进而加大社会动荡风险。

二 西亚非洲主要国家经济形势回顾与展望

（一）埃及：重启浮动汇率，经济维稳压力加大

埃及实际GDP增速2023年达到3.8%，但2024年将降至2.7%，伴随通货膨胀上升、信贷条件收紧、能源进口增加及地缘政治紧张局势加剧，经济

---

[1] World Meteorological Organization, "State of the Climate in Africa 2023," World Meteorological Organization, Geneva, 2024.

发展将面临巨大压力。2024年3月埃及开始实行浮动汇率制度，新汇率制度将有助于遏制外部失衡，并吸引外商直接投资（FDI）和证券投资流入。但是在短期内，高通胀和紧缩的货币政策将拖累经济增长。

埃及正在积极地通过外商直接投资和国际货币基金组织信贷来弥补缺口，预计外汇储备2024~2028年将大幅增加。地区敌对行动导致来自苏伊士运河的收入减少，短期经常账户赤字压力增大。中期，也门胡塞叛军对途经苏伊士运河的船只的袭击行动很可能持续，苏伊士运河船只数量与危机前相比下降超过一半，而过境费约占埃及经常账户收入的10%，这将降低埃及外汇收入，预计2024年经常账户赤字占GDP的比例将扩大至5.3%，创下近年来的新高。

2024年初，埃及与阿布扎比投资基金ADQ达成了一项开发地中海度假Rasel-Hekma的大型房地产交易项目。该项目已为埃及带来350亿美元的投资流入，有效补充了埃及的融资缺口。在项目实施过程中将有高达1500亿美元的投资用于基础设施和房地产等领域。

2024年7月，埃及宣布了新的促进工业发展目标及举措，希望在三年内打造工业贸易区域中心，促进工业生产本土化，提高工业出口竞争力并增加就业。为实现上述目标，埃及制定了国家工业战略，主要包括减少进口、促进工业生产本土化、发展出口导向型工业、与工业巨头及投资者合作、吸引外商投资工业、发展电子和绿色工业、提高工业发展质量等方面。[①]为此，埃及将划拨43个地块用于新建工业区，苏伊士运河经济区已批准通过了218个初审和终审项目，设立了尼罗河盆地国家投资基金并新设了6个出口导向型自由区。上述措施有助于推动埃及经济在中长期健康发展。

（二）伊朗：石油出口增加，依托金砖组织扩大经济合作

2023年伊朗经济增速约为5%。目前，伊朗积极依托金砖组织寻求扩大对外经济合作，通过石油及天然气出口来增加收入，为经济发展注入动力。根据伊朗

---

① 《埃及新政府宣布工业发展目标及举措》，中华人民共和国驻阿拉伯埃及共和国大使馆经济商务处，2024年7月28日。

西亚非洲经济：不确定性增加，经济复苏乏力

能源研究所的《2023年世界能源统计评论》，截至2020年底，伊朗拥有世界第二大天然气储量，为1134万亿立方英尺，占全球的17.1%；拥有世界第四大已探明原油储量，为1578亿桶，占全球的9.1%。天然气及石油出口在推动伊朗经济增长中扮演了重要角色。2023年，伊朗通货膨胀率约为40.7%，为西亚北非地区第三高通胀水平（黎巴嫩和苏丹分列第一和第二，为221.3%和77.2%），这一趋势将在2024年得到一定遏制，预计降至31.7%。

伊朗经济发展充满挑战。汇率不稳定、高通胀、公共财政紧张、高失业率、外汇储备减少和外商投资受限等因素影响了伊朗经济发展的潜力。石油收入可能在2025~2028年与国际油价同步下降，公共财政支出将因此受到影响，限制政府投资石油和天然气项目以及重大基础设施建设和升级的能力。这将对农业和工业产生不利影响，气候变化特别是极端干旱天气将进一步加大风险。

在拓展自身发展的空间方面，伊朗依托金砖国家平台进行了积极探索。2024年9月伊朗财经部长与俄罗斯总统助理会晤，双方同意加快推进国际南北运输走廊建设，此举将使包括印度及海湾国家在内的广大亚洲国家获益。伊朗提出希望加强欧洲—高加索—亚洲运输走廊计划（TRACECA）成员间合作、提升伊朗在该地区过境运输中的作用等倡议。[1] 此外，伊朗采取的一些突破美国制裁限制的措施正在产生实际效果。伊朗"Shetab"支付系统和俄罗斯"Mir"支付系统间的电子资金转账协议现已生效。首批通过铁海联运的货物已从伊朗里海港口出口至里海沿岸国家，预计伊朗将通过该线路每年出口40万吨水泥。

为推动经济增长，2024年伊朗发起石油增产运动。截至2024年7月，伊朗石油产量为360万桶/日，计划2025年3月底前增至400万桶/日。伊朗希望此举能够将石油石化产品出口额从2018年的108亿美元增至2024年的360亿美元，增长近2.3倍，推动经济进一步发展。

---

[1] 《〈德黑兰时报〉编译版：伊朗希加强与欧洲—高加索—亚洲运输走廊计划（TRACECA）成员的货运合作》，中华人民共和国驻伊朗伊斯兰共和国大使馆经济商务处，2024年10月24日；《〈德黑兰时报〉编译版：伊朗和俄罗斯决心加快推进国际南北运输走廊建设》，中华人民共和国驻伊朗伊斯兰共和国大使馆经济商务处，2024年9月19日。

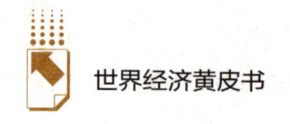

（三）尼日利亚：经济改革成败影响发展前景

尼日利亚是撒哈拉以南非洲地区最大经济体。博拉·蒂努布总统自 2023 年 5 月上任以来实施了一系列改革举措，包括削减汽油和电力补贴、放松对汽油价格的管制、统一官方汇率和平行市场汇率、提高电价等。理论上这些改革是让尼日利亚走上经济更快增长道路所必需的，但由于改革措施实施得过于仓促，短期带来了一系列负面效果。2023 年尼日利亚实际 GDP 增速为 2.9%，预计 2024 年将保持该增长水平。2024 年 5 月，尼日利亚通货膨胀率上升至 33.69%，创 28 年以来新高。此外，改革行动引起尼日利亚工会不满，认为这些改革让数百万人陷入了几十年来最为严重的危机。食品和非酒精饮料等价格上涨是 5 月通胀上升的最大推手，可解释尼日利亚通货膨胀的 40.7%。

尼日利亚发展面临众多阻碍。贫困是尼日利亚实现发展的瓶颈之一。2022 年，尼日利亚国家统计局披露，约 63% 的尼日利亚人（1.33 亿人）因缺乏医疗、教育和就业保障等而处于贫困状态。在贸易方面，尼日利亚是非洲大陆自由贸易区协议的签署国。但尼日利亚政府对区域贸易采取相对保护主义态度，除了履行关税削减义务外，几乎不会采取任何措施来鼓励区域贸易。尼日利亚国家统计局报告显示，2023 年尼日利亚银行业接收外资约 8.3 亿美元，较 2022 年减少约 60%。[1] 高通胀、低经济增长和缺乏民众普遍支持的市场改革给尼日利亚带来了巨大的社会风险。政策利率高企成为融资阻碍。2024 年以来，尼日利亚央行政策利率累计上调 800 个基点，达到创纪录的 26.75%。而准备金率要求为 45%，也创历史新高，发展资金紧张。

从积极方面看，石油产量将低于 OPEC+ 配额和新冠疫情前水平。新建的丹格特大型炼油厂日产 65 万桶，一旦达到产能，将大大改善尼日利亚的外部平衡。理论上，其可以满足尼日利亚所有的燃料需求，且还有剩余产能用于出口。国家石油公司以奈拉计价提供的原油高达 44.5 万桶/日，预计 2024 年产量将大幅增加，并保护国内油价不受汇率波动的影响。在基础设施建设方

---

[1]《2023 年尼日利亚银行业接收外资额大幅下降 60%》，中华人民共和国驻尼日利亚联邦共和国大使馆经济商务处，2024 年 2 月 21 日。

面，随着大型私营炼油厂投入运营，尼日利亚将减少对进口汽油的依赖，国际收支状况进一步得到改善。

（四）南非：电力短缺等问题继续困扰经济发展

南非拥有丰富的自然资源和多元化的工业基础，但也面临着高失业率、高技能工人短缺和电力短缺等结构性制约因素。受疫情影响，南非经济增长2022年放缓至1.9%，2023年回落至0.7%，低于撒哈拉以南非洲平均经济增速。根据IMF发布的数据，南非人均GDP从2022年的6680美元降至2023年的6190美元，与2005年人均GDP水平相同，不仅低于全球经济体平均水平（13130美元），还低于新兴和发展中经济体平均水平（6450美元）。[①]2023年，限电、利率上升、就业市场惨淡以及家庭和企业信心低等不利因素困扰着南非经济发展。2024年南非经济活动不仅会受到电力短缺、失业率和犯罪率上升的影响，还会受到以下领域"短期危机"的影响，包括宏观经济波动、供应链中断、资源短缺、医疗服务供给不足、公共机构效率低。南非面临着严重的就业困境，就业率下降凸显出劳动力市场的脆弱性。南非统计局数据显示，2024年上半年南非官方失业率急剧上升，第一季度上升0.8个百分点至32.9%，第二季度上升0.6个百分点至33.5%，预计2024年南非经济将保持1.1%的低速增长。

为应对上述不利经济形势，南非政府正在有计划地加快包括电力供应在内的基础设施建设，以拉动经济增长。2024年，南非政府计划在南部非洲开发银行（DBSA）或工业发展公司（IDC）建立一个独立的输电项目办公室，通过建设、运营和转让（BOT）模式采购新的输电容量。作为南非国家电力公司（Eskom）全资子公司，南非国家输电公司（NTCSA）已于2024年10月成立。NTCSA将为公共和私人参与者提供开放、公平和透明的国家电网接入途径，有助于提高电力部门的效率。[②]此外，南非还积极引进新开发银行资金，

---

① 《南非人均GDP回落至2005年水平》，中华人民共和国驻南非共和国大使馆经济商务处，2024年3月15日。
② 《南非国家输电公司正式成立》，中华人民共和国驻南非共和国大使馆经济商务处，2024年9月2日。

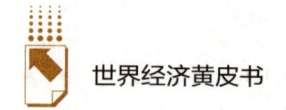

为本国电力传输系统扩建提供资金支持。目前，新开发银行已经为南非的能源转型筹集了50亿美元（约892亿兰特）的资金，此举也是金砖国家首次通过新开发银行开展合作，积极利用自身经验应对成员国面临的发展挑战。[①]

（五）沙特阿拉伯：经济企稳，非石油部门发展强劲

沙特是中东地区最大的经济体，也是世界第十七大经济体。目前，该国经济以石油为主，但长期多元化计划"愿景2030"将为企业提供大量投资机会。政府将通过公共投资基金（PIF，一种主权财富基金）支持基础设施建设，并鼓励私营部门投资制造业、旅游业、采矿业和可再生能源等领域。2022年，沙特实际GDP增长率达到7.5%，2023年大幅降至-0.8%。沙特阿拉伯执行自愿减产政策导致石油出口收入下降。近年来，沙特政府采取以增加投资为重点的增长型财政政策，非石油部门经济增长势头强劲，预计2024年经济增长4.8%。根据2024年6月的OPEC+协议，沙特计划从10月开始逐步取消自愿减产政策，2025年经济增长将企稳。

沙特阿拉伯的通胀率2024年降至1.7%。在信贷成本降低和劳动力市场强劲的推动下个人消费支出增加，通胀率将在2025~2028年小幅增加，但仍保持历史低位。自1986年以来，沙特里亚尔一直保持3.75里亚尔兑1美元的稳定汇率。凭借大量金融资产的支持，里亚尔汇率在全球油价长期波动中一直保持着稳定。

沙特正在积极发展大型制造业基地，以实现产出本地化，并为沙特人创造更多的技术性工作岗位。除了药品生产等活动外，沙特还在推进电动汽车（EV）制造计划。发展旅游业以及举办全球体育和商业活动也是沙特政府议程中的重要事项。沙特首都利雅得已被选为2030年世博会的举办地，沙特还将举办2034年FIFA足球世界杯，计划新建11座体育场馆。沙特阿拉伯和阿联酋都力争成为发展商业中心的领先者，因此两国之间的竞争将愈演愈烈。2024年以来，沙特出台相关规定，只有在沙特阿拉伯设立地区总部的外国公司才有资

[①] 《新开发银行将与金砖国家成员合作，为南非电力危机寻找出路》，中华人民共和国驻南非共和国大使馆经济商务处，2024年9月2日。

格与沙特政府机构合作。投资部称，约有350家跨国公司在沙特阿拉伯设立了中东总部，主要集中在首都利雅得，受益于30年免税政策，外加政府到2030年将利雅得打造成世界十大城市经济体之一的目标，该数据预计还将上升。

三　西亚非洲地区经济展望

地区冲突严重影响了西亚北非以及撒哈拉以南非洲地区的经济发展。在过去十年中，地区冲突引发巨大人道主义危机，粮食安全问题日益恶化。有研究表明，冲突对长期经济表现产生了明显的不利影响，通货膨胀率上升，消费、投资、出口和财政收入下降。这些影响可能会通过破坏制度和加剧受冲突影响经济体的脆弱性而变得根深蒂固。与世界其他地区相比，冲突对西亚北非地区经济的负面影响往往更大、更持久。具体而言，在西亚北非地区国家发生严重冲突后，十年后人均产出下降约10%，而在其他地区，该值平均不到3%，并会在五年内恢复。[①] 预计2024年经济增长1.5%，2025年或将由于地区冲突结束以及石油出口国减产到期重新迎来发展机会。

西亚北非地区的石油出口国表现良好，但在雄心勃勃的投资战略和石油收入下降的情况下，其经常项目和资本项目顺差开始缩小。石油进口国仍在努力应对与冲突以及巨大融资缺口有关的脆弱性问题。预计2024年和2025年海合会国家的增长率分别达到4.3%和4.5%，增长依然强劲。但整个地区受到冲突国家经济大幅下滑拖累，整体经济增长乏力。2025年西亚北非地区经济发展将面临下行风险。由于未来几年该地区人口结构可能变化，劳动力市场面临的挑战将会更加严峻，政府需采取必要的结构性改革措施，创造更多的就业机会，包括鼓励更多的女性和青年就业。

值得注意的是，俄乌冲突、巴以冲突以及对红海航线的冲击正在改变西

[①] 这可能反映了多种因素，包括该地区冲突的平均强度较高、冲突的不利边际效应随强度增加而增加，以及普遍存在的加剧原有状况的情况，如平均机构质量较低。冲突还往往对接壤国家产生更大的负面影响，人均产出下降约1.5%，十年后再下降约6%（尽管估值的不确定性更高）。资料来源：IMF, "Regional Economic Outlook, Middle East and Central Asia: An Uneven Recovery Amid High Uncertainty," April 2024。

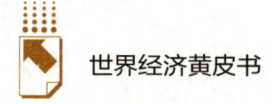

亚北非地区的贸易模式。自 2022 年以来，高加索和中亚地区的整体贸易活动明显增加，反映出过境贸易和贸易转移的增加。一些西亚北非国家的贸易模式也发生了变化，特别是能源产品。随着地缘经济格局的演变和不确定性的增加，该地区各国可能继续受益于贸易流量的增加，也可能面临贸易和经济产出的损失。要降低风险和增加贸易收益，各国就必须减少贸易壁垒、升级基础设施和加强监管。同时，可以通过航运路线的多样化，开发替代性贸易走廊和贸易多元化来减少红海紧张局势造成的干扰，同时增强抵御冲击的能力。

撒哈拉以南非洲地区经济形势错综复杂，既有进步，也表现出脆弱性。2024 年该区域经济增长率预计为 3.6%，2025 年小幅回升至 4.2%，总体增长乏力。抑制增长的因素包括冲突、社会动荡、持续干旱和电力短缺等。撒哈拉以南非洲国家发展融资缺口巨大但融资条件并没有改善，许多国家融资成本高企。此外，由于贫困人口增加、包容性就业机会相对缺乏以及与治理有关的改革压力加大，许多国家面临生活成本上升以及宏观政策调整带来的短期阵痛，这将进一步增加改革难度。加纳将努力保持经济稳定增长，博茨瓦纳和塞内加尔将受益于钻石、石油和天然气等出口的增长，马拉维、赞比亚和津巴布韦将从极端干旱天气中逐渐恢复，这些国家的经济增速均将有所提高。由于选举后的积极情绪和停电现象减少，南非的经济增长状况也有望得到改善。从中期来看，预计该地区经济增长率将稳定在 4.4% 左右，区域一体化国家与该地区其他国家之间的差距将继续拉大。然而，由于人均收入增长率低于 2%，仍不足以支撑迅速提高生活水平、持续减少贫困或向世界其他地区的收入靠拢等。

参考文献

EIU,"CountryReport," October, 2024.

IMF,"Regional Economic Outlook Update: Sub-Saharan Africa," October 2024.

IMF, "Regional Economic Outlook Update: Middle East and Central Asia," October 2024.

IMF, "World Economic Outlook," October 2023.

IMF, "Regional Economic Outlook, Middle East and Central Asia: An Uneven Recovery amid High Uncertainty," April 2024.

World Meteorological Organization, "State of the Climate in Africa 2023," World Meteorological Organization, Geneva, 2024.

Y.10
中国经济：在提振总需求的同时寻找增长新动能

徐奇渊[*]

摘　要： 2024年上半年，中国GDP累计增速为5%，全年实现5%左右的增速目标基本确定。然而GDP平减指数同比增速连续五个季度为负，这反映出中国经济面临一定的通缩压力。通缩压力主要源于总需求不足，导致就业、税收和企业利润等多项指标承压，并催生了关于经济增长新动能的讨论。与日本历史经验的比较可以发现，当前中国的通缩压力更多的是周期性的，但仍需高度关注并采取有力的应对措施，以避免从周期性问题演变为长期挑战。为此，中国应利用自身优势（如强大的政府财力以及合理的债务结构等），通过扩大财政支出、实施更加积极的货币政策等手段来提振总需求。此外，在宏观调控中还要注意培育增长的新动能，特别是教育和医疗等领域存在巨大发展潜力，可作为新的增长点。

关键词： 总需求不足　宏观调控　增长新动能　服务业

2024年上半年，中国GDP累计增速为5%，[①]第三季度增速预估为4.6%，但是9月末以来宏观政策基调明显转向，在各项增量政策的加持之下，全年实现5%左右的增速目标基本上没有悬念。但是与此同时，CPI始终在略高于

---

[*] 徐奇渊，中国社会科学院世界经济与政治研究所研究员，主要研究方向为中国宏观经济、中美经贸关系。
[①] 数据来源于国家统计局、Wind金融数据终端。如果没有特别说明，下文中的数据来源均相同。

0、低于1%的区间波动，而PPI则一直处于负值状态。从最全面的物价指数GDP平减指数来看，该指数累计同比已经有5个季度持续为负值，表明我国面临一定程度的通缩压力。

一 中国面临一定的通缩压力

与发达国家相比，中国消费占比较低。比如中国的最终消费占比为50%左右，美国则为80%左右。所以观察中国的物价下跌，CPI的代表性不足。通常会使用GDP平减指数来观察中国的物价水平，该平减指数不仅包括CPI、工业品生产价格指数（PPI），实际上还包括了服务业生产价格指数。但目前我国还没有对该指标进行专门的编制。

GDP平减指数可以最全面地反映当前中国经济的总供求关系。2023年第二季度以来，GDP平减指数同比已经连续5个季度为负值，其中2023年第四季度为-1.4%，近两个季度有所好转，但仍处于负值区间。通缩压力应当引起高度重视。而且，2024年下半年以来，就业、税收、企业利润等多项指标也面临一定下行压力，说明中国经济面临的主要挑战来自总需求不足。同时，总需求不足的压力也使得一些结构性矛盾凸显，催生了关于中国经济增长新动能的讨论。

二 与日本的历史相比，当前中国的通缩压力是周期性的

回顾日本的历史对中国很有启发，日本陷入通缩大体上分成两个阶段：第一阶段，1995~1996年日本连续两年GDP平减指数增速为负值，分别为-0.5%、-0.4%，程度较浅。当时日本只是面临短暂的通缩压力。在扩张性政策的努力下，日本1997年扭转了通缩的局面。

第二阶段，1997年形势好转后，日本政府认为经济已步入正轨，不再担心通缩的威胁。为了缓解财政和债务的压力，桥本龙太郎政府随即就推

出了上调消费税的政策，结果市场信心再次受到打击，日本的GDP平减指数重新掉头向下，1999年GDP平减指数同比增速为-1.2%，这种状况一直持续到2013年，在安倍经济学全面发力之后，日本经济才走出了通缩的阴影。

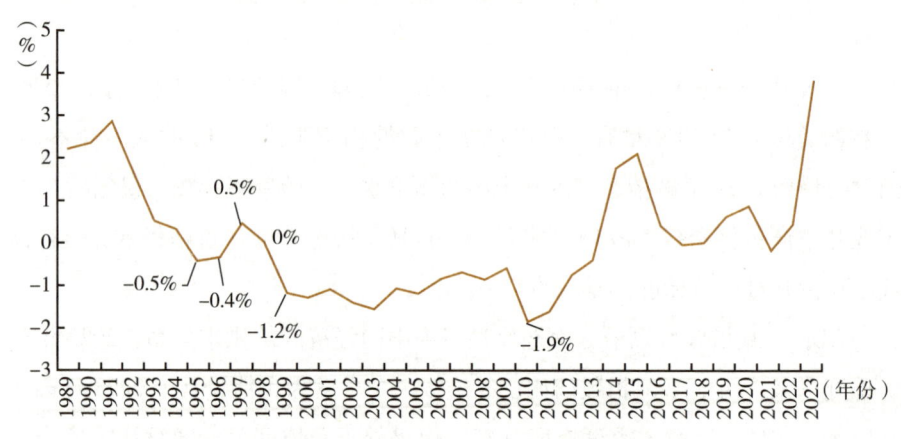

图1　1989~2023年日本GDP平减指数同比增速

资料来源：日本内阁府、Wind金融数据终端。

当前，中国GDP平减指数同比连续5个季度为负。其中，2023年全年为-0.5%，2024年上半年为-0.9%。从持续时间、负值大小来看，中国的情况更类似于日本早期面临短暂通缩压力的情况，只要经济政策足够给力，同时非经济政策与经济政策的方向保持一致性，完全有可能在未来的几个季度走出通缩压力。

因此，当前中国的通缩压力，更多的是周期性、阶段性的。但是周期性和长期性的界限并不容易区分，若处理得好，长期性挑战也可以转化成阶段性问题；若处理不好，阶段性问题也可能演变为长期性挑战。就像日本在20世纪90年代所经历的，如果1997年日本的政策没有再次收缩，而是继续保持宽松的状态，那么1995~1996年的通缩就是一个周期性、阶段性的现象。

值得注意的是，当时日本的国债负担率只有48%，就已经开始担忧国债、财政问题了。2012 年，日本的国债负担率达到 141%，上升幅度为 93 个百分点，但日本仍在通缩旋涡当中。① 相反地，2012 年末安倍晋三开始执政，下了一阵猛药之后，加上外部环境的变化，日本成功走出了通缩困扰，而日本的国债负担率只上升了 40 个百分点。日本的这段经历表明，挤牙膏式的刺激难以扭转通缩惯性，反而过度消耗了政策空间，事倍功半。

为什么日本在 20 世纪 90 年代时应对通缩不力？当时的日本政府、经济学界等普遍认为，日本经济下行是一个周期性、阶段性的现象，因此对于资产价格下跌、总需求不足、通缩等没有引起足够的重视。因此，即使我们认为当前的通缩压力可能是暂时性的，但也要引起高度重视、全力应对，以避免阶段性问题演变成长期性挑战。当然，扩张性政策肯定有负作用，但是日本的教训表明：不扩张、晚扩张的负作用更大。

三　在应对通缩方面，中国的优劣势

在应对通缩压力方面，与 20 世纪 90 年代的日本相比，中国有两个劣势。首先，中国人口老龄化来得更早且更快。中国劳动力数量见顶是在 2011 年，总人口数见顶是在 2021 年，都发生在房地产行业下行、通缩出现之前。而日本劳动力数量见顶出现在 1995 年，是伴随着第一轮短暂的通缩压力而出现的，总人口数见顶更是在 2009 年，已是长期通缩的晚期。老龄化本身虽然会降低宏观储蓄率、提高消费率，在结构效应上是扩大消费。但是从总量效应来看，老龄化减少了消费，并引致固定资产投资需求下降。尤其是对中国这样投资率占比较高的国家来说，老龄化带来的压力可能更大。其次，中国面临的外部环境比日本当时更严峻。日本当时面临的是全球化大环境，出口面临的外部环境要好于现在的中国。

但是我们也要看到，中国相对于日本有以下三大优势。

第一，中国政府财力雄厚，比日本政府更有能力进行财政调整。世界上

---

① 数据来源于日本财务省、Wind 金融数据终端。

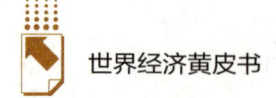

其他主要大国的国有资产少，税收是偿还国债的主要来源，而名义GDP又代表着全部税基，因此国债/GDP就是最重要的债务可持续指标。即使看这个指标，目前中国约为60%，低于很多主要经济体。

当然，中国的地方政府债务/GDP较高，但是这个指标并不完全适用于中国。中国政府的资产种类多、规模庞大，很多债务并不是用于一般消费支出，而是用于投资。对中国而言，政府资产负债表也是一个重要的观察指标。中国央地两级政府加总的资产负债率为57.8%。虽然资产价格也存在流动性、变现问题，但这个指标仍然是国债/GDP的重要补充，有助于理解中国政府财力、财政空间。

第二，中国还有大量的消费需求有待释放，与日本20世纪90年代就进入低欲望社会完全不同。1990年、1995年日本的城市化率分别为77%、78%。相比之下，中国当前的城市化率仅为65%，这还是按照常住人口计算的结果。如果按照户籍人口则城市化率仅为48%。以珠三角某城市为例，该市的教育、医疗等公共服务按大约200万户籍人口来进行配置，包括相应工作人员的编制数量和财政拨款等。但实际上该城市的常住人口约为1200万人。这意味着，人口净流入城市的基本公共服务投入严重不足。这也意味着外来人口的消费受到显著抑制。如果能够为这些非户籍的常住人口提供公共服务，则中国的消费潜力将获得很大的释放。二十届三中全会提出根据常住地登记人口来提供基本公共服务。这项改革将加快农业转移人口市民化进程。此外，汽车限购等也使消费受到约束。这些消费需求都有待释放。

第三，从制造业投资需求来看，中国的投资需求、资本支出等都明显好于日本在通缩时期的表现。在长期通缩周期，日本企业投资陷入低迷至少有三个原因：人口老龄化，国内产业升级陷入停滞，同时产业外迁。尤其是产业外迁过程中，日本遇到了中国这样的超级承接者。与日本不同，中国的优势在于：一方面，中国的产业升级仍然方兴未艾，"新三样"等领域，以及制造业的数字化智能化正在快速发展当中，推动了制造业投资保持在较高水平。另一方面，中国虽然也面临产业外迁，但是集中在越南、墨西哥等一些中等或偏小规模的国家。而作为潜在超级承接国的印度，其国内改革虽有显著进展，但是难以真正推动开放，因此中国面临的产业外迁压力远小于过去的日本。近年来，即使在通缩压力加大的背景下，中国制造业名义投资增速也不低：2024年前8个月为9.1%，与疫情之前的2015~2019年相比，仅略低于2018年，明显高于其他年份。

作为后来者，中国可借鉴日本的经验教训，少走一些弯路。

四 中国应采取有力的宏观调控应对通缩风险

正如前文提到的，中国当前面临一定的通缩压力，但和日本的长期通缩历史相比，中国处于程度较浅、时间相对较短的阶段，只要政策得当，完全可以一举扭转势头。但即使当前的通缩压力是暂时性的，只是初现苗头，也要引起高度重视、全力应对，避免阶段性问题演变成长期性挑战。日本的经验告诉我们：行动越早，时机越佳，不宜久拖。而且力度也要足够大，只有超出市场预期的政策力度才会扭转通缩预期。否则，不及预期的政策力度反而可能影响市场的信心。中国应该争取在未来几个季度GDP平减指数同比增速转正。具体而言，以下措施将可以有效缓解通缩压力。

第一，不能用财政赤字率3%、国债/GDP 60%这两个指标来观察中国的财政空间。各国历史经验表明，政府债务即便明显低于60%或90%的红线，也防范不了债务危机；高于60%或90%的红线，不一定就会导致债务危机。这些红线，既不是债务危机的充分条件，也不是必要条件。[1]事实上，各国宏观经济环境差异极大，适用的债务上限也完全不同。对于中国而言，政府债务对外依赖度很低，债务期限结构合理，国际收支持续多年累积了巨额盈余，外汇储备巨大，甚至本币已经成长为储备货币。因此，不应被美欧过时的教条所束缚，美欧也不能用自己都觉得过时的标准来看中国的政策空间。

第二，扩大教育、医疗等公共服务支出。从需求端来看，教育、医疗等服务业的发展有助于扩大内需，使中国经济结构与广大人民群众对美好生活

---

[1] 徐奇渊：《全面理解宏观调控政策空间》，《中国金融》2022年第7期。

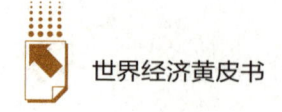

的需要更加匹配。这也有助于缓解中国的外部失衡。当然，教育、医疗的支出很大一部分来自政府。这就需要政府扩大用于这些领域的社会公共服务和社会保障支出。尤其是在当下中国经济面临房地产下行带来的信贷收缩效应，政府扩大举债正好可以对冲这种负面冲击。

第三，实施更加积极的货币政策，使市场利率保持稳定甚至降低。这将有助于稳定国债的融资成本，降低企业、居民的财务成本。同时这也有助于稳定资产价格，缓解房价下行压力，使得基础设施、租赁保障房等项目通过REITS盘活资产的可行性上升。目前，降息的约束条件之一是商业银行的存贷款息差，而维持息差的重要原因是确保银行的利润，进而确保银行在贷款规模扩大的情况下能够保障核心资本充足率。对此，可以通过增加特别国债的用途、对银行进行注资等来缓解。反之，如果不采取措施，企业、居民的坏账增加也可能侵蚀银行的盈利和资本。只要宽松的政策能够显著改善企业、居民的资产负债表，就值得做。

总之，目前中国虽然面临通缩压力，但程度尚浅、持续时间尚短，只要充分吸取其他国家的经验教训，对市场给出鲜明的政策信号，采取足够力度的扩张性政策，同时加强非经济政策对经济政策的一致性评估，不断健全宏观经济治理体系，就完全有望在未来的几个季度走出通缩阴影。

五 宏观调控可以与增长新动能的转换相结合

在使用宏观调控政策来应对总需求不足问题时，要解决结构性问题，培育新的增长动能。目前，汽车行业表现突出，市场规模达到数万亿元，但销售额仍比房地产行业小一个数量级。用制造业取代房地产业同样也是不可行的。中国的制造业规模已经很大，国内需求消化不了，而扩大出口将使中国与其他国家发生更多的贸易摩擦。

与此同时，某些部门，特别是教育和医疗卫生部门仍有大量需求未得到满足。长期以来，住房、教育和医疗一直是中国人最热衷讨论的话题。过去20年里，住房问题得到显著改善。然而，在教育和医疗方面，由于各种原因供给相对不足，人民群众的消费需求并没有得到充分的满足。对于市场来说，这是一个重要的商机。对中国经济来说，这意味着巨大的增长潜力。2023年，美国在教育和医疗方面的支出占GDP的比重超过20%，中国远低于这一水平。基于世界银行的世界发展指数（WDI）数据库进行分析，2022年，中国服务业从业人数占总就业人数的比例约为47%，而处于类似发展阶段的国家的这一比例应为62%。如果中国能够将服务业从业人数所占比例提高到这一水平，将释放出巨大的增长潜力。

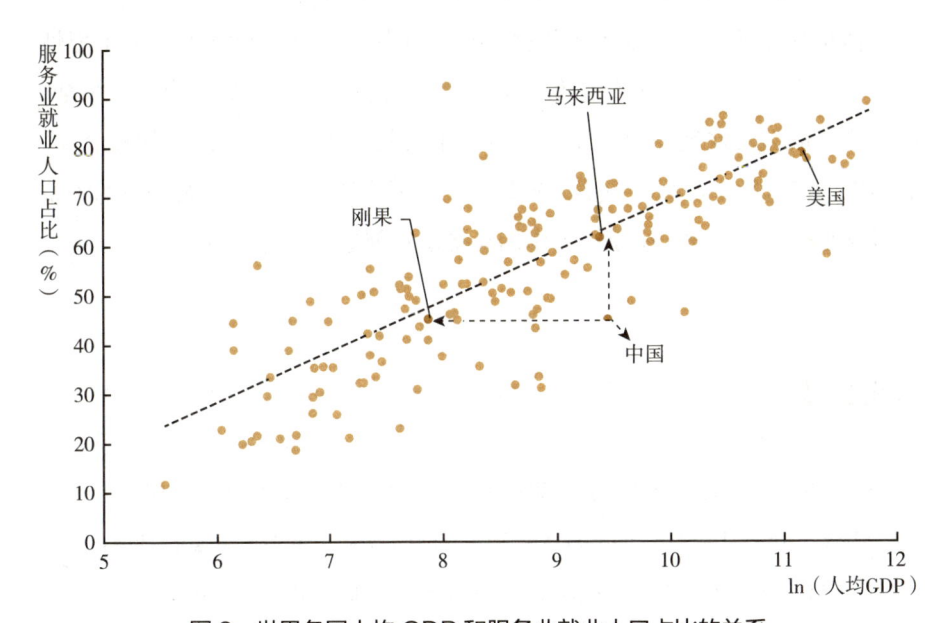

图2　世界各国人均GDP和服务业就业人口占比的关系

资料来源：世界发展指数，世界银行，2024。

当然，一些人坚持将教育和医疗视为消费支出。鉴于中国仍然是发展中国家，一些经济学家认为，资本存量应该继续增加——强调增加固定资产投资，而不是消费。然而，投资和消费不应被视为相互排斥。大量研究表明，教育有助于提高劳动生产率，也有利于人力资本积累。与许多11年或12年义务教育的国家相比，中国的九年义务教育有扩大的空间。同样，医疗卫生行业有助于延长预期寿命。日本拥有完善的医疗保障体系，这支撑了日本更长的平均预期寿命，日本65岁以上人群的就业率约为25%。智库布鲁盖尔（Bruegel）的报告显示，中国65岁以上人群的就业率为18%。[①] 在供给端，中国过去的发展模式更多的是依赖有形实体资本的积累，但未来的发展将更多的是依赖人力资本和创新，从而能够提高经济潜在增长水平。在需求端，教育和医疗等行业的发展也有助于扩大国内需求，缓解外部失衡。教育和医疗支出的很大一部分来自国家。这就要求政府扩大用于公共服务和社会保障方面的支出，减小房地产低迷带来的信贷收缩所造成的负面影响。

值得注意的是，我国越来越强调科学和教育对助力经济繁荣的重要性，以及人才或者人力资本对经济保持稳健增长的重要性。党的二十届三中全会提出了"根据常住地登记人口来提供基本公共服务"，这项改革的配套措施的推进，将有助于增强财政支出政策效果。要协调好制造业与服务业的关系，把服务业作为新的增长引擎，为中国经济增长创造更大的空间。

参考文献

徐奇渊：《全面理解宏观调控政策空间》，《中国金融》2022年第7期。

Alicia García-Herrero, Jianwei Xu, "To What Extent can Urbanisation Mitigate the Negative Impact of Population Ageing in China?" Working Paper, https://www.bruegel.org/working-paper/what-extent-can-urbanisation-mitigate-negative-impact-population-ageing-china, October 9, 2023.

[①] Alicia García-Herrero, Jianwei Xu, "To What Extent can Urbanisation Mitigate the Negative Impact of Population Ageing in China?" Working Paper, https://www.bruegel.org/working-paper/what-extent-can-urbanisation-mitigate-negative-impact-population-ageing-china, October 9, 2023.

专题篇

Y.11 国际贸易形势回顾与展望：弱势反弹 持续回暖

马盈盈 苏庆义[*]

摘 要： 2022年世界货物贸易因乌克兰危机、通货膨胀和紧缩性货币政策而增速放缓，2023年世界货物贸易在上述因素的影响下增速进一步下滑，实际增速为-1.2%，低于2022年的3.0%。由于商品价格尤其是能源价格的回落，2023年世界货物贸易名义增速低于实际增速，但是世界商务服务出口额为7.54万亿美元，增长8.9%。2024年上半年世界货物贸易增速为0.9%，服务贸易增长较为平稳。2024年下半年世界货物贸易增速将有所提升，服务贸易将维持好的表现。预计2024年全年货物贸易实际增速为1.5%~3%，相比2023年呈现弱势反弹。2025年世界货物贸易相比2024年持续回暖，但应警惕地缘政治冲突、通胀反弹等不确定性事件带来的影响。

---

[*] 马盈盈，中国社会科学院世界经济与政治研究所助理研究员，主要研究方向为国际贸易；苏庆义，中国社会科学院世界经济与政治研究所研究员，主要研究方向为国际贸易。

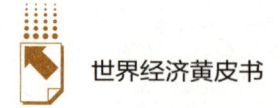

关键词： 贸易形势　能源价格　商务服务

一　2023年国际贸易形势回顾

受乌克兰危机、通货膨胀、货币紧缩和普遍债务困境等的持续影响，2023年世界货物贸易萎缩，实际增速为-1.2%，而服务贸易表现较好，增速为8.9%。

（一）货物贸易

世界货物贸易增速在经历2022年的大幅下滑之后，2023年进一步萎缩，实际增速（贸易量的增长）为-1.2%。[①] 本报告在上一年度预测2023年货物贸易实际增速为0.5%~2.0%，高于实际增速（-1.2%），原因在于，乌克兰危机和宏观经济条件带来的通胀压力限制了实际工资和收入增长，加上高能源价格、高利率政策的持续以及疫情惯性引致的商品消费向服务消费的转移，导致大多数地区尤其是欧洲的实际进口需求疲弱、低于预期，对于贸易货物的需求下降。2008年国际金融危机引发世界货物贸易大衰退，下滑幅度达到12.7%。2010~2019年，世界货物贸易各年实际增速均为正，平均增速是2.7%。2020年，受新冠疫情等影响，世界货物贸易出现十年来的首次负增长，下降5.0%。2021年，随着疫情的影响消退，世界货物贸易强劲反弹，增速高达9.6%。2022年和2023年，在乌克兰危机、通货膨胀、货币紧缩和普遍债务困境等多重因素影响下，世界货物贸易增速分别下降至3.0%和-1.2%。

分区域来看，2023年货物贸易萎缩主要源于欧洲。2023年，欧洲进口和出口分别下降4.7%和2.6%，使全球进口增速和出口增速分别下降1.7个和1.0个百分点。除欧洲外，在进口方面，北美、亚洲等地区的增速也为负值，分

[①] 数据来源于世界贸易组织2024年4月的《全球贸易统计与展望》（Global Trade Outlook and Statistics）。另外，如无特别说明，本文增速均指同比增速。

国际贸易形势回顾与展望：弱势反弹　持续回暖

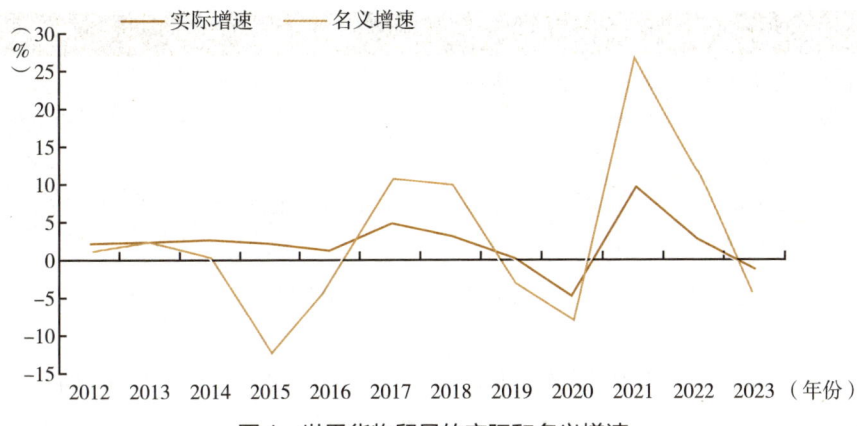

图1　世界货物贸易的实际和名义增速

注：贸易增速是出口增速和进口增速的平均值，下同。
资料来源：2012~2019年数据来自世界贸易组织《2023年世界贸易统计评论》（World Trade Statistical Review 2023），2020~2023年数据来自世界贸易组织2024年4月的《全球贸易统计与展望》（Global Trade Outlook and Statistics）。

别拖累全球进口增速下降0.4个和0.2个百分点，而中东和独联体国家（CIS）[①]等主要燃料出口经济体进口增加；在出口方面，北美表现最好，增速为3.7%，非洲、中南美和加勒比次之，亚洲因全球需求疲软而未实现更强劲的复苏，增速仅为0.1%，而中东和独联体国家出口增速为负，分别为-1.6%和-6.2%（见表1）。

表1　世界代表性地区货物贸易的实际增速

单位：%

区域	出口			进口		
	2021年	2022年	2023年	2021年	2022年	2023年
北美	6.4	3.8	3.7	11.9	5.7	-2.0
中南美和加勒比	6.6	2.9	1.9	24.8	4.2	-3.1
欧洲	8.1	3.7	-2.6	8.8	6.0	-4.7
独联体国家	-1.8	-2.1	-6.2	10.3	-6.1	18.8

① 独联体国家包括亚美尼亚、阿塞拜疆、白俄罗斯、摩尔多瓦、哈萨克斯坦、吉尔吉斯斯坦、塔吉克斯坦、乌兹别克斯坦、俄罗斯。

177

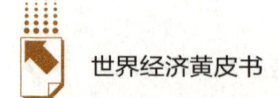

续表

区域	出口			进口		
	2021年	2022年	2023年	2021年	2022年	2023年
非洲	4.2	-2.4	3.1	7.4	8.8	-2.4
中东	-0.8	6.6	-1.6	13.8	14.1	9.8
亚洲	13.1	0.4	0.1	10.5	-0.7	-0.6

资料来源：世界贸易组织 2024 年 4 月更新的《全球贸易统计与展望》。

2023 年世界货物贸易增速下降主要源于结构因素，与上一年度我们认为结构因素影响将进一步上升的预测一致。如往年的报告指出，需求因素和收入弹性是影响世界货物贸易增速的两大原因。需求因素指国内生产总值（GDP）增长对国际贸易的拉动，可以由 GDP 增速的变动来表示。收入弹性指贸易的收入弹性，即一单位经济增长拉动多少单位的国际贸易增长。贸易收入弹性的变动代表了结构性因素对贸易增速的影响。结构性因素包括很多方面，如贸易保护程度、地缘政治风险等，还有经常被忽视的基期效应。可以用如下公式探讨 2023 年贸易增速提升的原因。假设贸易增速用 t 表示，经济增速用 g 表示，贸易的收入弹性用 e 表示，则：

$$\begin{aligned} t_{2023} - t_{2022} &= g_{2023}e_{2023} - g_{2022}e_{2022} \\ &= e_{2022}(g_{2023} - g_{2022}) + g_{2023}(e_{2023} - e_{2022}) \\ &= e_{2023}(g_{2023} - g_{2022}) + g_{2022}(e_{2023} - e_{2022}) \\ &= \underbrace{\frac{e_{2022} + e_{2023}}{2}(g_{2023} - g_{2022})}_{\text{需求因素贡献}} + \underbrace{\frac{g_{2022} + g_{2023}}{2}(e_{2023} - e_{2022})}_{\text{收入弹性贡献}} \end{aligned}$$

式中，t_{2023} 和 t_{2022} 分别表示 2023 年、2022 年的世界贸易增速，g_{2023} 和 g_{2022} 分别表示 2023 年、2022 年的世界 GDP 增速，e_{2023} 和 e_{2022} 分别表示 2023 年、2022 年贸易的收入弹性。

计算结果表明，结构性因素是 2023 年货物贸易增速下降的最主要原因。需求因素导致贸易增速下降 0.23 个百分点，贡献度为 5.5%；收入弹性导致贸易增速下降 3.97 个百分点，贡献度高达 94.5%（见表 2）。也就是说，2023 年世界货物贸易增速下降主要源于地缘政治冲突、货币紧缩和通胀压力导致的主要经济体对于贸易产品进口需求的结构性下降。综合来看，2022 年世界贸易增速的下降主要源于需求增速的周期性下降，而 2023 年世界贸易增速的下降主要是源于贸易需求的结构性下降。

表 2　2023 年贸易增速下降背后的因素分解

贸易增速下降幅度	GDP 增速下降幅度	贸易收入弹性下降	需求因素贡献	收入弹性贡献
4.2 个百分点	0.4 个百分点	1.37	0.23 个百分点（5.5%）	3.97 个百分点（94.5%）

注：贸易增速下降幅度和 GDP 增速下降幅度是指下降多少个百分点，贸易收入弹性下降则是指下降的绝对值。需求因素贡献是指 GDP 增速对贸易增速下降贡献多少个百分点，括号中分别是需求因素贡献和收入弹性贡献的比重。2022 年和 2023 年世界贸易实际增速分别为 3.0% 和 -1.2%，GDP 增速分别为 3.1% 和 2.7%，贸易收入弹性分别为 1.26 和 -0.11。

资料来源：笔者根据世界贸易组织数据以及上述分解公式计算得出。

2023 年世界货物贸易额为 24.01 万亿美元，名义增速（贸易额增长）为 -5.0%，低于实际增速 3.8 个百分点。这主要源于商品价格尤其是能源和其他初级产品价格下降。贸易额的名义增速主要受三个因素的影响：贸易实际增速、商品价格及美元汇率。实际增速是支撑名义增速的重要原因，但由于贸易名义增速使用美元标价，美元及世界其他主要货币汇率走势也是影响名义增速的重要原因。根据国际清算银行（BIS）的数据，受美国通胀表现、美联储加息进程及市场预期变化影响，2023 年美元的广义名义有效汇率指数上升 0.6%，美元兑人民币和日元的汇率分别升值 5.2% 和 6.9%，美元兑欧元贬值 2.8%。[①] 鉴于美元升值会减少以美元计价的贸易额，而美元贬值会增加以美元计价的贸易额，因此汇率因素是世界货物贸易额名义增速低于实际增速的原因之一。根据国际货币基金组织的数据，2023 年全球商品价格上涨放缓，相比 2022 年的大幅上涨有所回落，下降 23.3%。[②] 其中，能源价格下

[①] https://data.bis.org/topics/EER.

[②] https://fred.stlouisfed.org/release?rid=365.

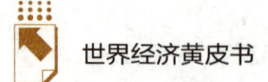

降36.7%，食品价格下降6.8%，农业原材料价格下降15.6%，原油价格下降16.4%，非燃料商品价格下降5.7%。因此，世界货物贸易名义增速低于实际增速的主要原因在于商品价格下降。

（二）服务贸易

与货物贸易相比，服务贸易表现较好。2023年，世界商务服务进出口额平均为7.54万亿美元，增长8.9%，略低于2022年的增速（9.6%），比2019年的进出口额高出22.9%。[①] 从贸易占比来讲，美国依然是世界第一大商务服务贸易大国，出口和进口占世界比重分别为15.1%和10.0%。中国商务服务出口世界排名从第3位下降至第5位，进口排名保持世界第2位，占世界的比重分别为4.9%和7.6%。从贸易增速来看，由于经济增速、通胀压力、汇率波动等方面的不同，世界主要经济体的商务服务进出口表现差异较大。从出口来看，日本的出口最为强劲，增速高达22.4%，英国的出口增速也超过15%，印度、美国和欧盟分别为9.2%、8.1%和8.0%，而中国和新加坡的出口增速分别为-10.1%和-2.5%。从进口来看，英国和中国的进口增速都超过了15%，美国、欧盟和日本的增速分别为5.0%、8.8%和6.8%，新加坡增速较低，印度的增速为-1.2%（见表3）。

分部门来看，除运输服务外，其他部门的商务服务贸易均实现了不同程度的增长。其中，旅游的贸易增速最高，为37.9%；其次是货物相关服务和其他商业服务，增速分别为7.7%和8.7%，运输服务由于航运费率下降，增速下降8.1%至1.5万亿美元。其他商业服务中，保险服务、计算机服务和信息服务的增速均超过10%，电信和金融服务增速为5%~10%，个人、文化和娱乐服务、建筑服务和知识产权相关服务的增速较低，但均为正。

---

① 限于数据可得性，本报告对服务贸易的分析仅限于商务服务业，而且仅作回顾，不作展望分析。商务服务业实际上是现代服务业，主要为企业提供服务，是高附加值的服务业。根据世界贸易组织《2023年世界贸易统计评论》中的定义，商务服务业包括除政府商品和服务外的所有服务类别，如运输、旅游，与货物相关的服务业，电信、计算机和信息服务，个人、文化和娱乐服务，其他商业服务，使用知识产权的费用，建筑，金融，保险等。

表3　2023年代表性经济体的商务服务进出口增速

单位：%

指标	世界	美国	欧盟	日本	中国	印度	英国	新加坡
进口	9.5	5.0	8.8	6.8	19.0	-1.2	22.9	0.2
出口	8.4	8.1	8.0	22.4	-10.1	9.2	15.6	-2.5

资料来源：世界贸易组织数据库。

二　2024年国际贸易形势分析

（一）2024年上半年国际贸易形势分析

2024年1~6月，世界货物贸易同比增加0.9%（见表4）。其中，进口同比减少0.1%，出口同比增加1.8%。分季度来看，第一季度货物贸易增加0.4%，[①] 第二季度增加1.4%。分月份来看，除3月外，其他月份货物贸易均为正增长，同比增长为0.3%~1.8%。

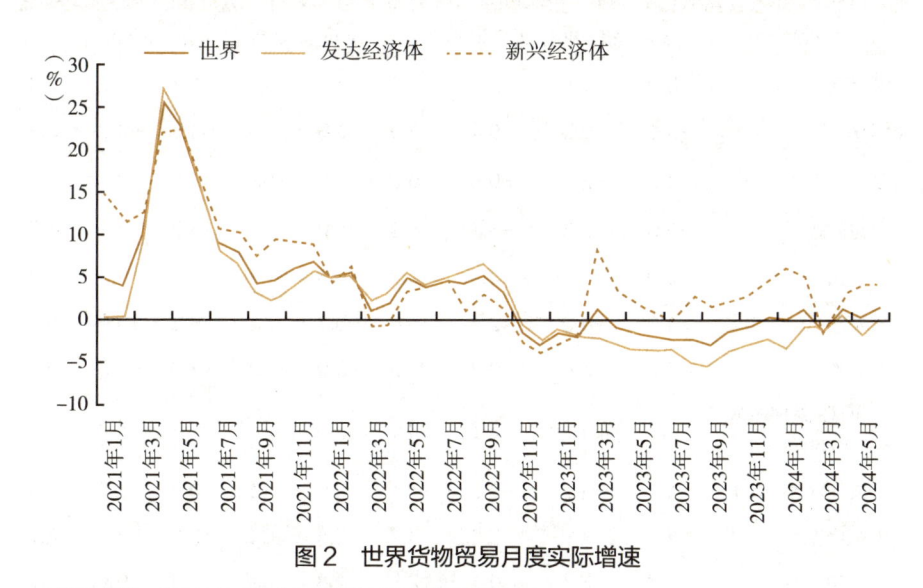

图2　世界货物贸易月度实际增速

资料来源：荷兰经济政策分析局的世界贸易监测数据库。

---

① 而WTO估计，第一季度货物贸易实际增速为1.4%。

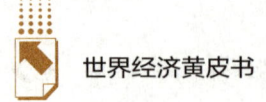

分地区和国别来看，新兴经济体的外贸表现好于发达经济体，原因在于发达经济体的进口和出口增长幅度均小于新兴经济体。2024年1~6月，发达经济体进口减少1.5%、出口增加0.01%，新兴经济体的进口增长2.6%，出口增长4.8%。在发达经济体中，美国的进出口表现相对较好，增速分别是2.9%和3.1%；欧元区、英国和日本进口、出口增速均为负，其中进口分别下降5.6%、1.9%和3.2%，出口分别下降3.3%、7.2%和0.8%。新兴经济体呈现温和复苏迹象，但各国有较大的差异。出口方面，中国、亚洲新兴经济体（中国除外）和东欧/独联体国家表现较好，增速分别是10.5%、6.2%和2.8%，而非洲和中东出口下降6.5%。进口方面，新兴经济体的进口表现同样分化明显。在中国、亚洲新兴经济体（中国除外）和拉丁美洲进口上升的同时，东欧/独联体国家、非洲和中东国家分别下降2.7%、2.5%。

表4　2024年1~6月国际货物贸易实际增速

单位：%

区域	1~6月	第一季度	第二季度	1月	2月	3月	4月	5月	6月
世界贸易*	0.9	0.4	1.4	0.3	1.7	-1.0	1.7	0.6	1.8
世界进口	-0.1	-0.6	0.4	-2.3	0.6	-0.1	1.3	-1.0	0.9
发达经济体	-1.5	-2.4	-0.6	-5.2	-1.3	-0.6	0.2	-2.1	0.3
欧元区	-5.6	-5.6	-5.6	-8.3	-5.0	-3.4	-3.9	-7.2	-5.8
美国	2.9	1.7	4.2	-0.7	3.3	2.6	2.7	4.3	5.5
英国	-1.9	-6.2	2.4	-5.6	-5.2	-7.7	8.2	-5.6	5.1
日本	-3.2	-5.6	-0.8	-11.0	-3.0	-2.4	-3.0	-0.3	0.9
亚洲发达经济体（日本除外）	3.7	1.7	5.7	0.0	2.8	2.4	5.9	4.2	7.0
其他发达经济体	-1.1	-1.7	-0.5	-6.1	-0.6	1.6	0.6	-2.9	0.8
新兴经济体	2.6	2.9	2.3	3.7	4.4	0.9	3.5	1.3	2.1
中国	1.8	2.7	1.1	2.8	1.8	3.4	4.4	0.4	-1.5
亚洲新兴经济体（中国除外）	8.3	8.9	7.6	11.0	9.9	6.0	9.7	5.6	7.7

续表

区域	1~6月	第一季度	第二季度	1月	2月	3月	4月	5月	6月
东欧/独联体国家	-2.7	-4.9	-0.5	7.5	7.2	-22.7	-6.2	0.0	5.4
拉丁美洲	2.3	1.9	2.8	-1.0	4.3	2.4	2.6	0.0	5.7
非洲和中东	-2.5	-2.0	-2.9	-2.4	0.2	-3.9	-3.5	-2.1	-3.1
世界出口	1.8	1.3	2.4	3.0	2.9	-1.9	2.2	2.1	2.8
发达经济体	0.0	-0.3	0.3	-0.5	1.0	-1.3	1.9	-1.2	0.1
欧元区	-3.3	-3.3	-3.2	-2.5	-3.3	-4.2	-0.2	-5.3	-4.2
美国	3.1	1.8	4.5	-0.4	5.6	0.4	5.4	2.8	5.1
英国	-7.2	-6.2	-8.1	-6.0	-4.6	-8.0	-11.3	-10.1	-2.9
日本	-0.8	-0.3	-1.4	1.5	-2.6	0.4	-1.1	-0.6	-2.5
亚洲发达经济体（日本除外）	8.0	8.3	7.8	8.8	11.0	5.0	10.2	7.6	5.8
其他发达经济体	-0.1	-0.9	0.6	-3.1	1.1	-0.7	0.6	-1.0	2.3
新兴经济体	4.8	4.0	5.7	9.2	6.1	-2.8	2.6	7.5	7.0
中国	10.5	9.2	11.8	16.1	16.1	-2.8	5.7	14.7	15.3
亚洲新兴经济体（中国除外）	6.2	4.7	7.7	12.0	0.6	2.1	5.7	12.2	5.1
东欧/独联体国家	2.8	6.5	-0.7	10.9	13.0	-2.4	-1.2	-1.2	0.2
拉丁美洲	0.2	-1.0	1.3	0.5	2.4	-5.6	2.0	-0.2	2.3
非洲和中东	-6.5	-7.3	-5.7	-4.4	-10.2	-6.9	-6.9	-5.5	-4.8

注："*"仅包括发达经济体和新兴经济体，具体国家列表见 https://www.cpb.nl/sites/default/files/omnidownload/CPB-Background-Document-July2024-The-CPB-World-Trade-Monitor-technical-description.pdf。

资料来源：荷兰经济政策分析局的世界贸易监测数据库，https://www.cpb.nl/en/worldtrademonitor。

2024年上半年世界货物贸易额同比下降1.3%。其中，第一季度下降2.3%，第二季度下降0.3%。名义增速下降而实际增速上升的部分原因是商品价格下降及美元升值。2024年上半年商品贸易价格平均下降2.2%，其中，能源价格下降4.9%，初级商品（能源除外）价格上升2.2%。①2024年上半年，美元兑人民币、欧元和日元的汇率分别升值2.2%、3.2%和15.2%。

2024年上半年世界货物贸易有所恢复，主要得益于通胀压力的缓解和家庭实际收入的上升。自2022年第四季度以来，世界贸易和产出急剧下降。2023年，紧缩货币政策叠加美欧通胀依旧顽固，以及乌克兰危机等地缘政治因素的持续影响，导致全球尤其是欧盟对商业周期敏感的投资和耐用品消费低迷，贸易规模下降。2024年上半年，随着能源价格和通胀压力的下降，发达经济体的实际收入和实际工资上升，进口需求回升。然而，地缘政治紧张局势和政策不确定性可能会限制贸易反弹的范围。图3表明，2024年以来美国和全球经济政策不确定性总体低于2023年，但波动性较大，3月后呈现上升态势，主要原因在于尽管通胀有所下降，但总体通胀和核心通胀中值数据呈上升态势，服务业的高通胀可能破坏全球反通胀进程，加上地缘政治紧张局势可能再次推动食品和能源价格飙升，美欧和其他经济体调整其宏观政策的不确定性上升。

图3　2023年1月至2024年8月全球和美国经济政策不确定性指数

资料来源：经济政策不确定性指数数据库，http://policyuncertainty.com/index.html。

① 荷兰经济政策分析局的世界贸易监测数据库。

国际贸易形势回顾与展望：弱势反弹　持续回暖

与货物贸易相比，服务贸易持续增长，保持复苏态势。2024年1~6月，全球服务贸易形势较好，代表性经济体服务出口均实现了不同幅度的正增长，增速总体高于2023年。在主要经济体中，巴西、韩国、美国表现较好，实现了超过9%的平均增速，中国和日本次之，欧洲表现一般，法国和德国增速仅分别为2.5%和1.0%（见表5）。

表5　2024年1~6月代表性经济体的服务出口增速

单位：%

国家	1~6月	1月	2月	3月	4月	5月	6月
巴西	10.9	16.0	7.0	6.4	25.2	4.7	7.9
加拿大	4.7	7.0	8.5	7.9	3.6	2.0	-0.8
中国	8.7	19.7	6.5	-6.4	13.0	11.2	12.7
法国	2.5	-0.3	13.3	0.5	1.1	1.4	0.2
德国	1.0	-1.7	1.6	0	5.2	1.9	-0.6
日本	7.2	6.4	13.0	4.3	3.9	11.0	4.2
韩国	10.3	19.3	12.0	5.0	14.9	4.7	7.8
美国	9.5	9.0	10.8	10.2	8.8	9.3	8.8

注：①表中统计的是服务出口额增速，即名义增速。不同于货物贸易，限于数据，服务贸易仅统计名义增速。②统计的是各经济体的总服务出口。

资料来源：根据世界贸易组织国际贸易统计数据库计算得出。

（二）2024年下半年国际贸易形势预测

2024年下半年世界货物贸易预计会好于上半年。其一，发达经济体通胀持续回落，给各央行降低利率提供了支撑。其二，世界贸易组织4月预测，2024年全球货物贸易增速为2.6%，鉴于上半年增速仅为0.9%，表明世贸组织也看好下半年的世界货物贸易。其三，根据世界贸易组织的评估，2024年7月货物贸易晴雨指数[①]是103.0，高于指数基准值100，也高于2023年12月

[①] 即原来的世界贸易展望指数，"World Trade Outlook Indicator"。

185

的100.6，说明2024年第三季度货物贸易将持续增长。其中，集装箱港口吞吐量、国际航空货运和原材料的贸易晴雨指数均有所上升；出口订单、汽车生产和销售额的贸易晴雨指数虽有所下降，但依然高于100；电子元器件的贸易晴雨指数持续在95徘徊。然而，由于发达经济体货币政策变化和疲弱的出口订单，贸易前景依然不确定。

表6 2023年12月和2024年7月世界贸易展望指数

指标	2023年12月	2024年7月
货物贸易晴雨指数	100.6	103.0
出口订单	101.7	101.2
国际航空货运	102.3	107.1
集装箱港口吞吐量	98.6	104.3
汽车生产和销售额	106.3	103.3
电子元器件	95.6	95.4
原材料	99.1	99.2

资料来源：世贸组织2024年9月和3月发布的"Goods Trade Barometer"。

服务贸易将继续保持上半年平稳增长态势。2024年8月，全球服务业PMI达到自2023年6月以来除2024年5月之外的最高水平50.6。这表明2024年下半年世界服务贸易将继续增长，增速可能高于上半年。

（三）2024年全年国际贸易形势预测

考虑到通胀压力缓解，商品进口需求增加，以及2022年和2023年贸易增速连续两年下滑导致的低基数效应，预计2024年全球贸易形势会有所改善，增速高于2023年。但是，地缘政治紧张局势引发的新一轮物价上涨、劳动力市场紧张导致的核心通胀率居高不下，可能会减缓货币政策宽松的步伐，进而减缓刺激贸易扩张的步伐。地缘经济碎片化可能会加剧，商品、资本和人员流动面临更高的壁垒，也意味着贸易放缓。总的来说，风险倾向于下行。我们在上年度报告预测2024年世界货物贸易增速高于2023年，增速提高的预测可能比较准确。世界贸易组织4月预测，2024年世界贸易实际增速为2.6%，相比2023年10月和2023年4月的预测值分别下调0.7个和0.6个百分点。国际货币基金组织和世界银行对世界贸易增速的预测分别是3.0%和2.5%。鉴于2024年上半年贸易增速为0.9%，预计下半年贸易形势好于上半年，实际增速为2%~4%，全年实际增速为1.5%~3%。分区域来看，亚洲、北美和独联体国家将会有较好的出口表现，北美、亚洲和南美将会有较好的进口表现。

三 2025年国际贸易形势展望

总的来看，2025年世界货物贸易实际增速要高于2024年。世界贸易组织2024年4月预测，2025年贸易增速为3.3%，高于2024年增速0.7个百分点；国际货币基金组织预测，2025年贸易增速为3.3%，高于2023年增速0.3个百分点；世界银行预测，2025年贸易增速为3.4%，高于2023年增速0.9个百分点。平均而言，这三大组织预测2025年贸易增速为3.3%，高于2024年增速0.6个百分点。[①] 本报告认为，2025年世界贸易虽然不会强劲增长，但增速应该高于2024年。分地区和进出口来看，北美、亚洲和独联体国家的货物贸易表现相对较好（见表7）。

做出2025年贸易难以强劲增长但增速有所提高的判断，主要是基于以下两个原因。

第一，经济增长依然疲软。当前，全球经济呈现温和增长、缓慢复苏的态势。但是经济增长存在多重下行风险，阻碍2024年经济增长的因素在2025年将继续存在。服务业通胀居高不下、地缘政治冲突可能引发的新一轮通胀以及各主要央行货币宽松政策可能延迟，将拖累经济增长。根据世界贸易组织、国际货币基金组织和世界银行的预测，2025年世界经济增速分别为2.7%、

---

① World Trade Organization, "Global Trade Outlook and Statistics," October, 2024; International Monetary Fund, "World Economic Outlook," July, 2024; World Bank, "Global Economic Prospects," June, 2024. 国际货币基金组织和世界银行预测的是货物和服务贸易，世界贸易组织预测的是货物贸易。

3.3%和2.7%，均高于2024年，依然低于2000~2019年的年均水平3.8%。①因此，从周期性或需求因素来看，2025年世界经济对贸易的拉动力依然不强，与2024年基本相当。这是2025年世界货物贸易难以强劲增长的主要原因。

第二，结构性因素对贸易增长的影响不断上升。2024年结构性因素的影响将延续到2025年。乌克兰危机等重要事件继续存在，加沙和以色列冲突也可能持续，不断加剧的地缘政治紧张局势可能导致全球通胀再次反弹，进而影响实际收入和商品进口需求。同时，疫情和地缘政治冲突引发的地缘经济分裂和供应链重组影响依然存在，拖累全球经济效率和贸易增长。但如果通胀下降被证明是持久性的，政策制定者在2024年下半年可能会降低利率，刺激投资和进口，使得贸易在2024年企稳，并在2025年进一步加强。

表7 分地区和分进出口：2025年世界货物贸易增速预测

单位：%

区域	2023年	2024年E	2025年E
世界贸易	-1.2	2.6	3.3
出口			
北美	3.7	3.6	3.7
中南美	1.9	2.6	1.4
欧洲	-2.6	1.7	2.8
独联体国家	-6.2	5.3	1.7
非洲	3.1	5.3	2.4
中东	-1.6	3.5	2.2
亚洲	0.1	3.4	3.4
进口			
北美	-2.0	1.0	3.3
中南美	-3.1	2.7	3.4

---

① World Trade Organization, "Global Trade Outlook and Statistics," April, 2024; International Monetary Fund, "World Economic Outlook," July, 2024; World Bank, "Global Economic Prospects," June, 2024.

国际贸易形势回顾与展望：弱势反弹　持续回暖

续表

区域	2023年	2024年E	2025年E
欧洲	-4.7	0.1	3.1
独联体国家	18.8	-3.8	2.9
非洲	-2.4	4.4	1.6
中东	9.8	1.2	2.1
亚洲	-0.6	5.6	4.7

资料来源：世界贸易组织2024年4月发布的《全球贸易统计与展望》。

当然，做出上述判断不排除2025年可能发生的不确定性事件对贸易造成较大的正向或负向影响，从而导致2025年贸易明显好于或差于2024年。三大影响贸易形势的不确定性事件如下：一是地缘政治紧张局势。如果与地缘政治相关的国家竞争、地区冲突和贸易制裁等加剧，世界经济和贸易碎片化风险将进一步上升，这将对资本、技术和人员的流动造成更多阻碍，制约贸易增长潜力。二是通胀。如果通胀的下降速度低于预期，且因地缘政治冲突加剧而反弹，则将继续拖累世界贸易。三是美国政策。特朗普上台后可能采取更激进的贸易政策，倾向于单边主义，减少对全球化的依赖，推动中美全方位脱钩断链。总之，这些事件的走向决定了世界贸易形势。

四　总结

2022年和2023年，在乌克兰危机、通货膨胀、货币紧缩和普遍债务困境等多重因素影响下，世界货物贸易增速分别下降至3.0%和-1.2%。相比2022年，2023年贸易萎缩主要源于结构性因素，需求因素的影响相对较小。2023年世界货物贸易名义增速低于实际增速，主要源于商品价格尤其是能源价格的下跌。但2023年世界服务贸易保持增长态势，出口额为7.54万亿美元，增长8.9%。2024年上半年，随着通胀压力缓解和家庭实际收入上升，世界货物贸易有所回升，服务贸易平稳增长。预计，2024年下半年世界货物贸易增速将继续提升，服务贸易将维持好的表现；2024年全年货物贸易增速为

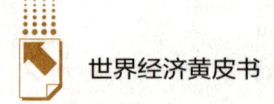

1.5%~3%，相比2023年有所恢复；2025年世界货物贸易将持续复苏，增速略高于2024年。大国竞争、地区冲突、贸易制裁、通胀反弹等事件的走势将给世界贸易发展带来较大不确定性。

参考文献

马盈盈、苏庆义：《国际贸易形势回顾与展望：陷入低迷 有望回升》，载张宇燕主编《2024年世界经济形势分析与预测》，社会科学文献出版社，2024。

International Monetary Fund,"World Economic Outlook," April/July, 2024.

World Bank,"Global Economic Prospects," June, 2024.

World Trade Organization,"World Trade Outlook and Statistics," April, 2024.

World Trade Organization,"Goods Trade Barometer," March/September, 2024.

Y.12
国际金融形势回顾与展望：央行货币政策转向与金融市场波动

杨盼盼　夏广涛[*]

摘　要： 2024年全球金融市场整体表现较平稳，全球通胀风险相较于2023年有所下降。然而，在主要经济体货币政策由紧转松的大背景下，全球金融市场仍存在一系列风险：第一，央行货币政策转向不一致，美联储降息偏迟，导致利差和预期变化带来市场波动；第二，日本和美国股市在8月出现大幅调整；第三，新兴市场货币在2024年上半年承受贬值压力；第四，新兴市场和低收入经济体高债务问题凸显。分市场类别来看，除日本外发达国家长期国债收益率的波动相对较小，主要经济体国际负债证券的净发行额较上年变化不大，全球股市整体延续上升趋势，美元指数呈波动性上升，人民币汇率指数先升后降但整体平稳。展望2025年，主要经济体的宽松基调及后续国内经济政策将决定国际金融市场走势，如果货币政策转向出现未预期变化，金融市场可能再度波动，主权债务水平高企仍然对全球金融稳定构成挑战。

关键词： 国际金融风险　货币政策转向　债券市场　股票市场　外汇市场

2024年全球金融市场整体表现较为平稳，全球经济复苏展现出较强的韧

---

[*] 杨盼盼，中国社会科学院世界经济与政治研究所副研究员，主要研究方向为国际金融与亚太经济；夏广涛，中国社会科学院世界经济与政治研究所副研究员，主要研究方向为国际金融与宏观经济。

性，全球通胀风险相较上年有所下降，通胀水平向各国央行的目标水平稳步回落，各国央行基本开启了货币宽松转向。但在《2024年世界经济形势分析与预测》中，我们也指出各主要央行的货币政策将对2024年国际金融市场走势产生显著影响，如果通胀黏性较强，更高利率持续更长时间，则国际金融风险可能上升。[①] 从现实情况来看，在美联储正式宣布降息的9月之前，市场上的波动很大程度上反映了这种政策转向过程中的风险。新兴市场货币承压、7~8月股票市场——尤其是日本市场的动荡部分体现了这种风险。在美联储面临复杂信号、降息被一再后延时，市场波动性上升。在本年度的报告中，我们将首先分析2024年国际金融风险，然后分别阐述全球长期国债市场、国际负债证券市场、全球股票市场和外汇市场的走势及其原因，最后展望2025年国际金融市场走势。

一 国际金融风险

（一）央行转向不一致，美联储降息偏迟

2024年上半年，全球主要经济体央行的货币政策开始酝酿转向，从应对通胀的高利率状态逐步转向降息。然而，在这一过程中，由于各国的通胀黏性不同，国内经济景气程度存在差异，导致各国央行转向的时间和强度不一样。图1展示了主要发达经济体的政策利率变化，欧洲央行6月开始降息，英格兰央行8月首次降息，澳大利亚、加拿大、瑞典和瑞士等四国央行开始降息的时间更早，日本央行则在2月结束负利率，并于7月末的货币政策会议上决定8月再次加息。各国货币政策转向的不一致性，导致利差和预期发生变化，给市场带来一定程度的波动。

除了各国因经济复苏不同步而造成的政策差异外，美联储自身因数据依赖而带来的降息偏迟是这一次市场波动性上升的新因素。9月美联储开启首次降息，整体偏迟，鲍威尔也将此次降息视为对货币政策的重新校准。降息偏

[①] 杨盼盼、夏广涛：《国际金融形势回顾与展望：高利率考验金融市场》，载张宇燕主编《2024年世界经济形势分析与预测》，社会科学文献出版社，2024。

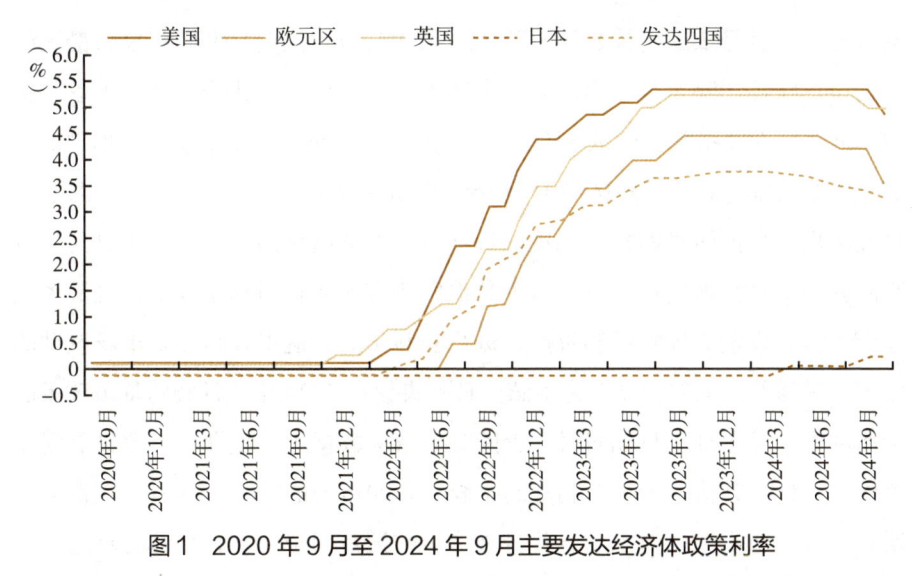

图1　2020年9月至2024年9月主要发达经济体政策利率

注：政策利率分别指美联储的联邦基金利率、欧洲中央银行的再融资利率、英格兰银行的银行利率、日本中央银行的基本贴现率。发达四国的数据为澳大利亚、加拿大、瑞典和瑞士各国官方利率的平均值。

资料来源：国际清算银行数据库。

迟的核心原因在于，在2023年加息结束后，劳动力市场数据始终表现超预期，美联储政策重点放在通胀应对上，降息被一再推迟。然而，劳动力市场历史数据被持续下修。9月劳工局将6月和7月非农就业人数下修共计8.6万人。这表明，劳动力市场放缓的情形未能在前期数据中体现，降息时点存在误判。事实上，美联储的前瞻性指引有赖于数据和预测的准确性，这种严格基于数据的货币政策规则有助于保证货币政策的独立性，但对于数据和预测质量的要求很高。这次宽松的不及时类似于此前紧缩不及时：在疫情后货币宽松向紧缩转变的过程中，美联储在初期对于通胀的强度和持续的时间均出现预判失误，使得货币政策的收紧不及时。本轮宽松周期开启之后，后续政策进一步校准、宽松幅度的不确定性仍然较高，货币政策转向过程中仍可能给全球金融市场带来较大风险。

（二）日美股市大幅调整

2024年8月初，全球股票市场经历了一次较大幅度的波动，尤其是在日

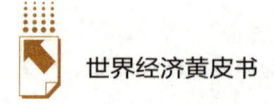

本市场上，日经225指数8月5日暴跌12.4%，这是其自1987年以来最大的一次单日跌幅。除了日本市场外，全球主要发达市场也普遍出现了下跌，美国标准普尔500指数和欧洲STOXX 600指数均出现大幅度下跌，芝加哥期权交易所波动率（VIX）从16飙升至65，市场避险情绪迅速上升，市场对于未来经济出现负面情景的担忧加剧。日本股票市场震荡的直接原因是日元、日股的套利交易被逆转：日本相对于其他发达市场的货币利率较低，投资者通过借入日元投资其他货币和资产，进行套利交易，这很容易受到市场波动的影响，对利差、汇差变动尤为敏感。日本央行在2024年7月底的货币政策决策使利率8月上升，与此同时，美国劳工市场数据不及预期，导致日美间息差缩窄、日元升值，带来套利交易平仓和金融市场的波动。这是一次在全球增长放缓、通胀和就业市场分化带来货币政策不同步、日元套利交易逆转等因素共同作用之下的市场不稳定。

美国股票市场在7~8月也经历了较大幅度的调整，凸显了美股市场面临的主要问题：美股集中度过高的风险，大型科技公司在美股指中占比增加，市场参与者对于这些股票表现的依赖增加，市场集中风险上升。与之相伴随的是美股当前的高估值。这一方面得益于美国经济的"软着陆"以及对企业盈利前景的看好，但另一方面高估值催生美股泡沫，人工智能等技术的新叙事在未来如果不能较好地转化为企业盈利，则股票市场有可能再度出现较大幅度的调整，甚至出现21世纪初互联网泡沫破灭时的剧烈调整。此外，量化交易和人工智能在交易中的使用增加了市场的波动性，在市场面临压力时，风险可能被进一步放大。这些问题在2024年有所暴露，但远未解决。

（三）新兴市场货币承压

2024年上半年，由于美国持续保持高息，美元指数总体强势，新兴市场货币面临的贬值压力较大。从图2选取的代表性经济体来看，货币贬值压力普遍存在于非亚洲地区的新兴市场国家，而亚洲市场货币整体以及南非兰特表现较好。对于这些货币承受贬值压力的新兴市场国家而言，高利率是支持这些货币此前走强的重要因素，但2024年9月前美联储迟迟未降息，加之这些国家开始降息，导致其与美国政策利率的利差缩窄，货币面临较大的贬值压力。新兴市场国家货币贬值还与其国内政策风险和全球金融市场的不确定性相关，7~8月金融市场波动性增加也传递至新兴市场，避险情绪上升，资本外流，导致新兴市场国家货币进一步贬值。上述因素使得新兴市场国家央行在执行宽松货币政策时面临掣肘。9月随着美联储降息进程的开启，新兴市场国家实施宽松货币政策的压力有所减轻。但是正如前文所述，美联储未来货币政策走势仍然存在较大的不确定性，其进展和节奏仍将取决于美国的经济情况。因此，这种不确定仍将使新兴市场国家金融稳定性面临挑战，特别是对于货币政策空间较小、财政缓冲较弱的新兴经济体。

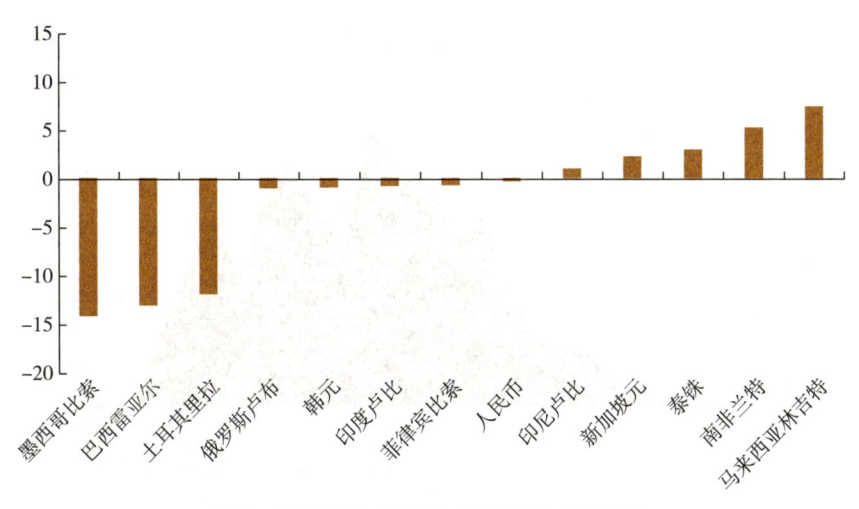

图2 新兴经济体货币对美元汇率币值变动

注：2024年8月末相对于1月初，间接标价法。
资料来源：万德。

（四）新兴市场面临的债务风险上升

2024年以来新兴市场债务风险上升。新兴市场债务问题受到广泛关注，10月召开的国际货币基金组织（IMF）和世界银行年会将债务风险和债务可持续问题作为讨论的重点问题。为应对新冠疫情，新兴市场国家普遍采取了

195

较大规模的财政支持措施，一些新兴市场国家的主权债务水平显著高于疫情前的水平。受债务基数和债务评级的影响，这些国家的融资成本上升，高债务和高融资成本限制了其未来应对冲击的财政空间。对一些新兴和低收入经济体而言，其获取财政融资和再融资的难度可能上升，融资能力受到限制，并且债务违约风险增加。疫情以来已经有较多经济体出现债务违约。值得关注的是，近年来，新兴和低收入经济体的偿债率（Debt Service）显著上升，一些经济体用于偿还外债所支付的债务偿还超过其获得的新的债务融资，带来净债务融资资金整体呈现流出状态。2023年和2024年，流向发展中国家的净融资资金整体转负（见图3）。融资约束上升还会带来一些新问题，特别是与适应气候变化相关的融资不足问题，可能会进一步限制新兴和低收入经济体应对气候变化有关风险的能力。

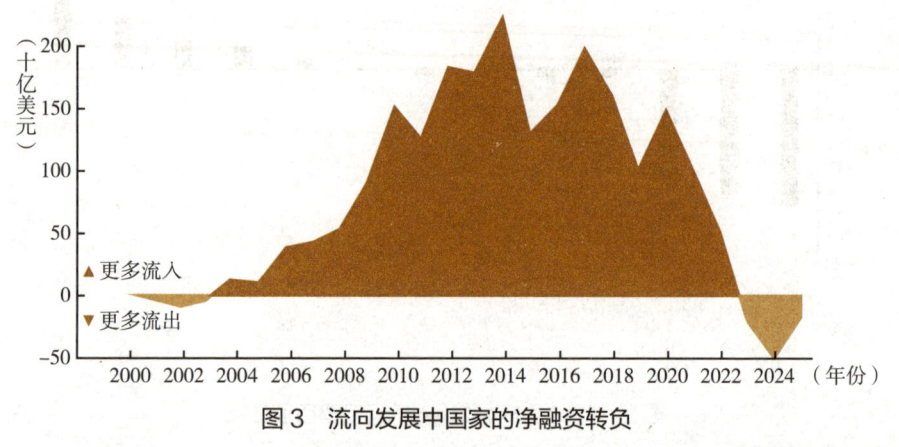

图3 流向发展中国家的净融资转负

资料来源：非营利组织ONE，基于国际债务统计（IDS）数据库和OECD债权人报告系统，2024年和2025年为估计数。

二 全球证券市场走势

2024年全球金融市场整体表现较为平稳，全球通胀风险相较上年有所下降。以美联储为首的主要发达国家央行，陆续开始布局从加息到降息的货币

国际金融形势回顾与展望：央行货币政策转向与金融市场波动

政策转向，新冠疫情带来的全球金融市场波动逐渐平复，全球经济复苏展现出较强的韧性，通胀水平向各国央行的目标水平稳步回落，但全球金融市场仍存在较大的风险敞口。一方面，各国在经济增长和抑制通胀方面呈现多级分化局面，财政赤字和公共债务占 GDP 比重的攀升趋势仍未得到完全遏制；另一方面，地缘政治冲突加剧，一定程度上阻碍了全球通胀下降。上述因素加剧了全球金融市场不确定性，尤其是证券市场的不确定性风险，进一步影响全球证券市场的变化。[①]

（一）全球长期国债市场

过去一年中，主要发达国家长期国债收益率有升有降，经历了多轮反复上升、下降、回调和反弹的过程。整体来看，2024 年初至 8 月末，美国、英国和德国由于同时受通胀预期和降息预期的影响，其 10 年期国债收益率仍存在较大波动。同时，上半年日本为了支持面临汇率下行压力的日元，采取债券收益率管理政策，并在 7 月宣布加息，导致其 10 年期国债收益率呈现明显的上升趋势。

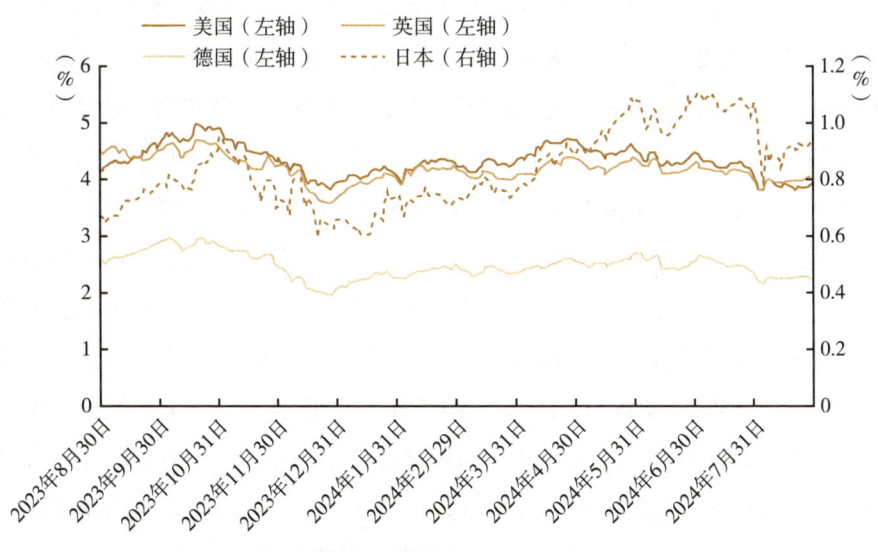

图 4　美国、英国、德国和日本 10 年期国债收益率

资料来源：美联储、英格兰银行、德国央行和日本财务省。

[①] IMF, "World Economic Outlook Update: The Global Economy in a Sticky Spot," July 16, 2024.

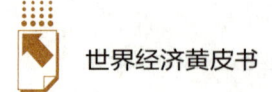

具体来看，过去一年主要发达国家国债市场收益率走势与相对变化呈现以下特征。首先，主要发达国家长期国债收益率均呈现波动性走势，都经历了反弹、回调、再反弹的过程。2023年9月至2024年8月，美国、英国、日本、德国的长期国债收益率月均值变化不大，分别从4.38%、4.42%、0.72%、2.69%变化至3.87%、3.94%、0.90%、2.23%。美国、英国和德国长期国债收益率小幅下降，日本长期国债收益率小幅上涨。其次，各国长期国债收益率走势的驱动要素既有共性又有特性。共性方面，2023年10月至12月，主要发达国家GDP增速低于预期，商品市场和就业市场增速放缓，引发市场对经济衰退预期的担忧，避险情绪升温，投资者在市场上追捧以国债为首的安全资产，导致主要发达国家长期国债收益率呈现下降趋势。市场当时预期美联储将于2024年内降息，在尽可能保证通胀目标的前提下释放流动性，一定程度上抑制了美国国债收益率大幅上升的趋势。日本央行此前将收益率曲线控制（YCC）上限上调，导致长期国债收益率显著上升且在2023年大幅波动。2023年7月，日本央行宣布退出YCC，导致长期国债收益率进一步大幅上升。2024年上半年日本当局为了支持不断贬值的日元，执行紧缩性货币政策，在国债收益率上升预期下，其10年期国债收益率上升趋势更加明显。最后，截至2024年8月底，美国10年期和2年期国债收益率持续"倒挂"，经济增长动能持续转弱，通过减少逆回购等方式紧急释放流动性，至8月底基本扭转了收益率"倒挂"走势。英国央行的10年期和2年期国债收益率差也在6月底开始回正（见图5）。

整体来看，欧元区主要国家长期国债收益率走势保持高度一致，均呈现明显的波动式下降过程。2023年9月至2024年8月，西班牙、意大利、希腊和法国的长期国债收益率月均值从3.72%、4.50%、4.08%和3.24%分别下降至3.07%、3.63%、3.31%和2.97%。2023年9月至12月，欧元区经济增长疲软，以德国为首的欧元区核心国家GDP增速低于预期，投资者对欧洲经济放缓和欧洲银行业动荡的担心导致安全资产需求上升，国债收益率出现波动性下滑。但是在2024年1~8月，各国国债收益率整体保持平稳。2024年1月，欧洲央行释放可能降息的信号，央行降息预期推动欧元区主要国家国债收益率下降。2024年6月，欧洲央行正式宣布降息25个基点，这种"鹰派"降

图5 美国与英国10年期与2年期国债收益率差值

资料来源：美联储和英格兰银行。

息政策的降息幅度低于公众预期，6~8月国债收益率仅出现小幅下降的趋势（见图6）。

图6 欧元区部分国家10年期国债收益率

资料来源：各国央行。

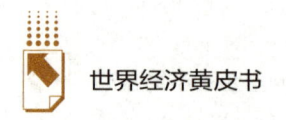

（二）国际负债证券市场

2023年第二季度至2024年第二季度，国际负债证券市场呈现两大特征。第一，发展中经济体未清偿余额远低于发达经济体，且占国际负债证券市场未清偿总额的比例较为稳定。第二，发达经济体与发展中经济体的国际负债存在结构性差异且较为明显，金融机构是发达经济体国际负债的主要持有部门，政府是发展中经济体国际负债的主要持有部门。

首先，从总余额视角比较，2024年第二季度末，发展中经济体未清偿余额占国际负债证券市场未清偿总余额的15.05%，较2023年第二季度末提升0.2个百分点。从净发行额视角比较，从2023年第二季度至2024年第二季度，发达经济体国际负债证券市场净发行额达8741亿美元，同期发展中经济体净发行额为1631亿美元。值得注意的是，发达经济体和发展中经济体的国际负债证券净发行额较上年同期水平均有明显上升，分别增加2400亿美元和2900亿美元左右，主要原因在于降息预期对信贷扩张有一定的正面影响。

其次，从结构上看，2023年第二季度至2024年第二季度，发达经济体金融机构、企业和政府部门在国际负债证券市场上的净发行额分别为7135

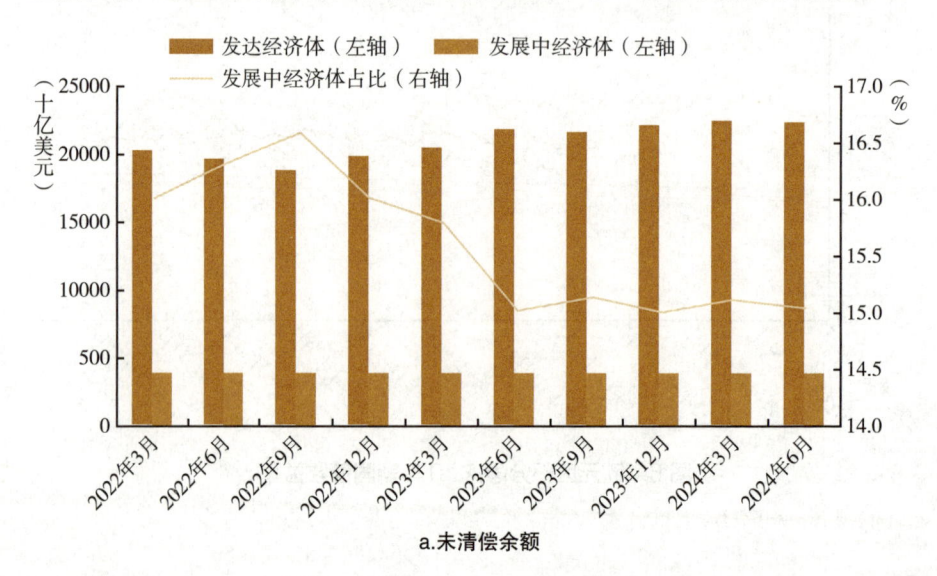

a.未清偿余额

国际金融形势回顾与展望：央行货币政策转向与金融市场波动

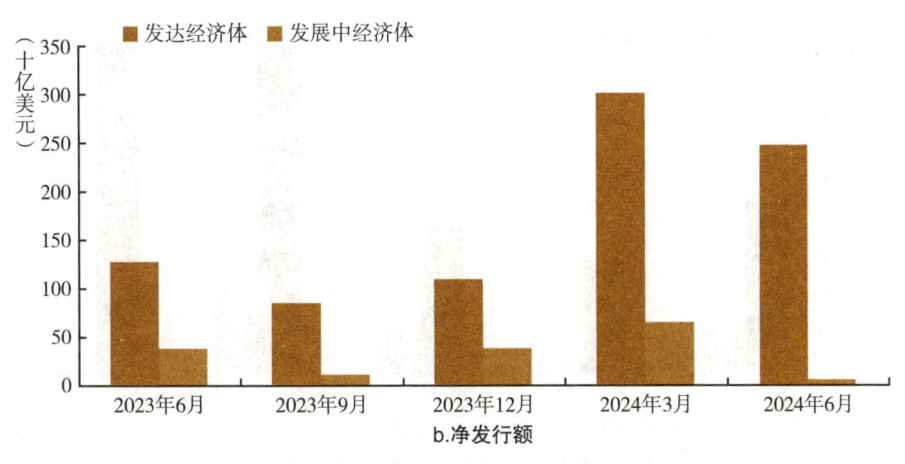

图7 国际负债证券市场的未清偿余额和净发行额

资料来源：国际清算银行数据库。

亿美元、639亿美元和971亿美元；而同期发展中经济体金融机构、企业和政府部门分别为870亿美元、-373亿美元和1143亿美元。这一期间金融机构仍是发达经济体在国际债券市场中的主要发行部门，而发展中经济体的企业部门仍以去杠杆为主。而在加息引发的全球信贷紧缩周期中，发展中经济体政府部门净发行额占比较大，金融机构和企业的评级和信誉度不足的劣势进一步显现，只能依靠主权债务进行融资。

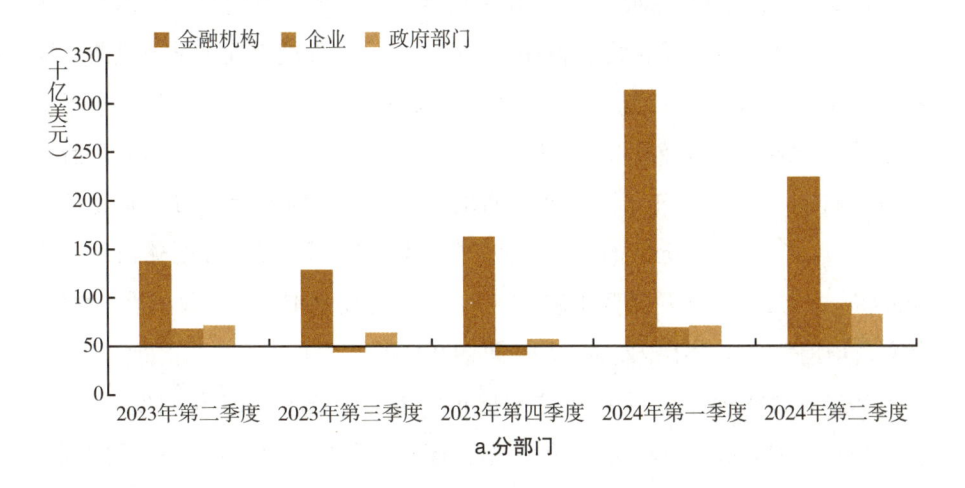

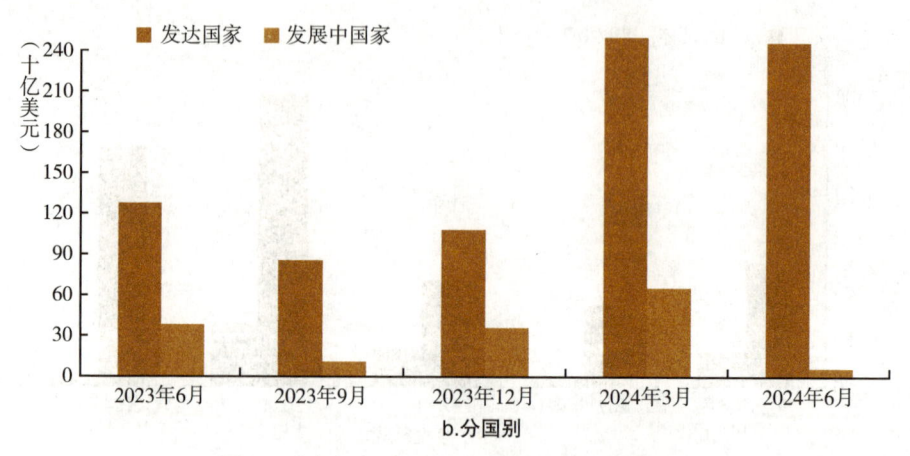

图 8　分部门与分国别国际负债证券净发行额

资料来源：国际清算银行数据库。

（三）全球股票市场

受经济预期和市场情绪的影响，在全球通胀回落、美联储降息预期的背景下，2024年全球股票市场呈现两大特征。第一，2024年股市表现与2023年类似，继续维持上升趋势；第二，2024年发达经济体股市复苏情况仍远强于新兴市场国家。

2024年全球通胀相较于2023年有所缓解，全球主要发达经济体纷纷暂停加息，全球金融市场收紧形势有所缓和，在一定程度上促进全球股票市场稳定发展。但部分发达经济体的降息幅度未完全达到市场预期，局部银行业金融风险凸显，全球经济增速下行压力仍然存在。受红海局势等地缘政治冲突事件影响，美元和美元计价资产均出现升值，成为推动股市（尤其是发达国家股市）复苏或上涨的动力。截至2024年8月底，MSCI全球指数上涨14.67%，MSCI发达市场指数上涨15.53%，MSCI新兴市场指数仅上涨7.44%，新兴市场指数涨幅远小于发达市场（见图9）。

2024年1~8月，全球11个主要股市整体涨幅低于2023年同期。其中，美国和日本股市出现15%以上的涨幅，德国和印度出现10%~15%的涨幅，

国际金融形势回顾与展望：央行货币政策转向与金融市场波动

图9 MSCI增长率比较

注：2024年数据截至8月30日。
资料来源：MSCI数据库。

其他国家的涨幅均低于10%，俄罗斯降幅最大，超过15%。整体来看，发展中经济体的股市表现稍逊于传统发达经济体（见图10）。

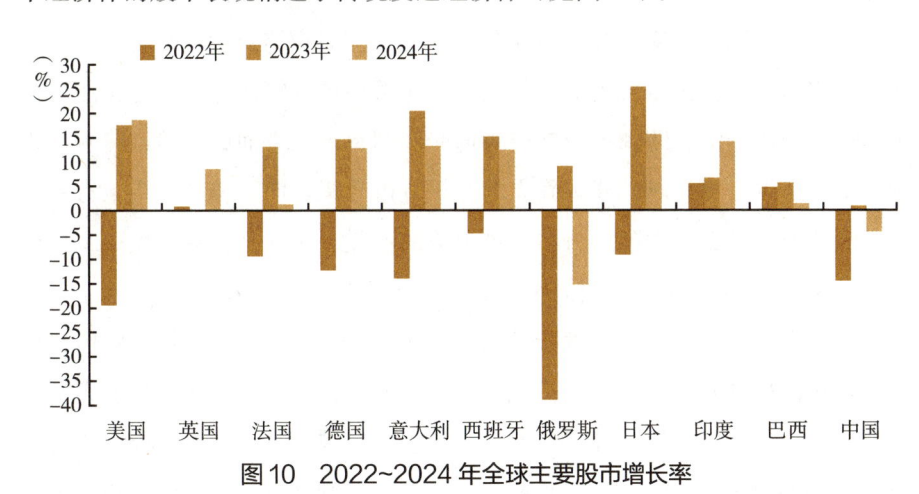

图10 2022~2024年全球主要股市增长率

注：2024年数据截至8月31日。
资料来源：各国证券交易所。

2024年1~8月，美国标普500指数上涨18.42%，这主要是受到美联储降息预期、强劲的利润前景推动，以及地缘政治冲突事件驱动。美联储降息预

203

期显著提升了全球股票市场对美股的需求。同时，美国企业在根本上仍具有韧性，美国失业率稳定下降，平息了对就业市场疲软的一些担忧，不断增强的盈利周期预期应会继续对冲顽固疲弱的经济信号，将股市的天平推向积极方向。此外，巴以冲突、俄乌冲突加剧了投资者的避险情绪，在一定程度上拉动了美股需求。美国联邦储备委员会于9月宣布将联邦基金利率目标区间下调50个基点，开启4年以来的首次降息，使金融环境逐渐宽松，有助于提高美企利润率，推动美国经济在2024年末或2025年初的增长，美股将可能进一步上涨。然而，2024年8月以来至美联储降息前，美股市场已经两次呈现较大幅度的波动，反映出市场对美联储持续高利率政策时间过长、潜在经济增长放缓的担忧。

在全球经济逐渐复苏的大背景下，2024年以来欧洲经济增长相较上年同期有所改善，欧洲股市的表现似乎走出了低迷的阴霾。从欧洲统计局发布的数据来看，欧元区经济增速趋于平稳，市场对欧洲经济增长预期进一步增强。同时，部分欧洲国家的失业率也出现下滑。这些积极信号鼓舞了投资者，推动欧洲股市上涨。整体来看，2024年1~8月欧洲股市增长稍逊于美股。在行情上涨的同时，也需要警惕潜在的风险。虽然市场情绪高涨，但通胀压力依然影响着全球经济。欧洲央行在应对通胀和利率政策方面的决策，将对未来股市走势产生重要影响，基本确立的宽松货币政策走向或将给股市上行带来一定的动力。然而，国际局势和贸易政策的变化，尤其是美欧经贸关系、俄乌冲突等事件都会对股市产生潜在的影响，潜在的风险仍值得关注。

2024年1~8月，日经225指数的收益表现展现出一定的波动性，但整体趋势向好。2023年日本央行维持宽松货币政策、日本上市公司积极制定和推出计划提升股票估值等，吸引了大量海外投资者进入日本股市，推动股市上涨。从2024年初开始，日经225指数虽然经历了数次较大的起伏，但整体呈现增长态势。2024年3月日经225指数触及年度低点30487.67点，而半年内的最高点则达到42426.77点，显示出该指数的波动范围相对较大。日本央行为防止通胀持续，于7月制定加息政策，给日本股市带来显著下行压力，日元套息交易的大面积平仓加剧了股票市场的波动。日经225指数的市场表现不仅受国内经济因素的影响，还与全球宏观经济环境密切相关。2024年，影响日经225指数波动的主要因素包括日本的货币政策调整、企业盈利能力以及地缘政治事件。此外，全球经济复苏进程中的不确定性，特别是中美贸易关系的变化将对市场情绪和投资者预期产生重要影响。尽管存在多种不确定性，日经225指数的表现依然显示出其强大的韧性。这主要得益于日本经济的稳定性、企业的盈利增长以及政府的支持政策。特别是在汽车、科技、零售等日本核心产业表现良好的情况下，日经225指数未来仍然具备进一步上涨的潜力。

新兴市场和发展中国家方面，巴西和印度股市均保持稳定增长。俄罗斯由于俄乌冲突仍未停止，经济增速略有放缓，通胀形势难以遏制，市场存在加息预期，这进一步加剧了投资者对俄罗斯股市的悲观预期。

三　全球外汇市场走势

2024年全球外汇市场呈现以下重要特征。第一，美元指数2023年下半年先升后降，2024年以来呈波动性上升；第二，除美元指数外，各国利率、经济基本面等多重因素也成为推动其汇率变化的主要力量；第三，因货币政策和经济周期不同，人民币兑美元汇率与美元指数走势相反，年内人民币整体趋于平稳，但有小幅贬值。

2024年1~8月，美元指数触底反弹，呈波动性上升走势，1月美元指数为120.58，8月上涨至122.88，上涨幅度为1.91%。促使美元指数触底反弹，呈波动性上升的原因有以下几点。第一，2024年上半年美国与其他国家的货币政策再度分化，在美联储迟迟未降息之际，市场对欧洲存在降息预期，日本央行加息力度较小，令美元对全球主要经济体货币的利差优势依然保持在历史较高水准，导致众多原先押注美元进入下跌周期的资本纷纷转向拥抱强势美元。第二，美国经济在经历了疫情的重创后逐渐复苏，整体经济表现优于其他主要发达国家。消费者信心指数的上升、就业市场的回暖，以及工业生产的增长，均为美元注入了强大的信心。一方面，欧盟经济增长放缓；另一方面，美联储在上半年维持鹰派态度不变，维持高利率预期增强。上述两方面因素成为支撑美元指数的主要力量。第三，地缘政治冲突加剧，全球金融市场避险情绪加剧，投资者寻求美元或以美元计价的安全资产，进一步推动了美元指数走高。整体来看，美元指数的最终走势取决于美国与其他主要发达经济体经济基本面和货币政策的差异以及全球金融风险的整体水平（见图11）。

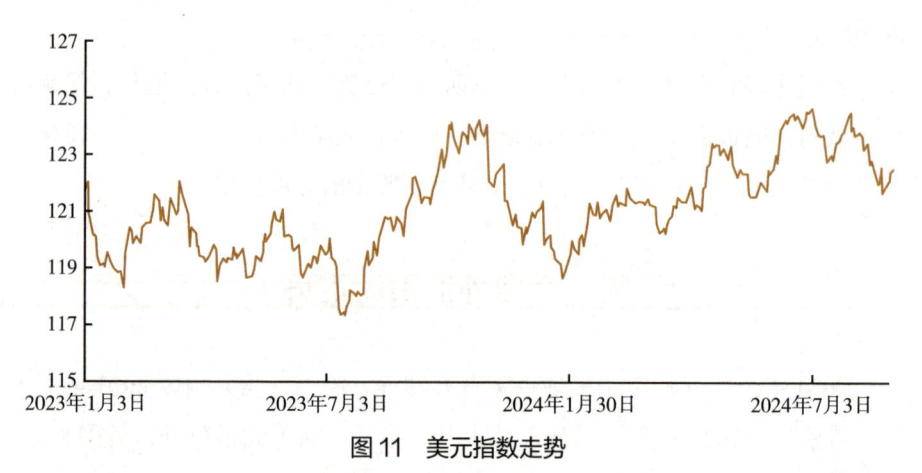

图11　美元指数走势

注：选取2006年1月=100。
资料来源：美联储。

2024年瑞郎、日元和欧元兑美元均贬值，仅英镑兑美元呈升值状态（见图12）。2024年1~8月，瑞郎兑美元贬值1.05%，欧元兑美元贬值0.02%，日元兑美元贬值3.57%，英镑兑美元升值达到2.96%。2024年以来美国通胀有回升迹象，降息预期摇摆不定，但由于其他国家的经济政策存在差异，以及地缘政治冲突等，不同发达国家货币兑美元有升有贬，但整体趋于贬值。瑞郎兑美元先贬值后升值，瑞士央行此前的加息政策有利于保证瑞郎币值坚挺，但不利于经济发展，市场存在降息预期。3月，瑞士央行宣布降息，瑞郎逐步贬值，随后由于地缘政治冲突加剧，瑞郎再次成为重要的避险货币之一，需求上升促使瑞郎触底反弹，再次升值。欧洲央行和美联储对利率的调控基本同步，因此欧元兑美元汇率变化不大。日本央行在7月之前仍维持宽松货币政策，之后逐渐加息收紧，但政策生效存在时滞性。英国央行继续维持加息，与美国利差缩小，推动了英镑兑美元升值。此外，2024年以来地缘政治冲突持续加剧，受红海危机、俄乌冲突等事件影响，美元及以美元计价的安全资产的需求居高不下，美元出现升值预期。

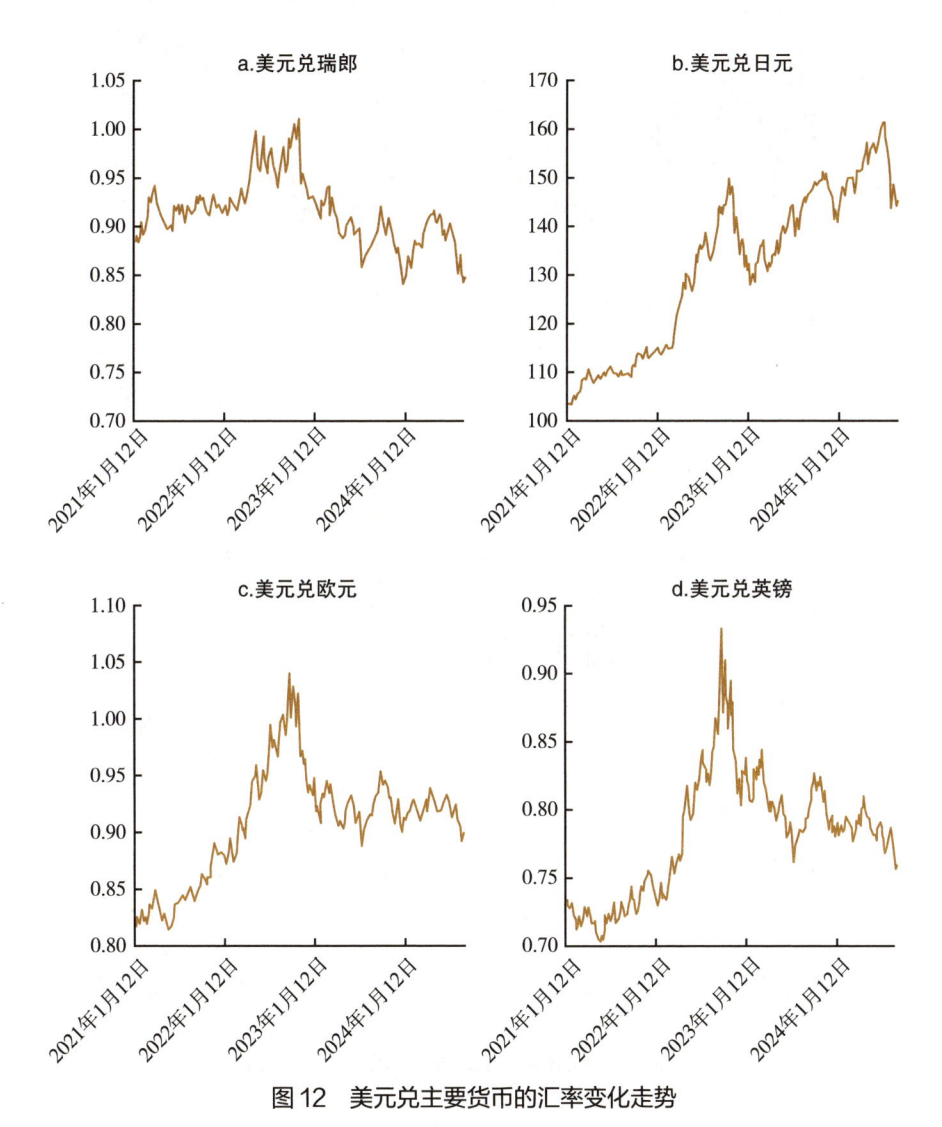

图12 美元兑主要货币的汇率变化走势

资料来源：美联储。

世界经济黄皮书

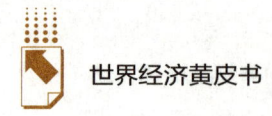

2024年金砖国家货币兑美元走势呈分化态势（见图13）。2024年1~8月，巴西央行高利率引发的财政收支状况恶化，以及美联储降息预期导致雷亚尔兑美元汇率持续贬值，贬值幅度达到15.81%。兰特汇率的上涨与南非

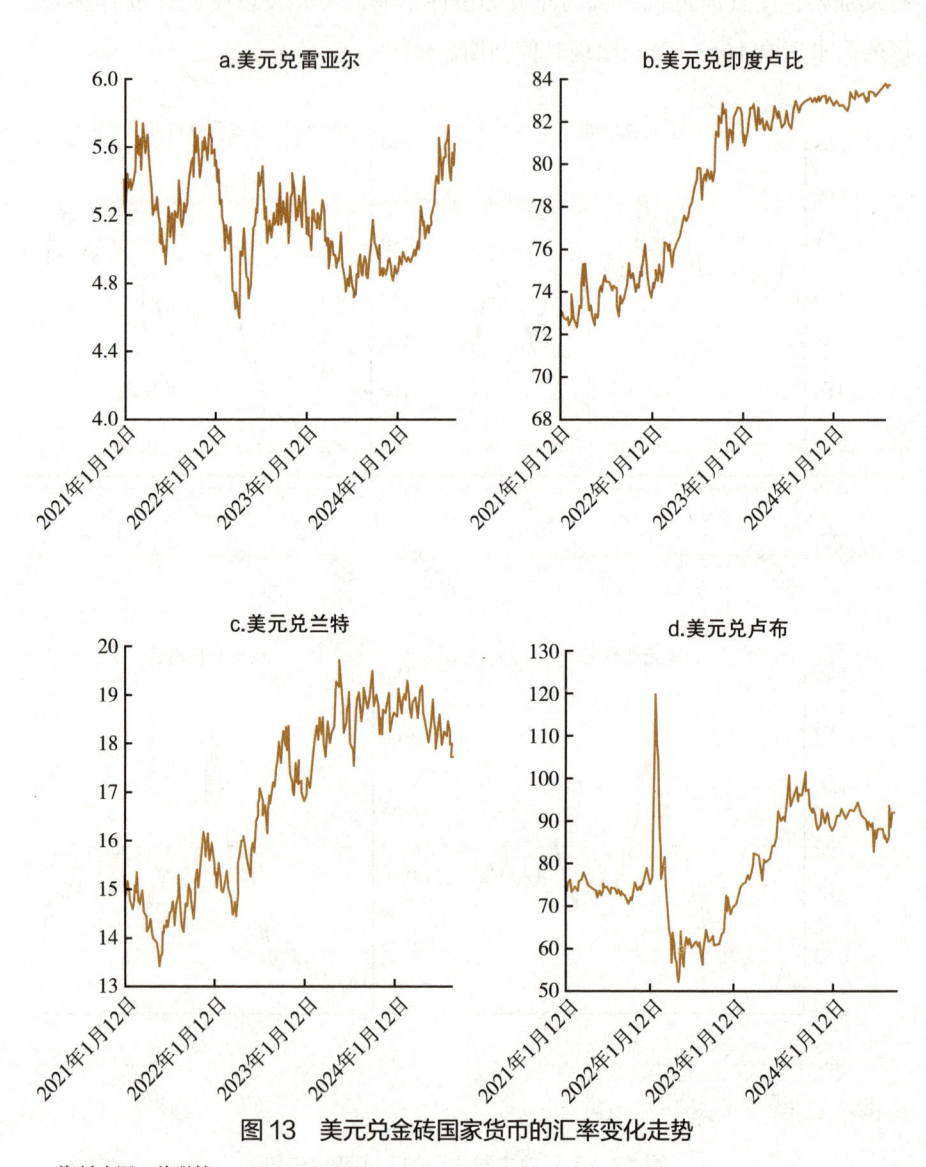

图13 美元兑金砖国家货币的汇率变化走势

资料来源：美联储。

国际金融形势回顾与展望：央行货币政策转向与金融市场波动

经济的复苏密切相关。南非政府采取了一系列刺激措施，包括增加基础设施投资和优化对外贸易政策，促进国内经济复苏，兰特兑美元升值2.58%。此外，国际大宗商品价格的回升，尤其是黄金和铂金的价格上涨，也为南非的外汇储备提供了支持。这一系列积极的经济信号，使全球金融市场对兰特的信心恢复，进而推动兰特升值。2024年俄乌冲突持续，西方对俄罗斯的制裁进一步收紧，但卢布反而逆势升值，2024年1~8月升值1.67%，主要原因在于面对频繁变动的国际局势，全球市场对石油及其他自然资源的需求仍持续增加，进而导致卢布升值。4月下旬，俄罗斯政府把对部分出口商强制结汇法令期限从4月底延长至年底，支持了卢布走强。同时，俄罗斯国内经济增长强劲，4月IMF预计全年俄罗斯经济增速或达3.2%，超过美国、英国、德国、法国等西方发达国家。7月1日，世界银行数据显示，俄罗斯再次成为高收入国家。印度方面，2024年印度经济和资本市场发展较好，在年内印度央行未加息的情况下，2024年1~8月印度卢比兑美元贬值0.62%。

2024年1~8月，美元对人民币汇率呈现较为复杂的变化趋势。年初汇率相对较稳定。随着时间的推移，各种经济因素对汇率产生影响。当前影响人民币单边升值的主要因素是美元指数的波动。美国劳工部公布数据显示，美国1月消费者价格指数（CPI）环比上涨0.3%，同比上涨3.1%，高于美联储设定的2%长期通货膨胀目标，受此影响市场出现一定程度的美联储加息预期，美元指数大涨。下半年，汇率走势开始出现变化。8月，人民币对美元汇率单边升值，美国就业数据下滑、鲍威尔在杰克逊霍尔全球央行年会上的演讲降低了美联储降息预期，使美元指数进一步上行。整体来看，2024年1~8月美元对人民币汇率有升有降，波动较为明显。汇率的变化受到国内外多种因素的影响，包括经济数据、央行政策和全球经济形势等。进入2024年，CFETS人民币汇率指数呈波动中下降走势。4月中旬至5月中旬，CFETS人民币汇率指数一度突破100，但之后波动性下降，截至8月底，指数仅为97.95（见图14）。

图14　人民币汇率变化走势

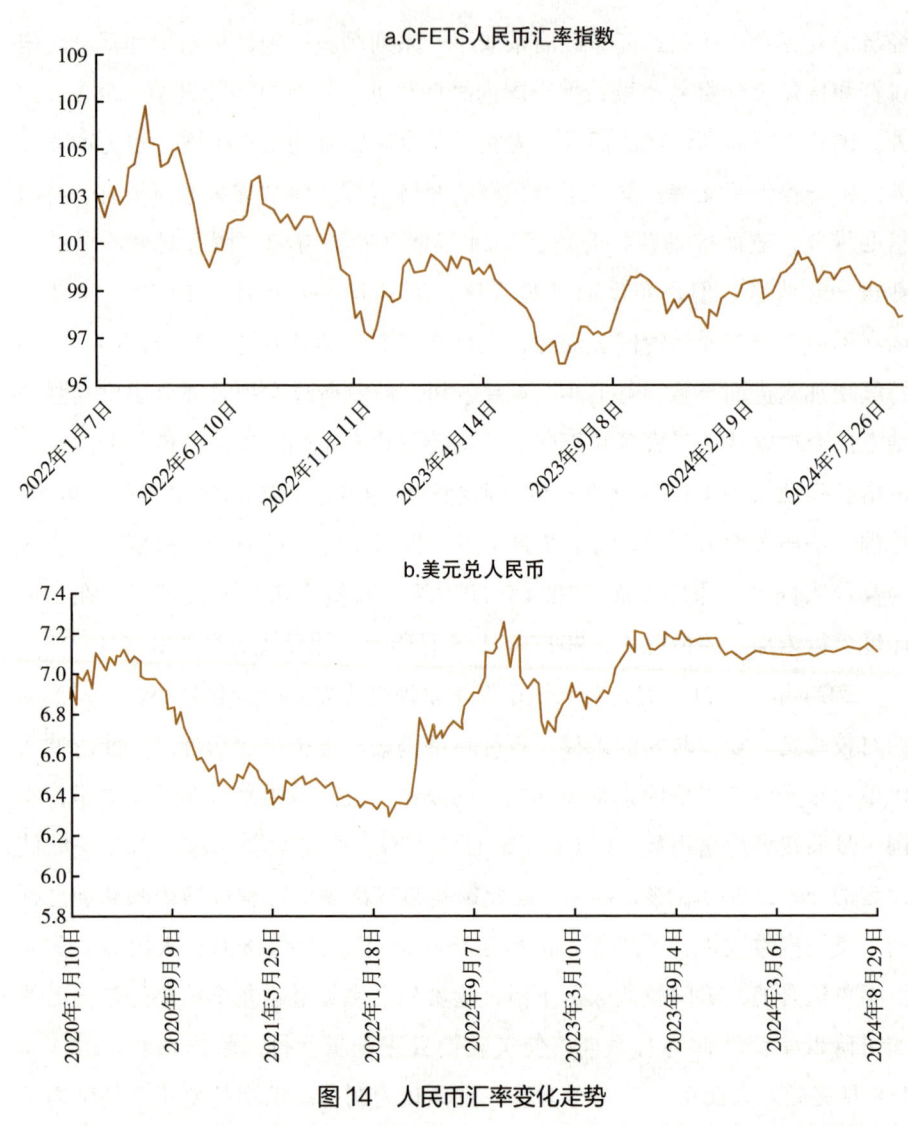

资料来源：中国外汇交易中心、中国人民银行。

四　展望

展望2025年，主要经济体的宽松基调及后续国内经济政策的相关走

国际金融形势回顾与展望：央行货币政策转向与金融市场波动

势，将决定国际金融市场的主要基调和面临的潜在风险。发达市场方面，宽松基调已定，但分化仍将持续，美日欧表现不一。美国方面，美联储降息进程已确定开启，但未来的路径不明确。目前预估的美国中性利率区间为2.75%~3%，利率在未来有较大下降空间。但鲍威尔也强调，循序渐进地调整货币政策立场是更合适的，美联储并不急于求成。本轮降息周期的开启，基本逻辑和特征未变，美联储货币政策在未来具有较高灵活性和较大空间，如无剧烈冲击，降息节奏将平稳，金融条件可实现逐步宽松；如遇意外冲击，货币政策也有较大降息空间，过去应对疫情时形成的货币政策工具包也十分充足，但国际金融市场将面临更大波动。2024年8月至美联储降息前，美股市场已经两次呈现较大幅度的波动，反映出市场对美联储持续高利率政策时间过长、潜在经济增长放缓的担忧。如美国经济进一步呈现以失业率上行为主导的放缓特征，企业盈利不及预期，同时美联储的降息不及时，则美股市场将面临较大波动。美国股票市场由"七姐妹"主导的行情已经遭到诸多质疑，如果后续AI的发展不如人意，则当前情形就较类似于2000年前后存在互联网泡沫时美国的股票市场，不排除后续出现较大调整的可能。

日本方面，过去一段时间日本资本市场的繁荣与美联储累计加息和日本央行按兵不动导致的日元套息交易有密切的联系，7月因日元套息交易的平仓而出现较大波动。随着美联储降息周期开启，日本央行有进一步加息的意愿，资本市场将持续降温。预计欧洲市场仍在"滞"与"胀"区间内徘徊，欧洲虽然先于美国降息，但是仍然受制于通胀黏性及不确定性较大。欧洲基本面也较弱，核心经济体德国预计连续两年出现负增长。欧洲还持续受到地缘政治冲突的影响。总体而言，欧元区后续降息路径并不明确，金融市场总体疲软，欧元大概率走弱。

美联储开启降息步伐，全球市场宽松基调确立，将带来全球流动性偏宽松和风险偏好的提升，这对于新兴市场和发展中经济体的金融市场而言有积极作用。但期间如果货币政策转向并出现未预期变化，也将给新兴市场和发展中经济体的金融市场带来风险。除了美联储的货币政策，美国新任总统及政策同样将影响新兴市场和发展中经济体资本流向。在中国宣布一揽子宽松政策后，中国金融市场吸引力的增强整体上有助于提升资本对新兴市场的信心。但也应当看到，目前投资者对于中国和美国资本市场的乐观情绪都较浓，在美国股市高位的背景下，资本在新兴市场国家和亚洲配置的资本总量在短期内不会出现较大扩容，中国股市和中国概念资产吸引力的持续上升将会对其他新兴市场产生再配置效应，如果中国股票市场持续向好，外资对中国资产进行配置，则一些基本面较弱的新兴市场国家将面临资本外流的压力，还有一些受益于产业转移的国家，包括越南、印度、韩国以及东盟的其他一些国家也将面临资金的再配置。从现有数据看，2024 年 9 月印度股票市场出现了自 2023 年 3 月以来的首次净流出。

主权债务水平高企仍然对 2025 年乃至未来几年的全球金融市场稳定构成挑战，尤其是对于一些新兴经济体和前沿经济体而言，高债务水平会限制国家在面临未来冲击时的应对能力，增加财政压力，债务融资成本也可能上升。除了政府审慎制定财政整顿计划，国际合作也是解决主权债务问题的重要方面。世界银行已宣布其目标是在 10 年内将贷款能力提高 300 亿美元，各区域开发银行也在扩大融资规模。除新兴市场主权债务风险之外，发达经济体的主权债务风险同样不容忽视。与新兴市场主权债务风险主要是清偿风险不同，发达经济体面临着更高的债务水平，其财政整顿的风险并非没有，欧债危机的教训并不遥远。IMF、世界银行年会上明确的政策转向——审慎的货币政策宽松、政府财政整顿和结构改革政策组合，究竟将如何影响金融市场，值得进一步关注。

参考文献

杨盼盼、夏广涛：《国际金融形势回顾与展望：高利率考验金融市场》，载张宇燕主编《2024 年世界经济形势分析与预测》，社会科学文献出版社，2024。

BIS, "BIS Quarterly Review," September 2024.

IMF, "Global Financial Stability Report-The Last Mile: Financial Vulnerabilities and

Risks," April 2024.

IMF, "World Economic Outlook Update: The Global Economy in a Sticky Spot," July 16, 2024.

IMF, "Global Financial Stability Report-Steadying the Course: Uncertainty, Artificial Intelligence, and Financial Stability," October 22, 2024.

IMF, "World Economic Outlook: Policy Pivot, Rising Threats," October 22, 2024.

George Libby, Karin Strohecker, "As Poor Nations' Default Wave Peaks, Cash Shortage could Take Its Place," Reuters Markets, October 21, 2024.

Y.13
国际直接投资形势回顾与展望：
地缘经济碎片化和气候目标重塑FDI模式

王碧珺　赵家钧[*]

摘　要： 2023年国际直接投资受到疲软的增长前景、地缘经济碎片化趋势、地缘政治紧张局势以及供应链多元化等影响，下跌2%至1.33万亿美元。不同国际直接投资模式分化明显：在持续收紧的金融条件和严格的监管审查下，国际项目融资和跨国并购受到重挫，但跨境绿地投资创有记录以来最高水平，对全球国际直接投资形成有力支撑。众多经济体积极调整投资政策，以适应变革中的国际投资模式。其中，发展中经济体将投资便利化措施作为吸引投资的基石，市场准入政策的重要性下降；发达国家是投资限制型政策的主力，尤其是不断加强安全审查机制。地缘经济碎片化影响FDI地域分布，但中间国逐渐成为"连接器"，在大国之间起到桥梁作用，缓解了部分贸易和投资中断问题。考虑到高利率环境的改善以及跨国企业较高的利润水平，2024年国际直接投资有望实现温和增长。从长期来看，国际直接投资趋于服务业导向和轻资产特征，这意味着服务业扩大开放是稳定外资的关键。

关键词： 国际直接投资　投资便利化　安全审查　地缘政治　气候目标

---

[*] 王碧珺，中国社会科学院世界经济与政治研究所研究员、国际投资研究室主任，主要研究方向为国际投资；赵家钧，中国社会科学院世界经济与政治研究所，主要研究方向为国际投资。

国际直接投资形势回顾与展望：地缘经济碎片化和气候目标重塑FDI模式

全球国际直接投资（FDI）2023年下跌2%至1.33万亿美元（见图1）。这一下跌趋势同上年预期相一致。[①]事实上，如果排除卢森堡、荷兰等主要作为跨国企业资金流转中心的管道国家的影响，全球FDI下降得更为剧烈，达到10%，其背后反映了疲软的增长前景、地缘经济碎片化趋势、地缘政治紧张局势以及供应链多元化等多重因素的拖累作用。但不同投资模式分化明显：国际项目融资和跨国并购在金融条件收紧和监管压力下受到重挫，交易额分别同比下降26%和46%；而跨境绿地投资项目数同比增长2%，项目额同比增长5%，是有记录以来的最高水平。国际直接投资在区域和产业间的分布出现较明显的不平衡：受益于强劲的经济增长前景和广泛的全球价值链关联，流入东南亚地区的国际直接投资保持稳定；全球制造业绿地投资终结了近十年的下跌趋势，可再生能源部门投资额几乎在所有地区居首位；全球价值链密集型产业（如汽车、机械和纺织业）项目额同比增加27%，关键矿产项目额和项目数均翻番。以上特征凸显了地缘经济碎片化和应对气候目标对FDI模式的重塑。

本文将从投资区位、国别投资政策和国际投资协定的角度，分析2023年国际直接投资形势，增加关于地缘政治如何影响国际直接投资的讨论，并展望国际直接投资前景。

图1 2007~2023年全球外商直接投资增长情况

资料来源：根据联合国贸发会议数据库整理，https://unctad.org/en/Pages/statistics.aspx。

[①] 陈逸豪、王碧珺：《国际直接投资形势回顾与展望：多重因素作用下的衰减》，载张宇燕主编《2024年世界经济形势分析与预测》，社会科学文献出版社，2024。

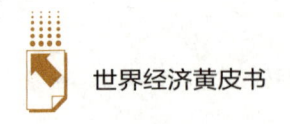

一 国际直接投资整体萎缩，跨境绿地投资成为亮点

2023年全球国际直接投资在经济不确定性和地缘经济碎片化趋势的作用下整体萎缩。在外商直接投资流入（FDI流入）方面，2/3的发达经济体和1/3的发展中经济体出现了下降。所有发达经济体都经历了跨国并购交易的急剧减少。在对外直接投资（OFDI）方面，发达经济体和发展中经济体都下降了约一成。

（一）FDI流入

2023年，流入发达经济体的外商直接投资增长9%至4640亿美元。这受到少数欧洲管道经济体[①]金融流动大幅波动的影响。流入欧洲的FDI从2022年的-1060亿美元跃升至2023年的160亿美元。2022年，爱尔兰、卢森堡、荷兰、瑞士及英国等管道经济体出现较大负值。2023年负流量的降低对欧洲FDI流入产生了约1800亿美元的净增加效应。排除掉管道国家资金流的影响，欧洲其余地区的FDI流入下降14%，发达经济体的FDI流入下降约15%。这与国际税收制度的变革，如针对大型跨国企业的最低税收举措所掀起的企业财务重组浪潮有一定关系。部分跨国企业调整资本结构、重组所有权和运营战略，以适应新的税收环境。

2023年，流入发展中经济体的外商直接投资下降7%至8670亿美元。分区域来看，亚洲发展中经济体的FDI流入同比减少8%至6210亿美元，仍是世界上最大的外商直接投资目的地，占全球FDI流入量的近一半。东亚和东南亚是主要目的地。流入东亚地区的外商直接投资同比下降9%至2860亿美元，主要是由于中国在近十年持续增长后出现显著下滑（见表1）。东南亚地区的FDI流入保持稳定，为2260亿美元，主要是由于该地区强劲的经济增长和广泛的全球价值链关联。拉丁美洲和加勒比地区的FDI流入温和下降

[①] 管道经济体由于其宽松的税务规定和金融服务网络，往往成为跨国公司设立控股公司、进行财务重组以及国际资本流动的重要渠道。

国际直接投资形势回顾与展望：地缘经济碎片化和气候目标重塑 FDI 模式

1% 至 1930 亿美元。非洲地区的 FDI 流入同比下降 3% 至 530 亿美元，欧洲仍是非洲 FDI 存量的最大持有者。2023 年通过的《非洲大陆自由贸易协定》（AfCFTA）投资议定书预计会促进区域内 FDI 增长。尽管目前区域内项目占比相对较低，但服务业和部分制造业的项目占比要高于资源行业。

跨国并购活动的急剧萎缩是全球 FDI 流入下降的重要原因。2023 年全球跨国并购交易额遭遇"腰斩"至 3020 亿美元。信息和通信业、采掘业和金融保险业分别下降 990 亿美元、880 亿美元和 760 亿美元。作为全球 FDI 流入第一大目的地，美国的跨国并购交易额锐减 40% 至 810 亿美元，仅为过去 10 年平均水平的一半，主要原因是信息和通信技术部门的收缩。亚洲发展中经济体的跨国并购交易额减少近 300 亿美元，占该地区 FDI 流入减少额的一半。在全球前十大跨境并购交易中，有 6 起涉及投资者集团的收购，旨在通过特殊目的收购公司（SPAC）交易实现公开上市，或者作为私募股权交易的一部分。这类交易侧重于资本运作，具有一定的金融性质，受融资条件的影响较大。

跨境绿地投资对全球国际直接投资形成有力支撑。与跨国并购重挫形成对比，2023 年全球跨境绿地投资项目数同比增长 2%，项目额同比增长 5% 达到 1.4 万亿美元——这是有记录以来的最高水平。亚洲发展中经济体的跨境绿地投资项目数和项目额分别同比大幅增长 22% 和 44%，尤其是东南亚地区项目数增加 42%，主要源于电子和汽车生产部门的项目额增加。来自中国跨国企业的项目数几乎翻倍，这解释了发展中国家绿地项目增量的一半，投资目的地集中在东南亚。印度尼西亚是跨境绿地投资项目的热门目的地。印尼拥有世界上最大的镍储量，印尼政府也高度重视绿色能源产业发展，致力于建立一体化电动汽车供应链，因此为相关绿色投资审批加速行政程序。2023 年中国信义集团宣布投资 115 亿美元，在印度尼西亚的伦庞岛建造一座石英砂加工厂，石英砂是太阳能电池板生产的关键材料。由瑞士能源和大宗商品巨头 Glencore、英国绿色能源和技术巨头 Envision 及比利时大宗商品巨头 Umicore 组成的欧洲财团在印度尼西亚宣布了 90 亿美元的电动汽车电池供应链项目，旨在利用印尼丰富的镍储量，并在该国快速发展的电动汽车行业中站稳脚跟。拉丁美洲和加勒比地区的跨境绿地投资项目数同比下降4%，但项目额有所增加，主要由巴西和智利的大项目驱动。对关键矿产的需求推动了该地区的大部分跨境绿地投资。同时，该地区可再生能源相关投资表现亮眼，前十大跨境绿地投资项目中有4个都涉及绿氢或绿氨生产。非洲地区跨境绿地投资项目额下降11%至1750亿美元，主要拖累因素是电力和天然气行业项目额减少330亿美元。发达经济体的跨境绿地投资项目数下降6%，项目额下降8%，主要是由于信息和通信技术部门在经历了一段时期的高投资后出现显著下跌，其他行业尤其是能源和天然气行业有所增长。

表1描述了主要国家FDI情况。美国仍然是全球最大的FDI流入国，占全球的近1/4；中国大陆和香港合计占21%。在前二十大投资目的地中，法国、澳大利亚、中国大陆、美国和印度等的FDI流入量下降幅度较大。新加坡FDI流入量从2022年的1411.8亿美元增长到2023年的1596.7亿美元，主要来自美国、中国和欧盟，领域涉及电子、电动汽车、绿色能源和基础设施等行业。

（二）FDI流出

2023年，发达经济体对外直接投资增长4%至1.1万亿美元。与FDI流入情况类似，少数欧洲管道经济体财务重组活动同样影响OFDI。排除掉管道国家资金流的影响，欧洲OFDI下降11%，发达经济体OFDI下降10%。德国、瑞典和西班牙OFDI同比分别下降31%、24%和30%，主要欧洲国家中只有法国出现了OFDI的大幅增长，同比增加36%，跃升至第八大对外投资来源国（见表1）。美国仍然是全球第一大对外直接投资来源国，2023年OFDI逆势增长10%，总额达到4040亿美元，占全球的近37%。日本对外直接投资大幅增长，同比增长14%，超过中国成为全球第二大对外直接投资来源国。

发展中经济体对外直接投资下降11%至4910亿美元。除了东南亚外，大多数发展中经济体OFDI额都有所减少。由于跨境绿地投资形成支撑，2023年项目数和项目额分别大幅增加23%和35%。尽管中国跨国企业整体OFDI下降9%，但跨境绿地投资项目数是2022年的两倍，占全部发展中经济体增

国际直接投资形势回顾与展望：地缘经济碎片化和气候目标重塑 FDI 模式

表1 2023年全球前二十大FDI参与国和地区

单位：十亿美元，%

2023年位次	FDI 流入 国家和地区	2022年	2023年	增速	2023年位次	FDI 流出 国家和地区	2022年	2023年	增速
1	美国（1）	332	311	-6	1	美国（1）	366	404	10
2	中国大陆（2）	189	163	-14	2	日本（3）	162	184	14
3	新加坡（3）	141	160	13	3	中国大陆（2）	163	148	-9
4	中国香港（4）	110	113	3	4	瑞士（157）	-74	105	—
5	巴西（6）	73	66	-10	5	中国香港（6）	106	104	-2
6	加拿大（9）	46	50	9	6	德国（4）	146	101	-31
7	法国（5）	76	42	-45	7	加拿大（8）	83	90	8
8	德国（17）	27	37	37	8	法国（11）	53	72	36
9	墨西哥（12）	36	36	0	9	新加坡（12）	52	63	21
10	西班牙（10）	45	36	-20	10	瑞典（10）	62	47	-24
11	阿联酋（21）	23	31	35	11	韩国（9）	66	35	-47
12	澳大利亚（7）	63	30	-52	12	西班牙（13）	43	30	-30
13	瑞典（11）	45	29	-36	13	巴西（15）	32	30	-6
14	波兰（15）	31	29	-6	14	俄罗斯（29）	12	29	142

219

续表

2023年位次	FDI 流入					FDI 流出			
	国家和地区	2022年	2023年	增速	2023年位次	国家和地区	2022年	2023年	增速
15	印度（8）	49	28	-43	15	中国台湾（22）	16	25	56
16	比利时（31）	12	23	92	16	阿联酋（17）	25	22	-12
17	阿根廷（27）	15	23	53	17	马耳他（18）	25	21	-16
18	印度尼西亚（18）	25	22	-12	18	沙特阿拉伯（16）	27	16	-41
19	日本（13）	34	21	-38	19	丹麦（36）	6	15	150
20	智利（26）	17	21	24	20	印度（23）	15	13	-13

注：括号中为2022年排名。

资料来源：笔者根据联合国贸发会议数据库整理，https://unctad.org/en/Pages/statistics.aspx。

量的一半。中国跨国企业在发达经济体开展的绿地投资项目数保持稳定，主要增长集中在发展中国家，尤其是东南亚地区和制造业部门，特别是计算机、电气设备、汽车和其他交通工具行业。在全球OFDI前二十大经济体中，亚洲经济体占比接近一半。

二 国别投资政策分化，投资便利化政策占主导

众多经济体在投资领域积极进行政策调整，以适应变革中的国际投资模式。一系列全球危机引发的地缘政治紧张和全球供应链扰动，导致各国在经济复苏之余，增强了国家安全考量和关键技术保护意识。2023年，73个经济体调整了外商直接投资政策，新出台的政策数量（137项）较2022年减少25%，但与过去五年平均水平保持一致。从政策取向来看，限制性/监管政策数量减少（2023年为38项，2022年为53项），其中，准入限制措施占68%。自由化/促进政策数量同样有所下降，由2022年的123项减少至2023年的99项，其中，投资便利化政策占主导，比重达39%。在不考虑中性政策的前提下，自由化/促进类政策的比例回到72%，接近新冠疫情前2019年的水平。

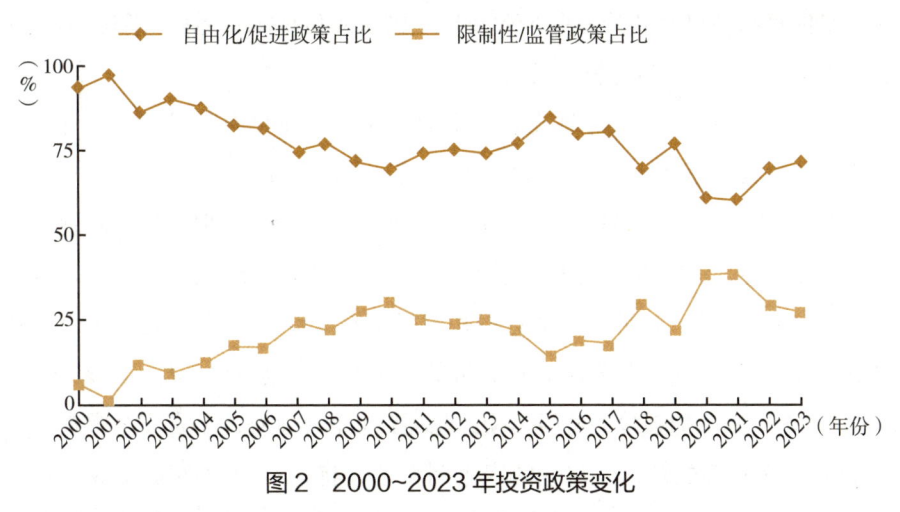

图2 2000~2023年投资政策变化

资料来源：根据UNCTAD的数据整理。

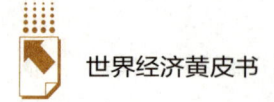

发展中经济体将投资便利化措施作为吸引投资的基石，市场准入政策的重要性下降。发展中经济体继续将吸引投资作为促进经济复苏和增强韧性的重点，颁布的国际投资政策中投资友好型政策比例自2014年以来稳定在80%以上，2023年进一步上升至86%，而发达国家的投资友好型政策占比只有43%。在投资友好型政策中，自由化措施的重要性在新冠疫情暴发后减弱，其占比在2014~2016年曾达到39%，2020~2021年下降至23%，2023年进一步降至12%。相比之下，投资便利化措施日益得到倚重，其占比在2023年达到创纪录的39%。这意味着，各国越来越重视通过改善投资环境而非放松市场准入的方式来吸引外资。投资便利化措施主要有三类：提升透明度、简化流程和便利服务。提升透明度措施包括向外国投资者推出信息门户，如约旦和墨西哥推出投资政策信息平台。简化流程包括引入单一窗口投资系统，如埃及推出投资项目单一审批制度、乌拉圭引入在线单一窗口投资系统、乌兹别克斯坦建立实体一站式服务中心。便利服务范围较广泛，旨在为外国投资者提供支持，如智利实施了多机构合作协议以简化签证服务、马来西亚为战略投资者推出专用签证便利服务、乌兹别克斯坦特设"投资经理"职位为外国投资者提供支持。发展中国家投资限制型政策特别强调国家对采矿业的控制，如智利和马里对新的采矿企业提出了国家股份要求、墨西哥和巴拿马分别收紧和暂停了矿物特许权的发放。

发达国家是投资限制型政策的主力，尤其是不断加强安全审查机制。2023年，发达国家采取的投资限制型政策占全球的2/3。新的或扩大的FDI安全审查机制占全球的45%，自2017年以来一直是各国采取的投资限制型政策的主要内容。2023年，比利时、爱沙尼亚、卢森堡和瑞典四国实施了新的FDI安全审查制度，这使得全球进行外国投资安全审查的国家达到41个（其中26个位于欧洲），占全球FDI流量的一半以上、存量的3/4。未来几年，FDI安全审查制度加强趋势有望延续。保加利亚和新加坡的外资安全审查制度于2024年3月起生效，爱尔兰的审查制度预计将在2024年底前生效。欧盟也计划修订现行框架，强调所有成员国需采纳事前审查机制，并建议将审查制度的适用范围扩展到外国投资者控制的欧盟内部交易。值得注意的是，在大多数有历史数据可查的国家中，接受审查的项目数尽管有所增加，但拒绝率保持在较低水平，大多数国家不到1%。

从以上国际直接投资的政策进展来看，发达国家是投资限制型政策主推手，发展中国家在吸引外资方面倾向于采取投资便利化措施而非市场准入政策。这一政策取向为由中国发起的《投资便利化协定》进一步发挥作用提供了现实支撑。中国应进一步推动在WTO总理事会下设立筹备委员会，以确保协定尽快生效，并为协定生效后的高效运作做好准备。将《投资便利化协定》纳入WTO诸边协定的同时，积极推动达成多边协议。这将标志着中国引领构建高标准国际规则，并提振人们对多边谈判的信心。

三　国际投资协定：体系改革进展缓慢，ISDS风险敞口难收缩

2023年，全球新缔结29个国际投资协定（International Investment Agreements，IIAs），包括12个双边投资协定（Bilateral Investment Treatments，BITs）和17个含投资条款的经济协定（Treaties with Investment Provision，TIPs）。当年新生效15项IIAs，这使得生效的IIAs总数为2608个。当年有4项IIAs被终止，1994~2023年全球累计终止的IIAs总数达585个，约70%集中在过去十年。截至2023年底，全球IIAs存量为3291个，包括2831个BITs和460个TIPs。[①]

国际投资协定改革进展缓慢。旧一代IIAs因其宽泛模糊的投资者保护条款，使得东道国面临较大的投资者—国家争端解决（ISDS）风险，并且其更关注对外国投资者利益的保护，而缺乏力促可持续投资和投资者负责任的商业行为的功能。2023年新缔结的IIAs纳入了投资便利化、合作和自由化等相关条款，保障国家的规制权，缓解了东道国面临的ISDS风险，维护了东道国的国内政策自主权以及可持续发展的国内商业环境。2023年2月通过的《非

---

① UNCTAD, "World Investment Report 2024: Investment Facilitation and Digital Government," New York and Geneva: United Nations Conference on Trade and Development, 2024.

洲大陆自由贸易协定》（AfCFTA）投资议定书就是其突出代表。旧一代IIAs的改革仍在缓慢推进中。2020年以来签署的IIAs中，仅19%取代了旧一代IIAs，39%同旧一代IIAs并行。目前生效的IIAs覆盖了全球FDI存量的65%，其中，旧一代IIAs仍覆盖了全球FDI存量的49%。根据落日条款，即使IIAs被终止或撤回，其仍可能在长达20年内保护终止时已存在的投资，并允许投资者诉诸ISDS。

投资者—国家争端解决（ISDS）风险敞口难以收缩。ISDS机制在2023年的新增指控量为60起，涉及37个国家和欧盟。在国家作为应诉方的争端中，70%为发展中经济体，包括三个最不发达经济体，主要涉及建筑业（12起）、能源行业（10起）和制造业（10起）。在发展中经济体和最不发达经济体中，旧一代IIAs覆盖FDI存量比例分别为65%和71%，远超全球平均水平（49%）和发达经济体水平（45%）。在IIAs体系缓慢改革步伐下，经济欠发达国家面临的ISDS风险敞口更大。2023年仲裁庭就49件ISDS指控做出实质性决定，其中28件判例公开：10件涉及管辖权和初步异议问题；18件基于案情判定，其中9件支持外国投资者、9件支持东道国。ISDS风险敞口难以收缩不仅增加了发展中国家的财务负担，还加剧了其面临的投资保护和吸引外资之间的矛盾，不利于实现经济可持续发展。

四 地缘政治重塑国际直接投资格局

部分跨国企业积极调整国际布局，将战略部门活动转移至更接近母国的位置，并将供应链去风险化更多地纳入考量。当前，全球供应链正面临重大变革。[①] 在中美大国博弈、新冠疫情冲击、俄乌冲突的综合作用下，全球地缘政治紧张局势加剧。跨国企业面临越来越大的压力，将"友岸外包"和"回

---

① Alfaro L., Chor D., "Global Supply Chains: The Looming 'Great Reallocation'," (No. w31661), National Bureau of Economic Research, 2023; Blanga-Gubbay M., Rubínová S., "Is the Global Economy Fragmenting?" (No. ERSD-2023-10), WTO Staff Working Paper, 2023; Eichengreen B., "Geopolitics and the Global Economy," *Journal of International Money and Finance*, 146, 103124, 2024.

国际直接投资形势回顾与展望：地缘经济碎片化和气候目标重塑FDI模式

岸生产"作为生产过程转移到具有更相近政治偏好的可信赖伙伴的策略。发达国家或地区实施的产业刺激政策，如美国推出的《芯片与科学法案》《通胀削减法案》、欧洲推出的《恢复和韧性基金》《欧洲芯片法案》等，推动跨国企业重新配置供应链网络。跨国企业将政治因素纳入国际生产决策考量，寻求最优成本而非最低成本。这有助于减少其受地缘政治紧张局势影响的脆弱性，但也带来全球经济一体化放缓。

从全球前百强跨国企业的国际投资行为来看，2019年前，制造业项目主要集中在发展中经济体，尤其是东亚和东南亚。2019年以来，制造业项目的地理分布已经向靠近跨国企业本土市场的地区转移，特别是战略部门。[①] 考虑到前百强跨国企业大多来自美国、欧洲和日本，欧洲和北美成为投资转移的主要目的地。此外，中美洲（包括墨西哥）、北非、西亚和中亚也是投资转移的目的地。这一趋势反映了跨国企业国际生产向区域化和近岸外包的战略转变，旨在增强供应链的韧性并减少地缘政治风险。欧美跨国企业还越来越多地在东亚建立地区总部和几乎自主的子公司，也是为了减轻地缘政治和贸易紧张局势以及供应链中断给当地业务带来的风险。

地缘政治碎片化导致全球地缘经济碎片化和国际投资碎片化。基于对全球196个国家的引力模型分析，当地缘政治距离从25%分位点增加到75%分位点时，FDI减少约17%。[②] 自2022年第一季度以来，不同地缘政治集团间的贸易和FDI项目数显著下降，贸易下降约12%，FDI下降约20%。[③] 当前的地缘经济碎片化与冷战初期相似，但规模和影响程度仍较小，主要是由于在冷战期间，中间国（即那些不明确加入西方集团或东方集团的国家）没有在东西方集团之间充当"连接器"，导致东西方集团之间的直接经济联系被切断，而在当前的地缘政治环境下，中间国逐渐成为"连接器"，在大国之间起到桥

---

① UNCTAD, "World Investment Report 2024: Investment Facilitation and Digital Government," New York and Geneva: United Nations Conference on Trade and Development, 2024.
② Ahn J., Carton B., Habib A., Malacrino D., Muir D., Presbitero A., "Geoeconomic Fragmentation and Foreign Direct Investment," International Monetary Fund, 2023.
③ Gopinath G., Gourinchas P. O., Presbitero A., Topalova P. B., "Changing Global Linkages: A New Cold War?" IMF Working Paper No. 2024/76, 2024.

梁作用，降低了部分贸易和投资完全中断的可能性。

如果未来地缘政治紧张局势持续、贸易限制政策不断增加，全球经济可能会面临更严重的碎片化。这在很大程度上也将进一步影响国际投资模式和流向，显著降低全球产出，带来巨大的经济成本，而且发展中经济体受到的损害更大。[①] 为了避免这一破坏情形，需要保持多边对话，加强国际协调，建立可靠的安全网来缓解地缘政治碎片化的全球溢出效应。

五 国际直接投资前景展望

2024年，国际直接投资有望实现温和增长。跨国企业的利润水平仍然处于较高水平，这将体现在利润再投资中，[②] 从而对跨境绿地投资形成有力支撑。在过去两年实施了高利率政策后，发达国家央行陆续步入降息周期，融资条件的改善有助于促进国际项目融资的复苏和跨境并购交易的回暖。尽管低迷的增长前景、贸易与地缘政治紧张局势、产业政策以及供应链多元化正在重塑国际直接投资模式，但总体而言2024年全年的温和增长值得期待。

从长期来看，国际直接投资趋于服务业导向和轻资产特征。在整体FDI停滞的背景下，跨国服务业投资持续增长。在过去十年里，全球前百强跨国企业的绿地投资中有2/3与建立服务业子公司有关。即使在被认为是战略性的制造业部门（如汽车和制药业）里，超过一半的绿地投资项目也集中为建立销售和市场办事处、支持和技术服务中心或其他专业服务。制造业FDI在过去二十年中停滞不前，特别是在新冠疫情期间呈现负增长。虽然全球制造业活动仍然强劲，但其国际组成部分正在萎缩，这表明制造业FDI朝着去全球化的方向发展。跨国服务业的蓬勃发展、制造业的落后，反映出国际投资从资产密集型制造业向服务业和轻资产转变。国际投资正从"微笑曲线"的中

---

① Ahn J., Carton B., Habib A., Malacrino D., Muir D., Presbitero A., "Geoeconomic Fragmentation and Foreign Direct Investment," International Monetary Fund, 2023.

② UNCTAD, "World Investment Report 2024: Investment Facilitation and Digital Government," New York and Geneva: United Nations Conference on Trade and Development, 2024.

心向两端移动，尤其是向上游的商业和信息通信技术服务以及下游的市场营销方向发展。

这意味着服务业扩大开放是稳定和促进外资的关键。主要跨国企业的新建海外绿地投资67%集中在服务业，即使是制造业部门的国际直接投资也有超过50%集中在专业服务上。这一国际直接投资的服务业导向特征意味着，中国进一步吸引和利用外资的重点在服务业领域。应正确认识制造业和服务业的关系：一方面，制造业的发展离不开物流、金融、法律、信息技术等服务业的支持，高效的服务业能提高制造业的效率和竞争力；另一方面，许多服务业本身就是高科技和创新的驱动力，服务业FDI同样可以带来先进的管理经验和技术，促进经济整体技术进步。目前，中国在服务业领域的开放程度还有待提升，服务业市场准入流程有待进一步规范，各地市场准入标准差异较大。中国应有序推进服务业领域的扩大开放，促进制造业和服务业协同发展，助力实现中国式现代化。

参考文献

陈逸豪、王碧珺：《国际直接投资形势回顾与展望：多重因素作用下的衰减》，载张宇燕主编《2024年世界经济形势分析与预测》，社会科学文献出版社，2024。

Ahn J., Carton B., Habib A., Malacrino D., Muir D., Presbitero A., "Geoeconomic Fragmentation and Foreign Direct Investment," International Monetary Fund, 2023.

Aiyar S., Chen J., Ebeke C. H., Garcia-Saltos R., Gudmundsson T., lyina A., Kangur A., Kunaratskul T., Rodriguez S. L., Ruta M., Schulze T., Gabriel Soderberg G., Trevino J. P., "Geo-economic Fragmentation and the Future of Multilateralism," International Monetary Fund, 2023.

Alfaro L., Chor D., "Global Supply Chains: The Looming 'Great Reallocation'," (No. w31661), National Bureau of Economic Research, 2023.

Blanga-Gubbay M., Rubínová S., "Is the Global Economy Fragmenting?" (No. ERSD-

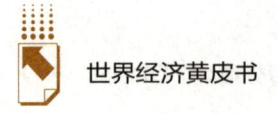

2023-10), WTO Staff Working Paper, 2023.

Eichengreen B., "Geopolitics and the Global Economy," *Journal of International Money and Finance*, 146, 103124, 2024.

UNCTAD, "The Evolution of FDI Screening Mechanisms: Key Trends and Features," Investment Policy Monitor No. 25. February, 2023.

UNCTAD, "World Investment Report 2024: Investment Facilitation and Digital Government," New York and Geneva: United Nations Conference on Trade and Development, 2024.

Hugger F., Cabral A. C. G., Bucci M., Gesualdo M., O'Reilly P., "The Global Minimum Tax and the Taxation of MNE Profit," OECD Taxation Working Papers No. 68, 2024.

Y.14
国际大宗商品市场形势回顾与展望：
震荡和分化

周伊敏 王永中[*]

摘 要： 在过去的一年里，全球商品市场遭遇了一系列挑战，包括经济增长的放缓、地缘政治冲突的加剧、气候变化带来的不确定性以及向绿色经济转型的压力。尽管2023年8月到2024年8月大宗商品价格指数整体保持稳定，但这背后隐藏着品种间的显著分化。具体而言，原油价格在80美元/桶附近宽幅波动，粮食价格整体下跌，铜、铝价格上涨，铁矿石价格下跌。展望2025年，全球大宗商品价格指数可能与2024年基本持平。能源方面，尽管地缘政治紧张局势和美元的降息预期将会对油价形成一定的支撑，但非OPEC国家的石油产量增长会导致库存增加，叠加国际原油需求增长放缓预期，对价格构成上行阻力。粮食方面，全球谷物供需形势预计保持平稳，排除恶劣天气和供应中断风险的情形，整体价格将保持在相对较低的水平。工业金属方面，供给宽松预期将导致价格继续震荡下行，但新能源金属如铜、锂、镍等因经济转型而需求增长，价格有望触底企稳。预计2025年布伦特原油均价可能维持在75美元/桶的水平。

关键词： 大宗商品 市场供给 需求 价格

---

[*] 周伊敏，中国社会科学院世界经济与政治研究所助理研究员，主要研究方向为世界经济；王永中，经济学博士，中国社会科学院世界经济与政治研究所研究员，主要研究方向为世界经济。

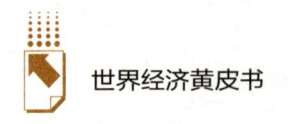

一 大宗商品市场总体状况

在过去的一年里，全球商品市场遭遇了多重挑战，包括全球经济增速的放缓、地缘政治紧张局势的加剧、由气候变化带来的不确定性增加，以及向绿色经济转型需求的增长。2023年8月至2024年8月，国际货币基金组织（IMF）发布的以美元计价的大宗商品价格指数由2023年8月的161.3变化至2024年8月的162.6，变动幅度仅为0.8%（见图1），然而，不同类别的商品价格表现却呈现出显著差异。

图1 2021年8月至2024年8月国际大宗商品价格指数

注：2016年价格为100。
资料来源：IMF。

2023年8月至2024年8月，能源和食品价格指数分别下跌5.01%和3.07%，工业金属、贵金属和"能源转型"金属价格分别上涨0.36%、25.78%和1.80%（见图2）。其中，工业金属价格也存在品种间分化，本轮工业金属价格上涨主要由铜和铝价格上涨驱动。2023年8月至2024年8月，铜和铝价格分别上涨7.46%和9.69%，铁矿石价格下跌9.34%。

国际大宗商品市场形势回顾与展望：震荡和分化

图2 国际大宗商品分类价格指数

注：2016年价格为100。"能源转型"金属（Energy Transition Metals）主要包括铜、镍、钴和锂四种重要金属。

资料来源：IMF。

国际大宗商品价格走势与上年度报告中的预测基本一致，我们预测到大宗商品价格高位波动走势，以及金属市场价格的分化。[①]

综合来看，本轮大宗商品价格走势呈现两大特点。

第一，商品间价格分化显著，尤其体现在工业金属市场。整体来看，2023年8月至2024年8月，各金属品种因在产业链中的角色差异而呈现出迥异的价格走势。具体而言，铜和铝价格攀升，原因在于其在一系列全球经济增长新引擎中的核心地位，这些领域包括但不限于新能源科技、高端制造业、电气化基础设施建设，以及电力系统现代化建设和革新升级等。相反，铁矿石价格持续回落，反映出以房地产为代表的传统支柱产业增速放缓。这种分化体现了经济正在经历从依赖大规模投资与资源密集型产业发展模式转向依赖创新驱动、绿色低碳、高质量增长模式的过程。

第二，在经济增长前景不振的背景下，地缘政治风险对价格的影响减弱。

---

① 王永中、周伊敏：《国际大宗商品市场形势回顾与展望：波动下行》，载张宇燕主编《2024年世界经济形势分析与预测》，社会科学文献出版社，2024。

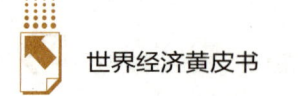

在全球需求疲弱的宏观环境下，地缘政治风险对大宗商品价格的影响有所减弱。尽管地缘政治事件（如局部冲突或供应中断威胁）在短期内对市场情绪和价格造成了一定影响，但这些影响反映在价格上较为短暂，需求预期成为决定价格走势的关键因素。原油价格在面对地缘政治紧张局势时，并未出现大幅波动，而是更多受到全球需求预期疲弱和供应过剩的影响。金属和农产品市场也呈现出类似趋势，即地缘政治风险的影响在需求不振的背景下显得相对有限，商品价格走势更多的是体现实际的供需变化和经济复苏的进展。

二 能源、金属和粮食市场的形势

全球宏观经济的不确定性推动了大宗商品价格的整体波动走势。能源、工业金属和粮食市场出现分化。全球需求走弱加剧了对原油供应过剩的担忧，供给端闲置产能过大，地缘政治风险事件的影响下降，油价下行压力持续显现。美国经济走强和美联储降息推升了有色金属价格，中国基建和房地产部门投资放缓抑制了对工业金属的需求。

（一）能源市场

1. 原油

2023年8月至2024年8月，国际原油现货月度均价围绕80美元/桶宽幅波动，全球经济增长不振是抑制油价上涨的主导因素，同时地缘政治事件频发增加了市场波动性。

2023年第四季度，原油市场面临着明显的上行阻力，油价整体表现为波动下行。尽管地缘政治事件（如红海通行受阻事件）短期内提振了油价，但需求侧的低迷和市场对2024年经济增速预期持谨慎态度，加之美国原油供应充裕，对油价形成了压制。市场对小规模的地缘政治风险和OPEC减产举措变得不再敏感，即便OPEC+宣布延长减产协议，但由于一些成员国增加了产量，在一定程度上削弱了减产的效果。美国的原油生产和出口达到了历史最高水平，进一步加剧了全球原油供应过剩的局面。同时，俄罗斯采取低价策

国际大宗商品市场形势回顾与展望：震荡和分化

略以保持其市场份额，限制了国际油价上涨空间。因此，尽管地缘政治紧张局势给油价带来了短暂的提振，但供需基本面的不利因素主导了第四季度的市场走势，导致油价整体维持在较低水平。

2024年第一季度，原油市场呈现出震荡上行趋势，布伦特油价从75美元/桶上涨至接近90美元/桶，涨幅接近20%，成为全球表现最佳的资产之一。这主要受到地缘政治风险加剧和中美经济复苏预期向好的双重刺激，但在触及90美元/桶的关口后，油价因技术性阻力和市场获利回吐而有所回调。在供给侧，OPEC+继续维持减产措施，尽管部分成员国产量略有超出配额，但总体执行情况良好，为油价提供了底部支撑。在需求侧，虽然年初市场对全球经济复苏持乐观态度，但第二季度在美国和中国两大经济体复苏步伐不及预期的情况下，乐观情绪逐渐降温。此外，美国原油产量和出口量的上升也增加了市场供给。

2024年第二季度，原油市场供需格局发生了显著变化，导致油价整体呈现疲软态势。在供给侧，尽管OPEC延续了减产措施，但缺乏进一步大幅减产的空间，同时面临非OPEC国家产量上升和内部减产纪律不佳的挑战。伊拉克、哈萨克斯坦和俄罗斯的减产措施执行不到位，沙特的自愿减产也因其国内大规模基建项目的资金需求而受到质疑。俄罗斯原油供应量持续增加，主要流向亚洲市场，而美国原油出口虽在创新高后企稳，但因油价疲弱而放缓，净进口小幅回升。全球原油供给在6月持续回升，许多油田完成检修后恢复生产，抵消了沙特减产的效果。在需求侧，中国经济复苏不及预期，原油进口量明显下滑，对油价构成压力。美国夏季汽油需求回升，但仍略低于上年同期水平。不过随着夏季交通出行高峰和制冷需求上升，商业库存显著下降，对油价形成一定支撑。欧洲需求依旧疲弱，但法国奥运会带来了一定的提振作用。各大能源机构对全球原油需求高峰的预测存在分歧，从2年内的悲观预期到10年以上的乐观预期不等，主要分歧点在于交通电动化对原油需求的影响。总体而言，2024年第二季度原油市场供过于求的状况较为明显，供需基本面的不利因素主导了油价走势。

2024年第三季度，中国经济进一步探底、美国衰退预期上升、OPEC未改变第四季度增产预期等，抵消了美国实际需求良好、供给回落和OPEC产出下降等因素的影响，油价大幅下跌，一度跌破70美元/桶。10月后，受伊朗、以色列冲突风险加剧影响，加上中国政策刺激加码，油价大幅反弹，随后剧烈波动，但仍在80美元/桶下方。①

图3　2016年9月以来国际原油现货价格

注：原油现货价格为英国布伦特轻质原油、西得克萨斯轻质原油和迪拜原油的现货价格的平均数，三者的权重相等。

资料来源：IMF。

2023年8月至2024年8月，尽管地缘政治风险事件（如红海事件和中东紧张局势）曾短暂提振油价，但到目前为止石油市场的反应远比俄乌冲突爆发时的反应要温和得多。市场对小规模地缘政治风险和OPEC减产举措变得不再敏感。特别是2024年第二季度，尽管地缘政治紧张局势依然存在，但供需基本面的不利因素成为主导油价走势的关键。近期，中东冲突风险加大导致布伦特原油价格由9月30日的73美元/桶回升至10月4日的80美元/桶，涨幅为9.6%。一些机构认为考虑到"中东地区可能出现的灾难性形势"，该

---

① 原油市场部分内容参考中国社会科学院世界经济与政治研究所、中国社会科学院国家全球战略智库全球宏观经济研究室《全球宏观经济季度报告》中的大宗商品专题。

涨幅偏温和。① 在供给侧，尽管 OPEC+ 继续实行减产措施，但内部减产纪律不佳，加上非 OPEC 国家产量上升，特别是美国原油生产和出口创历史新高，进一步加剧了供应过剩的局面。在需求侧，中国经济复苏不及预期，美国和欧洲的需求增长乏力，导致整体需求疲软，地缘政治风险对油价的影响弱化。尽管如此，中东地区地缘冲突升级以及进一步行动的威胁仍将困扰市场。

2. 天然气

国际主要天然气市场价格较上年进一步下跌，其间呈现明显的波动走势。天然气价格先随着北半球冬季结束而下跌，后因补库需求以及地缘冲突引发的供应链安全担忧而回升。

2024 年 1~8 月欧洲天然气价格仍处于较高水平，高出 2019 年水平 110%。冬季过后，欧洲天然气价格开始回落，之后受补库需求和供应风险的影响而回升。欧洲天然气价格由 2024 年 2 月的 8.15 美元/百万英热单位上涨至 8 月的 12.37 美元/百万英热单位。6 月挪威突发供应中断，欧洲天然气大涨 10%。自 2022 年乌克兰危机爆发后，欧盟多数成员国减少了对俄罗斯管道天然气的依赖，不过仍有部分国家，如奥地利与斯洛伐克，继续依赖俄气供应。8 月初有关乌克兰军队控制了位于俄罗斯库尔斯克州 Sudzha 的关键天然气转运站的消息引起了市场波动。此转运站是目前唯一能够将俄罗斯天然气通过乌克兰输送至欧洲的入口点。荷兰 TTF 交易所最活跃的 9 月天然气期货合约价格一度攀升至 42.86 欧元/兆瓦时（13.82 美元/百万英热单位），创下自 2023 年 12 月以来的新高。

受价格下跌影响，2024 年第一季度亚洲进口需求强劲。根据国际能源署数据，2024 年上半年全球天然气需求增长 3%，其中亚洲需求增长占 60%，尤其是中国和印度需求同比增长均超过 10%。液化天然气供应中断加上亚洲需求的强劲增长，导致天然气价格上涨。此外，俄罗斯向欧洲输送天然气的

---

① 高盛表示，伊朗石油产量持续下降可能导致油价每桶上涨 20 美元，而瑞典银行 SEB 警告称，在极端情况下，原油期货价格可能上涨至每桶 200 美元以上，https://www.cnbc.com/2024/10/04/why-oil-prices-havent-skyrocketed-on-middle-east-supply-fears-yet.html。

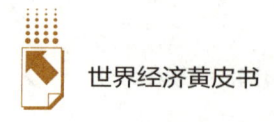

管道再次出现不确定性,加剧了价格波动。2024年8月亚洲天然气价格已经达到13.32美元/百万英热单位。

由于上个冬季中最冷的几个月气温回暖,美国亨利中心天然气价格2024年3月已跌至十年来的新低。随着电力行业燃气发电量大幅增长以及天然气出口增加,天然气价格3~6月由1.5美元/百万英热单位上涨至2.5美元/百万英热单位,涨幅近67%。

表1 天然气的价格及价格指数

单位:美元/百万英热单位

指标	年度平均			季度平均			月度平均		
	2021年	2022年	2023年	2023年第四季度	2024年第一季度	2024年第二季度	2024年6月	2024年7月	2024年8月
价格指数	130.7	281.6	102.9	106.5	76.8	81.1	90.4	82.8	91.4
欧洲价格	16.1	40.3	13.1	13.5	8.8	10	10.9	10.4	12.4
美国价格	3.9	6.4	2.5	2.7	2.1	2.1	2.5	2.1	2
日本价格	10.8	18.4	14.4	13.3	13.7	12.1	12.1	12.5	12.5

注:2010年的天然气价格指数为100。欧洲价格指荷兰的TTF(Title Transfer Facility)天然气价格,美国价格指美国亨利中心天然气现货价格,日本价格指日本的LNG进口到岸价格。

资料来源:World Bank Commodities Price Data (The Pink Sheet), September 4, 2024。

3. 煤炭

受供应侧中国煤炭产量下降,以及需求侧印度和越南因经济扩张和异常气候条件而导致的煤炭需求增加的影响,全球煤炭价格上涨。

2023年8月至2024年8月,煤炭价格呈现上涨趋势,总体价格仍高于2018~2019年的平均水平。在供应方面,中国的产能约占全球产能的一半,由于国内需求增长放缓、库存充足以及进口量增长,中国煤炭产量有所下降。截至2024年8月,国内规模以上原煤产量累计同比增速为负。此外,中国政府加强了对主要产煤省份山西的安全监管，进一步影响了煤炭的产出。在需求侧，印度和越南两国对煤炭的需求显著提升。印度经济的迅速扩张带动了工业用煤消费的增长，同时，异常的气候条件也拉动了煤炭需求，特别是降雨量减少导致水力发电能力大幅下滑。据统计，2024年3月，印度的水力发电量出现了30多年来最大幅度的下降，使得煤炭在电力生产中的占比于8月攀升至66.7%，创下了六年来的新高。与此同时，越南自2023年以来也经历了异常气候，全国范围内的降水量低于历史平均水平，从而导致了水力发电量减少，并引发了电力短缺问题。随着其工业生产的回暖，用电需求增加，进一步推高了对煤炭的需求。

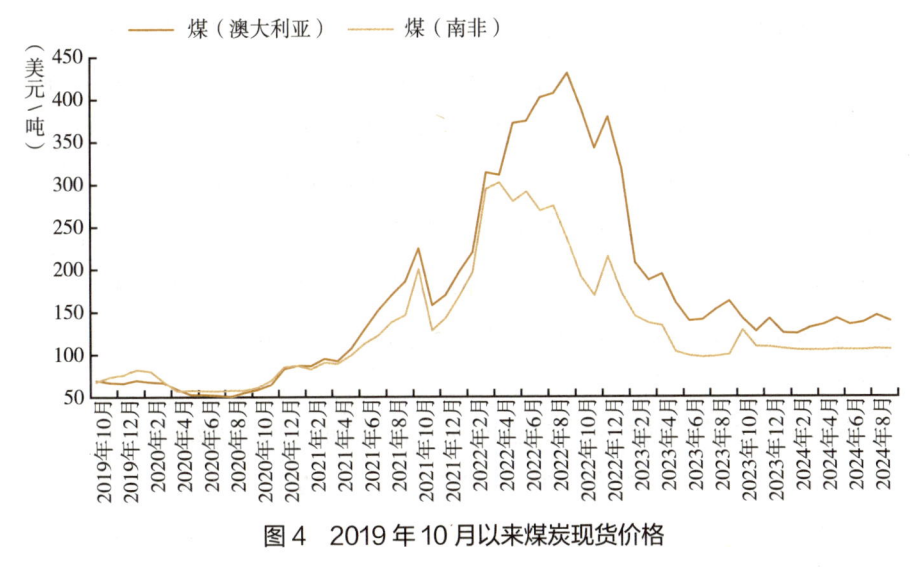

图4 2019年10月以来煤炭现货价格

资料来源：IMF。

（二）工业金属

2023年8月至2024年8月，工业金属价格整体呈现较大的波动。2024年以来，部分金属平均价格水平同比有所上涨。其中，铜、铁矿石、铝平均价格分别上涨5.6%、-2.4%、3.0%。

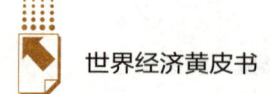

2023年8月至2024年8月，工业金属市场呈现出明显的分化和波动。铜价整体呈现出增长势头。受到供给端风险、中国经济政策预期以及美联储货币政策转向的影响，铜价从2023年10月的7812美元/吨反弹至12月的8476美元/吨，季度环比上涨2.98%。进入2024年，铜价继续受到新能源科技、高端制造业和电气化基础设施建设等领域的强劲需求推动，第一季度末达到8729美元/吨，季度累计涨幅约为3.5%。值得注意的是，2024年，铜价于5月达到10857美元/吨的历史新高，尽管随后回调至6月底的9476美元/吨，但第二季度累计涨幅达到约8.5%。2024年第三季度，铜价受到供给紧张和货币宽松预期的影响整体呈现上涨行情。

铝价也经历了波动中整体上行的走势。受地缘政治风险和供需变化的影响，2023年第四季度，铝价从2307美元/吨微涨至2335.5美元/吨，季度环比增长1.2%。2024年，铝价受到建筑行业需求下滑和全球库存增加的影响，从1月的2336美元/吨微跌至3月的2270美元/吨，第一季度累计跌幅为2.8%。然而，铝价再次受到新能源汽车和家电需求增长的推动，5月底涨至2677美元/吨的高点，但6月底回调至2486美元/吨，第二季度整体上涨9.5%。2024年第三季度，铝价较上季度末整体上涨5.05%。

铁矿石价格在过去一年整体呈现波动中下行的走势。2023年，铁矿石价格因供给增加和需求端的季节性补货预期，从1月的119.9美元/吨上涨至12月的140.5美元/吨，第四季度涨幅达17.2%。然而，2024年第一季度，受中国房地产投资下降和钢铁行业亏损的影响，铁矿石市场供给过剩，价格从季初的118美元/吨降至季末的103美元/吨，累计跌幅达12.7%。2024年第二季度铁矿石价格虽有所恢复，但累计涨幅仅为4.1%。2024年第三季度，受中国基建和房地产行业拖累，普氏62%铁矿石价格自7月初的110美元/吨下跌至9月23日的89美元/吨。整体来看，铁矿石市场的低迷表现反映了中国传统支柱产业如房地产和建筑业面临挑战。

图5　2016年6月以来部分工业金属的价格

资料来源：IMF。

（三）粮食市场

由于乌克兰通过其西部边境的公路和铁路线路出口谷物及油菜籽，俄罗斯退出《黑海谷物协议》对全球粮食价格的影响较为有限。此外，厄尔尼诺现象在过去一年中对作物产量的影响显著减轻，主要粮食作物的生产保持在较高水平。2023年8月至2024年8月，全球粮食价格总体呈现下降趋势，2023年8月粮食价格已经接近2018~2019年的平均水平（见图6）。尽管如此，国际谷物库存依然处于相对紧张的状态，这意味着气候异常或贸易中断都将对市场平衡构成威胁，并引发市场价格波动。

2023年8月至2024年8月国际大豆价格因供应充足和需求减弱而显著下跌，从2023年10月初的每蒲式耳13.50美元降至12月末的每蒲式耳12.00美元，季度内跌幅达11.1%。供应方面，美国和巴西的大豆产量增加；需求方面，中国养殖行业的不景气导致豆粕需求减少。2024年第一季度，美豆价格延续下跌趋势，从1月初的12.73美元/蒲式耳降至2月底的11.34美元/蒲式耳，但随后于3月初触底反弹，3月28日收于11.92美元/蒲式耳，季度累计跌幅为6.4%。这一期间，阿根廷和巴拉圭的大豆单产预期因良好天气条件而改善，但巴西大豆产量因恶劣天气影响而有所下降，全球大豆产量预期下调10万吨。2024年第二季度，国际大豆价格先涨后跌，从4月初的12.50美元/蒲式耳上涨至5月中旬的13.20美元/蒲式耳，6月末回落至12.20美元/蒲式耳，季度内下跌2.4%。4月南非干旱导致大豆产量下滑，但5月USDA预测全球大豆产量将达到6.871亿吨的历史高位，全球期末库存增至1.285亿吨。2024年第三季度，国际大豆价格7月因全球供应预期达到创纪录的高水平而下跌，美国芝加哥交易所大豆期货价格、美国大豆美湾FOB价格、巴西马德里亚角港口大豆FOB价格分别下降4.11%、3.96%和4.13%。然而，8月底价格开始反弹，主要是因为中国采购需求持续增加、巴西干旱天气导致大豆种植延期，以及市场对第四季度可能出现的拉尼娜气候①的预期。

2023年8月至2024年8月国际玉米市场价格也呈现下行走势。2023年第四季度，国际玉米价格因美国和巴西的产量增长而下跌，CBOT玉米价格从每蒲式耳5.50美元降至每蒲式耳4.50美元，季度内下跌18.2%。2024年第一季度，尽管美国玉米单产创新高，但全球玉米产量预期下调，导致价格季度内下跌6.7%。第二季度，国际玉米价格先涨后跌，虽然3月干旱影响南非、阿根廷和墨西哥的玉米单产，但全球产量仍保持高水平，6月末价格较4月初下跌2.1%。第三季度，国际玉米价格在8月因乌克兰和阿根廷等主要生产国遭受高温天气影响减产而上涨。

2023年8月至2024年8月小麦价格整体下行，其间出现较明显的波动。2023年第四季度，国际小麦价格经历了先跌后涨的趋势，CBOT小麦价格从10月初的5.67美元/蒲式耳跌至11月27日的5.33美元/蒲式耳，12月末上涨至6.29美元/蒲式耳，但整个季度均价比上一季度下跌6.4%，主要受到俄罗斯、澳大利亚和加拿大小麦供应增加的影响。2024年第一季度，国际小麦价格从1月初的6.50美元/蒲式耳跌至2月底的5.80美元/蒲式耳，3月末回升至6.20美元/蒲式耳，季度内下跌4.6%。供应方面，美国、澳大利亚和加拿大小麦产量增加，但南非、乌克兰、墨西哥、委内瑞拉和俄罗斯小麦产量减少，全球库存减少。需求方面，

---

① 拉尼娜气候现象是热带太平洋地区的周期性气候事件之一，通常表现为东太平洋海表温度偏冷，引发全球范围内的降水模式和风向变化，进而影响不同地区的作物种植条件。

欧盟、韩国和泰国的饲料需求增加，中国的食品、种子和工业需求稳定，全球消费量增加。2024年第二季度，国际小麦价格从4月初的6.50美元/蒲式耳上涨至5月中旬的7.00美元/蒲式耳，6月末回落至6.20美元/蒲式耳，季度内下跌4.6%。4月主要生产国生产前景不佳，但6月北半球小麦收获顺利，俄罗斯和阿根廷产量增加，带动价格下行。2024年第三季度，国际小麦价格7~8月因国际需求疲软和出口国之间竞争加剧而下跌，哈萨克斯坦制粉级小麦价格下降8%，美国和阿根廷小麦价格分别下降2%和1%。进入9月，不利的天气条件成为影响小麦价格的关键因素，加拿大因降水过多而收获延误，法国和德国因多雨天气而预计产量将下降400万吨，这些因素共同推动了国际小麦价格的回升。

图6 2018年1月以来粮食现货价格

资料来源：IMF。

三 中国需求

中国是全球大宗商品最大的需求国。就表2列出的各类大宗商品而言，中国2023年的进口额高达8769.1亿美元。受益于全球大宗商品价格下跌，2023年中国大多数商品的进口量增加而进口额下降。

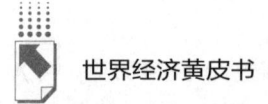

表2　中国大宗商品进口规模及占全球份额

品种	2023年中国进口额 价值（亿美元）	2023年中国进口额 数量（万吨）	2023年中国进口额变化（基于2022年进口额的变化率）价值（%）	2023年中国进口额变化（基于2022年进口额的变化率）数量（%）	中国在全球进口价值中占比 2022年（%）	中国在全球进口价值中占比 2023年（%）
谷物	205.4	5910	5.6	11.1	11.4	14.6
稻谷	14.1	263	−46.3	−57.5	8.7	6.2
玉米	90.2	2623	26.9	27.2	11.2	17.3
棉花	89.9	196	−3.3	1.0	15.0	19.3
大豆	594.4	8739	−2.9	−4.1	63.4	64.2
橡胶	35.7	273	−11.3	3.6	20.4	29.8
原木	1.1	17	16.7	22.6	20.0	29.1
钢铁	367.8		−15.8		7.8	9.3
铁矿石	1345.8	117906	5.1	6.5	69.2	78.9
铜及制品	627.4		−8.7		30.4	33.9
铜矿石	599.4	2753	6.4	9.0	57.8	65.5
铝及制品	123.4		5.6		4.3	5.8
铝矿石	86.0	14138	16.5	12.7	78.6	81.1
氧化铝	8.3	183	−15.8		6.4	6.6
铅矿石	16.4	113	13.0	11.8	26.0	43.4
锌矿石	39.8	471	−16.5	14.2	32.6	44.8
煤	413.9	31128	36.7	91.3	10.6	23.7
原油	3376.4	55399	−7.6	9.0	22.9	28.2
液化天然气	449.3	7065	−13.9	11.4	13.6	22.0
管道天然气	194.4	4865	9.1	6.2	4.7	9.4
合计	8679.1		−2.8			

注：表中产品名称均为对应的海关HS分类名称的简称。对应的代码分别为谷物10、稻谷1006、玉米1005、棉花52、大豆1201、橡胶4001、原木4003、钢铁72、铁矿石2601、铜及制品74、铜矿石2603、铝及制品76、铝矿石2606、氧化铝281820、铅矿石2607、锌矿石2608、煤2701、原油270900、天然气（液态）271111、天然气（气态）271121。

资料来源：联合国COMTRADE数据库和中华人民共和国海关总署。

2023年中国煤炭进口量大幅增长，主要源于产煤国供应增加、全球煤炭库存上升、国际煤价下降、国内国际煤炭价差增大等。首先，从来源国来看，来自印尼、俄罗斯、蒙古和澳大利亚等国的煤炭进口量均明显增加。特别是蒙古煤炭，由于通关流程的优化和通关效率的提升，进口量大幅增加，为国内煤炭供应提供了重要补充。与此同时，受益于物流通道的畅通和贸易关系的深化，俄罗斯煤炭大量转运至亚太地区，俄煤在中国市场的份额也显著提升。其次，2022年全球暖冬现象导致西方国家煤炭需求不足，许多国家的煤炭库存过剩。在这种情况下，欧洲和北美地区的煤炭供应商为了消化库存，纷纷寻求新的市场，中国和其他亚洲国家成为其主要出口目的地。大量的煤炭资源因此转移到亚太市场，导致中国的煤炭进口量进一步增加。此外，价格因素也是推动中国煤炭进口量增长的重要原因。2023年，国际煤炭产量相对过剩，在乌克兰危机初期，海外煤价高涨刺激了煤矿厂商的生产积极性，但随着全球需求疲软，煤价逐渐回落。相比之下，国内煤炭价格较高，使得国内企业更倾向于采购价格更具优势的进口煤炭，以降低成本并提高经济效益。尽管2023年中国的煤炭进口量大幅增长，但从整体上看，进口量仍约占中国原煤产量的10%。这表明，尽管进口煤炭在一定程度上补充了国内供应，但国内煤炭生产仍然是中国能源供应的主力。

2024年以来，中国进口原油和铁矿石的成本同比上升，而大豆和天然气的进口成本同比下降。2024年1~8月，中国的原油和铁矿石进口量分别为3.7亿吨和8.1亿吨，同比增加-3.1%和5.1%；进口额分别达2217亿美元和926亿美元，同比增加2.0%和6.2%。大豆进口量同比下降1.7%，进口额同比减少18.4%，这表明2024年以来大豆进口单价下降。液化天然气和管道天然气的进口量分别为5070万吨和3684万吨，同比增加10.7%和14.4%；进口额分别为285亿美元和142亿美元，同比增加-1.0%和7.0%。总体而言，2024年1~8月中国原油、大豆进口量均有所减少，而天然气进口量继续增加，增幅超过10%。国内进口铁矿石的高峰时期在2024年第一季度，正值国际铁矿石价格处于高位，因此尽管铁矿石2024年以来呈现下跌走势，铁矿石进口单价仍高于上年同期水平近1%。

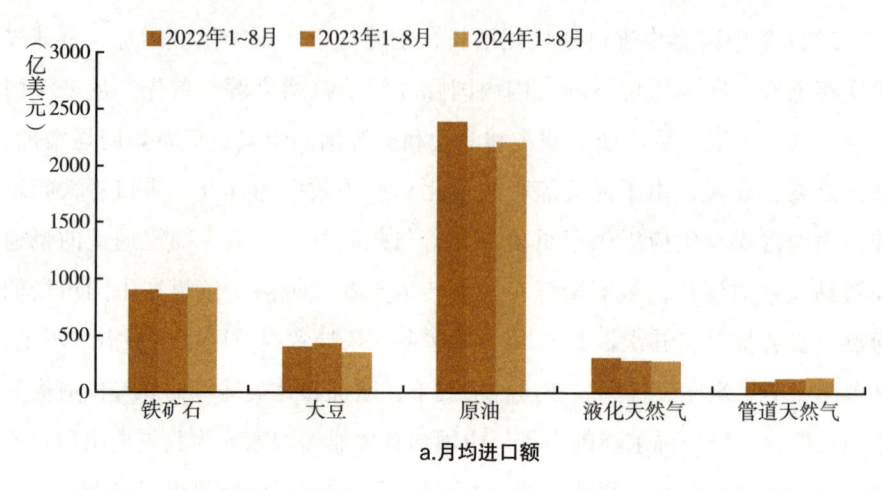

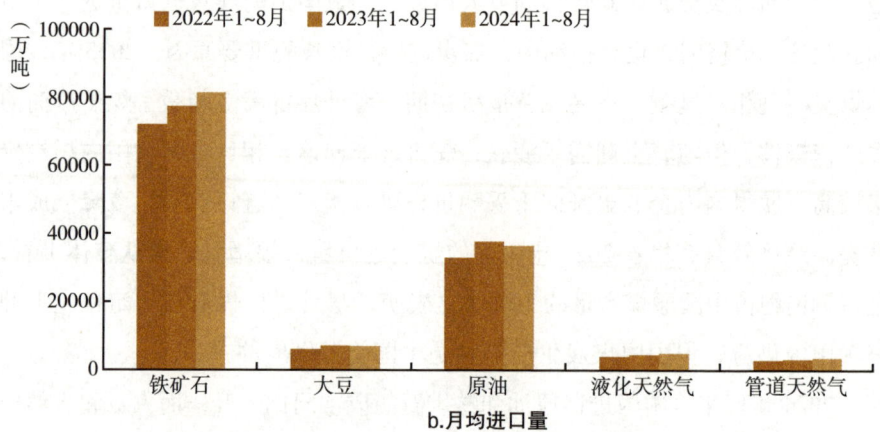

图7 中国主要大宗商品进口量和进口额

资料来源：海关总署。

四 货币金融因素

在大宗商品市场金融化趋势日益增强的情形下，货币金融因素是影响大宗商品价格走势的一个不可或缺的因素。美元是大宗商品的基础计价货币，美联储的货币政策和美元汇率的变动将不可避免地对大宗商品价格产生影响。而且，在大宗商品定价权方面，期货市场的重要性远高于现货市场。

（一）货币因素

当大宗商品市场没有明显的供需扰动时，美元指数与大宗商品价格之间通常存在反比关系。当美元兑其他主要货币走强时，商品价格趋于下跌，而当美元兑其他主要货币贬值时，商品价格普遍走高。当美联储实行宽松货币政策时，较低的利率和美元指数将支持大宗商品价格上涨；当美联储采取紧缩的货币政策时，较高的美元汇率将对大宗商品的价格上涨产生抑制作用。

2023年8月以来，大宗商品价格受供需基本面的影响较为突出。2023年8月至2024年8月，受美联储加息因素影响，美国联邦基金利率维持在较高水平，某种程度上鼓励资金从大宗商品等风险较高的资产转向更为安全的美元资产，从而对大宗商品价格产生负面影响。2024年第一季度，地缘政治风险加剧和中美经济复苏预期向好对价格的双重刺激超过了美元指数上升造成的价格下降效应，大宗商品价格指数与美元指数出现同步上涨（见图8）。尽管大宗商品市场供需基本面的冲击较为强势，货币因素对大宗商品的影响也有部分直观体现。2024年第三季度末，美联储降息落地，美元指数下行带动大宗商品指数上涨。

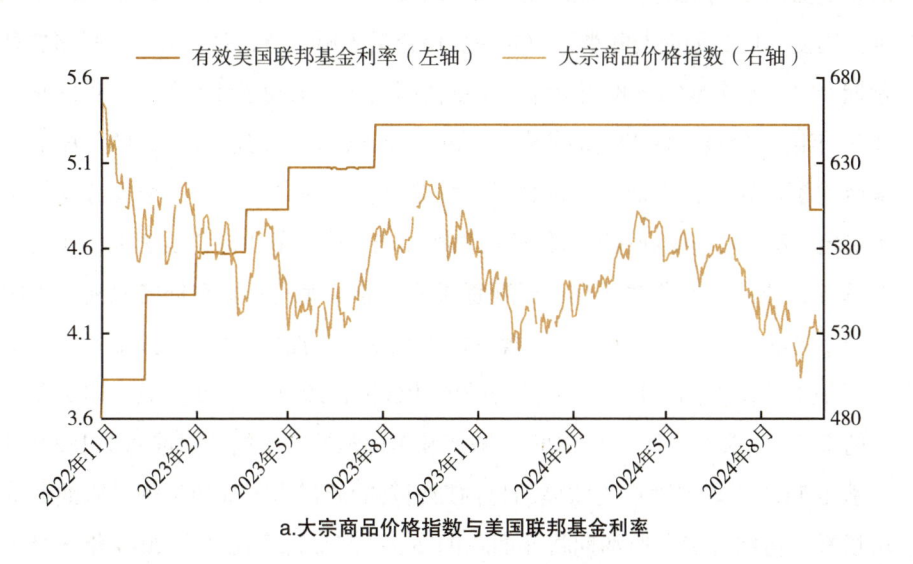

a.大宗商品价格指数与美国联邦基金利率

245

b.大宗商品价格指数与美元指数

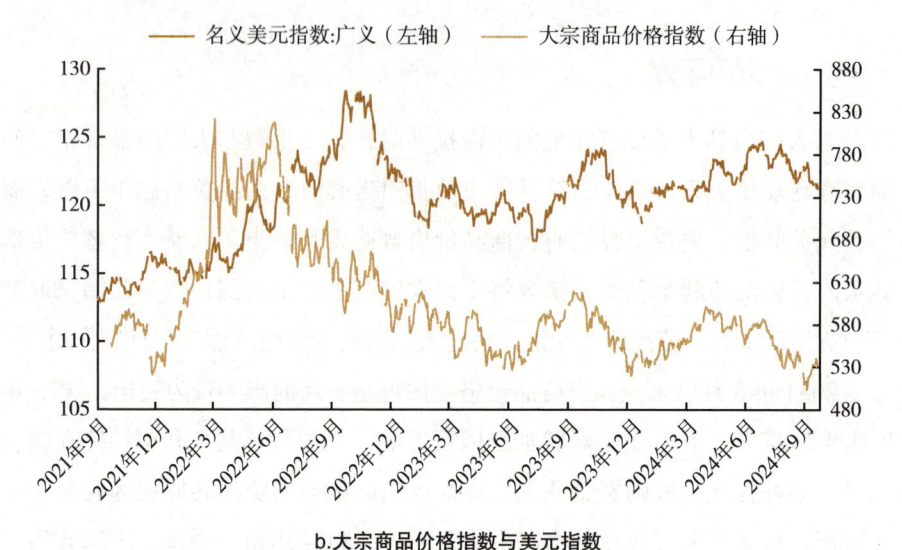

图 8　大宗商品价格指数、美国联邦基金利率和美元指数

资料来源：美联储。

（二）商品期货市场

原油期货是大宗商品期货市场中交易最活跃的商品期货。原油期货市场的投资者对原油现货价格能产生重要影响。2023 年 9 月 OPEC+ 延续减产，叠加美国夏季成品油消费旺季，原油期货持仓量小幅上升。此后由于美联储加息预期升温以及全球需求预期下降，市场情绪进一步推动了油价下跌（见图 9）。2024 年第一季度，OPEC 持续减产，供给处于低位，需求边际企稳，加上地缘政治事件频发，原油期货持仓量持续攀升，此后第二、第三季度持仓量基本稳定。8 月底，受利比亚暂停原油生产和出口带来的供应担忧影响，所有主要基准原油的远期曲线一直处于现货溢价状态，尤其是基准低硫原油，表明当前市场的供需平衡较为紧张，现货需求强劲，为油价提供了支撑。

根据美国商品期货交易委员会的统计数据，2023 年 8~9 月原油期货非商业的多头 / 空头持仓比率在 OPEC+ 减产和美国消费旺季的共同推动下由 2.9∶1 上涨至 11.4∶1。但随后美联储加息预期引发能源需求下降的担忧，原油期货市场看空情绪升温，原油期货非商业的多头 / 空头持仓比率在 2024 年 5 月下降至 2∶1。2024 年 6 月，原油库存下降、投资者空头回补和中东地缘政治紧张局势再度升温推动了油价走强，原油期货非商业的多头/空头头寸比率在 7 月初回升至 10∶1，但随后再度下降。原油期货非商业的净多头头寸在 2024 年 7 月大幅减少后，8 月市场持续看跌原油。这导致油价波动并加速了其价格下跌。NYMEX 轻质低硫原油期货非商业的多头/空头头寸比率 9 月降至 2∶1。这与 WTI 原油价格走势呈大体的正相关关系。

图 9　NYMEX 轻质低硫原油期货总持仓与现货价格

资料来源：美国商品期货交易委员会，Wind。

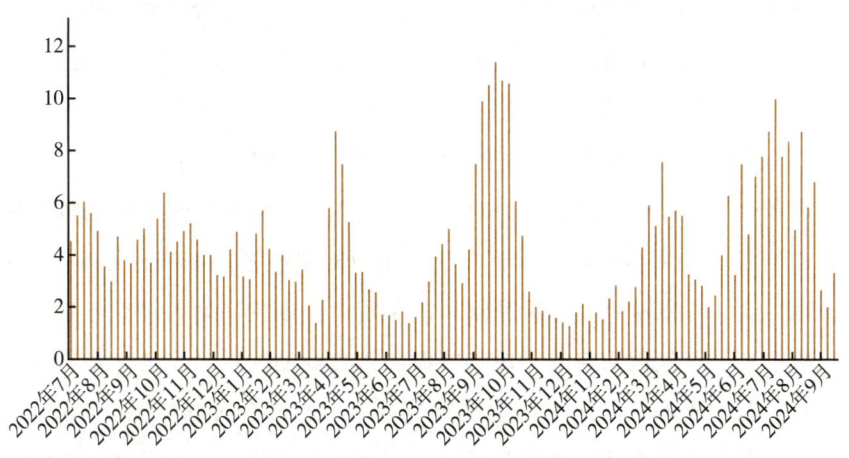

图 10　NYMEX 轻质低硫原油期货非商业的多头/空头头寸比率

资料来源：美国商品期货交易委员会。

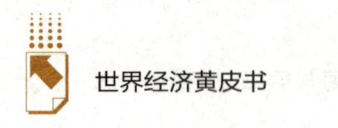

五 国际大宗商品市场趋势展望

基于世界银行、IMF、OECD和国际能源署等机构关于世界经济形势与国际大宗商品市场的预测，从需求、供给和货币等视角，对2024~2025年国际大宗商品市场的走势作简要展望。

经济增长企稳将促进大宗商品需求增加。根据IMF、OECD和世界银行等国际组织的预测，全球经济前景有所改善。IMF在2024年10月的《世界经济展望》报告中预计，2024~2025年的增长率将稳定在3.2%，其中一些低收入和发展中经济体由于冲突加剧，增长率预测值下调幅度较大。OECD在2024年9月的《OECD经济展望》中期报告中预测，2024年和2025年全球经济增长率将稳定在3.2%的水平。世界银行在2024年6月的《全球经济展望》中预测，2024年全球经济增速将稳定在2.6%的水平，之后随着贸易和投资的适度扩张，2025~2026年全球经济增速将升至2.7%。此外，美联储降息将促进全球经济活动，带动需求增长。然而，持续的地缘政治与贸易紧张局势，将可能再度推升通胀，并抑制全球经济增长。

展望2025年，全球大宗商品供需总体平稳，大宗商品价格指数趋于稳定，可能与2024年的价位基本持平。从需求端看，全球经济复苏略有改善将有助于改善大宗商品需求疲软的预期。中国是全球大宗商品主要的需求方，能对大宗商品价格走势产生重要影响。在扩张性财政货币政策、放开住房限购措施等作用下，预期中国经济在2025年将会实现稳定增长，这将有利于拉动能源和金属商品需求回升。并且，全球低碳转型将继续带动能源转型金属的需求增长。从供给侧看，尽管乌克兰危机对供应链的影响已经明显缓释，但巴以冲突、伊以冲突等地缘政治风险和资源民族主义抬头仍有可能导致商品供应中断；天气因素将继续影响能源和粮食商品的供给安全，尤其是对能源商品而言，不利天气因素既会影响能源需求，又会对能源生产形成干扰。从货币金融端看，美联储降息和美元一定程度的贬值，有助于稳定全球大宗商品价格。

国际大宗商品市场形势回顾与展望：震荡和分化

全球原油需求增速显著下降，国际中枢油价预期维持在75美元/桶。根据国际能源署的预测，全球原油需求增长明显失速，日原油需求增长量由2023年的230万桶分别降至2024年的90万桶、2025年的95万桶。由于经济增长放缓和能源转型加快，特别是电动汽车渗透率的快速提升，中国石油消费增长速度大幅放缓，日均石油消费增长量由2023年的150万桶降至2024年的18万桶。2025年，中国经济复苏步伐加快会导致石油消费增速有所反弹，预期日均石油消费增长量维持在50万~80万桶的水平。① 从供给面看，OPEC+成员国在2024年9月初宣布，为支撑国际油价，将延长减产计划2个月，但非OPEC成员国的石油产量增长量高于石油消费增长量，从而导致原油的库存上升和价格下跌；而巴以冲突、伊以冲突、红海海运绕道、美元降息等因素对国际油价有支撑作用。

全球谷物需求供给形势平稳，粮食价格可能处于相对低位。2025年，全球粮食市场较为平稳，粮食供应充足，但极端气候事件频发、地缘政治风险上升、未预期到的政策变化等因素可能打破脆弱的供需平衡，对全球粮食价格稳定和粮食供应安全造成负面影响。根据联合国粮农组织的预测，2025年全球谷物产量预计达28.46亿吨，与上年基本持平。其中，小麦产量受主产区黑海地区不利气候的影响而下降，而大麦、水稻、高粱的产量和库存上升；世界谷物消费预计同比增长0.5%，达28.51亿吨的历史新高，其中，作为食物的谷类消费量增长1.1%，作为饲料粮的谷物消费增长0.4%；世界谷物库存增长1.5%，达到创纪录的8.97亿吨，玉米、大麦、水稻的库存将上升，而小麦库存将降至2021年以来的新低。全球谷物库存消费比将为30.9%，接近2023年的水平。目前，一些亚洲国家的出口限制和旺盛需求，导致水稻价格处于高位。2025年，水稻产量将处于历史新高，外加库存高，水稻价格有下降的空间。②

基本金属供给宽松，其价格将继续震荡下行，而能源转型金属价格可能

---

① International Energy Agency, "Oil Market Report," September 2024.
② Food and Agriculture Organization of the United Nations, "Food Outlook:Binanual Report on Global Food Markets," June 2024.

触底。作为最大的金属矿产品进口国，中国的需求变动对国际金属价格产生重要影响。2024年，出于对需求放缓和库存上升的担忧，绝大多数基本金属和新能源金属的价格走弱。2024年，中国制造业和出口部门的稳定恢复，特别是光伏、电动汽车和电池——"新三样"实现了快速扩张，带动新能源金属的需求增长。但房地产部门经历了重大的调整，新房开工量大幅下滑。而且，地方基础设施投资受制于财力不足也呈放缓态势，这显然不利于基本金属需求增长。不过，考虑到扩张性财政货币政策、商品房限购放开的政策，预计中国房地产投资在2024年末前后触底。值得指出的是，随着中国经济转型加快，钢铁需求结构将出现明显变化，其中房屋建设部门的钢铁需求占比降至略高于20%，并被机械和设备制造部门所超越，且交通、消费电子、金属制品也是钢铁需求的重要动力来源。2025年，中国钢铁产量预计维持在10亿吨，随着工业化和城市化趋于完成和废钢的比例上升，生铁产量会下降。铁矿石需求增长主要来自印度和东南亚国家，发达国家的铁矿石需求将有所恢复，但需求量很小。2025年铁矿石到岸价格预计在80~100美元/吨的区间波动。①

同时，中国能源转型拉动了铜需求增加，如电动汽车、可再生能源发电、电网等，叠加中国铜冶炼产量下降，导致铜价格在2024年大幅上升。2025年，由于新能源行业的产能调整，铜需求增速放缓，铜价格趋于稳定。2025年，在欧美针对中国新能源产品的贸易壁垒上升的背景下，电动汽车渗透率下降，锂、镍等新能源关键矿产需求增长大幅放缓，但一些矿山停工有助于缓解供给过剩问题，预计其价格可能在2025年趋于稳定。总体上看，铜供给略有过剩，镍的过剩状况相对有所改善，但规模仍较大；铁矿石供给过剩在2024年有所扩大，2025年会继续维持供给过剩的局面。②

美联储开启降息周期，为大宗商品价格提升创造了有利环境。美元是大宗商品的计价货币，预测大宗商品价格走势需要考虑美元汇率的变化。2024年9月初美联储降息预期增强，导致短期美元指数回落。无论是从短期宏观

---

① BHP, "BHP's Economic and Commodity Outlook," August 2024.
② BHP, "BHP's Economic and Commodity Outlook," August 2024.

指标的弱化来看,还是从中长期美国政府努力纠正对外账户失衡的意愿来看,未来短中期内美元指数在波动中走低的可能性较大。这一趋势将对全球金融市场和大宗商品价格产生重要影响,特别是对以美元计价的大宗商品的价格形成支撑。

综上所述,2025年,全球大宗商品价格指数可能与2024年基本持平。能源价格方面,国际原油需求增速放缓趋势愈加明显,尽管地缘政治风险和美元降息为市场提供了一定的支撑,减缓了价格下跌压力,但非OPEC成员国的产量持续增长,将导致库存上升,从而对价格形成一定的下行压力。粮食价格方面,全球谷物市场的供需形势保持相对平稳,产量预计与上年持平,整体价格可能出现小幅下跌的可能。但需要关注极端气候事件和地缘政治风险可能引发的市场波动。工业金属价格方面,由于供给宽松,价格预计将继续震荡下行。然而,新能源金属如铜、锂、镍等的需求因全球能源转型而增长,其价格有望触底企稳。预计2025年布伦特原油均价可能维持在75美元/桶的水平。

参考文献

王永中、周伊敏:《国际大宗商品市场形势回顾与展望:波动下行》,载张宇燕主编《2024年世界经济形势分析与预测》,社会科学文献出版社,2024。

BHP, "BHP's Economic and Commodity Outlook," August 2024.

Food and Agriculture Organization of the United Nations, "Food Outlook:Binanual Report on Global Food Markets," June 2024.

International Energy Agency, "Oil Market Report," September 2024.

International Monetary Fund, "World Economic Outlook," October 2024.

OECD, "OECD Economic Outlook, Interim Report," September 2024.

World Bank Group, "Growth Stabilizing But at a Weak Pace, Global Economic Prospect," June 2024.

热 点 篇

Y.15
从加息到降息：美联储货币政策转向和原因分析

杨子荣　栾　稀　肖立晟[*]

摘　要： 新冠疫情暴发以来，美国经历了一段极不寻常的经济周期。为应对疫情冲击，美国出台了史无前例的财政纾困计划并实施了超常规的宽松货币政策。这些政策在帮助美国经济实现"V"形复苏的同时，也带来了数十年未遇的高通胀。面对持续上涨的通胀压力，美联储在最初阶段错误地判断高通胀只是暂时现象，导致通胀大幅上涨。随后，美联储被迫连续大幅加息以遏制通胀。2024年，随着通胀压力逐步缓解和就业市场趋冷，美联储开启了新一轮的降息周期。然而，在当前复杂多变的经济环境下，未来的降息节奏仍具有高度不确定性，很大程度上将取决于通胀、就业等关

---

[*] 杨子荣，中国社会科学院世界经济与政治研究所副研究员，主要研究方向为宏观经济、国际金融；栾稀，中国社会科学院世界经济与政治研究所助理研究员，主要研究方向为宏观经济、货币政策；肖立晟，中国社会科学院世界经济与政治研究所研究员，主要研究方向为宏观经济、国际金融。

从加息到降息：美联储货币政策转向和原因分析

键经济指标的表现。

关键词： 美联储 加息 降息 货币政策

2024年9月，美联储议息会议声明，将联邦基金目标利率下调50个基点至4.75%~5.00%。这标志着美联储自2022年3月以来的加息周期正式转向降息周期。美联储从加息到降息，反映了美国经济怎样的结构性变化？这些结构性变化是否会影响到降息周期的节奏与终点？美联储降息能否帮助美国经济实现"软着陆"？这些问题值得深入探讨，也是本文的研究重点。

一 美联储开启加息周期

（一）新冠疫情对美国经济的影响

经济周期是指经济活动沿着总体发展趋势所经历的扩张和收缩。分析经济周期的特征、经济所处周期阶段以及准确判断周期拐点，对于宏观政策制定尤为重要。根据美国国家经济研究局经济周期判定委员会对经济周期的定义，衰退被定义为峰顶到下一次谷底的时间，扩张被定义为谷底到下一次峰顶的时间。委员会对于经济周期的判定，除了结合实际GDP外，还有能够反映经济运行的一系列指标，如实际收入和就业率等。

在新冠疫情初期，美国经济经历了从衰退到扩张的过程。与以往的经济周期相比，本轮经济周期衰退的时间非常短、程度异常深（见图1）。1945~2019年，美国经历了11轮完整的经济周期，经济衰退的最短时间为6个月，季度GDP同比萎缩最大幅度为4.0%。2020年，美国经济衰退时长仅2个月，但季度GDP同比萎缩幅度高达7.5%。为何美国本轮经济周期展现出不一样的特征？这与经济衰退的起因以及美国宏观政策应对方式有关。

过去的经济衰退通常由内生动能不足或金融风险暴露引发，本轮经济衰退的导火索则是公共卫生冲击，新冠疫情更类似于一场"暴风雪"，影响生产和生活。为应对新冠疫情冲击,美国先后实施了多轮财政纾困政策和天量宽松的货币政策,不仅保障了企业和居民部门资产负债表的相对健康,使其在疫情后能够快速恢复,而且由于政策刺激力度过大,居民部门积攒了超额储蓄,形成了巨大的消费潜力,成为推动经济强劲扩张和超预期韧性的持续动能。从数据来看,在以往的经济衰退期间,美国个人收入水平皆明显下降,而在本轮经济衰退期间,美国实际个人可支配收入同比增速却创下历史新高(见图1)。2020年第二季度,美国实际个人可支配收入同比增加11.9%;2021年第一季度,该指数涨幅更是扩大至16.3%。综合来看,本轮经济周期背后反映了如下变化。

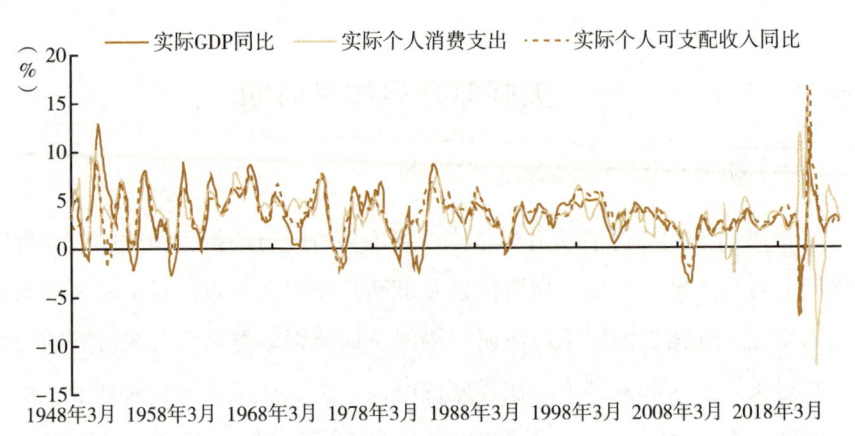

图1 美国经济周期

资料来源:美国经济分析局。

第一,劳动力市场过度紧张。在本轮经济周期中,美国劳动力市场的紧张程度创下数十年来之最。一方面,新冠疫情导致大量劳动力退出就业市场,劳动参与率大幅下降。2020年4月,美国劳动参与率下降至60.1%,低于疫情前水平超3个百分点。另一方面,宏观刺激政策导致劳动力市场需求旺盛,职位空缺率大幅上升。2022年3月,美国职位空缺率上升至7.4%,高于疫情前水平近3个百分点。综合来看,2022年3月,美国就业缺口规模超过600万人,失业率也降至数十年来最低位。2024年以来,美国劳动力供给不断增加，尤其是移民大规模涌入在很大程度上缓解了劳动力市场供给不足的困境；同时，招聘需求放缓，就业缺口大幅收窄，失业率也出现较为明显的上升，劳动力市场出现疲软迹象。

图 2 美国就业供需缺口

注：劳动力市场总供给等于就业人数和失业人数之和，劳动力市场总需求等于就业人数和职位空缺数之和。

资料来源：美国劳工部。

第二，通货膨胀大幅上行。2022 年 6 月，美国 CPI 同比涨幅上升至 9.1%；9 月，核心 CPI 同比涨幅上升至 6.6%，均创下近四十年来最高水平。一方面，新冠疫情和俄乌冲突引发供应链冲击，从供给端推动通胀上行。2021 年 12 月，纽约联储公布的全球供应链压力指数飙升至 4.38，创下有记录以来的最高值，反映全球供应链遭受重大冲击。另一方面，巨额的财政纾困政策，从需求端拉动通胀上行。2021 年，美国名义个人消费支出同比增加 13.3%，创下 1948 年以来的最高纪录。2024 年以来，伴随着新冠疫情影响的基本消失、俄乌冲突对供应链影响的减弱、紧缩货币政策抑制作用的显现，美国通胀压力得到很大程度的缓解，正在向 2% 的政策目标靠近。

第三，居民部门积累了史无前例的超额储蓄。根据美联储估计，疫情初期，巨额的财政补贴和避险情绪导致个人储蓄率飙升，美国居民部门在 2020 年至 2021 年夏季积累了约 2.4 万亿美元的超额储蓄。这些超额储蓄支撑了

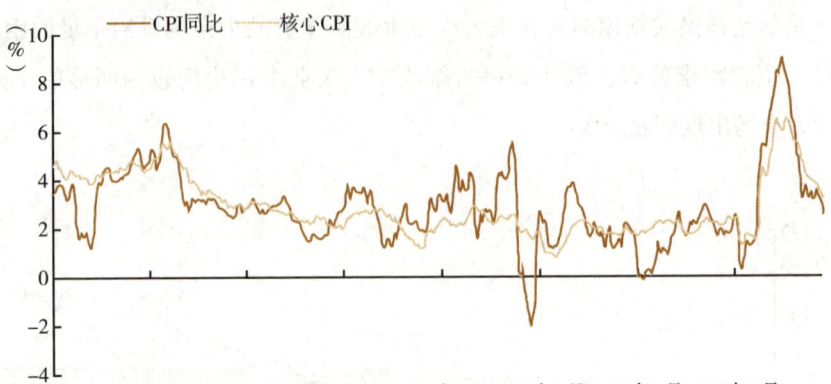

图 3　美国通胀水平

资料来源：美国劳工部。

美国经济的持续扩张，尤其是在制造业PMI长期处于萎缩区间的情况下，服务业PMI推动整体经济维持扩张。2024年以来，美国个人储蓄存款占可支配收入比例已降至5%以下，显著低于疫情前水平，反映美国家庭消费动能趋弱。

第四，企业部门具有较强投资动能。一方面，由于疫情期间的居家办公需求、居民部门拥有巨额超额储蓄、股市上涨带来的财富效应以及二手房存货不足等，2020~2021年美国房地产市场异常繁荣，新建住宅量分别同比上涨7.9%和15.2%。另一方面，2023年以来，人工智能热潮兴起，带动相关投资快速增加。2023年，美国通信行业的建造支出同比涨幅扩大至14%，显著高于疫情前水平。

第五，政府部门持续加杠杆。为应对疫情冲击，美国政府实施了扩张性财政政策，从而保障了居民和企业部门的资产负债表相对健康，而作为代价，政府部门的杠杆率出现明显上升。截至2024年第一季度，美国居民部门杠杆率为72.1%，较疫情前下降3个百分点；非金融企业部门杠杆率为76.8%，较疫情前下降1.5个百分点；政府部门杠杆率为114.1%，较疫情前上升14.9个百分点。

图 4 美国不同部门杠杆率

资料来源：BIS。

（二）本轮美联储加息的特征

本轮美联储加息周期先后经历了加息时点过迟到持续大幅加息再到长时间维持利率在"限制性"水平的过程。

2021年，美联储错失最佳加息时点，主要有两大原因。一是2020年美联储发布《长期目标和货币政策策略声明》，强调从两个方面对其货币政策框架进行了调整：一是美联储将通胀目标转变为"平均通胀目标制"，即寻求在长期内实现平均2%的通胀水平；二是就业目标由双向"偏离"改为单向"缺口"，就业的重要性提升。因此，在2021年5月美国CPI同比涨幅跃升至5%且持续上行后，美联储考虑到就业增长的不确定性，继续忍受高通胀压力。

二是美联储对通胀形势误判，认为通胀上行只是暂时的。2021年8月，鲍威尔在杰克逊霍尔全球央行年会上从五个方面阐释了"为什么美联储认为高通胀只是暂时的"，即引发高通胀的主要因素是"暂时性"的，供给短缺问题出现边际改善现象，长期通胀预期仍保持相对稳定，"工资—价格"螺旋式上升现象尚未发生，支撑过去25年间全球低通胀的力量仍在发挥作用。

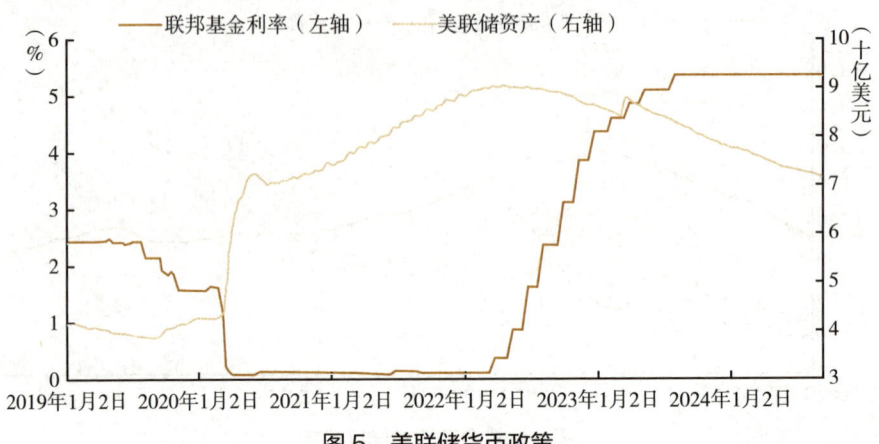

图 5　美联储货币政策

资料来源：美联储。

2022年，美联储开启追赶通胀式加息。一方面，美国通胀持续上行，创下近四十年来新高。由于疫情和俄乌冲突引发的供给冲击，以及天量宽松的货币政策和巨额的纾困政策拉动需求旺盛，2022年上半年，美国CPI同比均值高达8.3%，且引发通胀的因素从供给侧向需求侧转移，使得通胀的基础越来越牢固。另一方面，美国劳动力市场的紧张程度超预期。2022年上半年，美国劳动参与率恢复至62%左右后陷入停滞，失业率降至4%以下，就业缺口规模超过500万人，这使得核心通胀开始大幅上行。因此，美联储于2022年3月开始持续大幅加息，试图追赶通胀，分别在3月、5月、6月、7月、9月、11月和12月加息25个、50个、75个、75个、75个、75个和50个基点，累计加息幅度425个基点，为20世纪80年代初以来最大幅度的集中加息。与此同时，美联储于2022年6月开始缩表，6~8月月均缩减475亿美元，9月开始月均缩减950亿美元。

2023年，美联储从追求加息的"速度"转向更注重加息的"时长"。当年，美联储加息节奏显著放缓，在2月、3月、5月和7月均加息25个基点。一方面，美国整体通胀水平持续下降，而核心通胀表现出一定的黏性。同时，劳动力市场依然维持紧张，使得美联储不得不继续维持利率在"限制性"水平。另一方面，当年3月，硅谷银行突然倒闭，引发美欧银行业动荡，这为美联储抗通胀进程带来挑战。

　　此轮美国银行业危机并非偶然，而是多重因素共同作用的结果，也反映了美国金融体系的深层次问题。首先，长期低利率环境是导致美国商业银行脆弱性上升的根本原因。自 2008 年国际金融危机以来，美联储维持了近十年的超低利率政策。在长期低利率和经济低迷的环境下，银行贷款的收益率较低，风险较高，而国债不仅是安全资产，其收益性也得到凸显，因此，银行加大了国债的持有比例。而银行的脆弱性就在于美联储加息后国债价格下跌，导致银行资产负债表恶化。当利率开始上升时，这些资产的市值迅速下跌，导致银行资产负债表再度恶化。其次，疫情加剧了美国商业银行资产负债结构的错配程度。疫情期间，大量储蓄涌入银行系统，存款规模急剧膨胀。然而，贷款需求却相对低迷，迫使银行将多余资金投资于长期国债和抵押贷款支持证券，这进一步加剧了银行的期限错配风险。最后，美联储货币政策超预期大幅度转向是引发流动性危机的直接导火索。为了应对高通胀，美联储自 2022 年 3 月开始快速加息，货币政策转向速度之快、幅度之大，远超市场预期。利率的急剧上升不仅导致银行持有的固定收益证券价值大幅下跌，还引发了存款外流，进而触发了流动性危机。此外，2018 年，美国放松对中小银行监管的决定，削弱了对这些机构的风险管理要求，也为本次危机埋下伏笔。

　　为应对银行危机，美联储迅速采取了一系列非常规措施，展现了其作为"最后贷款人"的角色，同时也凸显了货币政策制定者在维护金融稳定和控制通胀之间寻求平衡的艰难。首先，美联储果断取消了硅谷银行 25 万美元的存款保险上限。这一举措旨在恢复存款人信心，遏制可能出现的大规模挤兑，防止恐慌情绪蔓延。其次，美联储创设了银行定期融资计划（Bank Term Funding Program，BTFP）。该计划允许商业银行以面值而非市值将合格证券作为抵押品，从美联储获取流动性支持，为银行提供了一个重要的流动性来源，帮助其缓解可能的短期资金压力，而不必被迫在不利市场条件下出售资产，加剧资产负债表恶化。最后，美联储通过贴现窗口向有流动性压力的金融机构提供流动性支持。与 BTFP 相比，贴现窗口接受更广泛的抵押品。这种

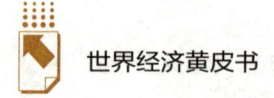

多元化的流动性供给渠道，增强了金融体系的韧性。在采取这些稳定金融市场的措施的同时，美联储并未放松对通胀的控制，而是继续推进加息和缩表政策，最终在维护金融稳定和抑制通胀之间寻求到微妙的平衡。

二 美联储转向降息周期

2024年9月19日，美联储宣布将美国联邦基金利率下调50个基点至4.75%~5.00%，开启本轮降息周期。降息主要源于美国就业市场压力显现，通胀也在稳定迈向2%的目标区间。未来美联储降息节奏具有不确定性，美国经济在宽松货币的支持下将保持韧性，但美国经济"软着陆"仍有不确定性。

（一）美联储开启降息周期，就业成为优先目标

此次美联储首次降息幅度较大，但并不完全在市场预期之外。2000年以来，美联储单次降息50个基点及以上，均在危机之前或危机期间。美联储于2024年第三季度进入降息通道在市场预期之中，但此次降息幅度比部分市场机构预期得更加激进。除摩根大通、花旗银行等少数主流外资机构曾预测美联储将在9月降息50个基点外，主要外资机构均没有预期到美联储此次降息幅度。但从利率期货交易来看，美国联邦基金期货未平仓数量在议息会议前大幅上升，也预示着相当部分的市场机构预期美联储将降息50个基点。

美联储进入降息通道，意味着通胀基本稳定、就业成为美联储的首要考量。2024年8月，美国PCE当月同比、核心PCE当月同比已分别下降至2.24%、2.68%，从趋势上看正在回归至2%的通胀目标区间内。2024年7月，美国新增非农就业人数出现大幅下跌，由6月的20.6万人次下降至7月的11.4万人次，新增登记失业人口也升至35.2万人，失业率上升0.2个百分点至4.3%。美联储主席鲍威尔在8月杰克逊霍尔会议上曾表示，"不欢迎就业数据进一步降温"。但8月新增非农就业人数依然仅有14.2万人次。美联储对年底失业率的预期也升至4.4%，较8月上升0.2个百分点。鲍威尔表示，希望失业率保持在当前水平，不再继续抬升。此次降息是美联储政策的"重新校准"。如

果通胀不出现在地缘政治等外部冲击下的意外上升，在就业数据没有稳定之前，美联储都将保持"鸽派"姿态，正式进入降息通道。

（二）未来降息节奏仍不确定

鲍威尔否认50个基点是未来降息的新节奏，"数据将推动货币政策选择，美联储会根据需要加快、放慢或暂停降息"。根据9月FOMC点阵图，在19名官员中，有10人预测2024年底前至少还有两次降息，另外7人预测只有1次降息、2人预测不再降息。这表明多数官员倾向于年底前还将继续降息50个基点，但降息节奏未必达到单次50个基点。美东时间9月30日，美联储主席鲍威尔在美国全国商业经济协会（NABE）年会上发表演讲时表示，如果经济发展符合预期，美联储的利率将随着时间的推移转向更为中性。同时他强调，美联储没有任何预设的利率路线，风险是双向的，美联储将在未来的议息会中再做决定。这次沟通内容和9月议息会议后的答记者问内容是一致的，再次验证了首次降息50基点是"重新校准"，不代表降息节奏的加快。

美国经济基本面仍有韧性，降息幅度取决于劳动力市场表现。市场预期第四季度美联储将降息75个基点。芝商所FedWatch工具显示，市场认为11月大概率降息25个基点，但12月可能再度出现50个基点的降息，全年累计降息125个基点。①但当前美国经济基本面依然强劲，美联储并不急于降息。9月底，美国商务部上修了国内总收入（GDI）、个人支出、储蓄率等经济增长数据，这些修正消除了经济下行风险。劳动力市场数据并没有进一步恶化。8月，虽然新增非农就业人数不及预期，但美国失业率、职位空缺率均略有好转。9月，美国新增非农就业人口升至25.4万人，超出市场预期。鲍威尔在9月底的演讲中表示，如果经济表现与当前预测一致，2024年第四季度美联储会降息两次，每次25个基点。但是，如果11月前美国劳动力市场出现恶化，年内美国失业率上升至4.4%以上，不排除美联储再现50个基点的单次降息幅度。

---

① FedWatch是一个工具网站，利用芝商所（CME Group）公布的30天期联邦基金期货价格，预测未来美联储升/降息的概率，其价格反映了市场对联邦基金有效利率水平的预期。

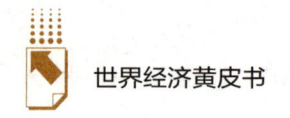

（三）降息未必能保障美国经济"软着陆"

当前美国经济展现出一定的韧性，主要体现在劳动力市场上，美国投资、消费等多个领域的领先指标均出现下滑。在美联储降息的环境下，美国经济能否实现"软着陆"依然具有较大的不确定性，经济重新走向过热和高通胀的风险依然很大。鲍威尔多次强调劳动力市场表现比经济增速更重要，但是从劳动力市场来看，尽管美联储对失业率的预测值上调至4.4%，但当前劳动力市场的边际变化尚并不足以让美联储加快降息节奏。与劳动力市场的韧性相对比的是，美国经济的诸多领先指标出现了明显的景气下滑，消费信心指数远不及疫情前水平。

当前美国的失业率处在自然失业率范围内，职位空缺数略高于失业人数。尽管美联储对就业目标的重视程度上升，但当前美国劳动力市场表现依然强劲。美联储主席鲍威尔认为，当前美国的失业率完全处于自然率的估计范围（4.2%~4.4%）内。企业解雇和裁员人数也处在历史较低水平。2024年8月，美国非农部门解雇和裁员人数为160.8万人，低于2019年，也低于次贷危机前，处在2000年以来有历史数据的较低水平。25~54岁的青年人群劳动参与率接近历史最高水平（84%），同年龄段女性的劳动参与率继续创下历史新高（78.4%）。职位空缺与失业工人的比率稳步下降，劳动力市场逐步走向均衡。2024年8月，美国非农部门职位空缺数为804万人，16岁以上失业人数为741.5万人。职位空缺数与失业人数的比率仍略高于1。自2021年下半年起，美国职位空缺数与失业人数的比率就长期高于1，2022年下半年曾一度超过2，这在2019年之前较为少见。2024年，美国职位空缺数与失业人数的比率已经下降至1附近，这表明劳动力市场正在降温。虽然非农就业增加人数放缓、劳动供给持续增加，但从失业率、劳动参与率、职位空缺率等多个维度看，参照历史标准，美国劳动力市场仍然有很强韧性。

工资增速仍处于较高水平，略高于生产率增速。在劳动力市场由紧张走向平衡的过程中，劳动力工资并没有出现下滑，依然保持稳步增长。2024年8月，美国非农企业平均时薪同比增速达3.83%。该增速较2023年同期下滑约 0.7 个百分点，但较 7 月上升 0.2 个百分点，且该增速处于历史较高水平，也明显高于 2019 年的水平。从工资增速与生产率的对比来看，当前美国非农企业薪酬增速依然略高于非农企业生产率的增长。根据美国劳工部和美国经济分析局的数据，2024 年第二季度，美国非农企业生产率和成本指数同比增长 2.7%，以不变价计价的 GDP 同比增速为 3.04%，均略低于美国劳动力时薪的增速。这说明当前美国劳动力工资依然保持着较高增速。美国劳动力市场的供需平衡点并没有伴随着劳动力价格的下降而下降，而是在供需同步增加的情况下达到了更高的价格水平。

美国经济领先指标出现下滑，货币宽松预期下部分指标出现回升。与劳动力的强劲表现不同的是，美国主要部门的景气指数均出现不同程度的下滑。自 2024 年 4 月起，美国制造业 PMI 已经连续 6 个月（截至 9 月）处在 50 以下的景气度区间。2024 年 9 月，美国制造业 PMI 的读数为 47.2，处在明显的低景气度水平。根据美国法院行政管理局数据，自 2023 年第一季度起，美国申请破产案件数量持续上升。2024 年第二季度，美国申请破产案件数量达 13.27 万件，同比增长超过 16%。投资方面，在高利率环境下，投资者信心大幅下滑。2024 年，美国 Sentix 投资信心指数明显下滑，由 4 月的 18.9 下滑至 8 月的 1.6；或受货币宽松预期影响，9 月该指数小幅上升至 3.3。美国 IBD/TIPP 经济乐观指数、中小企业乐观指数均呈下滑趋势，芝加哥联储全球活动指数（3 个月移动平均）自 2023 年以来持续为负值。9 月，芝加哥联储全球活动指数已下滑至 -0.17，较 2023 年同期下滑 0.14 个点。消费方面，密歇根大学消费者信心指数和预期指数均曾下滑至 70 以下，而后或受宽松预期影响，9 月均回升至 70 以上。值得注意的是，尽管美国劳动力市场表现强劲、工资稳步上升，但消费者信心指数一直在较低水平波动，远没有回升至疫情前水平。9 月最后一周，在降息后，美国红皮书商业零售周同比增速上升至 5.3%，较前一周增速上升接近 1 个百分点，但该增速较 2022 年高点已下滑逾 10 个百分点，也略低于疫情前 2019 年同期水平（5.8%）。

通胀依然是最大不确定性，美国经济"软着陆"仍有不确定性。一方面，房屋租金、工资等通胀推动项具有较强的价格黏性。此轮美国通胀下行主要源于能源价格下滑，8月美国核心CPI同比增长依然在3%以上。美国业主等价租金CPI同比增长依然处在5.4%的较高水平，并且较7月有所回升。同时，劳动力市场的降温也没有阻止工资的稳步上升。另一方面，美国财政货币双宽松将增加通胀风险。根据美国财政部数据，8月美国单月财政赤字增加至3801亿美元，环比增加1363亿美元，同比增加4693亿美元。2024年1~8月累计财政赤字已经达到1.39万亿美元，同比累计增幅高达26%。在财政扩张和货币宽松的政策组合下，美国消费需求的反弹也将在中期推高通胀。鲍威尔强调，美联储还不能宣布抗击通胀已取得胜利。同时美联储尚未实现既降低通胀又不会导致失业率大幅上升的"软着陆"目标。如果住所等价租金通胀在货币宽松的推动下出现反弹，美国核心通胀水平可能再度抬升。在这种情况下，美联储降息节奏将不得不放缓甚至暂停。美联储在就业出现边际变化时就大幅降息的主要目的是保持经济稳健，并期待实现"软着陆"的目标。然而，如果降息进程受阻，利率被迫在更长时间内维持在"限制性"水平，美国经济"软着陆"的不确定性将趋于上升。

降息后的资产价格变动反映了市场仍面临交易衰退和通胀风险。在美联储宣布首次降息幅度50个基点后，美股上行，美债收益率与美元指数下跌。但随后美股大幅震荡，先涨后跌，最终三大股指（道琼斯工业指数、标普500指数、纳斯达克综合指数）整体小幅下行。截至2024年10月，美国三大股指均较降息前明显下跌。在通胀预期方面，5年期美债隐含通胀预期再次上升至2%以上，美国密歇根大学5年通胀预期依然高达3.1%，环比上升1个基点。此外，纽约联储预测，美国未来12个月经济衰退概率上升至61.70%。降息后的资产价格变化也反映出，市场认为美国经济衰退风险和通胀反弹风险在同步加大。

展望未来，在通胀压力缓解、经济增长放缓的大背景下，美联储货币政策或将更加依赖于经济数据指引。若通胀回落不及预期、就业市场持续恶化，美联储降息进程可能加快；反之，若通胀顽固高企、就业市场保持韧性，美联储或放缓降息进程，继续观望经济变化。总体而言，美联储未来政策走向存在较大不确定性，其灵活性正在上升。

参考文献

杨子荣:《美联储历次降息的背景、影响及启示》,《中国外汇》2024年第1期。

韩润霖、杨子荣、肖立晟:《美欧避免经济"日本化"的启示》,《中国外汇》2023年第21期。

栾稀:《警惕美国银行业危机暴露的美债流动性下降风险》,《中国外汇》2023年第9期。

Board of Governors of the Federal Reserve System, "Monetary Policy Report," July 5, 2024.

Board of Governors of the Federal Reserve System, "FOMC Projections Materials, Accessible Version," September 18, 2024.

Board of Governors of the Federal Reserve System, "Minutes of the Federal Open Market Committee," September 18, 2024.

Jerome Powell, "Reassessing the Effectiveness and Transmission of Monetary Policy," August 23, 2024.

Y.16
绿色产业所谓"产能过剩"：
争议、事实与应对

陈逸豪*

摘　要： 美欧等西方经济体炒作中国的"产能过剩"问题，存在其不合理之处。经济运行实践和经济学理论均表明，产能未完全利用、大规模的出口贸易、利润率下降与企业退出市场、潜在产能大于预估需求都不能成为衡量或预警产能过剩的指标。我国绿色产业在国际市场中具有较强竞争力，相关的产业政策符合竞争中性原则。各国的保护主义政策和国内地区间产业政策竞争诱发了我国部分行业的产能问题。对此，我国需坚定地推进全球化进程，实现全球产能合作；加快构建全国统一大市场，优化政府与市场关系，实现产能良性发展。

关键词： 产能过剩　产业政策　国际贸易　地缘政治博弈

一　"产能过剩"的定义与误区

（一）"产能过剩"仅为对一类经济现象的中性描述

文献中，"产能过剩"（Overcapacity）一词于1926年业已出现。Willey和Locock发现，一战后的经济衰退，使战时兴建的产能无法被充分利用，市场

---

* 陈逸豪，中国社会科学院世界经济与政治研究所助理研究员，主要研究方向为产业经济、竞争政策、国际投资。

绿色产业所谓"产能过剩"：争议、事实与应对

中"广泛出现过剩产能"（Widespread Over-capacity）。①Chamberlin基于垄断竞争模型和经济现实提出，在价格机制运转不畅、产品间并非完全竞争的情况下，企业的平均成本线会高于边际成本线，导致出现供给能力大于市场需求的过量产能（Excess Capacity）。②在此基础上，后续研究大多以"产能过剩"一词描述实际产出和最优产出或产出能力之间存在差异的现象。③

近期，在政策界和经济学界的讨论中，可以发现"产能过剩"一词基本延续了上述叙事逻辑，但具有多重含义：一是市场供给与需求之间的失衡，存在供过于求的状态；二是市场主体潜在产能和实际产出之间的失衡，存在产能未被完全利用的状态；三是市场供给侧潜在总供给实际值和最优水平之间的失衡状态。④这样的多重含义在很多产业都有体现。如联合国粮农组织专家Ward等在论述如何评估渔业产能问题时提出，不同从业者对"产能"（capacity）的定义有所差异。⑤将"产能"的定义限定在捕捞业范围内，过量

---

① Willey F. V., Locock G., "America's Economic Supremacy: Frank Admission by British Industrial Leaders," *Current History (1916-1940)*, 23(4), 1926.
② Chamberlin E.H., *The Theory of Monopolistic Competition*, Harvard University Press, Cambridge, Massachusetts, 1933.
③ 更多关于既有文献对"产能过剩"概念的探讨，可参考中国金融四十人论坛课题组、纪志宏、纪敏等：《产能过剩的衡量与原因分析——一个文献综述》，《新金融评论》2017年第1期。
④ "产能过剩"在当前语境下多重含义主要由各界讨论该问题时的立论及论据所展现。认为产能过剩是供给大于需求，或为超出最优效率的观点较为常见。如2024年4月，美财长耶伦认为，中国产能过剩带来的风险为"政府的直接和间接支持正导致产能大大超出中国国内需求以及全球市场的承受能力"。产能过剩对全球负面冲击表现为"全球市场充斥着被人为压价的中国产品"，"企业对中国政府产业政策所重点支持的若干'新'产业的投资正在增加"，"中国现在的经济规模如此巨大，以至于世界其他国家难以吸收这一巨大产能"。认为产能过剩是存在产能未被完全利用状态的观点，主要体现在各类讨论的论据之中，如美智库大西洋理事会Hung Tran在讨论"耶伦产能过剩论时"提出，产能利用率是衡量产能过剩问题的常用指标，产能利用率低表示可能存在企业生产能力未被完全利用的问题。详见美国驻华大使馆和领事馆《美国财政部长珍妮特·耶伦在中华人民共和国广州市美国商会活动上的讲话》，https://china.usembassy-china.org.cn/zh/remarks-by-secretary-of-the-treasury-janet-l-yellen-at-a-press-conference-in-beijing-the-peoples-republic-of-china/；Tran H., "Breaking Down Janet Yellen's Comments on Chinese Overcapacity," https://www.atlanticcouncil.org/blogs/econographics/sinographs/breaking-down-janet-yellens-comments-on-chinese-overcapacity/，访问时间：2024年10月18日。
⑤ Ward J.M., Kirkley J.E., Metzner R., Pascoe S., "Measuring and Assessing Capacity in Fisheries: Basic Concepts and Management Options," FAO Fisheries Technical Paper, No. 433/1, Rome, FAO, 2004.

产能（Excess Capacity）指潜在捕捞水平高于实际捕捞量的现象，而产能过剩（Overcapacity）则描述的是一种产能水平超过长期可持续发展水平的现象，因此过量产能和产能过剩之间并不一定存在必然的因果关系，可能出现存在过量产能但并未产能过剩的状态。故在讨论"产能过剩"问题时，其多重含义不宜加以混用。

但现实中，"产能过剩"的多重含义被不断混用，致使对这一问题的国际对话无从展开。各方就这一问题争论不休，却并未就争论的议题本身达成共识。而"产能过剩"一词被冠以的价值观色彩，更是扭曲其中性含义，使该词被污名化，成为批评与攻击个别经济体的"武器"。

"产能过剩"不宜被污名化，存在两个原因。第一，能否观测到"产能过剩"取决于观测时间的长短，即时间性。经济学理论认为，存在短期产能过剩、周期性产能过剩和长期（结构性）产能过剩。短期产能过剩普遍出现：为了应对需求波动，企业总选择将投资设定在略大于市场需求平均值或最优效率的水平。[1]这使得市场短期需求不足时，企业出现机器闲置、供过于求等现象。周期性产能过剩在有明显淡旺季的行业较为常见，如机场[2]、航空[3]和渔业[4]等。长期（结构性）产能过剩是指，由于制度性缺陷，部分行业长期存在供过于求或产能未被完全利用的状态，难以自发消除。这也是本轮"产能过剩"舆论战关注的焦点。但结构性产能过剩本身是否成立同样值得讨论。在中国社会主义市场经济体制下，市场机制整体有效，过于低效的企业和产业能够通过市场途径或政策路径被

---

[1] Chenery H. B., "Overcapacity and the Acceleration Principle," *Econometrica: Journal of the Econometric Society*, 1952.

[2] Grbčić A., Hess S., Hess M., Krljan T., "The Impact of Seasonality on Efficient Airport Capacity Utilization," *Pomorstvo*, 35(2), 2021.

[3] Bouwer J., Hausmann L., Lind N., Verstreken C., Xanthopoulos S., "How Airlines can Handle Busier Summers-and Comparatively Quiet Winters," McKinsey & Company, https://www.mckinsey.com/industries/travel-logistics-and-infrastructure/our-insights/how-airlines-can-handle-busier-summers-and-comparatively-quiet-winters，访问时间：2024年10月20日。

[4] Ward J.M., Kirkley J.E., Metzner R., Pascoe S., "Measuring and Assessing Capacity in Fisheries: Basic Concepts and Management Options," FAO Fisheries Technical Paper, No. 433/1, Rome, FAO, 2004.

淘汰。①

第二，能否观测到"产能过剩"取决于市场范围，即空间性。美国财政部副部长尚博曾称中国的产能过剩表现为"产能超过国内需求"，②耶伦也以中国产品大量出口作为输出过剩产能的例证。但是，由国际贸易理论可知，出口更可能是经济体发挥比较优势、开展国际分工以获取利益的结果，而非所谓"输出产能"，如2023年德国和日本所生产汽车分别约有80%和50%销往国际市场。③根据半导体研究机构TechInsights公布的数据，在2023年全球数据中心所采购的图形处理器（GPU）中，美国企业英伟达（Nvidia）的市场占有率达到98%。④由此是不是可以说美国在GPU产业存在极其严重的供过于求和"产能过剩"呢？这显然是荒谬的。因此，评估供需匹配状况，应当由全球市场的供需状况来进行分析。

（二）关于"产能过剩"的四大误区

2024年7月10日，美国财政部副部长尚博在美国对外关系委员会（CFR）发表讲话时，将"产能过剩"定义为"产能超过国内需求，与全球需求脱节"的现象。尚博称，并不存在证明产能过剩的单一测试或标准，但是具有三项预警指标：第一，产能扩张速度是否快于最乐观的需求增速；第二，亏损企业和低效率企业的比例；第三，产能利用率低或急剧下降。⑤而美财长耶伦声

---

① 如国务院曾颁布相关文件调控产能过剩问题。详见《国务院关于化解产能严重过剩矛盾的指导意见》（国发〔2013〕41号），https://www.gov.cn/gongbao/content/2013/content_2514934.htm，访问时间：2024年10月20日。
② 美国驻华大使馆和领事馆：《美国财政部负责国际事务的副部长杰伊·尚博就中国产能过剩和全球经济的讲话》，https://china.usembassy-china.org.cn/zh/remarks-by-under-secretary-for-international-affairs-jay-shambaugh-on-chinese-overcapacity-and-the-global-economy/，访问时间：2024年9月18日。
③ 闫洁、欧阳为：《厘清所谓"产能过剩"的五个关键事实》，新华每日电讯，2024年8月28日。
④ Shah A., "Nvidia Shipped 3.76 Million Data-center GPUs in 2023," According to Study, https://www.hpcwire.com/2024/06/10/nvidia-shipped-3-76-million-data-center-gpus-in-2023-according-to-study/，访问时间：2024年9月18日。
⑤ 美国驻华大使馆和领事馆：《美国财政部负责国际事务的副部长杰伊·尚博就中国产能过剩和全球经济的讲话》，https://china.usembassy-china.org.cn/zh/remarks-by-under-secretary-for-international-affairs-jay-shambaugh-on-chinese-overcapacity-and-the-global-economy/，访问时间：2024年9月18日。

称，中国产能过剩带来的低价出口，将威胁包括美国在内的其他国家的产业安全。事实上，这些关于"产能过剩"的论断在经济学理论和经济现实中并无支持。如美国彼得森国际经济研究所高级研究员拉迪表示，作为一名经济学家，他并不清楚如何来衡量所谓"产能过剩"。①

美国政客上述定义，展现了其定义产能过剩问题的四大误区，需要加以澄清：第一，产能未完全利用不是产能过剩；第二，面向全球需求的出口增加不是产能过剩；第三，利润率下降与企业淘汰不是产能过剩；第四，潜在产能大于最乐观的需求预测不是产能过剩。四项误区的产生，直接源自美欧政客对所谓"产能过剩"问题的错误衡量。

1. 产能未完全利用不是产能过剩

尚博试图采用产能利用率低或急剧下降来论证中国产能过剩的预警指标，是讨论"产能过剩"在供给侧的含义。但经济事实和经济学理论都不支持尚博的论点。

产能利用率的定义存在操作空间，数值的绝对水平不具有国别间可比性。余淼杰指出，关于产能利用率指标有调查和估算两种计算方法，不同经济体所采用的计算方法不一样，会导致对产能利用率的估算存在很大偏差。②经济合作与发展组织（OECD）公布的统计数据附注显示，不同经济体以调查法测算产能利用率时，调查的提问方法、抽样对象和估算产能利用率的方法大相径庭。③如表1所示，即使是在美国，普查局和美国联邦储备委员会所汇报的产能利用率也存在差异。④因此并不存在"产能过剩"预警红线的产能利用率标准。

---

① 《专访｜"产能过剩论"为保护主义提供借口——访美国彼得森国际经济研究所高级研究员拉迪》，http://www.news.cn/world/20240420/d66fbebdbca142abad2d99b9761d1519/c.html，访问时间：2024年10月20日。

② 余淼杰：《对"产能过剩"与新质生产力的理解及思考》，《辽宁大学学报》（哲学社会科学版）2024年第4期。

③ OECD Data Explorer, https://data-explorer.oecd.org/，访问时间：2024年9月18日。

④ 美国普查局公布，2024年第二季度，以北美工业分类划定的制造业产能利用率为74.7%，而美联储公布的2024年4~6月产能利用率分别为76.89%、77.39%、77.11%。美国普查局数据来自 https://www.census.gov/data/tables/2024/econ/qpc/qpc-quarterly-tables.html，美联储数据来自 https://fred.stlouisfed.org/series/MCUMFN，访问时间：2024年9月18日。

表 1 中、美、欧对产能利用率的定义

经济体/机构	产能利用率定义
中国国家统计局	产能利用率为实际产出与生产能力的比值。其中,实际产出是指报告期内企业的产量或产值;生产能力是指在报告期内,在劳动力、原材料、燃料、运输等保证供给的情况下,生产设备(机械)保持正常运行,企业可能实现的并能长期维持的产出
美国普查局	产能利用率为企业实际产出价值的加权和与全产能潜在产出价值加权和之比
美国联邦储备委员会	产能利用率为季度调整的产出指数与产能指数之比,而产能指数描述了"可持续的最大产能"规模
欧元区 19 国	由问卷调查的方式获得,询问企业主:"当前运转的产能占总产能的比例为多少?"并以此为基础计算加权平均值,最终得到区域内的产能利用率

资料来源:中国国家统计局:《什么是产能利用率》,https://www.stats.gov.cn/zs/tjws/tjzb/202301/t20230101_1903791.html,访问时间:2024 年 9 月 18 日; United States Census Bureau, https://www.census.gov/programs-surveys/qpc/about.html, 访问时间:2024 年 9 月 18 日; Federal Reserve Bank of St. Louis, https://fred.stlouisfed.org/series/MCUMFN, 访问时间:2024 年 9 月 18 日; OECD Data Explorer, https://data-explorer.oecd.org/, 访问时间:2024 年 9 月 18 日。

经济事实表明,产能利用率下滑是全球性现象,而非中国独有。虽然产能利用率的绝对水平不可比,但其变化趋势能够描述经济体发展状况,有一定可比性。图 1 描述的是我国、OECD 国家和重要非 OECD 国家自 2000 年第一季度以来的产能利用率变化情况。可以看出,我国的产能利用率和世界主要发达经济体(特别是美国)的产能利用率走势相似,且自 2018 年以来,几乎所有发达经济体的产能利用率都进入下行通道,即使在新冠疫情的影响消退后有所反弹,但整体走势并未改变。因此,中国产能利用率下降,是全球经济整体下行中的一个剪影。

经济理论表明,企业会选择自发保持一定的"产能过剩"水平。Chenery 提出了"最优产能过剩水平"的概念,认为企业为了应对需求波动等宏观经济冲击,会预留出一定的产能作为储备。[1] 而产生这样过剩产能的原因,既有可能是基于产能规则(Capacity Principle),即基于对需

---

[1] Chenery H. B., "Overcapacity and the Acceleration Principle," *Econometrica: Journal of the Econometric Society*, 1952.

求的长期规划设置平均成本最小化的产能；也有可能是基于灵活加速规则（Flexible Accelerator Principle），即根据当前的需求情况快速调整产能规模。不同类型的市场主体决策模式不同，对长期需求的预判不同，也会产生不同类型的行为模式。

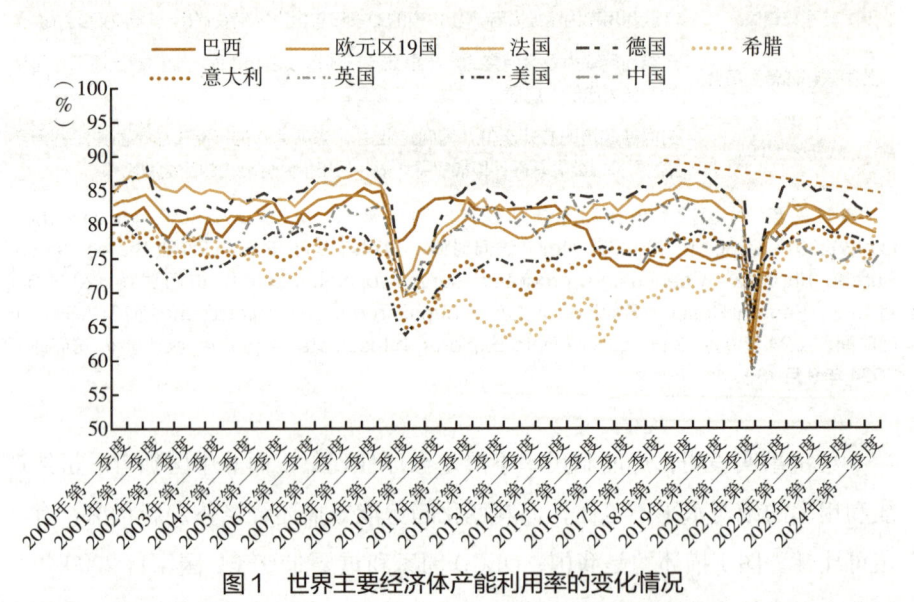

图1 世界主要经济体产能利用率的变化情况

资料来源：OECD Data Explorer, https://data-explorer.oecd.org/, 访问时间：2024年9月18日。

由此看来，无论是从定义、经济实际还是经济理论来看，产能利用率下滑都不应当被视作可以用来批评和指责中国所谓"产能过剩"的指标。

2. 面向全球需求的出口增加不是产能过剩

将存在出口行为、出口份额高视作"产能过剩"是无稽之谈。从经济现实角度来看，国际贸易是市场经济中每一个经济体必然参与的经济活动，不仅不能基于国内供需匹配状况来界定是否存在产能过剩，也不能将一国出口占全球总出口量的比重作为衡量产能过剩的指标。如表2和图2所示，美国1948~2002年几乎一直是全球第一大出口国，美国出口占全球的比重长期维持在10%以上，而这并不意味着美国长期存在产能过剩状态。

绿色产业所谓"产能过剩":争议、事实与应对

表2 世界主要国家出口额占全球的比重

单位:%

国别	1820~1850年	1850~1870年	1870~1890年	1890~1913年	1913~1938年	1945~1950年	1950~1970年	1970~1990年	1990~2000年	2000~2010年	2010~2018年
北美、西欧发达经济体											
美国	7.89	7.36	10.24	12.80	17.10	21.08	15.06	11.52	11.89	9.45	8.56
英国	22.01	19.06	17.05	14.15	11.67	11.50	8.21	5.16	4.93	3.71	2.66
德国	5.96	8.40	9.49	11.47	8.13	5.22	6.49	7.39	10.31	9.27	7.98
资本主义的跟随国											
法国	11.97	12.80	10.48	8.40	5.98	4.18	5.18	5.72	5.87	4.56	3.12
意大利	3.34	2.75	3.06	2.56	2.32	1.88	2.82	4.10	4.53	3.65	2.81
东亚、南美后发工业国家											
日本	—	0.23	0.44	1.23	3.80	0.66	3.13	7.52	8.30	5.83	4.08
韩国	—	—	0.01	0.04	0.46	0.03	0.06	1.06	2.25	2.65	3.07
中国	3.10	2.63	1.87	1.53	1.85	0.89	1.43	1.07	2.70	6.78	12.00
阿根廷	0.66	0.80	1.16	2.18	2.97	2.28	0.94	0.42	0.39	0.40	0.38
巴西	3.19	2.29	1.91	2.07	1.26	1.95	1.24	1.05	0.93	1.06	1.23

资料来源:1820~1938年数据来自Federico G., Tena-Junguito A., "World Trade, 1800–1938: A New Synthesis," Revista de Historia Económica–Journal of Iberian and Latin America Economic History, Vol. 37, 2019。1945~2018年数据来自UNCTAD数据库。

事实上，从历史视角来看，每一个主要经济体在经济快速增长期均存在出口占世界的比重快速增长的阶段。如表2和图2所示，美国出口占全球的比重1870~1950年持续保持高速增长，而日本、韩国、欧盟国家的经济快速增长期同其出口份额增长阶段高度重合。后发工业国家快速实现资本积累，产出和出口增加，是经济发展的历史经验，与产能过剩之间并无根本联系。

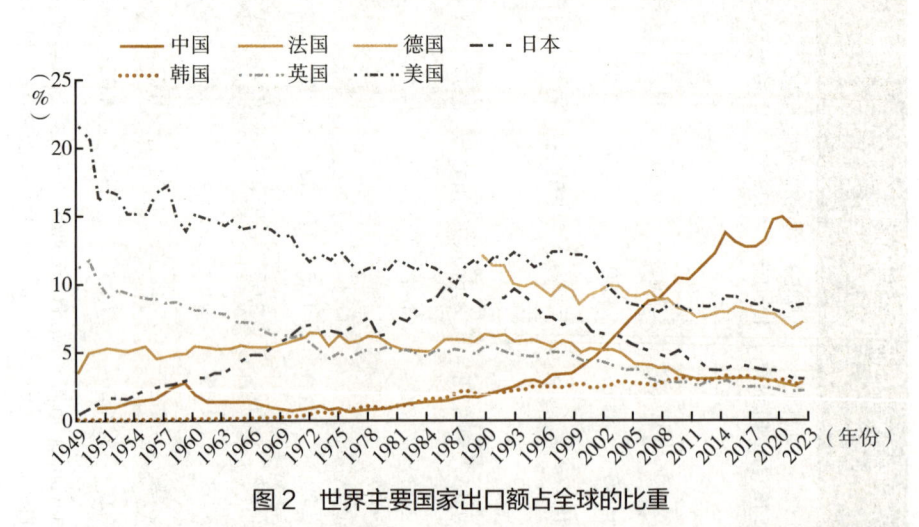

图2　世界主要国家出口额占全球的比重

资料来源：UNCTAD 数据库，https://unctadstat.unctad.org/datacentre/dataviewer/US.TradeMerchTotal，访问时间：2024年9月18日。

在经济学理论中，孕育新产业的创新国家必然会开展对外贸易是产品生命周期的必然结果。Vernon提出了国际产品竞争视角下的产品生命周期理论。[①] 从产业视角来看，产业可以划分为萌芽期、发展期、成熟期和衰退期四个阶段。国家又可以因该产品产销关系的状况，分为创新国家、其他发达国家和欠发达国家三类。在创新国家，伴随新产品由萌芽期过渡到发展期，消费者对新产品的需求量逐渐扩大，其产能开始爬坡，企业必然为寻求更高的利润而开展国际贸易，从而产生如图3所示的产品供给与需求曲线。可以很明显

---

① Vernon R., "International Investment and International Trade in the Product Cycle," *The Quarterly Journal of Economics*, 80(2), 1966.

地看出，当萌芽期新产业在创新国家迅速发展且其他发达国家的产业承接能力有限时，就会出现产品在本国市场上供给大于需求、需要对外出口的现象。

综上所述，从经济发展的历史和产品生命周期理论的角度，一个经济体开展对外贸易，是因为其工业化快速发展带来的产业竞争力增强，而非"产能过剩"的结果。

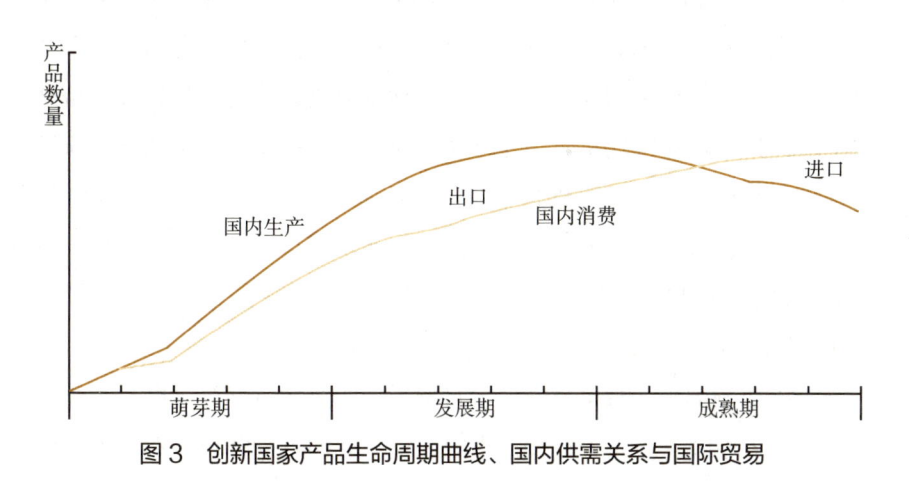

图3 创新国家产品生命周期曲线、国内供需关系与国际贸易

3. 利润率下降与企业淘汰不是产能过剩

根据产业经济学理论，无论是从产业发展的宏观角度还是市场主体博弈的微观角度，利润率下降都是产业发展与竞争过程中出现的正常现象，同所谓"产能过剩"的污名化称谓之间并无必然联系。

从产业生命周期的宏观角度，Vernon 提出，产业由创新国家向其他发达国家转移是必然现象。[1] 在萌芽期，先发企业因创新取得垄断收益。但随着国内需求的增加，单家企业的产能有限，且技术扩散不断发生，越来越多的市场主体开始进入市场。这一方面导致国内生产要素日渐紧俏，另一方面导致国内产品市场竞争日趋激烈，企业必然面临利润率的下降，从而选择开展跨国投资。因此，产业利润率的下降也并非所谓"产能过剩""摧毁"传统产能

---

[1] Vernon R., "International Investment and International Trade in the Product Cycle," *The Quarterly Journal of Economics*, 80(2), 1966.

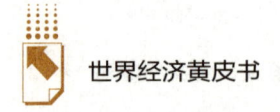

的恶性现象，而是新产业由发展期步入成熟期的必经阶段。

从市场主体竞争的微观视角看，利润率下降是寡头竞争和垄断竞争市场中竞争加剧的必然结果。从供给侧视角看，经典的古诺（Cournot）产量竞争表明，随着市场中企业数量增加，每家企业的均衡产量都会减少，而博弈均衡时总产量会趋近于完全竞争时的情形。当市场中两家相互竞争企业的产量决策存在先后顺序时，由斯塔克伯格（Stackelberg）产量竞争模型可知，先行动企业将选择扩大产量，挤压后行动企业的利润空间，最终得到比两家企业同时决策时更大的市场均衡产量；而后行动企业进入市场，将导致产品价格出现下降。当市场需求较小时，先行动企业甚至可以采取低价策略，降低市场潜在进入者的利润，从而维护自身的利润水平。Chamberlin 在垄断竞争市场中同样证明，当市场进入壁垒较低、新企业可以自由进出时，更易出现所有企业利润下降的状况。[1]

4. 潜在产能大于最乐观的需求预测不是产能过剩

部分需求预测未考虑可持续发展目标、净零排放目标等对绿色产业普及度的要求。考虑到部分政策目标，中国绿色产业的产能非但没有过剩，反而因其他国家推进绿色产能布局的速度严重不及预期而出现供给不足。

根据国际能源署（IEA）的《世界能源展望2023》，除中国外其他国家推进可再生能源建设的力度显著不足，不足以完成2050年净零排放路线图所拟定的、到2030年时需要达成的可再生能源装机量目标。[2] 在《联合国气候变化框架公约》第二十八次缔约方大会（COP28）上，近200个国家承诺实现《巴黎协定》将全球变暖控制在1.5摄氏度以内的目标。为此，到2030年，各国的可再生能源装机容量至少达到11000GW，但目前各国承诺届时装机量仅为1300GW，为目标的12%；即使按照各国最宏大的政策远景目标计算，装机量也仅为8000GW，并未达到目标水平。

---

[1] Chamberlin E.H., *The Theory of Monopolistic Competition*, Harvard University Press, Cambridge, Massachusetts, 1933.

[2] 国际能源署（IEA），"World Energy Outlook 2023," https://iea.blob.core.windows.net/assets/86ede39e-4436-42d7-ba2a-edf61467e070/WorldEnergyOutlook2023.pdf，访问时间：2024 年 9 月 18 日。

除中国外，世界其他国家对新能源产业的投资仍然不足，中国廉价的绿色产业产品为全球其他国家，特别是新兴经济体和发展中国家加快绿色产业布局提供了颇具竞争力的原料供应。国际能源署的《世界能源投资2024》显示，2024年全球能源投资总额将首次超过3万亿美元，其中2万亿美元用于清洁技术；在此之中，中国清洁技术制造投资占全球相关行业投资总额的3/4。[①] 这同2023年国际能源署在关于实现2050年净零排放目标中建议的全球清洁技术投资达到每年4.5万亿美元的目标相去甚远。

因此，从实现政策目标的角度来看，所谓"最乐观的需求预测"往往会因无法预测政策变动、技术突破等信息不足的原因，仍然低估未来一段时间的全球潜在需求。

综上所述，美国和欧洲国家发起的对华"产能过剩"指控，其本身便是一个"伪命题"。中国产品在海外市场的快速拓展，是由于产品竞争力强，而非产能过剩和倾销的结果。

二　中国绿色产业未依靠美西方批评的方式确立产能优势

美国财政部部长耶伦和副部长尚博均提到，其认为的中国产能过剩的原因在于"中国长期的宏观经济失衡，即家庭消费疲软和企业过度投资"，以及"政府对特定产业部门的大规模支持"，这种"非市场政策和做法通过扭曲市场、削弱公平竞争"。[②] 但实际上，中国对绿色产业的补贴政策整体来看符合竞争中性原则，而中国绿色产业竞争优势是产业政策与竞争政策有效结合的产物。

[①] 国际能源署（IEA），"World Energy Investment 2024," https://iea.blob.core.windows.net/assets/60fcd1dd-d112-469b-87de-20d39227df3d/WorldEnergyInvestment2024.pdf，访问时间：2024年9月18日。

[②] 参考美国驻华大使馆和领事馆《美国财政部负责国际事务的副部长杰伊·尚博就中国产能过剩和全球经济的讲话》，https://china.usembassy-china.org.cn/zh/remarks-by-under-secretary-for-international-affairs-jay-shambaugh-on-chinese-overcapacity-and-the-global-economy/；《美国财政部长珍妮特·耶伦在中华人民共和国北京举行的新闻发布会上的讲话》，https://china.usembassy-china.org.cn/zh/remarks-by-secretary-of-the-treasury-janet-l-yellen-at-a-press-conference-in-beijing-the-peoples-republic-of-china/，访问时间：2024年10月20日。

（一）中国的绿色产业具有较强竞争优势

中国在国际贸易中的强势表现，并不是产能过剩，而是技术优势。中国出口产品的价格要高于国内，且呈上升趋势。[①] 例如，中国比亚迪的 Atto3 在欧洲售价为 37990~38990 欧元，远高于在国内售价（11.98 万~16.38 万元人民币，折合 15466~21146 欧元）。中国车企的库存数量和欧美主流车企相近。在光伏领域，国际可再生能源署测算，中国 2022 年光伏发电的平均成本为全球最低，约相当于德国的一半，[②] 凭借成本优势，中国企业得以在激烈的国际竞争中站稳脚跟。

（二）行之有效的产业政策

中国的绿色产业补贴具有普惠性、面向消费者、有明确的退出路线图。中国早期的绿色产业政策奖励市场竞争的优胜者，新能源车企特斯拉、宝马、大众均受到中国政策的支持，中国光伏市场也同样有外资企业（如法国 Eco Green Energy）参与。

中国光伏、新能源汽车等产业的快速进步源自对消费端的补贴和配套基础设施建设。在新能源汽车行业，一方面我国的补贴重点在于汽车购置补贴，插电式混合动力乘用车最高补助 5 万元/辆，纯电动乘用车最高补助 6 万元/辆。[③] 同时免收或减收汽车购置税。另一方面，我国快速推进汽车充电站建设。我国自 2014 年开始，便大规模启动新能源车充电基础设施的建设，2016 年底公共类充电设施建设、运营数量均同比增长超 2 倍。[④] 充电桩的快速普及

[①] Hancock T., "US-Europe Gripes on China Overcapacity aren't All Backed by Data," https://www.bloomberg.com/news/articles/2024-04-02/us-europe-gripes-on-china-overcapacity-aren-t-all-backed-by-data?srnd=undefined, 访问时间：2024 年 9 月 18 日。

[②] IRENA, "Renewable Power Generation Costs in 2022, International Renewable Energy Agency, Abu Dhabi," https://www.irena.org/Publicatlons/2023/Aug/Renewable-Power-Genemtion-Costs-in-2022, 访问时间：2024 年 9 月 18 日。

[③] 《财政部 科技部 工业和信息化部 国家发展改革委关于开展私人购买新能源汽车补贴试点的通知》，https://www.ndrc.gov.cn/fggz/hjyzy/jnhnx/201006/t20100603_1134366.html，访问时间：2024 年 9 月 18 日。

[④] 国家能源局电力司、中国电动汽车充电基础设施促进联盟：《中国电动汽车充电基础设施发展年度报告（2016—2017 版）》，https://www.nea.gov.cn/136376732_14978397401671n.pdf，访问时间：2024 年 9 月 18 日。

降低了新能源汽车的使用成本，由此带动了中国新能源汽车产能的快速提升。在 2023 年中国取消新能源汽车补贴之后，新能源汽车销量 949.5 万辆，同比增加 37.9%；① 而充电基础设施新增 338.6 万台，增长 30.6%，桩车增量比达到 1∶2.4。② 在光伏产业，2021 年集中式光伏实现"平价上网"，财政不再补贴。这些形式合理的产业政策，为消费者自发选择绿色产品创造了良好的条件。

（三）创新与市场竞争带动产业健康发展

中国的专利申请量长期处于全球领先地位，其占比由 2011 年的接近 45% 增加到 2023 年的超 90%。③ 中国光伏产业专利占比大幅提升。2013 年中国终止了"金太阳示范工程"这一补贴。自此之后，中国对光伏产业采取了同美国、欧盟国家、日本等完全一致的光伏发电并网价格补贴政策。这表明，中国的技术进步恰恰是在取消了美国所批评的补贴形式的基础上所取得的。

中国"新三样"部门的技术进步源自国际合作和市场竞争。④ 以汽车动力电池行业为例，一般认为中国自 2011 年"十二五"规划开始重点发展动力电池行业，当年颁布的《外商投资产业指导目录（2011 年修订）》将新能源汽车动力电池产业划定为鼓励外商投资产业，同年中国锂电池龙头企业宁德时代通过吸收日资企业 ATL 正式成立。2016 年中国动力电池企业数量达到峰值，随后在市场竞争中数量迅速下降。⑤ 与之相应，中国的产业补贴标准也伴随着

---

① 《2023 年我国汽车产销量首次突破 3000 万辆》，https://www.gov.cn/yaowen/liebiao/202401/content_6925448.htm，访问时间：2024 年 9 月 18 日。
② 王政：《我国累计建成充电基础设施 859.6 万台》，《人民日报》2024 年 3 月 18 日。
③ 国家工业信息安全发展研究中心、工业和信息化部电子知识产权中心、中国光伏行业协会知识产权专业委员会发布《光伏产业专利发展年度报告》。
④ 2011 年，我国出台《外商投资产业指导目录（2011 年修订）》，https://www.ndrc.gov.cn/xxgk/zcfb/fzggwl/201112/W020190905494803398094.pdf。
⑤ 工信部在 2015 年公布《汽车动力蓄电池行业规范条件》之后，在 2016 年公布了四批符合该条件的动力电池企业名单（俗称"动力电池白名单"），整车厂只有配套白名单内动力电池公司产品的车型，才能享受到新能源汽车补贴。2016 年底，工信部出台《汽车动力蓄电池行业规范条件》（2017 年）（征求意见稿），将锂离子动力电池单体企业产能的门槛从 0.2GWh 抬高至 8GWh。大批市场中部与尾部的动力电池公司因无法达标而直接出局。根据东吴证券的研究报告，2016 年，仅有比亚迪与宁德时代达到 8GWh 的产能门槛，连国内动力电池产能排名第三的国轩高科 2016 年都仅有 6GWh 的产能。

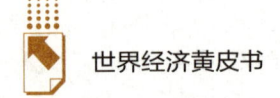

市场竞争中企业质量的提升而大幅提升。

中国的绿色产业整体来看是自由进出、充分竞争的，市场稳步实现由发展期向成熟期的过渡。根据中国汽车协会的数据，2024年1~7月汽车销售排名前十企业销量占总销量的84.6%，新能源汽车销量排名前十企业销量占比达到85.7%，市场发展由发育期进入稳定期；但前十大车企销量占比的环比出现下降，表示中小车企具有较强竞争力。①

三 中国当前部分产业产能过剩的成因

我国产业具有一定的国际竞争力，但不可否认，除前文论述的产业发展一般规律之外，国内外政治因素均对我国部分行业产能过剩造成了影响。

（一）国际保护主义政策

主要经济体产能利用率自2018年起步入下降通道，新冠疫情加剧了这一趋势，且尚未出现明显改观。这是逆全球化浪潮之中，保守主义经济政策大量兴起、各国产业政策竞争日渐加剧的结果。

美国自2018年开始掀起的逆全球化浪潮，使得世界经济分工碎片化和区域化。根据世界贸易组织（WTO）的统计，主要WTO成员采取的保障措施（Safeguard）数量2019~2020年达到历史极值。2019年各国共启动保障措施调查30项，通知措施12项，在历史上仅低于2002年；2020年各国共启动保障措施调查22项，通知措施12项。②

主要国家普遍开展的产业政策竞争和本地化生产，阻碍了中国产品和企业的出海进程。Juhász等统计得出，德国、日本、巴西、美国等2009~2020年使用的产业政策数量最多（见图4）。③各国针对产业竞争采取的保护性政

---

① 中国汽车工业协会：《2024年7月中国汽车工业协会信息发布会》，http://www.caam.org.cn/chn/4/cate_154/con_5236478.html，访问时间：2024年9月18日。
② WTO, "Safeguard Measures," https://www.wto.org/english/tratop_e/safeg_e/safeg_e.htm，访问时间：2024年9月18日。
③ Juhász R., Lane N., Oehlsen E., Pérez V. C., "The Who, What, When, and How of Industrial Policy: A Text-based Approach," STEG Working Paper, August 15, 2022.

策，令产业间的竞争变为政策竞争。从世界范围内来看，产业回流趋势极为明显。[①] 如图5所示，2018~2019年，产业政策被公开谈论的次数飙升，随后虽有回落，但已然开启了上涨趋势。

各国均寻求保证本国的产业链安全，强调在本国或可靠的盟友国投资关键产业。这一现象对产能过剩形成两方面压力：一是企业的市场需求被压缩，由供应全球变为供应个别区域或经济体；二是催生重复投资，企业难以达到有效规模，使得其投资与生产效率下降。这加剧了全球范围内普遍出现产能未充分利用的产能过剩现象。

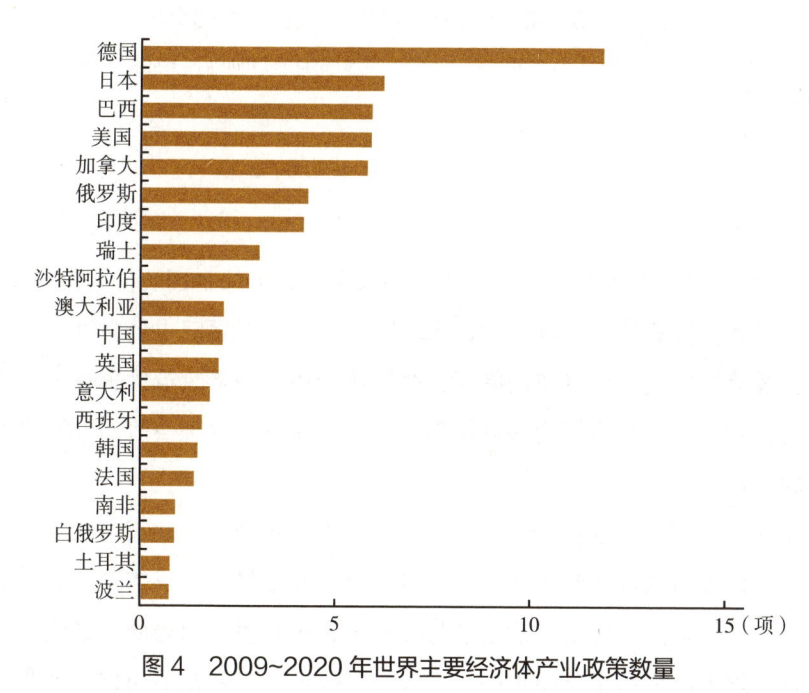

图4 2009~2020年世界主要经济体产业政策数量

资料来源：Juhász R., Lane N., Oehlsen E., Pérez V. C., "The Who, What, When, and How of Industrial Policy: A Text-based Approach," STEG Working Paper, August 15, 2022。

---

① Evenett S., Jakubik A., Martín F., Ruta M., "The Return of Industrial Policy in Data," *The World Economy*, 47(7), 2024.

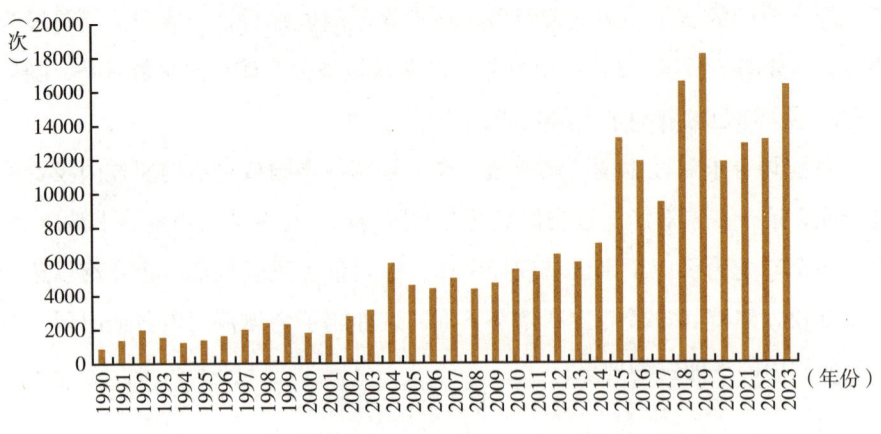

图5　全球主要商业出版物提及"产业政策"的次数

资料来源：Evenett S., Jakubik A., Martín F., Ruta M., "The Return of Industrial Policy in Data," *The World Economy*, 47(7), 2024.

（二）国内产业政策竞争

2023年12月召开的中央经济工作会议指出，加快全国统一大市场建设，着力破除各种形式的地方保护和市场分割。党的二十届三中全会进一步做出部署，规范地方招商引资法规制度，严禁违法违规给予政策优惠行为。这表明我国力求对地方政府行为加以规制，以市场化手段解决当前部分行业产能过剩的决心。

事实上，部分产业的产能过剩与地方政府的不当产业政策之间具有一定的关系。地方政府的不当产业政策，对部分企业提供了盲目扩张产能的资金支持，使得区域之间事实上形成了相互竞争、重复投资的局面。张亚斌等研究发现，地方政府给予补贴加剧了产能过剩现象。与补贴前相比，企业产能过剩率上升1%~3%。[①] 包群等研究发现，造成这种产能过剩的原因，并不在于选择了主导产业，而是在于同一行政辖区内主导产业高度相似。[②] 企业

[①] 张亚斌、朱虹、范子杰：《地方补贴性竞争对我国产能过剩的影响——基于倾向匹配倍差法的经验分析》，《财经研究》2018年第5期。

[②] 包群、唐诗、刘碧：《地方竞争、主导产业雷同与国内产能过剩》，《世界经济》2017年第10期。

在主导产业引导下会大幅增加投资和扩大产出,但生产率和新产品数量并未出现显著增加。重点产业政策的支持同样可能引起要素配置低效,进而引发产能过剩现象。① 为此,需要通过市场化政策,实施普惠性、功能性产业政策,既发挥产业政策对培育新产业的促进作用,又要切实避免各地区争相上项目、拉投资带来的重复建设。

四 政策建议

面对美欧等西方经济体对我国"产能过剩"问题的炒作与打压,我国一方面应该坚定推进全球化进程和全球产能合作,使高质量产能惠及全球经济体;另一方面应积极推进国内改革,加快构建全国统一大市场,实现政府与市场更好结合,避免制度性因素造成短期产能过剩问题的长期存在。

坚定推进全球化进程。第一,要高举全球化旗帜,从发展的视角出发,强调供需关系的全球化、全球需求的动态化和技术的进步化,从根本上对美欧所谓的"产能过剩"指责予以回应,论证其指责的无理之处。第二,应该鼓励企业积极出海投资,以高质量开放带动普惠式发展。坚持高质量推动共建"一带一路",坚定不移地推进中非合作,共筑人类命运共同体,对相关国家开展高质量投资。保障投资的本地化水平,适度开放对投资东道国的技术授权。在缓解企业国内竞争压力的同时,携手广大发展中国家推进现代化进程。第三,主动开展产业政策全球治理与协调机制构建。主动同欧盟开展合作,就产业政策制定、国家援助、政府采购等议题进行磋商,提高产业政策的透明度,寻求产业政策规范化实施,在保护本国产业的同时维护正常的全球经贸秩序,实现各国经济的良性互动。

加快构建全国统一大市场。第一,以公平竞争审查制度,带动地方政府治理理念的优化升级。要引导各级政府树立以公平竞争的市场环境增强经济内生增长动力的理念,减少对各类产业提供"一窝蜂""竞逐式"的政策支

---

① 杨继东、罗路宝:《产业政策、地区竞争与资源空间配置扭曲》,《中国工业经济》2018年第12期。

持,转而在增强本地持续创新能力上采取普惠性产业政策措施。第二,破除引起低效竞争的体制机制障碍。一方面,畅通产能淘汰、退出与流转机制,避免地方政府以"保护支柱产业"为名支持"僵尸企业";适度鼓励绿色产业的经营者集中,依托市场化机制消化过剩产能。另一方面,鼓励支持引导行业协会制定行业标准,规范包括绿色产业在内的各类新兴产业的生产工艺、生产标准,适度提高产业准入门槛,缓解国内企业竞争压力;同时为中国标准出海、知识产权跨国流转打下良好的制度基础。

参考文献

包群、唐诗、刘碧:《地方竞争、主导产业雷同与国内产能过剩》,《世界经济》2017年第10期。

杨继东、罗路宝:《产业政策、地区竞争与资源空间配置扭曲》,《中国工业经济》2018年第12期。

余淼杰:《对"产能过剩"与新质生产力的理解及思考》,《辽宁大学学报》(哲学社会科学版)2024年第4期。

张亚斌、朱虹、范子杰:《地方补贴性竞争对我国产能过剩的影响——基于倾向匹配倍差法的经验分析》,《财经研究》2018年第5期。

中国金融四十人论坛课题组、纪志宏、纪敏等:《产能过剩的衡量与原因分析——一个文献综述》,《新金融评论》2017年第1期。

Chenery H. B., "Overcapacity and the Acceleration Principle," *Econometrica: Journal of the Econometric Society*, 1952.

Evenett S., Jakubik A., Martín F., Ruta M., "The Return of Industrial Policy in Data," *The World Economy*, 47(7), 2024.

Grbčić A., Hess S., Hess M., Krljan T., "The Impact of Seasonality on Efficient Airport Capacity Utilization," *Pomorstvo*, 35(2), 2021.

Juhász R., Lane N., Oehlsen E., Pérez V. C., "The Who, What, When, and How of

Industrial Policy: A Text-based Approach," STEG Working Paper, August 15, 2022.

Vernon R., "International Investment and International Trade in the Product Cycle," *The Quarterly Journal of Economics*, 80(2), 1966.

Ward J.M., Kirkley J.E., Metzner R., Pascoe S., "Measuring and Assessing Capacity in Fisheries: Basic Concepts and Management Options," FAO Fisheries Technical Paper, No. 433/1, Rome, FAO, 2004.

Willey F. V., Locock G., "America's Economic Supremacy: Frank Admission by British Industrial Leaders," *Current History (1916-1940)*, 23(4), 1926.

Y.17
人工智能对全球劳动力市场的影响

宋 锦 刘东升[*]

摘　要： 人工智能（AI）对就业产生深远影响，既通过智能化替代传统岗位造成"破坏效应"，也通过催生新行业和岗位展现"创造效应"。AI显著改变了职业任务结构，拓展了新技能需求，促进了人机协同，提高了生产效率。同时，AI的发展仍受限于处理复杂任务的能力及社会伦理考量。AI对不同行业的影响各异，整体上重塑了就业市场，既带来挑战也创造机遇。由于劳动供给和行业结构的差异，AI对不同国家的劳动力市场产生异质性影响。发达国家面临的劳动力供给短缺问题，能够利用AI得以缓解，且其人力资本更适合新岗位需求。相比之下，发展中国家依赖低技能劳动力参与国际分工，AI技术的普及削弱了其比较优势，加剧了劳动力供需错位和失业问题。此外，AI创造的高技能岗位多集中在服务业，主要惠及发达国家，而AI替代的岗位多在制造业和农业，对发展中国家冲击更大。长期来看，AI的推广和应用将导致发达国家与发展中国家在就业前景上的差距进一步扩大。AI的发展加剧了国际科技竞争，发达国家凭借高额投入和领先技术垄断了AI发展红利，并可能提升其在全球事务中的话语权，而发展中国家面临技术壁垒和传统发展路径受阻的双重挑战，其差异化影响也引发了全球治理难题。

关键词： 人工智能　劳动力市场　就业

---

[*] 宋锦，中国社会科学院世界经济与政治研究所研究员，发展研究中心主任，主要研究方向为发展经济学；刘东升，中国社会科学院大学，主要研究方向为技术变革与政策。

人工智能对全球劳动力市场的影响

近年来，随着计算机算力、大数据技术和机器学习算法突破，以人工智能（AI）为代表的新一轮科技革命如火如荼地展开。AI的核心是机器学习算法，通过学习海量数据构建理解数据的模式或程序，在数据挖掘的基础上判断、分析和决策。最近几年，随着应用场景深化，AI已经在图像分类、视觉推理、基本阅读理解、自然语言理解等多个领域超越人类。[①]这些变革将持续重置全球劳动力市场，塑造新的任务、产生新的技能需求，并将发展中国家和发达国家推上差异化的发展轨道，对全球政治经济秩序产生深刻冲击。本文重点探讨AI对劳动力市场的影响，以此分析不同国家面临的不同问题，以及AI在国际政治经济秩序变化中的作用。

一　人工智能对就业的影响

AI对就业有多重影响，通过推动原有生产任务显著实现智能化来替代人类劳动力，呈现为就业"破坏效应"，也通过催生新业态和新岗位，呈现为就业"创造效应"。随着AI与产业的深度融合，其对就业的影响逐步显现。出于人力资本和安全考量等决定了AI应用与人类劳动之间的均衡点。

第一，AI对人类执行的生产任务实现了显著替代，同时拓展了新的任务区间，兼具就业破坏和就业创造的效果。AI显著改变职业任务的结构，替代了以往由人类执行的某些任务，同时生成需要新技能的任务。[②]近年来，劳动经济学越来越多地从工作任务维度分析就业情况，这使得研究AI对就业的冲击更为深入。从文献来看，AI对就业的冲击存在多个层次。首先，AI使常规的认知与手工任务有效实现自动化，AI的任务执行边界不断扩大，由人类执

[①] World Intellectual Property Organization, "Patent Landscape Report-Generative Artificial Intelligence," 2024; Stanford University Human-Centered Artificial Intelligence, "Artificial Intelligence Index Report 2024," 2024.

[②] Acemoglu D., Autor D., Hazell J., Restrepo P., "Artificial Intelligence and Jobs: Evidence from Online Vacancies," *Journal of Labor Economics*, 40, 2022；柏培文、王亚文：《中国细分行业技能资本替代弹性与技术偏向性》，《经济研究》2023年第3期；胡涟漪、盖庆恩、朱喜等：《中国职业技能结构转型：任务内容的视角》，《经济研究》2024年第1期。

行的传统任务区间被压缩，新的任务区间被拓展。借助超强的计算和搜索能力，大语言模型推动AI大幅替代传统的数据分析、设计决策和执行任务，如客户支持、数据输入等常规认知任务的活动，以及写作、编程、自动驾驶、疾病诊断、风险评估、算法交易、绘画摄影、视频创作等需要特定认知能力的活动，显著提高生产力。① 其次，在工作中AI和人类具有互补性，AI可以承担大量的数据处理和分析工作，其"去技能化"效应会减少就业所需技能的深度，而使人类可以专注于更具战略性和创造性的任务，其"再技能化"效应扩展了专业技能的广度。② 人机协同模式不仅提高了工作效率，也提升了服务质量。例如，在新闻、市场营销乃至医疗保健等领域的传统职业中AI能够大幅承担其中的数据分析和决策支持角色，与此同时需要新的技能、新型人力资本通过运用AI技术来分析和解决问题。③ 再次，AI形成的创新潜力催生新商业模式，创造了一系列新产业、新任务。AI的发展催生了大数据、云计算、平台经济、高速宽带移动互联网等众多新兴产业，这些产业需要大量高素质人才。例如，无人驾驶农业机械促进了农业装备制造业发展，需要专业的编程人员、维修人员，以及从事农业数据采集、分析和判断的人员；农业物联网的应用促进了农业金融、农业保险等服务的发展，需要大量的物联网工程师、农业数据分析师，以及从事农业数据平台开发的人员。最后，AI通过提高生产效率、降低生产成本、扩大产品和服务供给，拉动市场需求，并带动相关产业的就业增加。

在AI与产业逐步融合的过程中，AI重塑和创造新职业的影响逐步显现。首先，与AI直接相关的岗位被迅速创造。从2010年开始，AI职位空缺呈现

---

① Atalay E., Phongthiengtham P., Sotelo S., Tannenbaum D., "New Technologies and the Labor Market," *Journal of Monetary Economics*, 97, 2018; 陈琳、高悦蓬、余林徽：《人工智能如何改变企业对劳动力的需求？——来自招聘平台大数据的分析》，《管理世界》2024年第6期。

② 王林辉、钱圆圆、周慧琳等：《人工智能技术冲击和中国职业变迁方向》，《管理世界》2023年第11期。

③ Bartel A., Ichniowski C., Shaw K., "How does Information Technology Affect Productivity? Plant Level Comparisons of Product Innovation, Process Improvement, and Worker Skills," *Quarterly Journal of Economics*, 122(4), 2007; Alekseeva L., Azar J., Giné M., Samila S., Taska B., "The Demand for AI Skills in the Labor Market," *Labour Economics*, 71, 2021; 宁光杰、崔慧敏：《智能技术应用对劳动者技能错配的影响》，《东南学术》2023年第6期。

快速增长，特别是2015~2016年显著增加。① 根据麦肯锡全球研究院发布的报告，随着AI的迅速发展和应用推进，2022~2030年欧美就业市场对STEM（科学、技术、工程、数学）、医疗保健专业人才的需求增长17%~30%，为欧洲和美国创造700万个工作职位。② AI和机器学习专家、机器人工程师等是增幅最大的岗位，紧随其后的是商业智能分析师、金融科技工程师、算法工程师等ICT领域的新兴职业。其次，随着AI与产业的不断深入融合，不同行业不同规模的企业对科技人才的需求变得更加多元化，AI对就业的创造能力开始显现。世界经济论坛的报告认为，随着AI的迅速发展和应用推进，2023~2027年全球将新增6900万个工作岗位。

AI对劳动的替代受到其自身技术发展水平及安全考量的制约，两者决定了AI应用与人类劳动之间的均衡点。首先，AI对于复杂任务的替代存在局限性。AI擅长处理结构化、重复性的任务，但在需要高度个性化、情感智力以及对复杂情境的理解时，仍无法完全取代人类。例如，在医疗保健、咨询等领域，人类在提供个性化的解决方案方面具有不可替代的优势。其次，社会和伦理方面的潜在风险制约AI的应用速度。AI可能导致失业、技术歧视、伦理和隐私安全保护问题等，为此，要建立强有力的监管框架以规范其发展。③ 这些治理问题会影响AI的应用范围和推广速度，进而影响AI对就业形成的冲击的广度和深度。

第二，生产方式的变革使劳动力市场面临冲击。首先，在职员工的劳动生产率迅速提升。AI通过使常规和重复性任务智能化极大地提高了生产力，劳动者可在应用AI的基础上专注于非常规、难以程式化、更具创造性和综合性的工作。有效应用AI的公司可以获得竞争优势、实现更高产出，成为新的

---

① Acemoglu D., Autor D., Hazell J., Restrepo P., "Artificial Intelligence and Jobs: Evidence from Online Vacancies," *Journal of Labor Economics*, 40, 2022.
② McKinsey Global Institute, "A New Future of Work: The Race to Deploy AI and Raise Skills in Europe and Beyond," 2024.
③ Brynjolfsson E., McAfee A., "The Second Machine Age: Work, Progress, and Prosperity in a Time of Brilliant Technologies," W. W. Norton & Company, 2014; Acemoglu D., Restrepo P., "Automation and New Tasks: How Technology Displaces and Reinstates Labor," *Journal of Economic Perspectives*, 33(2), 2019.

市场领导者。其次，技能错配导致具有一定持续性的失业。随着 AI 取代某些工作任务或岗位，劳动者现有技能与市场需求不匹配可能导致持续性的失业现象。那些岗位被 AI 替代的劳动者可能不具备新技能，从而长时间处于失业状态。这在销售及客户服务等领域尤为明显，在欧洲可能会减少 30 万~500 万个工作岗位，在美国可能会减少 10 万~370 万个工作岗位。[①] 再次，长期来看，收入分配结构被重塑、劳动要素的收入份额进一步降低。随着 AI 技术持续进步，越来越多的知识被集成到设备或软件，使社会总劳动需求减少，并且机器与人的竞争也使劳动力的工资增长缓慢甚至下降，导致劳动要素的收入份额降低。[②] 最后，劳动者间收入差距的变化。部分能够利用 AI 增强自身能力的劳动者收入增长，对于更多中高技能劳动者而言，AI 显著地冲击其生产任务区间，使生产对这一群体的技能要求发生调整，技能溢价降低，劳动者难以通过提高知识水平为自己获得更多收益。部分中等收入群体向下挤出可能带来低技能低收入群体的收入增长放缓。

第三，AI 对就业的影响在不同行业也存在异质性。AI 通过自动化、智能化、数据驱动等方式改变农业、制造业和服务业的生产和竞争格局，成为产业迭代升级的催化剂，也是构建现代产业体系的关键要素，有助于实现经济结构升级和质量全面提升。在农业部门，AI 的作用集中于节省劳动力成本、提高生产效率。AI 驱动的农业机器人具备精准种植、智能灌溉、病虫害预测等功能，从而减少农作物损失，提高产量，并且在这一过程中对简单农业劳动的需求减少，富余劳动力可从事非农生产进而实现增收。进一步地，AI 整合基因技术、视觉分析技术、传感器技术等，对作物选种、土壤管理、病虫害监测等提供技术支持，这将显著提高对农业技术人员特别是农业设备运营人员的需求。

AI 对制造业就业的影响主要体现为生产效率大幅提高和就业岗位大幅替

[①] McKinsey Global Institute, "A New Future of Work: The Race to Deploy AI and Raise Skills in Europe and Beyond," 2024.

[②] Zhang X. C., Sun M. R., Liu J. X., Xu A. J., "The Nexus between Industrial Robot and Employment in China: The Effects of Technology Substitution and Technology Creation," Technological Forecasting and Social Change, 2024.

代，原有就业创造的效果不明显。一系列生产活动由智能机器人完成，并能够实时监控和调整生产线，生产过程中的人工干预显著减少，标准产品的质量也显著提高。此外，通过熟练处理和分析大数据集，企业的产品交付系统得以改善，产品调配效率更高且交付速度更快，生产成本和运营成本显著降低，促使企业更多地关注研发，为持续的经济增长创造空间。[1]根据国际机器人联盟的统计数据，2017~2022年全球实际使用的工业机器人年均增长率约13%，2022年全球实际使用的工业机器人数量累计390万台左右；2022年中国工业机器人新安装量超过29万台，在全球市场占比约52.5%。[2]

在服务业，AI同样实现了生产效率的提升和就业替代，客户支持、数据录入、翻译编程、文字编辑等常规认知任务被AI技术标准化，教育培训、医疗服务等专业化部门的技术优势受益于AI的加持。[3]例如，在教育领域，AI能够实时分析学生的上课状态，识别出学生在特定学科或主题下的不同"学习风格"，为教师提出个性化的授课建议，开发和部署这些AI技术有利于增加对不同技能教师的需求。在医疗保健方面，AI显著改变了诊断和治疗的方式，快速、准确地识别病灶，提高诊断效率，降低误诊率，在提高患者治疗效果的同时降低医疗成本，改善患者的诊疗体验，缓解患者的支付负担。[4]此外，AI在服务业的充分发展，可使现代化服务业为制造业提供更加多样化、高质量的支持服务，带来新机遇的同时，也缓解了AI对制造业就业替代的冲击。

---

[1] Brynjolfsson E., McAfee A., "The Second Machine Age: Work, Progress, and Prosperity in a Time of Brilliant Technologies," W. W. Norton & Company, 2014; Chui M., Manyika J., Miremadi M., "Where Machines could Replace Humans-and Where They Can't (yet)," McKinsey Quarterly, 2016; Arntz M., Gregory T., Zierahn U., "The Risk of Automation for Jobs in OECD Countries: A Comparative Analysis," OECD Social, Employment and Migration Working Papers, No.189, 2016; World Intellectual Property Organization, "Patent Landscape Report-Generative Artificial Intelligence," 2024.

[2] 数据来源：国际机器人联盟，https://ifr.org/。

[3] Acemoglu D., Restrepo P., "The Wrong Kind of AI? Artificial Intelligence and the Future of Labor Demand," *Cambridge Journal of Regions, Economy and Society*, 13(1), 2020.

[4] Topol E. J., "High-performance Medicine: The Convergence of Human and Artificial Intelligence," *Nature Medicine*, 25(1), 2019.

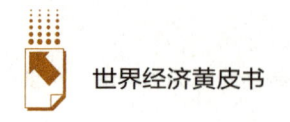

二 不同国家劳动力市场受到的不同冲击及国内挑战

AI 会对不同群体、不同行业的劳动力就业产生异质性影响。由于不同国家的劳动供给和产业结构有显著差异，AI 的快速发展和应用给不同国家带来不同的问题。

第一，不同国家劳动供给的数量和技能结构存在差别，AI 冲击了劳动力市场，导致生产对劳动者知识集成的要求降低，而一些国家和地区则会面临更严重的劳动力供需错位问题。近年来，发展中国家的劳动力供给增长强劲。根据世界银行的数据，20 世纪 90 年代以来，全球低收入国家的人口数量高速增长，维持在 2.5% 以上，且增长率呈上行趋势；中等收入国家的人口增长率小幅下滑，但由于基数较大，总人口仍保持较快增长。[①] 与发展中国家的人口变化趋势相反，发达国家人口增长率普遍下行。美国的人口增长率 2021 年为 0.2%，2023 年小幅回升到 0.5%；欧盟的人口增长率震荡下行，2011 年和 2021 年均出现过短暂的人口负增长。从技能结构看，发展中国家的劳动力以中等技能为主，而 2023 年美国高技能从业人数为 8367.3 万人，占总就业人数的 52.0%。[②] 在国际分工体系中，发展中国家凭借丰富的中低技能劳动力资源，参与国际分工，承担劳动密集型生产，获得贸易利得。然而，随着 AI 技术的持续发展和应用推广，智能化技术显著替代了常规性标准化体力劳动、智力劳动，相应的岗位正是发展中国家参与国际分工的就业主体。这导致发展中国家在劳动密集型生产领域的比较优势削弱，发展中国家的人口红利进一步减少，部分劳动者面临长期性失业。与之相反，发达国家不仅能够借助 AI 及智能机器人有效缓解劳动力供给短缺问题，其人力资本储备也更能胜任 AI 创造的新任务、新岗位。

第二，不同国家的行业结构存在差别，就业替代、增强和创造效应在不

---

① United Nations Department of Economic and Social Affairs, "World Population Prospects 2024," https://www.population.un.org/wpp/Publications/Files/WPP2024_Data_Sources.pdf, 2024.
② 数据来源：国际劳工组织，https://rshiny.ilo.org/dataexplorer15/?lang。

同国家表现不同。发达国家和发展中国家的产业结构存在显著差异。服务业是发达国家的主要就业部门，农业和工业则是发展中国家的主要就业行业。根据世界银行的数据，国际金融危机以后，尽管发展中国家的服务业就业占比小幅增长，但与发达国家相比存在较大差距，其中，低收入国家从2010年的26%增长到2022年的31%，中等收入国家从39%增长到45%；发展中国家工业部门的就业占比达到1/3左右[①]。同期，发达国家的就业结构存在较大不同，美国服务业就业占比维持在79%左右，欧盟从2010年的68%增长到2022年的71%，而二者工业部门就业占比仅分别为19%和25%左右。如前所述，AI创造的新职位和提升生产效率的岗位主要集中在教育、金融、消费品批发和零售业、供应链和运输业等领域，[②] 而AI替代的职位主要集中在制造业和农业，这意味着AI带来的就业创造和增强效应、创造的经济和就业机会主要集中在发达国家，而大规模的就业替代效应在发展中国家更显著。近年来，大多数经济体经济复苏，发达国家的劳动力市场复苏强劲、很多部门面临劳动力短缺问题，而中等和低收入国家的劳动力市场复苏缓慢、失业率持续上升。从不同国家在AI发展应用过程中获得的经济和就业机会来看，AI将扩大发达国家与发展中国家之间的发展差距。

第三，AI的产业化发展决定了发达国家与发展中国家的就业前景差异化。AI技术对已有工作岗位的替代是一个快速的过程，但是创造新的工作岗位是一个较为缓慢的调整过程。短期来看，AI替代部分岗位，造成总体就业增长放缓，但是新一代自动化技术的发展依赖于数字产业发展和数字技术提升，如基于互联网技术的云计算、大数据、企业供应链管理、平台经济等大量数字技术和服务业的创新。企业只有在数字化智能化的加持下提升生产效率，才能有效克服新技术应用在短期内带来的就业压力，实现劳动力在更大范围和更高质量层面的就业。从产业发展的前景来看，AI对就业的创造效应可能主要集中在发达国家。2023年美国STEM职业从业人数约2977.9万人，占总

---

① 数据来源：世界银行，https://data.worldbank.org.cn/indicator/SL.SRV.EMPL.ZS。
② World Economic Forum, "Future of Jobs Report 2023," https://www3.weforum.org/docs/WEF_Future_of_Jobs_2023.pdf, 2023.

就业人数的18.5%；在尖端人才培养方面，欧美发达国家更加成熟，创新生态系统也更加完善。为适应AI技术深入发展形势，欧美发达国家战略性部署了对顶尖科技人才特别是STEM人才的培养规划。在竞争条件下，发达国家的企业成本显著降低，一部分降低的成本转化为产品和服务价格的下降，增加消费者剩余和整体福利，引致更高水平的消费规模和市场需求，从而进一步激发经济活力。[1]

三 国际政治经济秩序受到的影响

AI的发展和应用会引发国际政治经济秩序调整，一是加剧大国科技博弈。二是发达国家垄断科技发展红利，可能使其在国际发展事务中的话语权进一步提高，而发展中国家的发展空间被挤压，其发展制造业、参与国际贸易等传统发展路径受到挑战。三是AI应用引发全球治理困境，全球劳动力市场供需错配情况加剧。

第一，AI加剧了大国科技博弈。不同国家和企业都认识到AI在国家竞争和市场竞争中的重要作用，不断加码对AI领域的投资。斯坦福大学2024年发布的报告显示，近年来，全球AI研发集中在美国、欧盟、中国等少数经济体，并且中美两国的AI水平处于世界领先地位。在顶级AI模型方面，2014~2023年AI模型数量呈快速增长态势。2023年，美国AI领域的私人投资为672.2亿美元，新发布61个著名模型；欧盟和英国为110亿美元，其中，英国为37.8亿美元，新发布25个著名模型；中国为77.6亿美元，新发布15个著名模型。[2] 与此同时，国家间科技博弈愈发激烈，科技制裁反复发生。

第二，AI研发导致发达国家垄断科技发展红利，发展中国家的发展空间被挤压。顶尖AI模型的训练成本非常高昂且不断攀升。据估算，Open-AI开

---

[1] Deng Y., Bao F., Kong Y., et al., "Deep Direct Reinforcement Learning for Financial Signal Representation and Trading," *IEEE Transactions on Neural Networks and Learning Systems*, 28(3), 2016.

[2] Stanford University Human-Centered Artificial Intelligence, "Artificial Intelligence Index Report 2024," 2024.

发的 ChatGPT-4 训练成本约 7800 万美元，Google 开发的 Gemini Ultra 训练成本高达 1.91 亿美元。①受资金限制，小国的企业无力承担 AI 的研发费用，AI 领域的全球竞争将主要集中在少数大国。大国持续加码 AI 投资，可能形成类似于军备竞赛、核竞赛的竞争模式，导致博弈双方的退出成本持续攀升，小国发展的技术壁垒越来越高。为了改善国内经济增长、缓解就业压力，欧美发达国家在国内市场调控利率、在国际市场加强制造业回流，采取逆全球化措施，为扩大通胀、加剧社会撕裂埋下了隐患。发展中国家被迫面对逆全球化引致的疲软经济环境，其传统的发展制造业、参与国际贸易等路径受到技术冲击和国际贸易环境恶化的挑战。②

第三，AI 应用引发全球治理困境。伴随 AI 技术持续突破和应用场景快速拓宽，AI 重塑生产方式和就业形式，发达国家对发展中国家的劳动力需求减少、投资增长乏力。发展中国家是世界人口增长的主体，但在 AI 快速发展的背景下，人口增长不再能带来红利，反而会因国内就业需求不足，带来大规模失业、资源过度消耗等一系列社会问题。随着 AI 可执行的任务边界不断拓展，人类劳动参与生产的必要性不断降低，导致劳动者受教育收益下降、受教育机会被剥夺。大规模失业、社会保障压力及其引发的社会不稳定因素将使发展中国家面临严峻的社会治理问题。在国际上，发达国家垄断 AI 技术发展，发展中国家参与国际分工的议价能力下降，全球治理面临困境。

四 应重点关注的政策领域

近年来，世界经济复苏乏力，各国都在迫切寻找新的经济增长点。为充分发挥 AI 对就业和经济增长的积极作用，应重点关注以下几个方面。

第一，形成有助于市场竞争的人才结构。要求劳动者不断提升自身素质，

---

① Stanford University Human-Centered Artificial Intelligence, "Artificial Intelligence Index Report 2024," 2024.
② Alonso C., Berg A., Kothari S., Papageorgiou C., Rehman S., "Will the AI Revolution Cause a Great Divergence?" *Journal of Monetary Economics*, 127, 2022.

以适应新的就业形势。加强人才培养,加大对AI和机器人相关人才的培养力度,满足市场需求。一方面,提供制度支持,让具备创新思维、企业家精神以及国际视野的领军人才和掌握高新技术、具有跨界整合能力的复合型人才发挥作用,把AI引入生产体系,助力企业适应快速变化的市场需求和产业环境,推动AI积极价值的实现,不断引领行业前沿,开拓国际市场。另一方面,大力培养熟练掌握专业技能并具备数字素养的普通劳动者,不仅精通本职工作,还具备与数字时代相匹配的能力,能够理解并运用AI、大数据等技术,以提升个人工作效率,灵活应对技术变迁,顺利完成从传统岗位转向技术密集型岗位。劳动者利用数字平台和工具进行数据分析、问题解决和流程优化,有效提升作业效率与服务质量,改进产品、服务和管理模式,增强个人和行业的竞争优势。

第二,塑造多元主体参与的动态协同教育机制,为劳动力就业转型保驾护航。传统教育对于人才的培养内容固化且效率较低,不利于劳动者适应迅速变化的产业和劳动力市场需求。近年来,AI显著改善了教育和技能培养的模式,AI向教育系统显著集成,有利于改变标准化的学习内容和模式,能够实现从内容到方式的个性化,显著促进技能发展,有利于劳动者不断提高生产率,为创新活动的开展提供人才储备和应用条件。同时,教育机制应包含政府、企业、学校、其他培训机构、科学和行业代表、教师、学生及其家庭等,推动课程改革、科教融汇、产学研用一体化进程等,提高教育对技术进步的响应能力和对产业趋势变化的敏感度,建立覆盖人才培养全周期且与产业发展相匹配的联动机制。倡导终身学习理念,创新线上线下混合式培训模式,并通过激励制度,不断提升学习者技能与未来产业需求的适配性。

第三,增强劳动力市场的灵活性和韧性。技术革新和产业升级会加剧就业市场波动,增大非正规就业比例,导致部分劳动者面临短期或长期的职业转换挑战。对此,要优化就业管理策略,有效维护就业稳定,确保市场健康发展。同步推进构建积极的就业支持和社会保障体系,优化市场环境,加快构建统一开放、竞争有序的全国大市场,减少行政壁垒,降低企业运营成本,加强产权和知识产权保护,提升营商环境吸引力,间接促进就业机会增加和质量提升。同时，畅通企业退出机制，避免过度干预导致的资源错配；增强就业信息服务平台功能，拓宽就业信息发布渠道，提供定制化的再就业培训服务，减轻摩擦性失业带来的负面效应。此外，加大对创业创新的支持力度，通过财政补贴、税收减免、融资便利等措施，激发市场活力，鼓励自主创业，拓宽就业渠道；加大社会保障力度，动态精准支持不同群体，特别是年长和低技能工人，助其顺利过渡至新岗位或新行业，确保社会保障体系能够适应技术进步和产业结构调整的需要，为经济健康发展夯实基础。

第四，不断提高治理水平。维护良好的科技发展和企业竞争环境至关重要。掌握AI和机器人技术的企业获得先发优势，将改变行业内的竞争格局。AI和机器人技术的门槛较高，中小企业难以进入，可能加剧行业集中度。优化竞争性市场结构，首先，加强反垄断监管，加强对拥有核心AI和机器人技术的企业的监管，尤其是龙头企业、头部互联网企业，防止其滥用市场支配地位。其次，支持中小企业发展，提供政策支持，帮助中小企业获得资金、技术和人才，提升自身竞争力。最后，促进技术开放共享，鼓励企业开放核心技术，促进技术创新和应用。

参考文献

陈琳、高悦蓬、余林徽：《人工智能如何改变企业对劳动力的需求？——来自招聘平台大数据的分析》，《管理世界》2024年第6期。

宁光杰、崔慧敏：《智能技术应用对劳动者技能错配的影响》，《东南学术》2023年第6期。

柏培文、王亚文：《中国细分行业技能资本替代弹性与技术偏向性》，《经济研究》2023年第3期。

胡涟漪、盖庆恩、朱喜等：《中国职业技能结构转型：任务内容的视角》，《经济研究》2024年第1期。

王林辉、钱圆圆、周慧琳等：《人工智能技术冲击和中国职业变迁方向》，《管理

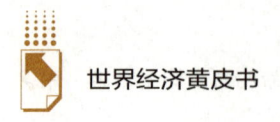

世界》2023 年第 11 期。

Acemoglu D., Restrepo P.,"Automation and New Tasks: How Technology Displaces and Reinstates Labor," *Journal of Economic Perspectives*, 33(2), 2019.

Acemoglu D., Restrepo P.,"The Wrong Kind of AI? Artificial Intelligence and the Future of Labor Demand," *Cambridge Journal of Regions, Economy and Society*, 13(1), 2020.

Acemoglu D., Autor D., Hazell J., Restrepo P.,"Artificial Intelligence and Jobs: Evidence from Online Vacancies," *Journal of Labor Economics*, 40, 2022.

Alekseeva L., Azar J., Giné M., Samila S., Taska B.,"The Demand for AI Skills in the Labor Market," *Labour Economics*, 71, 2021.

Alonso C., Berg A., Kothari S., Papageorgiou C., Rehman S.,"Will the AI Revolution Cause a Great Divergence?" *Journal of Monetary Economics*, 127, 2022.

Arntz M., Gregory T., Zierahn U.,"The Risk of Automation for Jobs in OECD Countries: A Comparative Analysis," OECD Social, Employment and Migration Working Papers, No.189, 2016.

Atalay E., Phongthiengtham P., Sotelo S., Tannenbaum D.,"New Technologies and the Labor Market," *Journal of Monetary Economics*, 97, 2018.

Bartel A., Ichniowski C., Shaw K.,"How does Information Technology Affect Productivity? Plant Level Comparisons of Product Innovation, Process Improvement, and Worker Skills," *Quarterly Journal of Economics*, 122(4), 2007.

Brynjolfsson E., McAfee A.,"The Second Machine Age: Work, Progress, and Prosperity in a Time of Brilliant Technologies," W. W. Norton & Company, 2014.

Chui M., Manyika J., Miremadi M.,"Where Machines could Replace Humans-and Where They Can't (yet)," McKinsey Quarterly, 2016.

Deng Y., Bao F., Kong Y., et al.,"Deep Direct Reinforcement Learning for Financial Signal Representation and Trading," *IEEE Transactions on Neural Networks and Learning Systems*, 28(3), 2016.

McKinsey Global Institute,"A New Future of Work: The Race to Deploy AI and Raise

Skills in Europe and Beyond," 2024.

Stanford University Human-Centered Artificial Intelligence, "Artificial Intelligence Index Report 2024," 2024.

Topol E. J., "High-performance Medicine: The Convergence of Human and Artificial Intelligence," *Nature Medicine*, 25(1), 2019.

World Intellectual Property Organization, "Patent Landscape Report-Generative Artificial Intelligence," 2024.

Zhang X. C., Sun M. R., Liu J. X., Xu A. J., "The Nexus between Industrial Robot and Employment in China: The Effects of Technology Substitution and Technology Creation," Technological Forecasting and Social Change, 2024.

Y.18
美国大选对中美及全球经贸格局的影响

姚 曦 石先进[*]

摘 要： 本文对美国大选对中美及全球经贸格局的潜在影响进行了展望。在对中美经贸格局的影响方面：中美经贸关系仍将呈现缓慢脱钩态势，但对两国来讲最重要的仍然是做好本国国内的事情。特朗普当选，短期来看，贸易冲突加剧，中美经济都将受损，或将被迫达成双边协议。长期来看，政策不确定性上升，双边经贸活动交易成本永久上升并拖累中美经济增长。中国在寻求与其他国家合作方面或将存在较大空间。在对全球经贸格局的影响方面：特朗普新政府将继续秉持以本国工人、本国产业为主的经贸政策立场，并不断强化国家安全的重要性。同时逆全球化、区域化、盟友化仍将是未来全球经贸格局的大势所趋。特朗普当选，将开启新一轮关税战，使全球经济政策不确定性上升。

关键词： 美国大选 中美经贸关系 全球经贸格局

一 美国大选与美国经贸政策走向

此次美国大选对中美及全球经贸格局产生深远影响，在经贸政策方面会延续当下的逆全球化、保护主义趋势。综合《2024年美国共和党纲领：让美国再

---

[*] 姚曦，中国社会科学院世界经济与政治研究所国际发展研究室副研究员，主要研究方向为国际贸易、科技创新；石先进，中国社会科学院世界经济与政治研究所国际贸易研究室助理研究员，主要研究方向为全球价值链、贸易政策。

次伟大》①和特朗普在各种场合的表态，特朗普新政府的经贸政策主要包含以下几个方面。

（一）贸易方面

第一，对所有的进口商品征收10%~20%全面关税，即特朗普多次提及的"普遍基准关税"，该关税相当于设定了外国商品进入美国市场时的准入价格。第二，对来自中国的进口商品征收60%的关税。第三，撤销中国的最惠国待遇。第四，通过阻止进口中国汽车来重振美国汽车业。第五，逐步停止从中国进口必需品，包括电子产品、钢铁及药品等，可能针对这些领域加征更高的禁止性关税。第六，通过《特朗普互惠贸易法案》应对不公平贸易行为。第七，买美国货、雇美国人。强调"购买美国货"和"雇佣美国人"政策，禁止将工作外包的公司与联邦政府开展业务。

（二）投资方面

第一，阻止中国企业涉足美国的房地产业和工业。第二，制造业回流，将关键供应链迁回美国。确保国家安全和经济稳定，同时为美国工人创造就业机会、提高工资。

（三）科技方面

第一，通过出口管制和限制人员交流，在高科技领域推进对华脱钩。第二，国内放松管制，撤销有关法规、取消拜登的电动汽车及其他强制性规定。

二 美国大选对中美经贸关系的影响

（一）中美经贸关系走势

特朗普作为美国前总统有执政记录可循，因此，未来四年中美经贸关系

---

① "2024 GOP Platform: Make America Great Again," https://www.presidency.ucsb.edu/documents/2024-republican-party-platform.

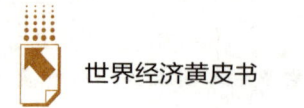

走势可以从其过去执政时期的实际效果中预见端倪。

1. 在贸易方面

中美双边贸易对各自对外贸易的重要性均呈现下降态势。根据中方统计，中国对美国贸易占自身贸易总额的比重，在特朗普执政时期，从2017年的14.21%下降到2020年的12.61%。在拜登执政时期，进一步下降至2023年的11.19%。[①] 根据美方统计，美国对华贸易占自身贸易总额的比重，在特朗普执政时期，从2017年的16.34%下降到2020年的14.81%。在拜登执政时期，进一步下降至2023年的11.27%。[②]

2. 在投资方面

特朗普于2018年8月签署的《外国投资风险审查现代化法案》（FIRRMA）对中国对美国直接投资冲击严重，中国对美国投资额大幅下降至一个新的较低水平，中国对美国投资存量占中国对外直接投资存量的比重不断下降，而美国对华直接投资在过去八年并未受到显著影响。根据中方统计，在特朗普上任的2017年，中国对美国投资流量为64.25亿美元，与2016年的169.81亿美元相比大幅下降，此后，直到2023年中国对美国投资流量均保持在60亿美元量级的低水平上。从直接投资存量看，中国对美国投资存量占中国对外直接投资存量的比重，在特朗普执政时期，从2017年的3.7%下降到2020年的3.1%。在拜登执政时期，进一步下降至2023年的2.8%。[③] 根据美方统计，美国对华投资存量占美国对外直接投资存量的比重在过去八年间变化不大，甚至稍有上升，在特朗普执政时期，从2017年的1.7%上升到2020年的1.9%。在拜登执政时期，基本维持不变，2023年仍为1.9%。[④]

3. 在科技方面

美国对华出口管制不断加码，中美科技合作自特朗普上台之后呈现降温态势。从高科技产品贸易数据来看，自2018年8月美国公布第一批对华"实

[①] 根据《中国统计年鉴》计算。
[②] 根据美国国际贸易委员会（United States International Trade Commission, USITC）数据计算。
[③] 数据来自《中国对外直接投资统计公报》。
[④] 数据来自美国经济分析局（Bureau of Economic Analysis, BEA）发布的"按国家和行业划分的对外直接投资"。

体清单"以来，美国对华高科技产品出口从2018年8月的69亿美元一路下降至2020年5月的36亿美元。美国在中国高科技产品进口中的份额由2018年8月的23%下降至2020年5月的16%。拜登时期，出口管制措施得以延续，多次将中国高科技机构和企业列入出口管制的"实体清单"。在科技合作方面，2001~2016年，在中国与其他国家合作申请的国际专利中，中美合作专利占比平均为41.7%，在2017~2020年特朗普当政时期，中美合作专利占比大幅跌落至33.5%。

（二）.美国大选对中美经贸关系的影响

1. 中美经贸关系仍将延续缓慢脱钩态势

在此次美国大选中中国问题的关注度不高，并不是中国议题不重要，而是两党有共识，对华态度均为打压，不需要辩论。两党在竞选过程中均以"对华强硬"为吸引选民的卖点，根据芝加哥全球事务委员会和益索普在2024年10月发布的一项民意调查，美国民众对中国的看法创历史新低，在0~100分的感觉温度计上，美国人对中国的看法为26分，低于2022年的32分，也是自1978年该委员会发起此项调查以来的历史最低分。在该项调查中，大多数美国人希望限制中国实力增长，将中国视为美国的竞争对手，并表示中美贸易削弱了美国的国家安全。然而，美国人也敏锐地意识到两个核大国之间战争的潜在代价，并表示避免与中国发生军事冲突是中美关系的首要目标。美国以学生和学者为代表的知华派人数减少，但与中国相关的政府职位增加，打压中国从政治态度变成常规工作。美国两党可能采取的对华经贸政策目标均为打压，差别只在具体采取的措施方面；而由于中美之间基数庞大的经贸和产业链联结，任何打算迅速脱钩的政策也将由于短期内巨大的经济负面影响而失败，因此，中美经贸关系仍将延续缓慢脱钩态势。

中美两国作为超大经济体量国家，双边经贸只是其整体经济中的一环。对于美国而言，其在二战以前曾长期奉行"孤立主义"并受益于此，而在2008年国际金融危机之后，尤其是特朗普第一任期上台之后，可以看到明显的"孤立主义"回潮现象。从民众的角度，此次美国大选期间，美国选民最关心的是经济和移民议题,①其次是堕胎权议题,都属于内政问题;对外交议题的关注度仅排第七、第八位,而在外交议题中,主要关注点是中东冲突和俄乌冲突,中国问题仅排第三。从政府的角度,做好国内的事情,如社会保障和二次分配,才是解决全球化带来的国内收入分配不均问题的根本之道。

对于中国而言,自2018年开始的中美大规模经贸摩擦虽然减弱了中美之间的经贸联系,但并未改变中国在国际市场中制造业大国的地位。根据世贸组织2024年4月发布的2023年全球货物贸易数据,中国出口的国际市场份额为14.2%,连续15年保持全球第一;进口的国际市场份额为10.6%,连续15年保持全球第二。在世界经济艰难复苏的背景下,中国制造业显示出较强的韧性。中国经济当前面临的一些挑战,需要政府聚焦宏观调控政策、结构性调整和长效机制建设等。因此,对于中美两国而言,最重要的仍然是做好本国国内的事情。与此同时,平衡好中美之间的竞争与合作,才是负责任大国应该做的事情。

2. 特朗普胜选对中美经贸关系的影响

第一,短期来看,贸易冲突加剧,中美呈现双输局面,或将被迫达成双边协议。对美国经济而言,根据彼得森国际经济研究所的测算,特朗普新政府的关税计划会降低美国的实际GDP和就业率,并推高通胀水平。假设美国对所有进口产品征收10%的关税,其他国家也做出类似回应,将导致美国实际GDP到2026年比基准水平(假设为1.9%)低0.9个百分点,2025年美国通胀率比基准水平(假设为1.9%)上升1.3个百分点。假设美国仅对中国进口产品征收60%的关税,中国采取相应的措施,将导致美国实际GDP到2026年比基准水平下降0.2个百分点以上,2025年美国通胀率将比基准水平上升0.7个百分点。②对中国经济而言,据瑞银集团的测算,假设美国从2025

---

① Megan Brenan, "Economy Most Important Issue to 2024 Presidential Vote," Gallup Report, October 9, 2024.
② Warwick McKibbin, Megan Hogan, Marcus Noland, "The International Economic Implications of a Second Trump Presidency," PIIE Working Paper, September 2024.

年9月开始对中国进口产品征收60%的关税,并在2026年1月开始对全球所有进口产品征收10%的关税。这种情况下,其对中国GDP的负面影响将于2025年达0.4个百分点,到2026年将超过3个百分点。若中国采取适当的对冲措施,如采取更大规模的财政刺激措施、进一步降息、加大房地产市场支持力度,并且仅对特定美国产品加征报复性关税,中国可以将美国关税冲击对经济增长的负面影响控制在2个百分点以内。① 对于双方而言,短期内都无法承担如此巨大的负面经济冲击,双方重回谈判桌达成类似于"中美一阶段经贸协议"的双边经贸协议将是大概率事件。

第二,长期来看,政策不确定性上升造成中美双边经贸活动交易成本上升,中美经济遭受打击。对美国而言,彼得森国际经济研究所所长亚当·波森指出,不确定性带来的长期宏观经济成本将大大超过在双边谈判中艰苦讨价还价所获得的任何短期利益,特朗普新政府的关税威胁是在经济领域将不确定性武器化,对美国的制度优势和经济利益造成难以逆转的损害,这是其经济议程的根本缺陷。② 根据彼得森国际经济研究所的测算,特朗普新政府撤销中国的最惠国待遇,将导致美国通胀上升、GDP下降,且经济永远不会完全恢复,更具讽刺意味的是,该措施将损害美国的农业、耐用品制造业和采矿业等部门利益,并导致美国贸易逆差扩大。③ 对中国而言,2000年美国授予中国永久正常贸易关系(PNTR),以及2001年中国加入世贸组织,都使得国际经贸领域的政策不确定性大幅降低。美国学者一项影响广泛的研究发现,2000~2005年,中国出口之所以飞速增长,关税不确定性的消除起码可以解释其中的1/3。④ 中国学者的研究也指出,关税不确定性下降,不仅促使更多的

---

① "How US Elections, Tariffs, China and Geopolitical Risk could Shape Global Markets in 2025/2026," UBS Report, 9 October, 2024.
② Adam S. Posen, "The True Dangers of Trump's Economic Plans," Foreign Affairs, October, 2024.
③ Megan Hogan, Warwick J. McKibbin, Marcus Noland, "Economic Implications of Revoking China's Permanent Normal Trade Relations (PNTR) Status," Peterson Institute for International Economics, September 2024.
④ Handley Kyle, Nuno Limão, "Policy Uncertainty, Trade, and Welfare: Theory and Evidence for China and the United States," *American Economic Review*, 107 (9), 2017.

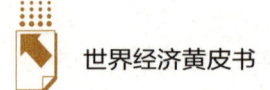

中国企业参与出口，同时还挤出了低效率的出口企业，因此优化了不同企业之间的资源配置，提高了总体生产效率。① 因此，特朗普新政府的关税提案，尤其是撤销中国的最惠国待遇，将给中国经贸发展带来巨大影响。

第三，中国在寻求与其他国家合作方面或将存在较大空间。特朗普胜选将意味着美国"孤立主义"回潮，其与哈里斯在对华政策上的最大差别之一就是是否联合盟友。特朗普新政府打算对所有的进口商品征收 10%~20% 关税的提案，已经使欧盟、英国、加拿大、澳大利亚等美国盟友纷纷开始评估该提案的影响及应对措施。这就为中国寻求与其他西方国家合作方面留下了较大空间。中国或可考虑采取"单边开放"战略，向这些国家提供关税削减、签证豁免等优惠政策，积极争取合作机会，以抵消特朗普新政府的关税政策对中国经济的潜在打击。

三　美国大选对全球经贸格局的影响

（一）全球经贸格局发展趋势

当前，全球经贸格局正处于加速变革时期。一方面，大国实力对比的转向，动摇了冷战结束以来"一超多强"的世界格局，中美两个世界上最大经济体之间的经济实力差距在近十几年间快速缩小，进入大国博弈阶段。另一方面，2008 年全球金融危机之后，发达国家经济复苏乏力，收入分配差距持续拉大，纷纷推行再工业化，致使贸易保护主义抬头，贸易摩擦频发。在这样的时代政治和经济背景下，全球经贸格局进入快速重构期，总体呈现以下特征：逆全球化、区域化、盟友化。

1. 逆全球化

此轮"逆全球化"始于 2008 年全球金融危机之后，2016 年以来，以"英国脱欧"和美国总统大选中"特朗普当选"两大事件为标志，"逆全球化"进

---

① Feng L., Li Z., Swenson D. L., "Trade Policy Uncertainty and Exports: Evidence from China's WTO Accession," *Journal of International Economics*, 106, 2017.

入更为显著的发展阶段。[①] 在特朗普第一任期内，其领导下的美国政府相继退出了联合国教科文组织、联合国人权理事会、巴黎气候变化协议、跨太平洋伙伴关系协定(TPP)、伊核协议、中导条约、世界卫生组织等国际多边机制和区域协定，阻挠世界贸易组织(WTO)上诉机构改革，致使以WTO为代表的多边贸易机制改革严重受挫。此外，通过限制移民、加征关税等一系列保护主义行动助长了全球范围内的"逆全球化"趋势。在拜登政府时期，保护主义行动表现为"以工人为中心"的贸易政策和产业政策回潮，其任期内相继通过了《基础设施投资和就业法案》、《芯片与科学法案》和《通胀削减法案》，以提升美国芯片和新能源产业的竞争力。此外，2020年新冠疫情对全球产业链的冲击，也使得多国开始权衡全球产业链的效率与安全问题。

2. 区域化

多边贸易机制WTO受阻之后，区域贸易协定盛行。《全面与进步跨太平洋伙伴关系协定》（CPTPP，2018年签署）、《美墨加协定》（USMCA，2018年签署）、《区域全面经济伙伴关系协定》（RCEP，2021年签署）等新一代区域自由贸易协定的签署使得北美、亚洲的内部经贸联结更为紧密。从数据来看，全球价值链也确实越来越呈现出以中国市场为核心的亚洲、以德国市场为核心的欧洲、以美国市场为核心的北美"三足鼎立"的区域化倾向。[②]

3. 盟友化

2018年起始的中美经贸摩擦使得大国博弈明朗化、趋势化，地缘政治和安全因素成为国家和跨国企业布局全球产业链时的重点考虑因素。从数据来看，特朗普政府于2018年以国家安全为由对进口钢铝产品征收"232关税"后，全球钢铝产品经贸格局的调整就是很好的例证。美国在对全部进口钢铝产品征收"232关税"的同时启动了相应的排除机制，结果显示3年之后美国钢铝产品的全球供应链更"安全"了，通过国别豁免，"232关税"巩固了加拿大和墨西哥两个邻近国家的供应链地位；通过产品排除，"232关税"维持

[①] 佟家栋、谢丹阳、包群等:《"逆全球化"与实体经济转型升级笔谈》，《中国工业经济》2017年第6期。

[②] 鞠建东:《大国竞争与世界秩序重构》，北京大学出版社，2024。

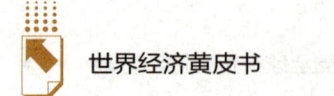

了欧盟和日本等安全盟友国家的供应链地位,并大幅削弱了与中国和俄罗斯等竞争对手国家的钢铝产品贸易联系。[①]而拜登任内,更是极力修复特朗普时期被破坏的美欧同盟关系,联合盟友是其国际战略的主要特点。2022年爆发的俄乌冲突,使得美欧同盟进一步加强,西方国家联手在政治、贸易、金融等领域对俄罗斯进行全方位制裁。这将使得未来国家之间的经贸联系更多地受到政治军事联盟的影响。

(二)美国大选对全球经贸格局的影响

1. 不会改变全球经贸格局的发展趋势

虽然特朗普和哈里斯在具体经贸措施和实施路径上存在较大分析,但两党都将秉持以本国工人和本国产业为核心目标的经贸政策立场,并在其中不断强化国家安全的重要性。这一政策立场意味着美国将更加重视本土制造业的复兴以及全球产业链的安全可控,减少对单一国家或地区供应链的依赖,降低潜在的地缘政治风险。因此,全球经贸格局的趋势性变化不会改变,逆全球化、区域化、盟友化仍将是未来全球经贸格局的大势所趋。

2. 特朗普胜选,全球经济政策不确定性上升

特朗普当选,美国"孤立主义"回潮,新一轮关税战开启,多边贸易规则遭到进一步破坏,全球经济不确定性上升,将极大地加速逆全球化、区域化的全球经贸格局发展趋势。特朗普对待多边机制的态度非常消极,这缘于他认为国际多边机制限制了美国的行动自由。虽然退出WTO的可能性仍然很小,但会致力于使WTO处于名存实亡的状态。在盟友关系方面,特朗普"美国优先"的种种经贸政策,以及威胁减少美国防务开支及其结束俄乌冲突的意愿,使得美国盟友对于特朗普上台都非常恐慌。在高科技领域,特朗普支持放松管制,可能取消拜登任内的《通胀削减法案》,但由于既得利益者阻挠,其取消《芯片与科学法案》的概率较低。对中国科技打压的态度不会放松。特朗普重新入主白宫还将极大地提升全球经济政策的不确定性,其发动

[①] 姚曦:《关税排除机制的政治经济学分析》,中国商务出版社,2022。

的关税战必将遭到报复，欧盟已经针对特朗普上台制定了反制关税措施。全球经济政策不确定性的上升，将导致全球贸易量下降、经济增长放缓。

综上，此次美国大选在未来四年并不会从根本上改变中美经贸关系以及全球经贸格局的趋势性变化。特朗普和哈里斯的经贸政策理念截然不同，但其本质都是保护主义的，特朗普的关税战赤裸裸地亮出以邻为壑的态度，而哈里斯的产业政策本质上也是一种关税，只不过包装精巧、更为隐秘。二者的目标都是维护本国工人和本国产业，结果也是殊途同归。然而，此次美国大选的深远影响在于，其带给我们一窥美国政治走向的机会。特朗普再次当选，意味着一个政治保守派周期在美国这一世界领导性大国的正式确立，并很可能在未来十年或二十年得以延续，而自20世纪90年代开启的自由派周期彻底结束。政治周期的彻底转换，必将给经济政策带来更多的不确定性。特朗普将比哈里斯给中美经贸关系和全球经贸格局带来更大的不确定性，这是二者最大的不同。

Y.19
世界贸易组织重要谈判进展

东艳 张琳 郭若楠[*]

摘　要： 2023~2024年世界贸易组织（WTO）的谈判进展涉及多个关键领域，包括投资便利化、电子商务和数字贸易、渔业补贴、农业补贴、气候变化与贸易规则，以及争端解决机制的改革。在全球贸易治理遭遇逆全球化趋势、贸易保护主义抬头和地缘政治紧张局势的背景下，WTO在气候变化、数字贸易等新兴议题中的作用日益凸显。《投资便利化协定》和《电子商务协议》的签订显示了WTO在投资和数字贸易领域取得的进展，而渔业补贴和农业补贴谈判则体现了全球经济可持续发展的紧迫需求。未来WTO谈判将更多关注新兴议题及其解决方案，应对全球经济和政治环境变化所带来的挑战。

关键词： 多边贸易体系　数字经济　环境可持续性　争端解决机制

一　引言

世界贸易组织（WTO）在全球贸易中发挥着至关重要的作用，包括：推动全球贸易谈判，促进贸易自由化；对贸易政策实施监督，减少政策不确定

---

[*] 东艳，中国社会科学院世界经济与政治研究所研究员，主要研究方向为国际贸易；张琳，中国社会科学院世界经济与政治研究所 China & World Economy 编辑，主要研究方向为国际贸易；郭若楠，中国社会科学院世界经济与政治研究所助理研究员，主要研究方向为国际贸易。

性；解决贸易争端，建立全球范围内的贸易规则，促使成员国的合作。但逆全球化趋势凸显，贸易保护主义抬头；疫情冲击后全球供应链正在加速重构；地缘政治冲突加剧了全球政治经济政策的不确定性，世界贸易组织面临着一系列巨大挑战。在推动世界经济再全球化（re-globlization）的进程中，重新赋能激发世界贸易组织改革的潜力，凝聚共识，推动谈判进程等是促进国际贸易进一步发展、增进各成员国人民的生活福祉、创造更多就业机会和促进可持续发展的重要一环。

本报告重点分析了世界贸易组织在2023~2024年的主要谈判进展，特别是投资便利化、电子商务和数字贸易、渔业补贴、争端解决机制改革，以及农业等议题的谈判。这些谈判的进展如何影响全球贸易？成员国在谈判中的主要立场和观点是怎样的？未来的谈判趋势是什么？应如何进一步推动多边贸易体制向绿色、数字和包容性方向发展？这些问题均是本报告研究的重点。

二 WTO在全球贸易治理中的角色与变化

（一）WTO的传统角色

过去的三十年，世界贸易组织（WTO）极大地推动了全球贸易的快速发展。自1995年成立以来，WTO的多边贸易规则体系逐步覆盖全球，促进了商品和服务的自由流动，减少了关税壁垒和非关税壁垒。在此期间，全球贸易额显著增长，从20世纪90年代初的5万亿美元增至2023年的约24万亿美元；推动了发展中经济体和发达经济体经济较快增长，帮助超过15亿人摆脱极端贫困。WTO多边贸易体系，是二战后全球经济合作与治理的重要支柱之一，国际贸易成为拉动全球经济增长的重要引擎。

第一，WTO致力于通过谈判降低关税和消除非关税壁垒，从而促进成员国之间的商品和服务自由流动。通过多轮贸易谈判（如乌拉圭回合和多哈回合），推动全球贸易自由化，助力各国经济增长。第二，WTO构建了一个以规则为基础的国际贸易体系，包括进出口关税、服务贸易、知识产权、投资等多个领域，反对贸易保护主义，确保了贸易政策的透明、公平和可预测性。第三，WTO 的争端解决机制能够有效调解贸易纠纷，减少单边主义和贸易摩擦升级的风险。第四，WTO 通过定期的贸易政策审议（Trade Policy Review）监控成员国的贸易政策动向，确保其符合多边贸易体系的规定，并向成员国提供政策建议，帮助其在遵守规则的同时最大化自身利益，促进全球经济稳定发展。第五，WTO 关注发展中国家，特别与差别待遇（Special and Differential Treatment）允许发展中国家在关税减让、实施时间和市场准入等方面享有一定的灵活性，有助于促进其经济发展水平和竞争力的提升。

（二）全球经济环境中的新变化

面对疫情冲击、供应链重组和地缘政治危机，WTO 多边贸易体系正处于关键的十字路口。这些挑战不仅考验 WTO 的应变能力和改革成效，也对全球贸易体系的稳定与未来走向产生深远影响。

第一，疫情冲击与供应链断裂。疫情期间，国际物流运输多次停滞，导致生产链条中断，关键产品（如医药、半导体等）供应不足，全球贸易遭遇大幅衰退。2020 年全球货物贸易量下降约 5.3%。尽管 2021 年出现了部分复苏，但疫情的冲击仍对全球供应链和贸易流动带来了深远影响。这一冲击暴露了全球化供应链的脆弱性，使各国更加关注本国供应链的安全，多个国家重新评估和调整供应链策略，强调"去全球化"或"区域化"，以确保本国经济稳定。WTO 面临着如何在全球危机中更有效地促进供应链恢复问题，以提升国际物流的稳定性和韧性。

第二，区域化政策对 WTO 多边体制的"绊脚石"作用。供应链的区域化政策，主要包括一些国家（尤其是美国）提出的供应链重组和"友岸外包"策略。美国等国家正在推动部分生产环节回流国内或转移至盟友国家，以增强供应链的安全性和可控性。这种区域化和盟友化的供应链重组削弱了全球一体化的程度，WTO 多边贸易体系面临日益分裂的风险。此外，区域贸易协定增多，特别是巨型 FTA 的建立，也令全球贸易规则更加复杂。这不仅增加了全球贸易的不确定性，也弱化了 WTO 的争端解决机制和监督职能，使其在全球贸易治理中的角色面临更大挑战。

第三，地缘政治与全球贸易保护主义抬头。近年来，各国出于维护自身经济安全和减少供应链冲击的考虑，纷纷采取保护性措施，导致全球贸易壁垒增加。全球贸易预警（Global Trade Alert）数据显示，2018 年以来，中美贸易摩擦加剧，保护主义和限制性贸易措施显著增加；随着疫情和乌克兰危机的爆发，这一趋势加速。2020~2022 年，全球贸易限制措施的数量大幅上升，各国实施的关税、出口限制、反倾销调查等措施数量上升 30% 以上。尤其在涉及关键资源（如半导体、稀土等）的行业，单边壁垒显著增加。地缘政治冲突带来的单边壁垒增加和贸易保护主义抬头，对全球贸易体系的稳定性造成极大的挑战。

第四，特朗普上台对自由贸易和全球多边贸易体系的冲击。随着美国大选尘埃落定，特朗普再次当选为总统。上一个任期内，特朗普退出了多边贸易协定，包括跨太平洋伙伴关系协定（TPP）；对于 WTO，特朗普更是阻止了其上诉机构新成员的任命，导致该机构陷入瘫痪；特朗普政府实行"美国优先"政策，通过提高关税来激励国内生产和保护就业，违背了 WTO 支持自由贸易的宗旨。此次，特朗普在其竞选宣言中表现出更加强烈的贸易保护主义倾向，提出对所有进口商品征收 10%~20% 的关税，甚至对包括中国在内的多个国家的商品征收高达 60% 的关税。他还表示将取消对中国的最惠国待遇，加速中美经济的进一步脱钩。特朗普的贸易政策必将对全球贸易格局产生深刻影响，或将对全球贸易体系带来巨大冲击。

因此，WTO 需要在供应链韧性、规则更新和多边协调等方面加强改革，以期能够在新的全球经济格局中保持其在国际贸易治理中的核心地位。

（三）应对新兴挑战的调整

全球经济政治形势面临巨大变革，也为 WTO 的发展带来了机遇。WTO 在新兴议题领域（如气候变化、数字贸易和可持续发展）扮演着越来越重要的角色。这些议题反映出国际贸易发展的新需求，WTO 也在不断调整自身角

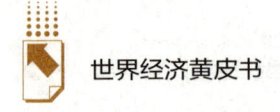

色以应对这些变化。

第一，贸易政策与环保措施相结合。WTO正在推进碳边境调节机制（CBAM）在多边框架下的政策协调，探索制定全球统一的碳计量和报告标准；WTO提议在多边框架下实行绿色产品的"零关税"或优惠关税政策，促进绿色和低碳产品的贸易，以加快全球绿色经济转型；WTO正在促进绿色和低碳产品的贸易，以加快全球绿色经济转型，通过降低清洁能源技术、可再生能源设备和环保产品的关税，为成员国提供更多绿色发展选择。WTO还关注碳减排领域的融资和技术转让问题，促进绿色技术的公平获取，推动全球范围的低碳技术使用，特别是在发展中国家和欠发达地区的推广。

第二，数字技术与数字贸易。WTO通过电子商务联合声明倡议（Joint Statement Initiative on E-commerce），就跨境数据流动、数据本地化要求、电子合同、数字签名等方面进行了谈判。这些规则有助于降低数字贸易的交易成本，促进国际电子商务活动，从而推动经济增长和创造就业。WTO鼓励成员国之间进行技术转让与合作，尤其是发展中国家，以提高其在数字经济中的竞争力。WTO通过提供培训和技术支持，帮助发展中国家建设数字基础设施，提升人力资本的数字技能，从而推动当地企业的创新和发展。WTO强调数字化对中小企业（SMEs）发展的重要性，支持其在数字经济中找到新的市场机会。

第三，农业与食品安全。WTO鼓励发展可持续农业，如有机农业、可再生资源利用等，以支持环境保护和资源管理，确保食品供应的长期安全；在面对全球供应链冲击时，WTO通过促进各国合作，确保食品和农产品的供应链稳定，以减少对全球食品安全的影响。

WTO正在向"包容性、多功能"的全球治理组织转型，并在新兴议题上发挥着更加重要的作用，推动完善数字贸易的全球规则、重构韧性的全球供应链等。WTO的包容性发展，提倡让更多的发展中国家融入全球化进程，构建更加公正、高效且可持续发展的国际贸易体系。

三 2023~2024年WTO重要谈判进展

（一）投资便利化协定谈判的进展

2023年，WTO《投资便利化协定》（Investment Facilitation for Development Agreement，简称"IFD协定"）文本谈判成功结束，该协定旨在简化跨境投资程序，降低企业成本，特别是为中小企业创造更好的营商环境，吸引外资和发展本国经济，推动全球投资自由化。2024年2月，123个WTO成员在阿联酋阿布扎比召开投资便利化专题部长会议，宣布正式达成《促进发展的投资便利化协定》。

《投资便利化协定》是WTO在多边投资领域的首个协定，反映了全球投资规则制定的重要进展。该协定通过提高投资政策的透明度、简化投资行政程序、提供特殊与差别待遇以及促进可持续投资等措施，致力于创建一个更加稳定、可预测的投资环境，从而促进全球经济发展。协定为国际投资领域的现代化改革提供了新的路径和模式。中国在协定谈判中发挥了促谈、促和、促成的关键作用，以中国方案引领高标准国际规则构建，这有助于提升中国在国际投资领域的影响力。

该协定的主要内容包括：①透明度要求。要求成员国公布与投资相关的法律法规、资产许可、纳税证明等信息，并通过"单一窗口"提供上述信息，以增强信息透明度，降低隐性风险。②简化投资行政程序和便利化。要求成员国以合理、客观和公正的方式实施各项措施，简化批准程序，及时处理投资申请，保持审批机关的独立性，并定期审查投资措施。③特殊与差别待遇和普惠性。为发展中国家和最不发达国家提供特殊和差别待遇，包括延长执行日期、使用争端解决的宽限期等，以帮助这些国家提升履行协定能力。④促进可持续投资。要求实施负责任商业行为和反腐败措施，鼓励投资者和企业自愿将国际公认的负责任商业行为原则纳入其商业惯例和内部政策。这是WTO层面首个纳入负责任商业行为和反腐败条款的多边协定。

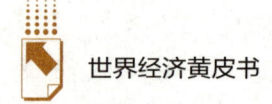

该协定有利于缓解南北发展不平衡问题，加强全球经济治理。该协定谈判由发展中成员国牵头，其中，超过70%的提案由发展中成员国贡献，获得超过三分之二的WTO成员支持，按照谈判结果，该协定将为有需求的发展中成员国提供相应优惠待遇、技术援助，帮助其提升履行协定能力，优化投资环境，促进经济可持续发展。这将有助于建立更加公平、公正、合理的国际经济秩序，减少国际经济中的不平等和不合理现象，为发展中国家的经济发展提供更多的机遇和支持。

（二）电子商务与数字贸易规则谈判的进展

自2019年1月启动电子商务谈判以来，WTO成员一直在积极推动相关规则的制定，以适应全球数字化转型趋势。2024年7月，WTO电子商务谈判达成了一个稳定的《电子商务协议》(Joint Statement Initiative on E-commerce)文本。该协议文本分为五个部分，共包含八章，其中第二章到第六章是协议的核心内容，主要包括：促进电子商务、开放与电子商务、信任与电子商务、透明度、合作与发展，以及与电信相关的定义、各缔约方应履行的义务，涵盖无纸化交易、电子合同、电子签名、电子发票、垃圾邮件、消费者保护、网络安全和电子交易框架等议题内容。[①] 截至2024年7月，共有91个WTO成员参与电子商务谈判，涵盖全球贸易的90%以上，包括38个发达成员、47个发展中成员和6个最不发达成员。

该协议取得的重要突破主要体现在电子传输免关税条款上，具体包括两个方面：其一，最新文本对于"电子传输"做出了明确定义。文本规定，"任何缔约方不得对一方人员与另一方人员之间的电子传输征收关税"，并具体标明"电子传输是指使用任何电磁手段进行的传输，包括传输的内容"。这一定义明确了电子传输方式和电子传输内容都在免征关税范畴内。其二，协议文本明确了"考虑到电子商务和数字技术的不断发展，双方应在本协定生效后的第五年对本条进行审查，并在此后定期进行审查，

---

① 详见 https://www.wto.org/english/tratop_e/ecom_e/joint_statement_e.htm。

以评估该项条款的影响,并确定是否应对本条进行修改"。这对是否永久对电子传输免征关税进行了折中处理,采取了更灵活的方式,争取最大的共识。

在核心的跨境数据流动、数据本地化、数字税、源代码披露和算法公开等敏感领域各成员之间还存在很大分歧。以跨境数据流动为例,美国一直对数据本地化要求等跨境数据自由流动限制措施持反对态度。欧盟在对数据本地化要求持反对立场的同时,还提出:一是不应要求使用境内计算设施处理数据;二是不应要求数据在境内存储;三是不应禁止在其他成员境内存储或处理数据;四是不应将计算设施和数据存储的本地化作为允许跨境数据流动的前提。①

分歧和差异体现出大国间的规则之争和在以规则为基础的全球数字治理体系中的主导权、话语权之争。发达成员侧重于打造开放的数字贸易环境,而发展中成员则更关注提高电子商务便利化水平,强调规则应该适应自身发展形势。更加复杂的是,发达国家间、发达国家与发展中国家间、发展中国家间在以上领域的立场也存在一定差异。可见,短期内在WTO框架下达成电子商务的全球性协议非常具有挑战性。

(三)渔业补贴谈判的进展与挑战

2022年6月在WTO第十二届部长级会议(MC12)上达成的《渔业补贴协定》是WTO第一份旨在实现环境可持续发展目标的协定,这也是WTO成立以来达成的第二个协定。该协定的主要规则有:第一,禁止补贴非法、未报告和无管制(IUU)的捕捞活动;第二,禁止补贴涉及过度捕捞鱼类种群的捕捞活动;第三,禁止补贴在无管制的公海区域进行的捕捞活动。根据《马拉喀什建立世界贸易组织协定》,《渔业补贴协定》在超过三分之二的WTO成员接受后正式生效。据商务部信息,2023年6月,中国商务部部长王文涛向WTO总干事伊维拉递交了中国对WTO《渔业补贴协定》议定书的接受书,

---

① 王金波:《WTO电子商务谈判与全球数字治理体系的完善》,《全球化》2024年第3期。

标志着中方已经完成接受《渔业补贴协定》的国内法律程序。简单而言，该协定禁止有害的渔业补贴，在 MC12 上，各方达成的协议是限制一些与鱼类种群长期破坏关系最直接的补贴，但是在取消导致过度捕捞和捕捞能力过剩等方面的补贴上，各方未能达成共识。

2023~2024 年 WTO 关于渔业补贴谈判的核心议题在于如何落实和进一步削减有害补贴，特别是限制过度捕捞。各成员方在 MC12 上同意继续就未决问题进行谈判，以期在 MC13 会议上就进一步完善该协定的补充条款提出建议。不过，在 2024 年初举行的 MC13 上，各方未能完成第二波谈判。

在 WTO 关于渔业补贴的谈判中，发展中国家和发达国家在实现全球渔业资源的可持续发展方面存在显著分歧，尤其是在削减非法、未报告和无管制（IUU）捕捞的补贴方面。许多发展中国家强调渔业是其重要的经济支柱和生计来源，因此在渔业补贴谈判中主张获得豁免或灵活性。一是保护小规模和生计性渔业。发展中国家认为小规模渔业对其社会经济发展至关重要，因此请求在减少补贴方面获得豁免。发展中国家认为，这种补贴对维持沿海社区的生计和就业至关重要，而且不会对全球渔业资源产生严重威胁。二是技术援助和能力建设。发展中国家需要更多的技术和财政支持，以增强其实施和监督 IUU 捕捞的能力，因此，要求在条约中加入明确的技术援助条款，以协助履行该协议中的义务。三是政策灵活性。发展中国家希望在设定和执行反 IUU 捕捞措施时具有一定的灵活性，以平衡环境保护与经济发展之间的矛盾。这些国家尤其关注有针对性的补贴措施，以在不影响当地渔业的情况下实现环保目标。

与发展中国家立场不同，发达国家通常倡导严格限制或取消与 IUU 捕捞有关的补贴，以实现全球渔业资源的可持续管理。一是严格的补贴削减措施。发达国家认为，补贴加剧了全球渔业资源的过度开发，因此主张逐步取消对过度捕捞的补贴，并要求所有成员加强对 IUU 捕捞的监管。二是环境可持续性承诺。许多发达国家在国际环境协议中有环保承诺，因此在 WTO 的渔业补贴谈判中积极推动减少 IUU 捕捞相关补贴，以实现联合国 2030 年可持续发展议程中的目标，特别是 SDG 14.6。三是公平竞争的考量。发达国家关注如何在全球渔业市场中保持公平竞争，认为发展中国家享有的豁免导致市场不公平竞争，特别是在深海渔业捕捞领域。

（四）农业补贴与粮食安全谈判的进展

农业是 WTO 谈判中最复杂且最具争议的领域之一。特别是近年来，随着全球粮食安全状况进一步恶化，发展中国家特别关注粮食安全和公共粮食储备问题。WTO 第 12 届部长级会议（MC12）围绕粮食安全达成两项成果：一是《关于紧急应对粮食安全问题的部长宣言》提出农业委员会需制定专门的工作方案，充分考虑最不发达国家（LDCs）和净粮食进口发展中国家（NFIDCs）成员在应对严重粮食供给不稳定方面的需要，提高其在紧急情况下保障国内粮食安全的能力；二是《关于世界粮食计划署购粮免除出口禁止或限制的部长决定》承诺不对世界粮食计划署人道主义粮食采购实施出口禁止或限制措施。

MC12 后，WTO 农业委员会就落实部长宣言相关内容进行了全面讨论，最终在 2024 年 4 月例会上形成工作方案，通过了"关于帮助 LDCs 和 NFIDCs 应对粮食安全问题的报告"。该报告为改善粮食安全状况提出了若干关键措施，主要包括以下几个方面。

一是额外粮食援助和技术支持。为减轻这些国家的粮食短缺压力，成员们同意实行灵活和快速的援助机制，确保粮食能够及时被送至最需要的地区。此外，发达国家应加强对这些国家在农业生产技术和基础设施方面的支持，帮助其提高粮食生产效率，从而减少对进口的依赖，增强其应对粮食不安全的能力。二是公共粮食储备制度。特别是在粮食危机期间，允许最不发达国家（LDCs）和净粮食进口发展中国家（NFIDCs）在紧急情况下使用公共储备以避免对进口的过度依赖。这种政策灵活性能够确保粮食供应不中断。为提高储备的管理效率，该报告建议发达国家提供管理和监督技术支持，帮助这些国家有效管理粮食库存，从而增强其粮食安全。三是粮食安全的贸易政策调整。通过灵活的关税政策和减少贸易扭曲的补贴来保障全球粮食市场稳定，该报告建议在特殊情况下暂时放宽最不发达国家（LDCs）和净粮食进口发展中国家（NFIDCs）的关键粮食商品进口关税标准。为了应对全球粮食价格上涨和供应短缺，建议建立粮食危机应急机制，确保在市场异常波动时提供更有利的市场准入条件和资金支持，以减小粮食危机的影响。四是加强国际合作。为提升应对粮食危机的能力，WTO鼓励与粮食及农业组织（FAO）、世界粮食计划署（WFP）等国际组织的多方合作，包括信息共享和协调粮食出口政策，以整合资源和技术支持，共同解决粮食不安全问题。这种合作模式有助于建立一个更加公平和稳定的全球粮食供应链。

2023~2024年WTO关于农业补贴削减谈判的关键在于如何找到发达国家与发展中国家之间的平衡，确保全球粮食供应链的稳定性和公平性。发达国家与发展中国家在农业补贴类型、范围和政策灵活性，以及粮食安全等方面存在分歧。

农业补贴类型、范围和政策灵活性方面，发达国家的农业补贴通常更倾向于支持出口导向和商品型农业，旨在通过直接支付和其他形式的财政支持来维持其农业竞争力。发达国家大多希望通过削减全球贸易扭曲的补贴来构建公平的竞争环境，同时限制发展中国家的补贴豁免，以保持全球市场的开放性。发展中国家的农业补贴则大多用于支持小规模农户、提高农业自给率、保障粮食安全和稳定社会经济。因此，发展中国家要求保留对国内农业的支持，在农业补贴削减中获得一定的豁免，特别是在粮食安全、扶贫、气候适应等方面保持一定的政策灵活性，以继续支持其农业部门发展。

粮食安全方面，发达国家主张应严格遵守削减补贴的约定，认为这将有利于构建更加公平和开放的市场，并减少贸易扭曲。但发展中国家指出，完全削减补贴会影响其脆弱的粮食安全状况。对于发展中国家而言，粮食安全是发展中国家的首要考量之一。许多发展中国家要求就粮食安全相关的补贴和库存制度（如公共库存）获得更多的豁免，以确保在粮食危机时能够维持供应。例如，印度和一些非洲国家认为，政府的补贴支持对保持粮食供应链的稳定至关重要。

（五）气候变化与贸易规则的谈判进展

2023~2024年，世界贸易组织（WTO）加强了关于气候变化的谈判，尤其是碳边境调节机制（CBAM）和绿色贸易议题。这些讨论的核心目标是在推动全球减排的同时，确保国际贸易的公平性与可持续发展。具体进展可以总结为以下四个方面：第一，碳边境调节机制（CBAM）。WTO各成员讨论了在全球碳减排背景下引入CBAM的可能性。发达国家，尤其是欧盟，推动CBAM以防止"碳泄漏"，即将高碳排放的生产转移到碳限制较松的地区。尽管如此，发展中国家对CBAM存在担忧，认为该机制增加其出口成本，削弱其国际竞争力。为此，成员们正在探讨实施CBAM的同时为发展中国家提供一定的过渡支持，以减少其受影响的程度。第二，绿色贸易政策的制定。在谈判中，WTO成员进一步探讨了绿色技术产品的关税减免，以促进清洁能源技术和环保产品的跨国流动。例如，讨论的重点议题包括太阳能电池、风力涡轮机、节能设备等绿色产品的零关税待遇，从而促进清洁技术在全球的普及。此类政策建议得到了许多国家的支持，特别是发达国家和一些新兴经济体。第三，贸易和环境的协调发展。各成员在2023~2024年对如何平衡贸易自由化与环境保护进行了深入讨论。成员们提出"绿色供应链"概念，意图在供应链各环节中降低碳排放，包括生产、运输、销售等，鼓励各国实行低碳标准，制定环保政策，从而提升整个供应链的可持续性。第四，技术和资金支持。发展中国家在气候变化和绿色贸易议题上希望得到发达国家的技术和资金支持。WTO讨论了绿色金融的合作议程，包括为低收入国家和新兴市场国家提供清洁能源技术援助和融资方案，帮助其在气候适应和减缓方面取得进展。这些合作措施获得了一些成员国的积极响应，WTO也正在酝酿相关的多边合作机制。

WTO在推动全球减排的同时，为确保国际贸易的公平性与可持续发展也做出了努力，一是推动多边贸易规则的创新与发展。WTO规则是国际贸易规则的基石。与气候变化相关的国际贸易规则，已经被WTO归为国际贸易及其规则领域的重要议题。WTO成员在国际经贸规则谈判、区域性贸易投资协定

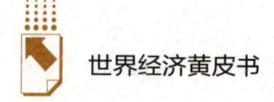

乃至国内经贸立法等多个层面,将推动气候变化相关法律法规、政策措施的完善。二是推进贸易与环境可持续性结构化讨论(TESSD)。TESSD旨在补充贸易与环境委员会及其他相关WTO委员会和机构的现有工作,建立一个根据可持续发展理念保护环境的全球贸易体系。TESSD覆盖多项议题,包括环境产品和服务的贸易、气候变化、生物多样性等,旨在识别贸易政策与环境可持续发展之间的联系及其潜在协同机制。

当前WTO气候变化与贸易规则的谈判面临的主要挑战包括:第一,碳边境调节机制(CBAM)的公平性和合法性。CBAM旨在对欧盟进口的某些商品征收额外的碳成本税,以平衡欧盟境内外的碳成本。然而,这一机制引发了关于其与WTO规则一致性以及是否属于贸易保护主义的争议。发展中国家普遍对CBAM持质疑或强烈反对态度,认为这是发达国家单边主义的体现。第二,碳排放成本的测度。碳排放成本的测度是欧美达成气候合作的主要技术难点,如何准确测算和比较不同国家的碳排放成本,是实施CBAM等碳关税措施的关键。

在关于气候变化与贸易规则的谈判中,欧盟在推动绿色贸易规则制定上扮演了主导角色。欧盟推出碳边境调节机制(CBAM),并计划在2026年起对欧盟进口的水泥、电力、化肥、钢铁和铝征收"碳关税"。美国也在考虑推出"碳边境税",并与欧盟在实施"碳关税"上有一定共识,但是美国也提出了FAIR法案作为回应,反映了美方对欧盟强硬单边贸易政策的抵触。中国也在积极推动绿色贸易发展。中国将继续践行生态文明理念,加强绿色发展合作,提高经济绿色化程度,提升绿色贸易发展水平。这些国家和经济体在推动绿色贸易规则制定上的努力,旨在通过国际贸易规则的改革,促进全球碳减排目标的实现,同时也保护各自国家的经济利益和实现环境保护目标。

(六)争端解决机制改革的进展与挑战

自2019年WTO上诉机构陷入瘫痪以来,恢复其正常功能成为2023~2024年各方谈判的核心议题之一。美国对上诉机构功能恢复持抵制态度,主张对WTO争端解决机制进行根本性改革,以确保各成员的政策灵活性和权利。美国认为,当前的WTO争端解决机制存在成本高、耗时长、参与门槛高等问题，需要进行改革以提高其效率和公平性。

面对美国的立场，其他 WTO 成员也在积极寻求解决方案。一些成员提出，可以通过更灵活的谈判模式来解决争端，例如允许各成员通过诸边谈判达成协议，并将其纳入 WTO 法律体系。此外，还应允许争端各方通过事前协商达成一致，不援用上诉程序，以突破当前的困境。

在潜在的替代性争端解决方案方面，WTO 成员已经采取了一些措施。例如，根据《关于争端解决规则和程序的谅解》(DSU)，一些成员已经建立多方临时上诉仲裁机制（MPIA），作为临时上诉仲裁程序的替代方案。MPIA 的建立为 WTO 争端解决机制带来了一线生机，但因为其成员数量不足，且美国等主要贸易国家尚未加入，限制了 MPIA 的效力。

在机制改革方向上，有建议提出在现行争端解决机制框架内作出"认可并尊重可不选用上诉程序"的机制安排。这可以在不触动美国核心关切的同时，为其他成员提供有效的争端解决途径。这样的方案旨在及时解决争端，同时对现有规则的改动较小，较符合"所有成员都能使用的良好运作的争端解决机制"的要求。

总体来看，WTO 争端解决机制改革面临着理念认知分歧、法律技术难题、议题关联复杂化以及时间限制等挑战。为了维护多边贸易体制和国际经贸法治，各成员需要增强谈判的灵活性，探索新的路径和方案，以推动 WTO 争端解决机制恢复。

表1 2023~2024 年 WTO 核心议题及谈判进展

议题	阶段性成果	主要内容	难点和焦点
投资便利化	《投资便利化协定》	提高投资政策的透明度；简化投资行政程序；提供特殊与差别待遇；促进可持续投资	从诸边向多边的推进；获得超过 2/3 的世贸组织成员支持才能生效通过
电子商务与数字贸易	《电子商务协议》	无纸化交易、电子合同、电子签名、电子发票、垃圾邮件、消费者保护、网络安全和电子交易框架等内容	在跨境数据流动、数据本地化、数字税、源代码披露和算法公开等敏感领域存在很大分歧

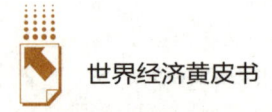

续表

议题	阶段性成果	主要内容	难点和焦点
渔业补贴	《渔业补贴协定》	禁止补贴非法、未报告和无管制（IUU）捕捞活动；禁止补贴涉及过度捕捞鱼类种群的捕捞活动；禁止补贴在无管制的公海区域所进行的捕捞活动	落实和进一步削减有害补贴，特别是限制过度捕捞
农业补贴与粮食安全	《关于紧急应对粮食安全问题的部长宣言》《关于世界粮食计划署购粮免除出口禁止或限制的部长决定》	额外粮食援助和技术支持；公共粮食储备制度；粮食安全的贸易政策调整；加强国际合作	缓解发达国家与发展中国家间的分歧；特别是农业补贴类型、范围和政策灵活性，以及粮食安全等方面
气候变化	未达成阶段性协议	重点讨论碳边境调节机制（CBAM）和绿色贸易议题，包括：①碳边境调节机制（CBAM）；②绿色贸易政策的制定；③贸易和环境的协调发展；④技术和资金支持	碳边境调节机制（CBAM）的公平性和合法性；碳排放成本的测度是重要的技术难点
争端解决机制改革	未达成阶段性协议	建立多方临时上诉仲裁机制（MPIA）作为替代方案	存在理念认知分歧、法律技术难题、议题关联复杂化、时间限制等难题

资料来源：笔者整理汇总。

四　WTO谈判的未来趋势与总结

（一）新兴议题的未来主导地位

气候变化、数字经济、数据主权等新兴议题正在逐渐成为未来WTO谈判的核心内容。这些议题不仅关系到全球经济的可持续发展，也涉及国际贸易规则的重塑。

具体来看，气候变化方面，随着全球对气候变化的关注度日益提升，该议题正在成为国际贸易和规则领域的热点问题，相关的贸易规则也在逐步形成。欧盟出台的"碳边境调节机制"（CBAM）引发了包括美国在内的多个国家和地区开始考虑在国际贸易规则中推动与气候变化问题相关的立法。WTO

的《2022年世界贸易报告》也强调了气候变化议题在国际贸易规划和规则制定领域的重要地位。气候变化相关的国际贸易新规则，可能会成为未来几年WTO成员间在国际规则谈判、国内贸易立法等方面的新方向和新热点。数字经济方面涉及的主要议题包括电子商务便利化、个人信息保护、数字产品待遇等。随着信息科技的快速发展，数字经济已成为经济增长的重要力量，围绕全球数字治理领导权的争夺也日益激烈。在WTO框架下，成员方一方面须通过现有协定对数字贸易的应用加以澄清与拓展，另一方面通过电子商务诸边谈判试图就数字贸易便利化、数字产品市场准入、数据开放与跨境流动、信任与安全、跨领域合作等问题达成全新的协定。数字经济国际协定还呈现专门化趋势，相关国家和地区单独就数字经济治理谈判并缔结的专项协定逐步增加，如DEPA等。数据主权方面，该议题在数字贸易规则中占据核心地位，涉及跨境数据流动、数据本地化、源代码和加密保护等关键议题。随着数据和信息的价值化、货币化和资产化，数据价值创造过程与商业运营模式日益成熟，信息和数据资源成为数字平台创造价值并获取收入的主要来源。WTO成员方在数据类、隐私和安全类规则方面尚存一定的分歧。数据主权的维护与数字贸易的开放性之间的平衡是当前WTO谈判中的一个难点，同时也关系到国家数字主权的保护和数据价值的释放。

  发展中国家和发达国家对这些新兴议题的态度及其未来走向也呈现出差异。发达国家通常在数字经济和环境保护方面持更积极的态度，而发展中国家则更关注其经济发展和工业化进程，会对一些限制性措施持保留意见。例如，发达国家更倾向于推动数据自由流动和实施严格的环境保护措施，而发展中国家更关注确保其产业发展和市场准入。

  未来，WTO谈判需要在这些新兴议题上找到平衡点，以确保全球经济的可持续发展和公平性。这需要各国在谈判中展现出更强的灵活性和合作精神，同时也需要WTO作为一个平台，为这些复杂的议题提供有效的争端解决机制和规则制定框架。

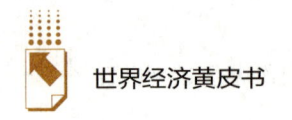

（二）WTO谈判的未来趋势与全球影响

2023~2024年，WTO谈判在多个重要领域取得了进展，但同时也面临着一些挑战和未解决的问题。重要进展包括：第一，电子商务谈判。2023年7月，电子商务谈判联合召集人宣布在无纸化交易、电子合同、电子签名等条款上取得了实质性进展，并希望在年底前完成谈判。2024年7月，WTO电子商务谈判达成《电子商务协议》文本，为数字贸易提供了平衡且包容的框架。第二，投资便利化协定。2023年，WTO完成了《促进发展的投资便利化协定》的文本谈判，这是WTO在投资领域的一个重大突破。第三，渔业补贴协定。2022年，WTO达成了《渔业补贴协定》，这是对可持续发展目标的重要支持。

未解决的问题集中在争端解决机制和农业补贴谈判方面，发达国家与发展中国家在各议题中的分歧也是阻碍WTO谈判的重要因素。尽管各成员一直坚持就争端解决机制尤其是上诉机构正常运行的恢复问题进行磋商，但直至2023年12月，仍未能达成一致。农业谈判也仍然是WTO谈判中的一个难点，涉及市场准入、国内支持、出口竞争等方面。

WTO谈判的发展趋势表现为：第一，争端解决机制的改革是最大难点和首要任务。争端解决机制改革的重要性和难度都非常高，由于美国的阻挠，WTO上诉机构已经陷入瘫痪状态，这对WTO的正常运转构成严重威胁。改革争端解决机制，恢复其功能，对于维护多边贸易体制的权威性和有效性至关重要。各成员需就争端解决机制改革尽快达成一致，解决上诉机构的法官遴选、任期、工作量、报酬等问题，并优化和规范审理程序和裁决标准。第二，传统议题多边谈判的推进面临挑战，难度也相对较大。WTO需要继续推进关于农业、服务业、渔业补贴等领域的多边谈判，同时要协调区域贸易协定（RTA）与多边贸易体系的关系。随着RTA的增加，WTO需要确保RTA的发展符合多边贸易体制要求，避免其对WTO造成冲击，以及WTO与RTA之间的协调和监管的问题。第三，新兴议题的谈判将占据主导地位。气候变化、数字经济、数据主权等新兴议题将继续成为WTO谈判的核心内容。这些议题不仅关系到全球经济的可持续发展，也涉及国际贸易规则的重塑。

在未来，全球经济与政治变化将对 WTO 多边谈判机制产生潜在影响。首先，地缘政治紧张局势对全球贸易和投资产生负面冲击，不确定性增加。其次，各成员国对全球经济进一步分化的担忧可能影响 WTO 成员之间的合作和谈判进程。最后是债务问题，许多国家的债务增加将会限制其在贸易谈判中的灵活性。

总体来看，WTO 谈判在未来将更加注重对新兴议题的讨论，同时也需要应对全球经济和政治环境变化带来的挑战。

Y.20
全球产业链重构：回岸、近岸与友岸的趋势和特点分析

李元琨　苏庆义 *

摘　要： 本文旨在量化评估以回岸、近岸和友岸为主要特征的第四次全球产业链重构进程。结果表明，全球贸易从 2020~2023 年开始，依次出现显著的近岸、友岸和回岸现象。分经济体来看，美国自 2011 年起出现显著的回流，自 2020 年起出现显著的近岸和友岸外包趋势；欧洲回岸趋势尚不明显，但在政策端持续加码促进回流，欧洲在 2020 年后近岸外包现象较为显著，友岸外包存在分化；日韩尚无显著趋势。分行业来看，回岸里高技术行业占比最高，近岸和友岸外包则以低技术行业为主。总体而言，由美国主导的全球产业链回岸、近岸和友岸外包的趋势短期内较为明显，未来需持续关注全球贸易区域化、政治化和碎片化的演变。

关键词： 产业链重构　回岸　近岸外包　友岸外包

全球产业链正经历第四次重构。第一次重构在 20 世纪 50~70 年代，由美国主导的个别国家组成区域产业链，推动了德国和日本经济的快速崛起。第二次重构在 20 世纪 70~90 年代，由跨国公司主导的全球生产格局，亚洲四小龙成为新兴经济体的代表。第三次重构从中国于 2001 年加入世贸组织到 2018

---

* 李元琨，中国社会科学院世界经济与政治研究所助理研究员，主要研究方向为国际贸易；苏庆义，中国社会科学院世界经济与政治研究所研究员，主要研究方向为国际贸易。

全球产业链重构：回岸、近岸与友岸的趋势和特点分析

年关税冲突之后，以生产全球化和中国贸易占全球比重快速升高为特征。①当前的第四次重构以回岸（Reshoring）、近岸（Nearshoring）和友岸（Friend-shoring 或 Ally-shoring）为主要特点。其中，回岸亦称回流，指企业将在其他国家开展的经济活动转移回母国，是反向的离岸外包，②本文将通过测度对外贸易依赖度③来反映全球和各国的回岸情况。近岸外包是指企业将部分业务流程或服务外包给地理位置相对较近的国家或地区的供应商。本文将通过衡量接壤国家之间的贸易占总贸易的比例来评估全球及各国的近岸外包趋势。友岸外包是指将生产活动或供应链转移至价值观相似且地缘政治上友好的国家，以减轻对不稳定地区或对手国家的依赖。本文将采用Bailey等的方法，使用2018~2023年的联合国投票记录来定义各国的政治立场距离，并测度各国与盟友国家贸易额占贸易总额的比例。④

本轮产业链重构是由疫情冲击、地缘政治风险和供应链安全政策等因素共同推动的。第一，美国主导的制造业回岸是应对发达国家在过去几十年中产业空心化问题的重要举措，疫情期间暴露的供应链问题加速了这一趋势，也促使各国重新审视本土关键产业的生产能力。第二，在疫情期间，全球物流频繁中断，企业意识到将生产地靠近市场的重要性，由此形成了成规模的近岸外包趋势。第三，国际政治格局日趋复杂，各国开始注重供应链安全与韧性，出台友岸外包政策，使得部分关键产业链迁移至政治盟友国家。本文旨在通过测算对外贸易依赖度、接壤贸易占总贸易的比例、与盟国的贸易比例等指标对第四次全球产业链重构进展进行量化评估。

---

① 余振、崔洁：《后发经济体在全球产业链重构中的弯道超车——历史经验及对中国的启示》，《国际展望》2024年第4期。
② Wiesmann B., Snoei J.R., Hilletofth P., Eriksson D., "Drivers and Barriers to Reshoring: A Literature Review on Offshoring in Reverse," *European Business Review*, Vol. 29 No. 1, 2017.
③ 对外贸易依赖度是指贸易额与GDP的比值，反映了一个国家在全球贸易中的参与度。对外贸易依赖度越大，意味着回岸外包比例越小；当对外贸易依赖度下降时，则表明回岸现象加剧。
④ Bailey Michael A., Anton Strezhnev, Erik Voeten, "Estimating Dynamic State Preferences from United Nations Voting Data," *Journal of Conflict Resolution*, 61 (2), 2017.

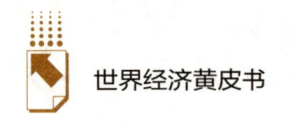

一 回岸：全球短期内显著，美国形成长期趋势

回岸的概念早在奥巴马政府时期就已提出，但新冠疫情之后，有关回岸的讨论再次成为热点。回岸主要发生在汽车、制药等中高端制造产业，服务业由于需要与客户直接接触，回岸情况相对较少发生。[1]企业的回岸决策受到多种因素的驱动，内部因素包括公司战略转型[2]和纠正之前错误的离岸外包决策[3]等，外部因素则包括东道国劳动力成本的增加[4]、物流和运输成本的上升[5]、供应商生产技术水平不足[6]、母国本地偏好消费倾向[7]等。本文重点关注美日欧三地回岸的最新进展。

（一）2023年全球贸易短期内大幅回流

图1显示，自2001年中国加入世界贸易组织（WTO）后，全球贸易依赖度逐步上升，2008年国际金融危机和随后的欧债危机导致全球化进程暂时减缓，此后大约10年时间，全球贸易依赖度有所下降。

---

[1] De Backer K., et al., "Reshoring: Myth or Reality?" *OECD Science, Technology and Industry Policy Papers*, No. 27, OECD Publishing, Paris, 2016.

[2] Bettiol Marco, Chiara Burlina, Maria Chiarvesio, Eleonora Di Maria, "From Delocalisation to Backshoring? Evidence from Italian Industrial Districts," *Investigaciones Regionales Journal of Regional Research*, 39, 2017.

[3] Barbieri P., Ciabuschi F., Fratocchi L., Vignoli M., "What do We Know about Manufacturing Reshoring?" *Journal of Global Operations and Strategic Sourcing*, Vol. 11, No. 1, 2018.

[4] De Backer K., et al., "Reshoring: Myth or Reality?" *OECD Science, Technology and Industry Policy Papers*, No. 27, OECD Publishing, Paris, 2016.

[5] Shih W.C., "What It Takes to Reshore Manufacturing Successfully," *MIT Sloan Management Review*, 2014.

[6] McIvor Ronan, Lydia Bals, "A Multi-theory Framework for Understanding the Reshoring Decision," *International Business Review*, 30, 2021.

[7] Robinson Pamela K., Linda Hsieh, "Reshoring: A Strategic Renewal of Luxury Clothing Supply Chains," *Operational Management Research*, 9, 2016.

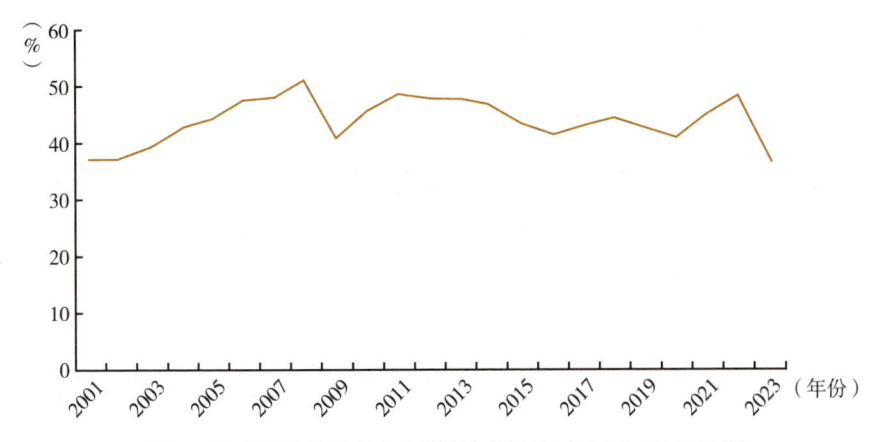

图1 全球贸易依赖度变化情况：总贸易占全球 GDP 比例

资料来源：UNCOMTRADE。

2020~2021年，全球贸易依赖度有所上升，主要是由于全球疫情对医疗物资和应急设备的需求激增、线上消费和电子商务的迅速发展，以及各国为应对供应链中断而加速补库存。然而，随着疫情影响逐渐消散，各国对供应链安全的重视逐渐增强，2022~2023年，全球贸易依赖度显著下降，并且创下比2008年国际金融危机时更大的跌幅，反映了短期内全球产业的大幅回流现象。

（二）回流现状

1. 美国长期回流趋势明显

从图2可以看出，美国的对外贸易依赖度自1960年以来整体呈现持续上涨趋势，尤其是在2000年后加速上升，并在2011年达到峰值，接近25%。此后，对外贸易依赖度下降。在拜登政府上台后的2020年，由于疫情期间物资需求激增，对外贸易依赖度出现小幅回升。近期随着全球供应链的逐步调整以及美国再次推进回流政策，对外贸易依赖度再次下探。总体而言，除疫情原因，美国对外贸易依赖度自2011年后整体呈下降趋势，显示出美国形成了长期的回流态势。

图 2 美国对外贸易依赖度及进口依赖度

资料来源：UNCOMTRADE。

总体而言，美国回流呈现以下显著特点。

一是美企回流意愿有所上升。多项调查显示，近年来美国企业普遍有较强的回流意愿，主要原因有接近客户或市场、政策激励、企业社会责任等。福布斯于2023年4月对150名美国制造业高管进行的调查显示，82%的受访者表示，已经将部分生产转移回美国，或正在进行此类回流操作；其中35%的企业已成功实现回流。市场研究咨询机构Censuswide于2023年12月的调查显示，69%的美国制造商已开始将供应链重新布局至美国境内，其中94%表示已成功实现部分或全部供应链的回流。

二是政府激励为最主要的回流动因。根据回流倡议（Reshoring Initiative）的数据，企业在回流决策中最常提及的动因是政策激励。相关表述的出现频率是其他动因的两倍以上。美国制造业回流趋势由一系列政策推动，尤其是2012年以来，税收抵免、能源补贴以及大规模物流基础设施投资等都旨在提升本土制造业的竞争力。2015年推出的"供应链创新计划"进一步为尖端制造业的中小企业提供资金支持。拜登政府执政后，推出了一系列更为系统、强有力的支持措施，如收缩"美国制造"标签的适用范围，并通过"美国就业计划"促进能源技术企业回流，通过《芯片与科学法案》《基础设施投资与就业法案》《通胀削减法案》进一步吸引海外资本，加强供应链薄弱环节的回流。

三是回流趋势有所加速。回流倡议中将回流企业发布的招聘岗位数量作为回流强度的衡量指标。2023年，回流企业和在美投资的外国企业计划招聘28.7万人，虽较2022年的34.4万人的历史高点有所下降，但仍居历史第二高位。从图3中可以明显看出，2010~2018年回流趋势较平缓，但在2019年后明显加速，4年内实现了就业量翻倍。

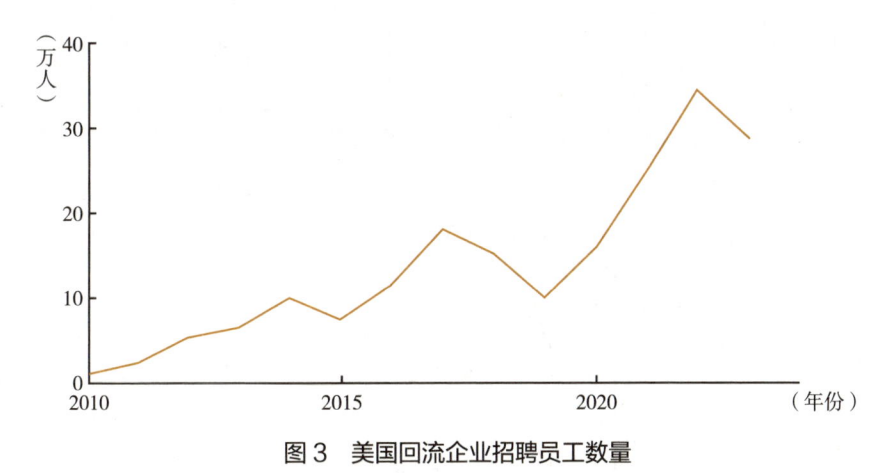

图3　美国回流企业招聘员工数量

资料来源：回流倡议（Reshoring Initiative）。

四是回流集中在高技术行业。根据回流倡议的数据，电气设备、器具及零件产业的回流现象最为显著，创造了超过10.5万个就业岗位。次之是电脑及电子产品行业，回流案例达到295起，带来约7.7万个就业岗位。而塑料和橡胶制品行业回流案例较少，仅贡献了近6000个就业岗位。这些数据表明，高技术产业是美国制造业回流的主要领域。

2. 欧洲长期没有明显回流迹象，但政策端持续加码

从宏观数据来看，法国、德国和英国在过去几十年中，对外贸易依赖度和进口依赖度均保持了较为稳定的趋势，并在2021年前后达到了自2012年以来的最高点，虽然三国从2021年开始均出现了短期的对外贸易依赖度下降，但由于其仍处于历史较高水平，难以判断是否出现了显著的长期回流现象（见图4）。因此，欧洲主要经济体没有明显的长期回流趋势。

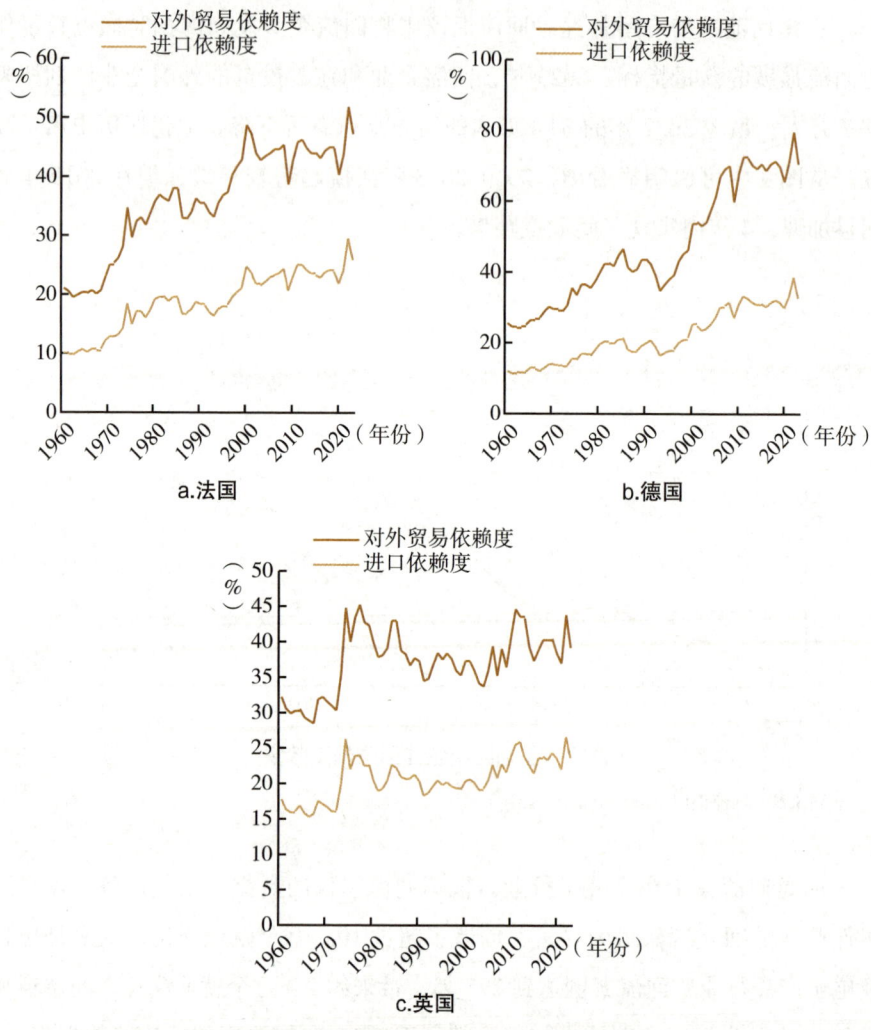

图4 欧洲主要国家对外贸易依赖度变化

资料来源：UNCOMTRADE。

从微观数据来看，欧洲近年来也没有大规模回流的现象。欧洲基金会的欧洲重组监测（ERM）收集了大型生产活动向欧盟回流的数据，[①] 2014年欧盟共发生了32起企业回流案例，2017年达到峰值74起，随后逐渐回落，到

---

① https://apps.eurofound.europa.eu/restructuring-events/types/Reshoring.

2023年仅4起回流案例。欧盟回流主要发生在疫情前，且法国、英国、意大利企业回流动机最强。① 从行业来看，制造业回流案例最多，有100起，创造11040个就业岗位；次之是信息通信业，为11起，创造2521个就业岗位。从国家维度来看，法国回流案例最多，达到39起，创造2142个就业岗位；次之是英国，为27起，创造5742个就业岗位。

尽管欧洲的回流趋势尚不明显，但支持回流的政策一直在加码，未来回流可能加速。2013年，欧洲议会通过的"工业复苏促进可持续欧洲"战略就将回流划为目标之一。欧盟政策主要聚集强化战略部门的技术领导力和技术主权，如《欧洲芯片法案》（European Chips Act）提出，到2030年前投资110亿欧元，旨在通过补贴和奖励措施推动半导体行业回流，以减轻对外依赖。自2010年以来，欧洲投资银行已投入10亿欧元，并设立欧洲战略投资基金，支持电池等制造业的回流。法国通过"专项回流项目"，已批准477个项目，获得8.46亿欧元公共投资支持，② 创造了5万个就业岗位。③ 英国自2012年起推出多个计划，重点推动汽车行业等的回流，并在脱欧后进一步加大政策支持力度，如2023年推出"先进制造业计划"，提供了45亿英镑支持资金，鼓励在英国建设制造业基地。

3. 韩国和日本没有明显回流迹象

韩国和日本的宏观数据表明，两国的对外贸易依赖度在过去几十年总体均呈上升趋势（见图5）。韩国的对外贸易依赖度自20世纪60年代以来上升，2000年后加速，2020年以来仍保持在约80%的高位，显示其仍然深度参与全球价值链。日本的对外贸易依赖度则相对稳定，但自2020年起显著上升，接近40%。这表明两国继续在全球价值链中发挥重要作用，而没有明显回流迹象。

---

① https://apps.eurofound.europa.eu/restructuring-events/calculator?aggtype=Sector&A-Country=&A-Restructuring+type=Reshoring&A-date-from=2002-01-01&A-date-to=2024-07-21&A-viewtype=Gains&B-Country=&B-Restructuring+type=Reshoring&B-date-from=2014-01-01&B-date-to=2024-07-21&B-viewtype=Gains.

② https://www.lesechos.fr/economie-france/budget-fiscalite/covid-les-aides-a-la-relocalisation-industrielle-font-fureur-1257543.

③ https://www.entreprises.gouv.fr/files/files/enjeux/france-relance/dp-relocaliser-72-laureats.pdf.

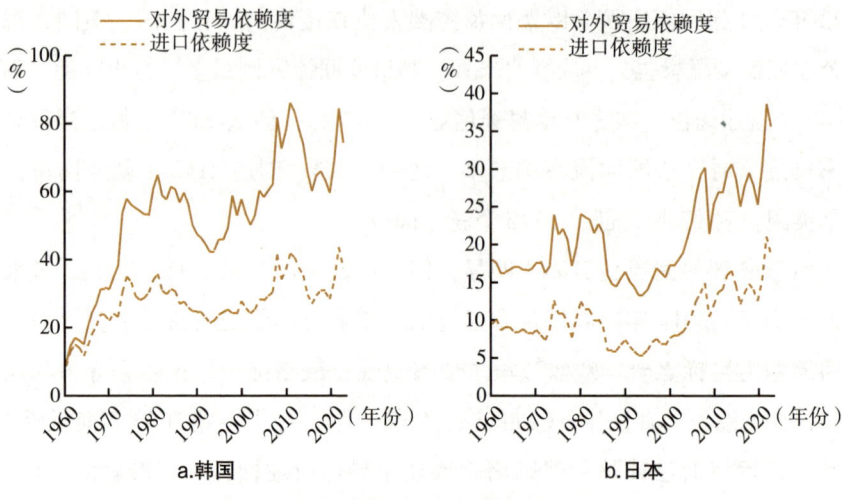

图 5　日韩对外贸易依赖度变化

资料来源：UNCOMTRADE。

二　近岸：2020年后全球形成趋势，墨西哥等国受益

与离岸外包将业务转移至地理距离较远的国家或地区不同，近岸外包在多个方面具有显著优势。除了降低运输成本、提高管理效率外，近岸外包还能够有效规避不确定性因素，特别是在供应链稳定性和及时响应能力两方面。尽管离岸外包在劳动力成本方面具有较大优势，但近岸外包表明，成本并非企业进行外包时唯一的考量因素。近岸外包在地理距离上更接近，因此便于企业更好地管理外包合作伙伴，并增强供应链的灵活性。

近岸外包虽然不会减少国际贸易总量，但会显著改变贸易伙伴结构，推动与邻国之间的经济合作，减少与距离较远经济体之间的贸易。近年来，美国和欧洲的近岸外包倾向尤为明显，选择邻国或地理上较近的国家进行外包合作，以便在复杂的全球市场中获取更高的稳定性和效率。

（一）宏观上2020年后近岸外包较为显著

如图6所示，全球非接壤贸易占比2008~2020年保持稳定，但2020年之后，该比例持续下降，2023年降至约75.5%。与此相对，接壤贸易占比2008~2020年保持稳定，自2020年以来逐渐上升，2023年升至24.5%，表明主要国家在2020年之后更倾向于与接壤经济体进行贸易。

图6 接壤/非接壤贸易占比

资料来源：CEPII、UNCOMTRADE。

（二）美欧近岸外包情况

本部分主要讨论美国和欧洲的近岸外包情况，日韩周边并无明显的近岸外包的目的地，故暂不在此处讨论。

1. 墨西哥受益于美国近岸外包

如图7所示，自2000年以来，美国与接壤国家的贸易占比呈现下降趋势，从2000年的接近34%降至2010年的约28.5%，但2020年后，该比例回升至31.4%，显示出美国企业在全球供应链调整和疫情影响下，逐步增加对邻近国家的依赖，符合近岸外包的特征。

从美国对外投资也能观察出其近岸外包趋势。美国对邻近国家的投资显著上升，尤其是对哥斯达黎加、哥伦比亚和加拿大的投资增长明显，而对中国以及日本等亚洲地区的投资减少，近岸外包成为其降低风险的关键策略（见图8）。

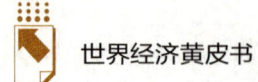

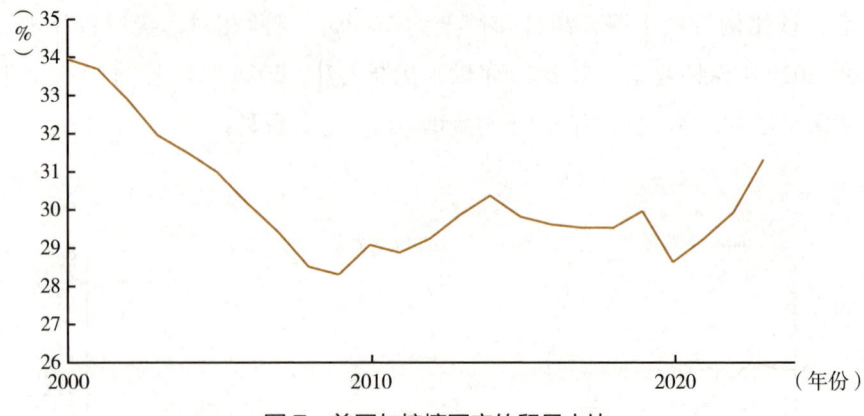

图 7　美国与接壤国家的贸易占比

资料来源：CEPII、UNCTAD。

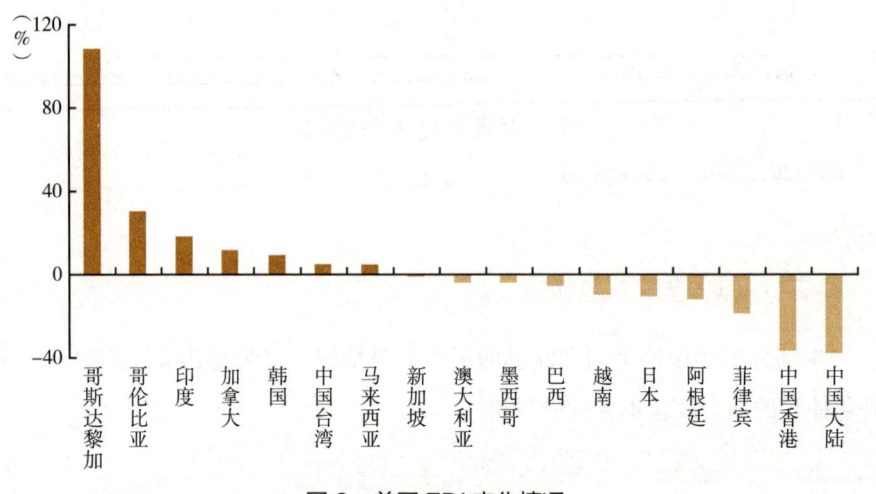

图 8　美国 FDI 变化情况

注：2020 年第二季度至 2022 年第四季度 FDI 与 2015 年第一季度至 2020 年第一季度 FDI 相比。
资料来源：BEA。

从行业来看，低端制造行业受益于近岸外包。2022 年 9 月至 2023 年 7 月，墨西哥的纺织和服装企业中有 45% 因近岸外包实现了销售增长，33% 的焦炭和石油企业以及 31% 的皮革制品企业也受益于近岸外包，而电子设备和交通设备制造业受影响较小，显示初级制造业更易从近岸外包中获益。①

从经济效益来看，墨西哥作为美国最重要的近岸外包目的地，近年来其经济贸易受益于此，快速发展。首先，从总体来看，墨西哥于2023年成为美国最大的贸易伙伴，美国从墨西哥进口商品额同比增长近5%，达到4750亿美元；相比之下，同期美国从中国的进口额下降20%。其次，从制造业来看，墨西哥制造业占比持续提升，制造业占GDP的比重从2020年的20%上升至2023年的21.1%。2023年，墨西哥吸引了361亿美元的外国直接投资（FDI），较2022年增长2.2%，其中制造业吸引了181亿美元的投资。最后，从重点产业来看，墨西哥的汽车产业竞争力显著提升，作为全球第七大乘用车制造国，2023年生产378万辆汽车，较上年增长14.5%。②

2. 欧洲的近岸外包趋势明显

图9显示，法国与接壤国家的贸易占比自2000年以来出现下降，但自2019年起该占比显著上升，并在2020年后迅速回升至45%左右，表明法国的近岸外包趋势明显。相比之下，德国的近岸外包趋势有所不同。德国与接壤国家的贸易占比从2009年开始下降，而后从2017年开始波动上升，也显示出德国企业逐渐加强与邻国的贸易联系。

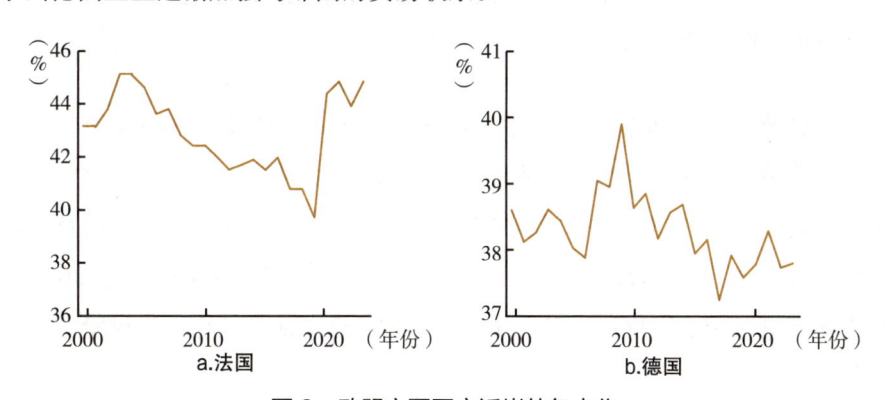

图9 欧盟主要国家近岸外包变化

资料来源：UNCOMTRADE。

---

① https://www.spglobal.com/marketintelligence/en/mi/research-analysis/prospects-and-hurdles-mexican-manufacturers-on-nearshoring-horizon.html.
② 墨西哥国家统计机构，https://en.www.inegi.org.mx/datosprimarios/iavl/#open_data。

欧洲的近岸外包地主要集中在中东欧和北非国家。根据 FDI Intelligence 数据库，欧洲周边的 14 个国家[①]被视为主要的近岸外包目的地。2020 年以来，这些国家的制造业外国直接投资（FDI）大幅上升，从 2020 年的 138 亿美元增至 2023 年的 525 亿美元，项目数量从 296 个增至 401 个，显示出近岸外包呈扩大趋势。

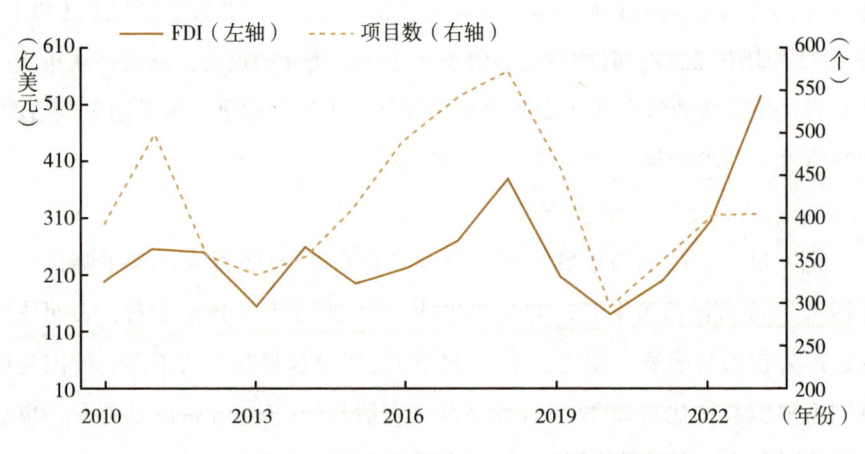

图 10　欧洲近岸外包地制造业 FDI 和项目数的情况

资料来源：FDI Intelligence。

在欧洲的近岸外包目的地中，匈牙利、波兰、埃及、摩洛哥和罗马尼亚等的制造业 FDI 增长显著。例如，匈牙利的制造业 FDI 从 2020~2021 年的 70.4 亿美元攀升至 2022~2023 年的 188 亿美元（见图 11）。波兰和埃及也在金属制造和化工领域获得了大量投资，而土耳其和塞尔维亚的 FDI 自 2020 年后逐渐下滑，显示出疫情后投资偏好的变化，这可能与地缘政治风险的考量有关。

欧洲的近岸外包主要集中在核心行业：电子设备制造、化工、汽车制造、金属制造和半导体。2022~2023 年，匈牙利、摩洛哥、埃及和波兰的这

---

① 包括匈牙利、波兰、埃及、摩洛哥、土耳其、罗马尼亚、斯洛伐克、塞尔维亚、保加利亚、乌克兰、立陶宛、北马其顿、斯洛文尼亚、爱沙尼亚。

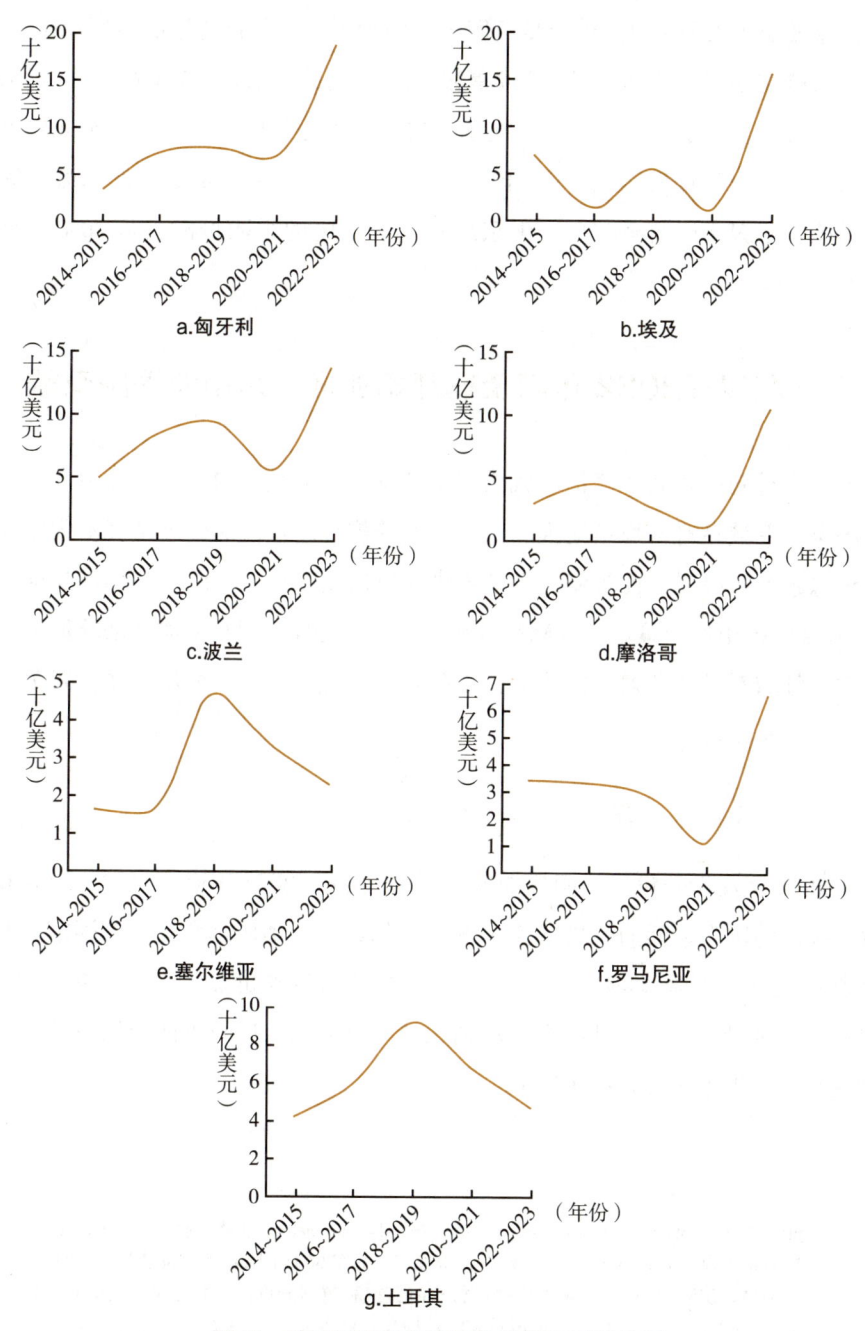

全球产业链重构：回岸、近岸与友岸的趋势和特点分析

图 11 欧洲近岸外包目的地制造业 FDI 情况

资料来源：FDI Intelligence。

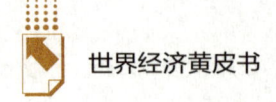

些行业吸引了大量 FDI，进一步巩固了其作为近岸外包目的地的重要地位。

采购份额的变化也反映了回岸和近岸外包的趋势。QIMA 在 2024 年第一季度的调查显示，欧洲企业正在逐步将采购重心从中国转移至本土或邻近国家，中国的采购份额从 2020 年的 72% 降至 60%，而同期欧洲及邻近国家的采购份额从 8% 增至 15%，中东欧和北非地区的采购份额也从 20% 增至 25%。①

三 友岸：2022 年后全球开始加速，东南亚等国受益

友岸外包是指将生产活动或供应链转移至价值观相似且地缘政治上友好的国家，以减轻对不稳定地区或对手国家的依赖。在面对全球经济不确定性和地缘政治风险时，此策略旨在增强供应链的安全性，美国财政部部长耶伦于 2022 年提出这一策略，目标是减轻美国在半导体、绿色能源和战略原材料等关键领域对其竞争对手的依赖，加强与可信赖伙伴国的经济联系，避免供应链中断的风险。

（一）友岸外包在2022年开始加速

2022 年友岸外包趋势明显加速。图 12 显示，2023 年第三季度，地缘政治距离近的国家之间的贸易增加 6.2%，地缘政治距离较远和最远的国家之间的贸易量分别下降 4.4% 和 5.1%。此外，IMF 的数据也显示，2022 年 50.2% 的外国直接投资发生在地缘政治距离近的国家之间，进一步证明地缘政治距离在本次产业链重构中的重要性。

---

① https://www.qima.com/newsroom/news/news-q2-2024-barometer。QIMA 是一家全球领先的供应链质量控制和合规服务机构，成立于 2005 年，总部位于中国香港。通过其全球网络和在线平台，QIMA 可以对全球供应链进行实时监控和数据分析，帮助企业优化供应链管理，提升采购效率，并遵循各地的质量和法规标准。近年来，QIMA 针对供应链地缘政治变化趋势进行了大量研究和调查，特别关注回岸和邻岸外包问题，以洞察企业全球采购行为变化趋势。

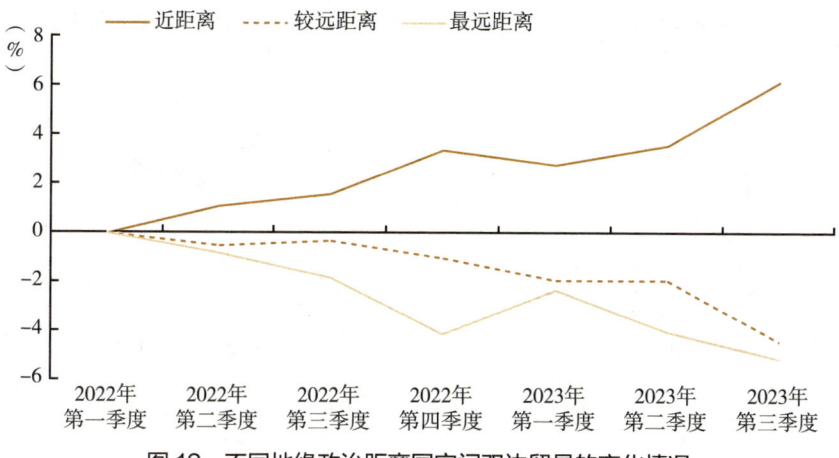

全球产业链重构：回岸、近岸与友岸的趋势和特点分析

图12 不同地缘政治距离国家间双边贸易的变化情况

资料来源：UNCTAD。

麦肯锡的研究也表明，2017~2023年，美国、中国、德国和英国的对外贸易平均地缘政治距离分别下降10%、4%、6%和4%，反映出这些国家更倾向于与地缘政治距离较近的国家进行贸易。

进一步使用2018~2023年的联合国投票记录来测度主要国家的政治立场距离，美国、法国、德国、英国、韩国、日本、菲律宾和越南8个国家与其政治立场最近的前十个国家之间的贸易占比情况如图13所示。

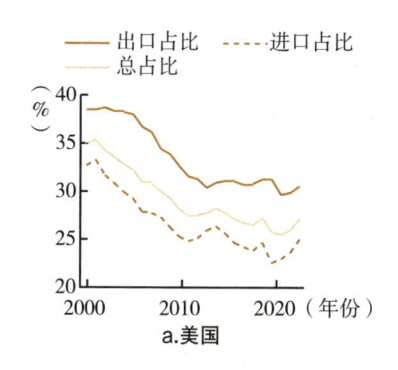

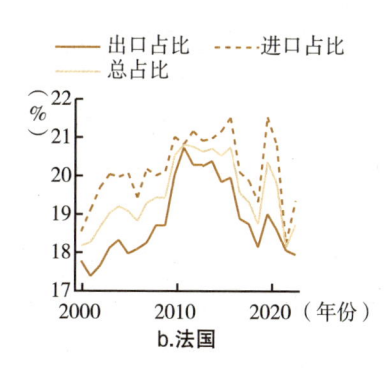

343

图13　主要国家友岸外包情况变化

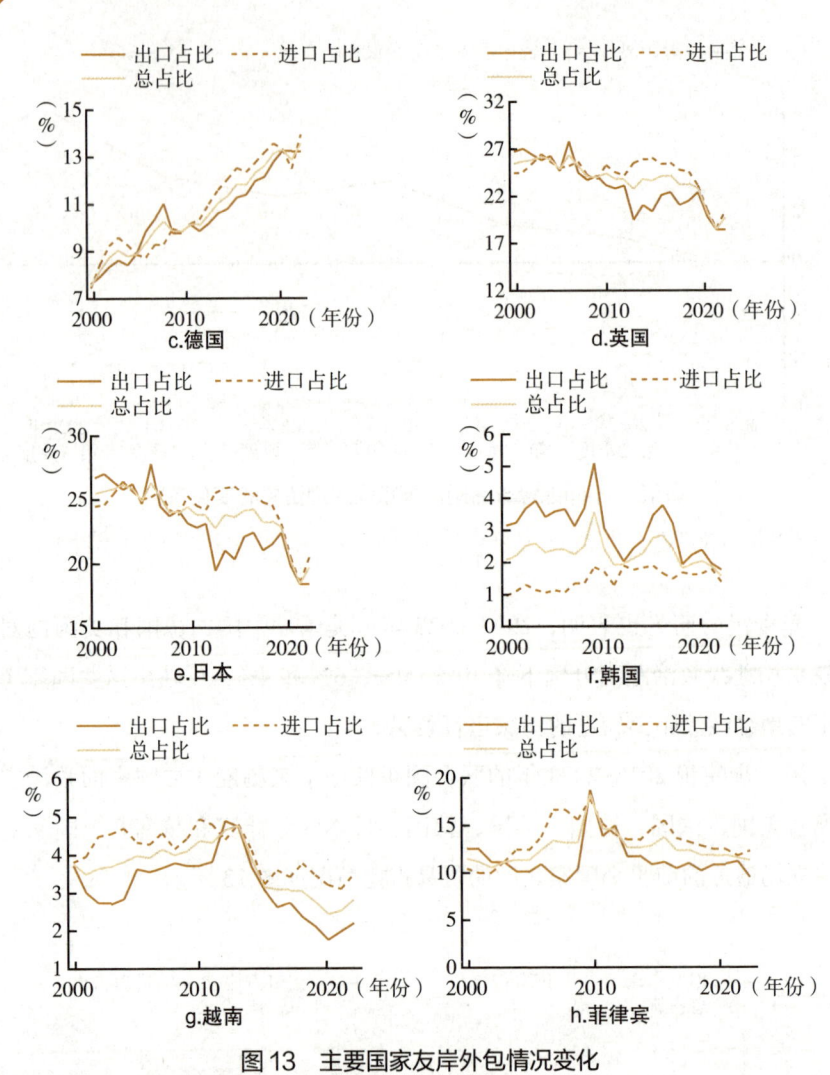

资料来源：UNCOMTRADE，联合国投票记录。

　　整体趋势上，2022年以来，多数国家与政治立场接近国家间的贸易占比有所提升，但不同国家友岸贸易的趋势却略有差别。德国自2000年开始，友岸外包的占比就持续增长；美国、越南与友岸国家之间的进出口额自2020年开始显著提升；英国、日本、法国友岸外包份额自2022年才开始显著提升；菲律宾和韩国没有表现出明显的友岸外包趋势。

全球产业链重构：回岸、近岸与友岸的趋势和特点分析

从占比来看，政治立场在各国选择贸易伙伴过程中的重要性存在差异，发达国家更倾向于与政治立场接近的国家开展贸易。2023年，从进出口额来看，美国最热衷于与友岸国家贸易，27.3%的贸易与友岸国家开展，英国为19.6%，日本为19.5%，法国为18.7%，德国为13.5%，但亚洲地区的发展中国家与友岸国家间的贸易份额显著偏低，如越南该占比为2.8%，菲律宾更是只占1.1%。值得注意的是，韩国与友岸国家间的贸易占比也相对较低，只有1.5%的贸易与友岸国家开展。

（二）美国友岸外包现状

美国和欧洲都有明显的友岸外包趋势，尤其是美国，作为友岸外包的主要推动者，特别重视将东南亚作为其"印太战略"的重要支点。在此背景下，美国与欧洲及东南亚国家的贸易投资关系值得重点观察。

1. 东南亚受益于美国友岸外包

相较于中国，东南亚国家与美国的地缘政治距离更近，美国更倾向于将部分订单移交东南亚国家。美国与东南亚国家的贸易和投资整体呈现增长态势（见图14）。

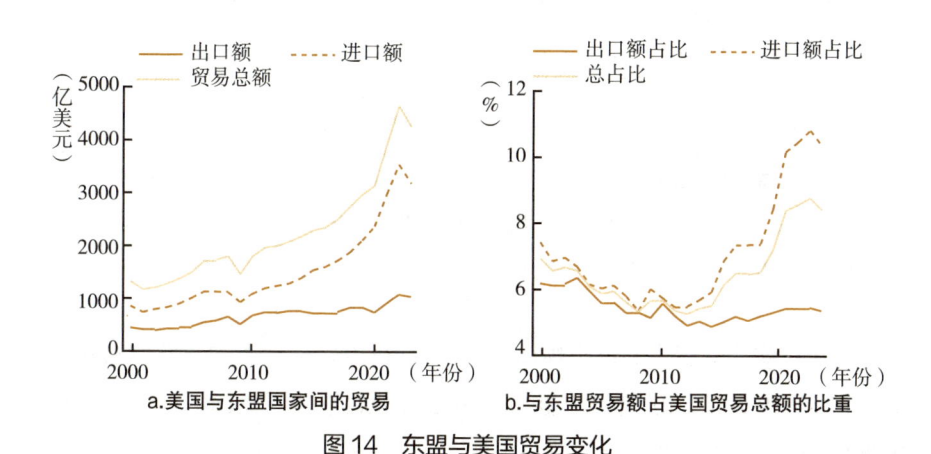

图14 东盟与美国贸易变化

资料来源：UNCOMTRADE。

截至2022年，美国与东南亚国家间的贸易持续增长，当年对东盟的出口额增长19.0%，从东盟的进口额增长17.6%。尽管2023年美国对东盟的出口额和进口额分别下降3.4%和9.6%，但对新加坡、老挝和文莱的进口额以及对马来西亚、缅甸、老挝和文莱的出口额仍有所增长。

尽管2023年贸易额有所下滑，但美国对东盟的外国直接投资大幅增加，从2022年的299.63亿美元增长至743.57亿美元，增幅达到148.2%。这可能表明，美国正在通过加大投资来推动东南亚市场发展，并巩固其在全球供应链中的地位。

2. 美欧经贸捆绑更加紧密

欧盟与美国的经济联系更加紧密，如图15所示，2020年以来美国和欧盟的贸易总额及占比都快速增长，贸易总额从2020年的6570亿美元上升到2023年的9590亿美元。

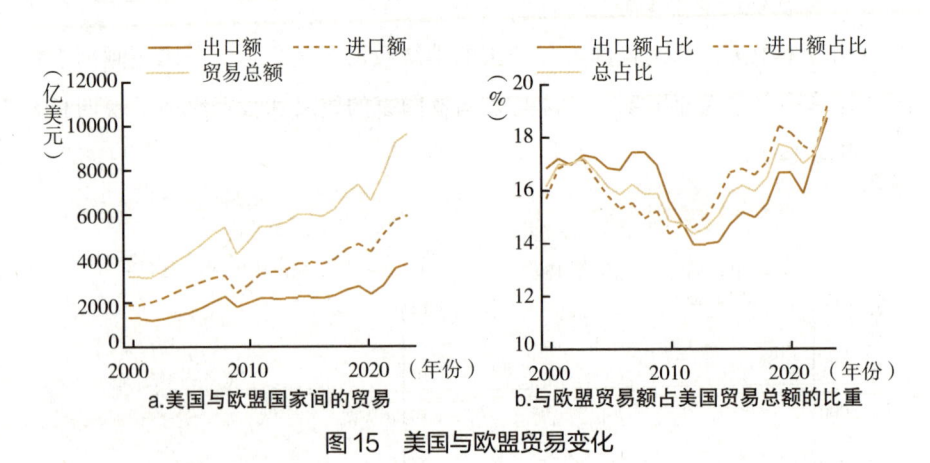

图15 美国与欧盟贸易变化

资料来源：UNCOMTRADE，BEA。

美国对欧盟直接投资也小幅提升，① 2020~2023年，美国对欧盟的对外直接投资存量由2.38万亿美元增至2.58万亿美元，欧盟对美国的对外直接投资存量由2.1万亿美元增至2.42万亿美元。

---

① https://www.bea.gov/news/2024/direct-investment-country-and-industry-2023.

全球产业链重构：回岸、近岸与友岸的趋势和特点分析

四 总结

当前，第四次全球产业链重构呈现出以回岸、近岸和友岸为特征的演变趋势，美国等发达国家试图通过这些手段应对自身产业空心化问题和地缘政治风险，重新控制全球供应链。本文通过测算对外贸易依赖度、接壤贸易占总贸易的比例、与盟国的贸易比例等指标对第四次全球产业链重构进展进行量化评估。本文对回岸、近岸和友岸指标是基于贸易宏观数据的初步测算，而非严格互斥的岸际转移，[①] 后续研究可采用价值链核算方法或微观数据进一步探讨岸际转移的趋势性特征。

回岸是美国等发达国家为应对制造业流失而长期实施的举措。从对外贸易依赖度的变化可以看出，全球回流趋势从2023年开始较为显著。然而，美国从2011年以来便呈回流趋势，电动汽车电池等高技术产业的回流现象最为显著。欧洲的回流趋势在短期内较为显著，从长期来看，尽管欧洲连续多年实行促进回流政策，但其对外贸易依赖度尚处于高位，回流迹象不明显；同时，韩国和日本尚无明显回流迹象。

近岸外包作为替代离岸外包的另一项策略，正逐渐取代部分离岸外包。2020年后，主要国家的接壤贸易占比持续上涨，近岸外包趋势明显。作为美国的近岸外包主要目的地，墨西哥显著受益。欧洲的近岸外包趋势同样显著，中东欧和北非成为其近岸外包的主要目的地。

友岸外包强调在外包决策中优先选择政治立场相近的国家，体现了地缘政治在全球供应链中的重要性。全球友岸外包趋势在2022年开始显现，而美国从2020年以来便呈现显著的友岸外包趋势，欧洲主要国家的友岸外包趋势也于近年开始显现。东南亚凭借其在美国"印太战略"中的关键位置，受益于美国友岸外包政策，获得了美国的大量投资。与此同时，美国与欧洲的经贸联系进一步加强，双方的投资流量显著上升。

---

① 岸际转移是指多"岸"之间的活动分布变化，如某国在国内、近邻国/友国和非近邻国/非友国之间的经济贸易活动占比变化，其加总应为1。

回岸、近岸和友岸在短期内成为全球产业链重构的重要特征，但全球经济格局仍在持续变化，这三种趋势在演进过程中也可能面临本国劳动力成本上升、邻近国家的产业基础薄弱、盟友国家间利益分化等诸多因素的约束。如果这三种趋势加剧，可能导致全球供应链的区域化、碎片化和政治化，影响全球资源最优配置，影响全球经济增长的潜力。正如经济学家达尼·罗德里克所指出的那样，全球经济需要找到平衡，在供应链安全和推动全球化之间寻求共赢。①

参考文献

余振、崔洁：《后发经济体在全球产业链重构中的弯道超车——历史经验及对中国的启示》，《国际展望》2024年第4期。

Bailey Michael A., Anton Strezhnev, Erik Voeten, "Estimating Dynamic State Preferences from United Nations Voting Data," *Journal of Conflict Resolution*, 61(2), 2017.

Barbieri P., Ciabuschi F., Fratocchi L., Vignoli M., "What do We Know about Manufacturing Reshoring?" *Journal of Global Operations and Strategic Sourcing*, Vol. 11, No.1, 2018.

Bettiol Marco, Chiara Burlina, Maria Chiarvesio, Eleonora Di Maria, "From Delocalisation to Backshoring? Evidence from Italian Industrial Districts," *Investigaciones Regionales Journal of Regional Research*, 39, 2017.

De Backer K., et al., "Reshoring: Myth or Reality?" OECD Science, Technology and Industry Policy Papers, No. 27, OECD Publishing, Paris, 2016.

Kedia B. L., Lahiri S., "International Outsourcing of Services: A Partnership Model," *Journal of International Management*, 13(1), 2007.

McIvor Ronan, Lydia Bals, "A Multi-theory Framework for Understanding the

---

① Rodrik D., "Why Does Globalization Fuel Populism? Economics, Culture, and the Rise of Right-Wing Populism," *Annual Review of Economics*, 13, 2021.

Reshoring Decision," *International Business Review*, 30, 2021.

Robinson Pamela K., Linda Hsieh, "Reshoring: A Strategic Renewal of Luxury Clothing Supply Chains," *Operational Management Research*, 9, 2016.

Wiesmann B., Snoei J.R., Hilletofth P., Eriksson D., "Drivers and Barriers to Reshoring: A Literature Review on Offshoring in Reverse," *European Business Review*, Vol. 29, No. 1, 2017.

Rodrik D., "Why Does Globalization Fuel Populism? Economics, Culture, and the Rise of Right-Wing Populism," *Annual Review of Economics*, 13, 2021.

Y.21
全球智库重点关注的经济议题

吴立元　常殊昱[*]

摘　要： 2023~2024年，伴随着美欧央行货币政策持续紧缩，通胀显著下降，逐渐接近目标水平。疫情前，发达经济体普遍处于低通胀状态。在疫情初期，政策制定者与研究者普遍没有预期到本轮欧美通胀会创四十年以来新高。因此，通胀走势挑战了人们的既有认识，引发了大量关注。美欧通胀与货币政策走向是未来一段时间全球宏观经济领域的焦点问题。此外，2024年以来，中国部分产品出口快速增长引发关注，美国与欧盟对华部分产品大幅加征关税。本文选题的时间范围为2023年10月至2024年9月，主要聚焦三个在选题期间被全球智库广泛讨论的热点问题：第一，欧美通胀问题，主要关注的是推动通胀的主导因素与通胀黏性。第二，货币政策问题，主要涉及发达经济体央行货币政策框架的调整、对本轮货币政策的回顾以及货币政策的转向。第三，中国产能问题，主要包括西方对中国产能问题的评论、对华贸易制裁政策及政策效果评估。

关键词： 通货膨胀　货币政策　产能过剩

2024年以来，伴随着美欧央行货币政策持续紧缩，通胀显著下降，逐渐接近目标水平。当前，全球通胀与货币政策均处于重要节点。美欧通胀虽然

---

[*] 吴立元，中国社会科学院世界经济与政治研究所副研究员，主要研究方向为货币政策、经济增长；常殊昱，中国社会科学院世界经济与政治研究所助理研究员，主要研究方向为开放宏观、国际金融。

已降至3%以下，但仍显著高于2%的目标水平。通胀回落的"最后一公里"是否会顺利？降息过程是快节奏还是慢节奏？这些问题都是未来一段时间全球宏观经济领域的重要焦点。同时，在美国继续打压中国的背景下，2024年美国等西方国家进一步抓住中国部分商品出口快速增长，炮制中国"产能过剩"冲击全球经济的舆论，并对华大幅加征关税，进一步加剧贸易摩擦。本文回顾了2023年10月至2024年9月全球主要智库重点关注的全球经济热点问题，主要包括欧美通胀形势、发达经济体的货币政策、中国产能问题。

一 美欧通胀形势与展望

2024年以来，美欧通胀延续2023年的下降态势，已经接近2%的目标水平。美国CPI同比增速从2022年9.1%的峰值下降到2024年8月的2.5%，核心CPI同比增速也从6.6%的峰值降至3.2%。欧元区调和CPI（HICP）同比增速则从2022年10.6%的峰值下降到2024年8月的2.2%，同期核心HICP同比增速也从8.9%的峰值下降到2.7%。本轮美欧高通胀是通胀史上，乃至宏观经济周期管理中非常重要的案例，大量文章对此进行了研究讨论。其中有两个关键问题备受关注：一是通胀的决定因素，特别是本轮通胀上升与下降的核心原因。二是通胀"最后一公里"是否顺利，即通胀黏性问题。

（一）本轮美欧通胀的影响因素

1. 通胀上涨的核心原因

关于美欧通胀大幅飙升的主导因素，主要有两类观点：一是疫情和地缘冲突等带来的供给冲击；二是大规模财政和货币政策刺激带来的需求大幅上升。IMF经济学家用一个包含53个国家1000多个行业部门生产者价格通胀和投入产出联系的数据集研究了2020~2022年疫情冲击以及财政和货币政策刺激对通货膨胀的影响。研究发现，疫情及随后的重新开放政策是这一时期全球通货膨胀上升的主要驱动力。虽然财政和货币政策在2020年防止通货紧

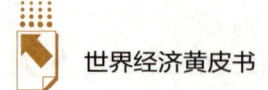

缩方面发挥了重要作用，但随着经济复苏，其影响显著减弱。[1] Bai 等基于集装箱船的强制自动识别系统数据构建了新的供应链中断指数，开创了一种新颖的空间聚类算法。该算法通过全球主要港口集装箱船的位置、速度和航向来确定实时拥堵情况。分析发现，供应链冲击是推动 2021 年通货膨胀的关键因素，但 2022 年，需求和技术冲击、能源价格冲击等传统供给冲击也可用于解释通货膨胀上升。[2]Bernanke 和 Blanchard 提出了一个分析疫情期间 11 个经济体通货膨胀的模型，该模型基于美国数据，考虑了能源和食品价格冲击、部门短缺及劳动力市场紧张等因素。研究发现，美国通货膨胀初期主要由临时的价格冲击和特定行业供应短缺引起，随后劳动力市场紧张对通胀产生持续影响。在通胀初期，大多数国家劳动力市场均紧张，其对通胀的影响有限，但随着价格冲击消退，劳动力市场紧张成为更为重要的因素。[3]

2. 通胀下降的核心原因

关于通胀下降的核心原因，研究者也存在争议。一种观点是，通胀下降初期的主要原因是供给冲击逐渐消退，此后主要是因为货币紧缩。伯南克研究了美国与欧元区 2022~2023 年通胀下降的主要原因，研究表明，能源和食品价格变化可用于解释通货膨胀率的上升和下降。2020 年初较低的能源价格抑制了通货膨胀，但 2021~2022 年大部分时间的价格上涨刺激了通货膨胀。美国和欧元区能源价格的下降导致通货膨胀下降。食品价格冲击则呈现出不同的模式：其在 2022 年之前对通货膨胀的贡献很小，但在 2022 年日益显著，2023 年更是如此。总体而言，供应短缺对通胀的影响持续到 2023 年第二季度，但自 2022 年第二季度通货膨胀达到峰值以来，其影响明显减弱。同时，随着疫情的影响逐渐消退，许多国家的劳动力市场在几乎所有情况下

---

[1] Chau Vu, Conesa Martinez, Marina Kim, Taehoon Spray, John A., "Global Value Chain and Inflation Dynamics," https://www.imf.org/en/Publications/WP/Issues/2024/03/22/Global-Value-Chain-and-Inflation-Dynamics-546651.

[2] Bai X., Fernández-Villaverde J., Li Y., Zanetti F., "The Causal Effects of Global Supply Chain Disruptions on Macroeconomic Outcomes: Evidence and Theory," 2024.

[3] Bernanke B., Blanchard O., "An Analysis of Pandemic-era Inflation in 11 Economies," Peterson Institute for International Economics Working Paper, 2024.

都比疫情前更加紧张。最初，劳动力市场在美国和欧元区通胀的演变中只发挥了有限的作用。劳动力市场对通货膨胀的贡献始终小于价格冲击。但是劳动力市场的紧张局势以及长期通胀预期的小幅上升，在一些国家引发工资上涨。之后，随着价格冲击的部分逆转，劳动力市场因素对通胀的影响有所增加。在美国和其他经济体中，几乎没有证据表明出现了与20世纪70年代高通胀时期相类似的工资—价格或价格—工资螺旋式上升。20世纪70年代，石油和其他大宗商品价格的上涨导致更高的名义工资，两者相互助长。关于2021~2022年通胀飙升是暂时性的（"暂时性团队"）还是长期性的（"永久性团队"）的争论仍在继续，尚未得出一致结论。从事后的情况看，"暂时性团队"认为价格冲击（如能源和食品）对通货膨胀的影响将是短暂的，但他们没有预料到会发生一系列持续性更强的冲击，导致通货膨胀持续较长时间，结果通胀持续的时间比其预期要长。而"永久性团队"关注劳动力市场的紧张状况，但大大高估了其对通货膨胀的贡献，[①] 结果通胀持续时间比其预期的要短。

（二）美国通胀黏性问题

2024年8月，美国核心CPI同比增速降至3.2%，欧元区也降至2.7%，反通胀进入"最后一公里"。但智库与国际机构研究普遍认为，美欧通胀要回到目标水平还需较长时间。Furman认为，美国通胀控制的"最后一公里"可能是最艰难的。[②] 两年前，核心通胀的六个月年化率为6%。而现在，在没有出现经济衰退的情况下，这一数字已经降至3%。但是这并不意味着通胀能够无痛地回落至2%，经济能否"软着陆"仍有不确定性。50年前提出的包含预期因素的菲利普斯曲线一直是探讨通胀问题的核心框架。通胀取决于对未来通胀的预期，涉及劳动力市场的紧张程度以及全球油价或生产率变动等

[①] Ben S. Bernanke, "What Brought US and EURO Area Inflation Down Between 2022 and 2023?" https://www.piie.com/research/piie-charts/2024/what-brought-us-and-euro-area-inflation-down-between-2022-and-2023.

[②] Jason Furman, "The Fed Can Take Its Time Taming Inflation," https://www.piie.com/research/economic-issues/inflation.

供给冲击。这就是包含失业率缺口、通胀预期与供给冲击的通胀三因素模型。尽管该模型不够精确，但其他模型的表现尚未能超越它。首先，分析供给冲击。供应链瓶颈和乌克兰危机以来全球大宗商品价格上涨等负面因素在2021年和2022年推高了总体通胀，并渗透到核心通胀中。随着供应链瓶颈缓解，总体通胀迅速下降，但核心通胀下降较慢，未来供给冲击对通胀下行的贡献将很小，甚至可能出现推升通胀的现象。其次，分析劳动力市场紧张程度。有两个关键点有助于理解通胀的上升和下降。一是同时考虑失业率和职位空缺。职位空缺与失业率的比率在2022年达到每位失业者对应两个空缺职位的峰值，此后该比率大幅回落至1.2。幸运的是，这一次的宽松主要是通过企业减少职位空缺来实现的，而不是通过失业率激增，并且尽管劳动力市场紧张程度大幅下降，但仍然相当紧张，因此对降低通胀的作用较小。二是通胀与劳动力市场的关系似乎是非线性的。当劳动力市场极度紧张时，雇主需要提高工资，进而会推高价格。但略微紧张的劳动力市场对通胀的影响要小得多。2022年的一项模拟预测显示，失业率需要升至4%才能使通胀降至3%，但要将通胀降至2%，则需要将失业率一路推高至6.7%。虽然现在的情况更为乐观，但该原则仍然成立，即通胀开始下降时，失业率上升幅度较小，但其进一步下降将带来失业率大幅上升。最后，分析通胀预期与惯性。保罗·沃尔克在20世纪80年代主张的降低通胀，以及其继任者努力维持低通胀的努力，为美联储赢得了信誉，维持了低通胀预期。美联储2022年转向大幅加息，其力度之大，超出想象，这有助于让美联储保持这一信誉。工资和价格的惯性也会影响通胀预期。工资增长和价格增长相互促进，且两者均比新冠疫情前高出1~1.5个百分点。短期通胀预期指标也有所上升。虽然这可能不是全面的工资—价格螺旋式上升，但工资—价格的持续高企将使通胀保持在较高水平，直到有某种力量将其推向另一个方向。Furman认为，基础通胀率为2.5%~3%。要使通胀率远低于这一水平可能很难，甚至并不必要。[1]

惠誉发布的《全球经济展望报告》称，与过去的降息周期相比，本轮

---

[1] Jason Furman, "The Fed Can Take Its Time Taming Inflation," https://www.piie.com/research/economic-issues/inflation.

美联储宽松周期将温和且缓慢，美国服务业领域的通胀仍然较高，难以快速回到目标通胀水平。[①] 明尼亚波利斯联邦储备银行的研究报告认为，尽管新租约的价格有所降温，但整体住房通胀可能会持续到 2025 年，自 2022 年中达到峰值以来，通货膨胀率已大幅下降，但尚未完全恢复到 2% 的目标水平。通货膨胀率居高不下的一个原因是住房通胀率持续高于疫情前水平。基于市场租金（某个月内重新设定的租金）和住房通胀率（包括市场租金和固定租金）的数据，在当前租赁市场条件下，住房通胀率可能会保持高位。市场租金对住房通胀率的影响非常小，这意味着住房对通货膨胀的贡献率可能会在 2024~2025 年保持较高水平。截至 2024 年 6 月，模型预测 2024 年 12 月的住房通胀率为 4.8%，并且到 2025 年底将保持高于疫情前水平。作为参考，目前住房通胀率为 5.2%，远高于 2016~2019 年 3.3% 的平均年增长率。[②]

2024 年 9 月 14 日《金融时报》发表的题为《调查显示美国经济正实现"软着陆"》的文章称，根据《金融时报》和芝加哥大学对 37 名经济学家的联合调查，多数经济学家预计未来几年美国经济不会出现萎缩，并有望实现"软着陆"。预计 2024 年美国 GDP 增速为 2.3%，2025 年为 2%；2024 年底失业率将升至 4.5%，略高于当前的 4.2%，但仍处于历史低位；核心个人消费支出（PCE）物价指数将降至 2.2%。此外，70% 的受访者认为特朗普的经济政策将在更大程度上加剧通胀并推高赤字水平。

二 货币政策回顾与转向

在本轮经济周期与通胀管理中，货币政策至关重要。全球智库与机构重

[①] Fitch Ratings Global Economic Outlook Report, "Federal Reserve Easing Cycle will be Mild and Slow by Historical Standards," https://www.fitchratings.com/research/sovereigns/federal-reserve-easing-cycle-will-be-mild-slow-by-historical-standards-10-09-2024.

[②] Alisdair McKay, Neil Mehrotra, "Despite Cooling Prices for New Leases, Overall Housing Inflation could Remain Elevated into 2025," https://www.minneapolisfed.org/article/2024/despite-cooling-prices-for-new-leases-overall-housing-inflation-could-remain-elevated-into-2025.

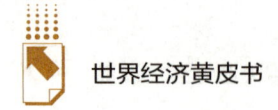

点关注了三个方面的问题：一是对货币政策框架的讨论；二是对本轮周期中货币政策做简单回顾并进行评估；三是讨论未来货币政策转向问题。

（一）货币政策框架调整

新冠疫情前，发达经济体普遍处于低通胀状态，当时货币政策的重点是提高通胀水平。疫情暴发后，发达经济体通胀大幅飙升。这种剧烈的变化给货币政策带来了巨大挑战。在此过程中，美欧日央行都对货币政策框架进行了或大或小的调整。

1. 欧洲央行调整其货币政策操作框架

货币政策操作框架用于保持短期货币市场利率与欧洲央行的货币政策决策相一致。在2008~2009年之前，欧洲央行采用走廊系统来实施货币政策，将银行储备金的结构性短缺程度控制在目标政策利率能够出清隔夜货币市场的水平。直到2015年1月，欧洲央行仍采用走廊系统，但货币市场利率接近其下限。欧洲央行将政策利率降至有效下限（ELB）并扩大资产负债表导致储备金供应充裕。欧洲央行采用了下限系统，隔夜拆借利率受到基准利率下限存款便利利率的约束。目前，随着政策利率远高于有效下限且资产负债表逐步恢复至正常水平，欧洲央行是应该恢复走廊系统，还是维持某种形式的下限系统呢？只要欧洲央行提供的储备金远远超过银行的需求，其就很可能会继续采用下限系统来实现货币市场中的目标利率。一旦储备金供应量下降且储备金需求变得不稳定，欧洲央行将需要在走廊系统和某种形式的下限系统之间做出选择。两种方式各有优缺点。走廊系统适合较小的央行资产负债表规模，鼓励银行更严格地管理其流动性缓冲，并促进银行间市场更加活跃。但这需要相对更频繁的市场操作，以确保货币市场利率接近政策利率，并使银行体系容易受到间歇性流动性短缺的影响，这可能对金融稳定产生影响并损害货币传导机制。同时，下限系统允许对隔夜利率进行更精确的控制，并降低流动性短缺的风险，但需要欧洲央行拥有更大的资产负债表，这会削弱银行管理其流动性缓冲的激励，并抑制银行间市场活动。总体而言，在稳定状态下，一个结合了两种方式特点的混合系统，即很窄的走廊系统，最有利于实现欧洲央行的货币政策目标。①

2. 美联储将评估其货币政策框架调整

2024年底，美联储计划对其在2020年8月通过的长期目标和货币政策战略声明进行审查。为此，布鲁金斯学会财政与货币政策研究中心于2024年6月召开了一次会议，为美联储提供关于此次审查议程的建议。参会经济学家提出了多项建议，主要包括以下几个方面。第一，采用一个在各种冲击下都能稳健运作且不是针对某一具体问题的框架。通胀率应平均保持在2%，决策者积极地维持通胀预期接近2%。第二，重新评估美联储货币政策反应函数中固有的不对称性。美联储在其框架中构建了两种不对称性，以抵消触及零下限（ZLB）可能带来的不利影响。这些不对称性是美联储反应函数的一部分。第一种不对称性是美联储的通胀目标，即灵活的平均通胀目标制（FAIT）。通过FAIT，美联储承诺，当通胀率低于2%时，将通过使通胀率"在一段时间内适度高于2%"来更有力地应对通胀，而非在通胀率高于2%时采取相同的措施。第二种不对称性是美联储的就业目标，即只强调就业显著低于充分水平时货币宽松，而不会只因为劳动力市场强劲就收紧货币政策。在2020年之前，美联储的声明暗示，当失业率降至历史水平且将对价格产生上行压力时，将提高利率。其目标是减轻"就业人数偏离委员会评估的最大水平的程度"。第三，美联储需要更好的沟通策略。沟通失误阻碍了美联储政策在抗击通胀方面的有效性。在疫情期间，市场对美联储官员言论的反应抵消了美联储的部分工作成果，使长期利率上行压力加大。第四，重新评估点阵图。点阵图的支持者认为，其是一种强有力的前瞻性指引形式，为市场提供了关于美联储想法的宝贵信息和见解。批评者则认为，市场未能正确理解点阵图，将中位数点视为承诺，并且点阵图提供的前瞻性指引过于强烈，低估了预测未来所固有的不确定性。美联储观察家哈钦斯中心（Hutchins Center）的调查发现，55%的受访者表示美联储应保留点阵图，而27%的受访者表示美联储

---

① Luis Brandão-Marques, Lev Ratnovski, "The ECB's Future Monetary Policy Operational Framework: Corridor or Floor?" https://www.imf.org/en/Publications/WP/Issues/2024/03/15/The-ECBs-Future-Monetary-Policy-Operational-Framework-Corridor-or-Floor-546355.

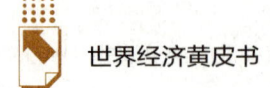

应取消点阵图。克里斯蒂娜·罗默表示，她倾向于取消点阵图，并认为这样做可能会提高美联储政策的有效性。第五，讨论在框架中使用量化宽松政策（QE）。美联储在2008年全球金融危机期间引入了量化宽松政策。如今，量化宽松已成为中央银行标准工具包的一部分，但并未在美联储的框架声明或季度《经济预测概要》中被提及。布莱恩·萨克认为，美联储应将其纳入新的框架中，即QE的反应函数，就像利率的反应函数一样。同时，应该就量化宽松政策的反应函数进行更多的沟通。[1]

3. 日本央行调整货币政策框架

2024年3月，日本银行宣布调整货币政策框架，退出负利率，并结束收益率曲线控制。并声称，实施至今的量化与质化宽松货币政策（QQE）及其收益率曲线控制和负利率政策框架已完成任务。为实现2%的物价稳定目标，日本银行将短期利率作为主要政策工具，从稳定实现目标的角度出发，对经济活动、价格及金融发展态势做出应对。鉴于当前的经济活动和价格前景，日本银行预计宽松的金融环境将会维持一段时间。具体来说，日本银行做出如下决定：第一，将基准利率从-0.1%上调至0~0.1%。第二，停止购买交易所交易基金（ETF）和日本房地产投资信托基金（J-REITs），逐渐减少商业票据和企业债券的购买量，并在大约一年内停止购买。将继续购买日本国债，规模与此前基本持平。[2] 日本银行行长植田和男在彼得森国际经济研究所讲话时说明调整了框架的理由，并指出长期通胀预期在1%以上，可能更接近1.5%，潜在通胀率仍略低于2%，日本仍需要一个宽松的金融环境。日本银行将谨慎行事，首先评估最近政策变化对经济和通胀的影响，其次根据需要考虑进一步调整，或许在此过程中还会对中性利率有更深入的了解。[3]

---

[1] Sam Boocker, David Wessel, "Advice for the Federal Reserve's Review of Its Monetary Policy Framework," https://www.brookings.edu/articles/advice-for-the-federal-reserves-review-of-its-monetary-policy-framework/.

[2] Bank of Japan, "Changes in the Monetary Policy Framework," https://www.boj.or.jp/en/mopo/mpmdeci/mpr_2024/k240319a.pdf.

[3] Kazuo Ueda, "On the Recent Changes in the Bank of Japan's Monetary Policy Framework," https://www.piie.com/events/2024/recent-changes-bank-japans-monetary-policy-framework.

（二）疫情以来货币政策回顾与评估

关于疫情以来的货币政策，国际智库与机构重点关注了两个问题：一是关于美联储是否存在失误的争论；二是探究央行如何能更好地控制高通胀。

1. 疫情以来美联储货币政策失误的争论

有两种对立的观点。一种观点认为，美联储没有及时采取有效措施抑制通胀，导致通胀大幅飙升，不利于经济增长。唐·科恩与布朗大学的高提·埃格特森、迈克尔·凯利、安娜·西斯拉克、迈克尔·麦克马洪等认为，美联储没有及时采取抑制通胀是因为当时的货币政策框架限制了其对通胀的适当反应。埃里克·斯旺森则认为，货币政策框架并没有限制美联储政策，主要是因为联邦公开市场委员会（FOMC）认为通胀是暂时的。他根据美联储在《经济预测概要》中的预测辩称，FOMC看起来并没有受到限制，其认为通胀将是暂时性的。[①]

另一种观点认为，美联储过早实施紧缩政策未必是好事。David Reifschneider探讨了如果从2021年初开始实施明显更为紧缩的货币政策可能产生的影响。根据这一政策，联邦公开市场委员会（FOMC）将严格遵循以空缺职位与失业人数之比衡量的劳动力利用率为基准的政策规则，从而导致联邦基金利率比实际情况更快且更大幅度地上升。同时，FOMC将提供更为紧缩的前瞻性指引，也会更早结束大规模的资产购买，并更早开始缩减资产负债表。由于通胀动态存在不确定性，研究使用多种菲利普斯曲线设定对反事实政策的影响进行了模拟，每种设定都依次嵌入美国经济的大规模模型中。各种模型模拟表明，FOMC采取更为紧缩的策略在2021~2022年对抑制通胀的作用微乎其微，尽管此后通胀可能会加速回落至2%的水平。这些模拟显示，通胀小幅下降将以更高的失业率和更低的实际工资为代价，因此FOMC采取更为紧缩的政策

[①] David Reifschneider, "US Monetary Policy and the Recent Surge in Inflation," https://www.piie.com/publications/working-papers/2024/us-monetary-policy-and-recent-surge-inflation?gad_source=1&gclid=Cj0KCQjwi5q3BhCiARIsAJCfuZkmzn7l19JMryvTlrRFPx5inQokDGS5tcW-1EEj1sO8RiNJJbbCkl0aAgYVEALw_wcB.

反映出的净社会效益似乎值得怀疑。研究还从风险管理角度质疑了更快、更明显的紧缩政策的明智性。①

2. 央行如何更好地控制通胀

美国国家经济研究局（NBER）回顾了二战后美联储抑制通货膨胀的政策，研究了为什么有些抑制通货膨胀的尝试能显著降低通货膨胀而另一些则不能。研究发现，抑制通货膨胀成功与否的一个基本决定因素是美联储在实施抑制通胀的政策之初对抑制通货膨胀的承诺力度。在其承诺力度较强的时期，通货膨胀率显著下降，且这种下降往往是长期的；而在其承诺力度较弱的时期，通货膨胀率下降幅度很小，且只是暂时的。虽然美联储的承诺力度往往对公众来说是显而易见的，但没有证据表明，更强的抑制通货膨胀承诺是通过影响预期来发挥作用的。相反，弱承诺导致抑制通胀失败的主要渠道是过早放弃抑制通货膨胀政策。②

（三）未来货币政策宽松的路径

2024年6月，欧央行降息25个基点，开启了降息周期。2024年6月，美联储降息50个基点，也开启了降息周期。当前，美欧通胀已经大幅下降，但仍显著高于目标水平。同时，经济出现明显的下行压力。央行要在"最后一公里"做好反通胀与防衰退的平衡，货币宽松节奏备受关注。与此相关的关键问题是，美欧的降息节奏将会怎样，通胀是否会反弹，经济是否能"软着陆"？根据美联储9月议息会议后发布的《经济预测概要》，FOMC委员们认为，2024年将降息至4.4%，2025年将降息至3.4%，2026年将降息至2.9%。相对于6月的预测，降息节奏明显加快。路透社对超过100名经济学家的调查显示，绝大多数人认为，美国联邦储备委员会将在11月和12月分别将联

---

① David Reifschneider, "US Monetary Policy and the Recent Surge in Inflation," https://www.piie.com/publications/working-papers/2024/us-monetary-policy-and-recent-surge-inflation?gad_source=1&gclid=Cj0KCQjwi5q3BhCiARIsAJCfuZkmzn7l19JMryvTlrRFPx5inQokDGS5tcW-1EEj1sO8RiNJJbbCkl0aAgYVEALw_wcB.

② Christina D. Romer, David H. Romer, "Lessons from History for Successful Disinflation," https://www.nber.org/papers/w32666.

邦基金利率下调25个基点。① 在接受《中央银行中心》杂志凯瑟琳·海斯的采访时，彼德森经济研究所亚当·S.波森表示，美联储同时存在实质问题和沟通问题，并且在关于通胀趋势的信息传递上过于短视，几乎没有证据表明会收紧货币政策，美联储降息面临着2025年通胀反弹的风险。② 总体来说，除少数研究者担忧通胀反弹风险外，大多数研究者认为，美欧通胀反弹风险较小，随着央行降息，经济"软着陆"的可能性增大。

三 西方对中国"产能过剩"问题的攻击与政策

2024年以来，以美国为首的西方国家炮制所谓中国"产能过剩论"，认为中国在电动车、锂电池和光伏等领域的竞争优势来自政府补贴，鼓吹中国出口增加损害了其他国家的利益，并对中国实施了一系列贸易制裁措施。国际智库与机构对此广泛关注，并就相关问题进行了大量分析。4月，美国财长耶伦访华，提出中国"产能过剩"，并就相关问题对华施压。此后，美国、欧盟等陆续对中国电动车、锂电池和半导体等商品加征关税。

（一）对中国产能问题的攻击

2023年，中国贸易顺差达5.79万亿元人民币（约合8000亿美元），"新三样"（电动汽车、太阳能电池和锂电池）的出口同比增长近30%，受到其他国家广泛关注。2024年以来，西方智库、机构、媒体大肆宣传中国存在"产能过剩"问题。主要逻辑与观点包括如下几个方面。第一，中国内需不足，产能利用率偏低，存在"产能过剩"。大西洋理事会称，产能过剩通常用产能利用率来衡量，拥有大量富余产能的公司往往会降低价格以刺激需求，从而损害整个行业的盈利能力。中国的产能利用率一直在75%左右波

---

① Indradip Ghosh, "Fed to Cut Rates by 25bps in Nov. and Dec., Approach Neutral Level Sooner: Reuters Poll," https://www.reuters.com/markets/us/fed-cut-rates-by-25bps-nov-dec-approach-neutral-level-sooner-2024-09-20/.
② Adam S. Posen, "Fed Rate Cuts Now Risk Rebound of Inflation Next Year," https://www.piie.com/newsroom/short-videos/2024/posen-fed-rate-cuts-now-risk-rebound-inflation-next-year.

动，显著低于80%的正常水平。[1] 凯投宏观称，真正的问题与其说是中国的产能过剩，不如说是中国的消费不足。从狭隘的经济角度来看，中国生产大量商品并以低价向世界其他国家出口并没有什么问题。真正的问题是，中国的进口，也就是对其他国家商品和服务的需求太低，导致中国的经常账户盈余大幅反弹。[2] 大西洋理事会还称，"产能过剩"是中国经济体系固有的问题。[3] 第二，中国相关产品的竞争优势主要来自政府补贴等非公平竞争政策。外交事务委员会文章称，中国正在补贴国内制造商，这些制造商的产量超出国内市场的需求。[4] 基尔研究所称，中国产业补贴每年高达2000亿欧元，这些补贴影响了竞争，成为欧盟反制措施的理由。[5] 欧盟表明，要确保欧洲市场的公平竞争条件。世界经济论坛从实际情况分析了中国可能存在的市场失灵，认为部分非市场化政策是合理的，但其没有强调发达国家也存在很多非市场化政策。[6] 第三，中国"产能过剩"对美国工人和企业以及全球经济构成风险。耶伦声称，中国现在过度生产太阳能电池板、电动汽车和锂电池，影响了全球市场和其他工业化国家与发展中经济体的就业机会。[7] 大西洋理

---

[1] Hung Tran, "Breaking Down Janet Yellen's Comments on Chinese Overcapacity," https://www.atlanticcouncil.org/blogs/econographics/sinographs/breaking-down-janet-yellens-comments-on-chinese-overcapacity/.

[2] Neil Shearing, "This China Overcapacity Row is Masking a Big Shift in the Global Imbalances Story," https://www.capitaleconomics.com/blog/china-overcapacity-row-masking-big-shift-global-imbalances-story.

[3] Hung Tran, "Breaking Down Janet Yellen's Comments on Chinese Overcapacity," https://www.atlanticcouncil.org/blogs/econographics/sinographs/breaking-down-janet-yellens-comments-on-chinese-overcapacity/.

[4] Michelle Kurilla, "The President's Inbox Recap: A Second China Shock," https://www.cfr.org/blog/presidents-inbox-recap-second-china-shock.

[5] Moritz Schularick, "Countervailing Duties: EU Shows Strength Against China's E-Vehicle Subsidies," https://www.ifw-kiel.de/publications/news/countervailing-duties-eu-shows-strength-against-chinas-e-vehicle-subsidies/.

[6] World Economic Forum, "Tariffs, Timeframes and Markets As 'Tools': What the West Gets Wrong about China," https://www.weforum.org/agenda/2024/06/china-trade-tariffs-markets-economy/.

[7] Rich McKay, David Lawder, "Yellen to Warn China on Excess Production Capacity, Wants Constructive Talks," https://www.reuters.com/business/energy/yellen-intends-warn-china-clean-energy-subsidies-excess-production-capacity-2024-03-27/.

事会称,中国制造业"产能过剩"威胁全球绿色商品贸易。①第四,中国"产能过剩"会加剧与其他国家的贸易紧张关系,也会加大中国经济增长风险。彼德森经济研究所文章称,中国如果不加大刺激需求的政策力度,而是强调增加对出口制造业的投资,以提振需求,可能会加剧与发达国家的贸易紧张关系。牛津经济研究院称,全球经济基本面或许能支撑中国新能源汽车、锂电池、光伏等的出口盈余,但尚不清楚这是否能抵消这些行业中某些领域持续亏损导致的通货紧缩风险和相关的失业风险。②

(二)针对产能问题的对华政策

1. 欧盟对华政策

2023年9月,欧盟委员会主席冯德莱恩发表《欧盟年度咨文》,以公平竞争为理由,宣布将对中国电动汽车展开反补贴调查。10月4日出版的《欧盟官方公报》宣布调查正式开始。2024年7月,欧盟委员会宣布对从中国进口的电池电动车征收临时反补贴税,暂定的税率为17.4%~37.6%,且不追溯。欧盟委员会还称,中国的电动车价值链受益于不公平补贴,对欧盟电动车生产商造成经济损害。三家被抽样的中国电动车生产商的单项税率分别为比亚迪17.4%、吉利19.9%、上汽集团37.6%。其他配合欧盟调查但未被抽样的在华电池电动车生产商的加权平均税率为20.8%,其他非合作企业的税率为37.6%,对特斯拉作为中国出口商实施单独关税税率9%。加上之前欧盟征收的10%关税,欧盟对中国进口电动汽车的关税将至少提高至27%,最高接近50%。根据彭博社的报道,将于10月25日在欧盟27个成员国间举行投票,以便决定是否将目前临时性关税延长至少五年的持久性关税。在欧盟委员会9月25日主持的投票表决中,除非有15个或更多(占欧盟总人口65%以上)

---

① Niels Graham, "China's Manufacturing Overcapacity Threatens Global Green Goods Trade," https://www.atlanticcouncil.org/blogs/econographics/sinographs/chinas-manufacturing-overcapacity-threatens-global-green-goods-trade/.
② Oxford Economics Research Briefing, "China's Overcapacity 'Problem' in Five Charts," https://www.oxfordeconomics.com/resource/chinas-overcapacity-problem-in-five-charts/.

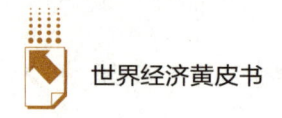

的欧盟成员国投反对票，否则永久性反补贴关税将于10月底起生效。①

2. 美国对华政策

2024年5月，美国白宫发布公告，宣布将对从中国进口的180亿美元的产品加征关税，其中电动汽车的关税将从25%升至100%。美国贸易代表办公室（USTR）宣布，对华电动汽车等产品关税新规自8月1日起生效。7月美国贸易代表办公室表示，美国对电动汽车、电池、电脑芯片以及医疗产品等一系列中国进口产品加征高额关税的部分举措将延迟至少两周。9月美国贸易代表办公室公布，美国将对中国产电动汽车征收100%的进口关税，对中国产太阳能电池和半导体征收50%的关税，对中国产钢铁、铝、电动汽车电池、关键矿物和零部件征收25%的关税。

3. 其他国家对华政策

2024年8月加拿大政府发布公告，计划从10月1日起对中国产进口的电动汽车征收100%的附加税；自10月15日起，对产自中国的钢铝产品征收25%的关税。9月10日，加拿大财政部发布声明称，正在考虑对从中国进口的电池和零部件、关键矿产品、太阳能产品以及半导体征收附加关税。墨西哥、智利、巴西等拉美国家也提高了对华钢铁关税税率。

值得强调的是，一方面，这些政策是在排斥中国的大背景下展开的，并不是单独的、突然出现的政策。另一方面，相关政策可能还会进一步升级，或者以类似的逻辑出台新的政策。中国的部分产品产能可能存在一些问题，但所谓给全球经济造成危害和风险纯属缺乏根据的无稽之谈。而且，中国对美国电动汽车等产品的出口非常少，根本谈不上影响美国。

（三）关于政策影响的讨论

关于对华贸易制裁政策的影响，国际智库与机构有不同的看法，主要有两类观点。一类观点认为，加征关税对中国出口影响较大，而且会损害美欧

---

① Moritz Schularick, Mathias Rauck, "Countervailing Duties: EU Shows Strength Against China's E-Vehicle Subsidies," https://www.ifw-kiel.de/publications/news/countervailing-duties-eu-shows-strength-against-chinas-e-vehicle-subsidies/.

等国产业发展与消费者福利；另一类观点认为，加征关税对中国影响甚微，主要是基于政治动机。

1. 对华贸易制裁将产生较大影响

基尔研究所使用 KITE 模型计算表明，欧盟对中国电动汽车征收的总关税率约为 31%，可能导致中国电动汽车进口量减少约 25%，相当于价值约 40 亿美元的产品。然而，电动汽车价格的预期上涨将使应对气候变化的成本变得更高。在维护公平竞争与推动绿色技术之间找到适当的平衡仍是一个挑战。研究还强调，德国对欧盟委员会采取的措施的支持至关重要。欧洲在此问题上必须团结一致。[①] 布鲁盖尔研究所认为，其他国家的保护主义措施、欧盟等地政治优先事项的变化以及中国汽车工业整体利用率下降等是中国电动汽车产业发展面临的挑战。20 世纪 80 年代离岸战略帮助日本解决了汽车工业面临的类似挑战，这可能为中国带来一些启示。但日本和中国案例存在差异，这使得日本的方法在中国很难适用。[②]

路透社的报道称，拜登政府大幅上调从中国进口商品的关税税率，声称其目的是保护美国战略产业。确保美国电动汽车产业摆脱对华依赖，实现供应链多元化。但美国产业界表示，加征关税的决定忽视了美国汽车制造商关于降低石墨和关键矿产等电动汽车电池关键原材料关税税率的请求，这将影响半导体密集型产品的供应链。美国信息技术产业委员会主席奥克斯曼指出，自 2018 年美国对华加征关税以来，美国企业和消费者已因此损失 2210 亿美元，却未能改变中国的贸易政策和做法。现在，美国贸易代表办公室再次依赖关税这一生硬且无效的工具，但并没有证据证明其实际效果。[③]

2. 对华贸易反制是无效的

基尔研究所研究员朱利安·欣茨认为，美国对中国电动汽车征收的关税，

---

① Moritz Schularick, "Countervailing Duties: EU Shows Strength Against China's E-Vehicle Subsidies," https://www.ifw-kiel.de/publications/news/countervailing-duties-eu-shows-strength-against-chinas-e-vehicle-subsidies/.

② Alicia García-Herrero, "China's EV Makers can't Follow Japan's 'Flying Geese' Offshoring Strategy," https://www.bruegel.org/opinion-piece/chinas-ev-makers-cant-follow-japans-flying-geese-offshoring-strategy.

③ David Lawder, "US Locks in Steep China Tariff Hikes, Some Industries Warn of Disruptions," https://www.reuters.com/business/us-locks-steep-china-tariff-hikes-many-start-sept-27-2024-09-13/.

不太可能对欧洲产生任何不利的贸易后果。美国从中国进口的电动汽车数量非常小，每年只有12000辆，因此中国转向其他目标市场实际上几乎不会引起注意。美国针对中国的新关税政策很可能主要是出于国内政治动机，但令人担忧的是，它们可能会引发德国和欧盟非常不利的反应-再反应的螺旋式升级。基尔研究所的分析显示，中国主要向欧盟销售电动汽车（EV）。2023年，中国共向欧盟出口近50万辆电动汽车，数量超过世界其他地区。这几乎占中国出口电动汽车的1/3。① 日经亚洲称，由于美国从中国进口电动汽车数量较少，大幅提高对该商品的关税税率很大程度上是预防性的，旨在为美国电动汽车产业实现赶超争取时间。但目前的情况是，即便被加征高额关税，中国部分电动汽车车型的价格仍低于其美国竞品，这主要得益于其庞大的国内供应链。汽车行业数据预测公司AutoForecast Solutions表示，特斯拉在美国售价超过3万美元，而比亚迪被征收100%关税后在美国售价仍低于2.5万美元，依旧是美国市场上最便宜的电动汽车产品。②

四 小结

本文总结了智库和国际组织等在三个方面的关注热点，分别为本轮欧美通胀的决定因素与通胀黏性、本轮货币政策回顾与展望、中国产能问题与西方对华政策。欧美通胀在货币政策大幅紧缩下显著下行，但仍呈现出明显黏性，核心通胀进一步下行速度明显减缓，未来经济能否"软着陆"成为关键问题。美欧央行均开启降息进程，从以控制通胀为核心目标转向更多地兼顾就业与经济增长。同时，美国在遏制中国的大背景下，借中国部分产品出口快速增长炒作所谓中国"产能过剩"舆论并对华相关产品加征关税。上述问题既是2024年全球智库重点关注的经济议题，也是当前世界经济面临的重点问题。

---

① Julian Hinz, Mathias Rauck, "US Tariffs Imposed have Little Impact on EU-China Trade," https://www.ifw-kiel.de/publications/news/us-tariffs-imposed-have-little-impact-on-eu-china-trade/.

② Ryohei Yasoshima, Azusa Kawakami, "Chinese EVs still Cheaper than Teslas in U.S. after Tariff Hike," https://asia.nikkei.com/Business/Automobiles/Electric-vehicles/Chinese-EVs-still-cheaper-than-Teslas-in-U.S.-after-tariff-hike.

世界经济统计与预测

Y.22
世界经济统计资料

熊婉婷*

目 录

（一）世界经济形势回顾与展望

表1-1　世界产出简况（2020~2029年）

表1-2　GDP不变价增长率回顾与展望：部分国家和地区（2016~2025年）

表1-3　市场汇率计GDP：部分国家和地区（2017~2025年）

表1-4　人均GDP：部分国家和地区（2023~2025年）

（二）世界通货膨胀、就业形势回顾与展望

表2-1　通货膨胀率回顾与展望：部分国家和地区（2019~2029年）

表2-2　失业率：部分发达经济体（2019~2029年）

（三）世界财政形势回顾与展望

表3-1　广义政府财政余额与GDP之比：发达经济体（2017~2029年）

---

* 熊婉婷，博士，中国社会科学院世界经济与政治研究所全球宏观研究室助理研究员，主要研究方向：全球宏观经济、债务问题。

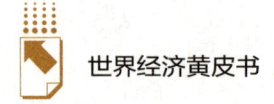

表 3-2　广义政府财政余额与 GDP 之比：部分新兴市场和发展中国家（2017~2029 年）

表 3-3　广义政府债务与 GDP 之比：部分国家和地区（2017~2029 年）

（四）世界金融形势回顾与展望

表 4-1　广义货币供应量年增长率：部分国家和地区（2019~2023 年）

表 4-2　汇率：部分国家和地区（2017~2024 年）

表 4-3　股票价格指数：全球主要证券交易所（2019~2023 年）

（五）国际收支形势回顾与展望

表 5-1　国际收支平衡表：部分国家和地区（2019~2023 年）

表 5-2　经常项目差额与 GDP 之比：部分国家和地区（2019~2029 年）

（六）国际贸易形势回顾

表 6-1　货物贸易进出口：部分国家和地区（2020~2023 年）

表 6-2　服务贸易进出口：部分国家和地区（2020~2023 年）

表 6-3　原油进出口量：部分国家和地区（2016 年和 2023 年）

（七）国际投资与资本流动回顾

表 7-1　国际投资头寸表：部分国家和地区（2019~2023 年）

表 7-2　跨境直接投资流量：部分国家和地区（2021~2023 年）

表 7-3　跨境直接投资存量：部分国家和地区（2021~2023 年）

（八）全球大公司排名

表 8-1　2024 年《财富》全球 50 强公司排名

（九）世界开放指数排名

表 9-1　世界开放指数排名：部分国家和地区（2016~2023 年）

说　明

一　统计体例

1.本部分所称"国家"为纯地理实体概念，而不是国际法所称的政治实体概念。

2. 除非特别说明，2024 年及以后的数据为估计值或预测值。未来国际组织可能会对预测做出调整，本部分仅报告编制时能获得的最新数据。

3. 1996~2005 年意为 1996~2005 年的平均值，两年度间的平均值表示法以此类推。"—"表示数据在统计时点无法取得或无实际意义，"0"表示数据远小于其所在表的计量单位。

4. 部分表格受篇幅所限无法列出所有国家和地区，编制时根据研究兴趣有所选择。

二　国际货币基金组织的经济预测

本部分预测数据均来自国际货币基金组织（IMF）的世界经济展望数据库（World Economic Outlook Database），预测的假设与方法参见报告原文。数据访问时间是 2024 年 10 月。

三　国家和地区分类

《世界经济展望》将国家和地区分为发达经济体、新兴市场和发展中国家两大类。为了便于分析和提供更合理的集团数据，这种分类随时间变化亦有所改变，分类标准并非一成不变。详见国际货币基金组织网站[①]介绍。

（一）世界经济形势回顾与展望

表 1-1　世界产出简况（2020~2029 年）

单位：%，十亿美元

类别	2020 年	2021 年	2022 年	2023 年	2024 年	2025 年	2029 年
实际 GDP 增长率							
世界	-2.7	6.6	3.6	3.3	3.2	3.2	3.1
发达经济体	-4.0	6.0	2.9	1.7	1.8	1.8	1.7
美国	-2.2	6.1	2.5	2.9	2.8	2.2	2.1
欧元区	-6.1	6.2	3.3	0.4	0.8	1.2	1.2
日本	-4.2	2.7	1.2	1.7	0.3	1.1	0.5

① https://www.imf.org/external/pubs/ft/weo/2021/02/weodata/groups.htm.

续表

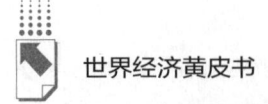

类别	2020年	2021年	2022年	2023年	2024年	2025年	2029年
其他发达经济体*	-1.6	5.9	2.7	1.8	2.1	2.2	2.1
新兴市场和发展中国家	-1.8	7.0	4.0	4.4	4.2	4.2	3.9
亚洲新兴市场和发展中国家	-0.5	7.7	4.4	5.7	5.3	5.0	4.5
欧洲新兴市场和发展中国家	-1.8	7.1	0.6	3.3	3.2	2.2	2.5
拉美与加勒比地区	-6.9	7.4	4.2	2.2	2.1	2.5	2.6
撒哈拉以南	-1.6	4.8	4.1	3.6	3.6	4.2	4.4
人均实际GDP增长率**							
发达经济体	-4.5	5.8	2.5	1.1	1.3	1.5	1.4
新兴市场和发展中国家	-3.1	5.9	2.9	3.3	3.7	3.1	2.9
世界名义GDP							
基于市场汇率	85519	97403	101409	105685	110065	115494	139652
基于购买力平价	139120	155448	172267	184258	194569	204473	248716

注：①"*"指除去美国、欧元区国家和日本以外的发达经济体。②"**"指按购买力平价计算。③表中2024年及以后为预测值。

资料来源：IMF，World Economic Outlook Database，2024年10月。

表1-2 GDP不变价增长率回顾与展望：部分国家和地区（2016~2025年）
单位：%

国家和地区	2016年	2017年	2018年	2019年	2020年	2021年	2022年	2023年	2024年	2025年
阿根廷	-2.1	2.8	-2.6	-2.0	-9.9	10.4	5.3	-1.6	-3.5	5.0
澳大利亚	2.7	2.4	2.8	1.8	-2.1	5.5	3.9	2.0	1.2	2.1
巴西	-3.3	1.3	1.8	1.2	-3.3	4.8	3.0	2.9	3.0	2.2
加拿大	1.0	3.0	2.7	1.9	-5.0	5.3	3.8	1.2	1.3	2.4
中国大陆	6.8	6.9	6.7	6.0	2.2	8.4	3.0	5.3	4.8	4.5
埃及	4.3	4.2	5.3	5.5	3.6	3.3	6.7	3.8	2.7	4.1
芬兰	2.6	3.3	1.2	1.4	-2.5	2.7	1.5	-1.2	-0.2	2.0
法国	0.7	2.3	1.6	2.1	-7.6	6.8	2.6	1.1	1.1	1.1
德国	2.3	2.7	1.1	1.0	-4.1	3.7	1.4	-0.3	0.0	0.8
希腊	-0.5	1.1	1.7	1.9	-9.3	8.4	5.6	2.0	2.3	2.0
中国香港	2.2	3.8	2.8	-1.7	-6.5	6.5	-3.7	3.3	3.2	3.0

续表

国家和地区	2016年	2017年	2018年	2019年	2020年	2021年	2022年	2023年	2024年	2025年
冰岛	6.3	4.2	4.9	1.9	−6.9	5.3	9.0	5.0	0.6	2.4
印度	8.3	6.8	6.5	3.9	−5.8	9.7	7.0	8.2	7.0	6.5
印度尼西亚	5.0	5.1	5.2	5.0	−2.1	3.7	5.3	5.0	5.0	5.1
爱尔兰	1.2	10.0	7.5	5.0	7.2	16.3	8.6	−5.5	−0.2	2.2
意大利	1.2	1.6	0.8	0.4	−8.9	8.9	4.7	0.7	0.7	0.8
日本	0.8	1.7	0.6	−0.4	−4.2	2.7	1.2	1.7	0.3	1.1
韩国	3.2	3.4	3.2	2.3	−0.7	4.6	2.7	1.4	2.5	2.2
马来西亚	4.5	5.8	4.8	4.4	−5.5	3.3	8.9	3.6	4.8	4.4
墨西哥	1.8	1.9	2.0	−0.4	−8.4	6.0	3.7	3.2	1.5	1.3
新西兰	3.9	3.3	3.5	3.1	−1.4	5.6	2.4	0.6	0.0	1.9
尼日利亚	−1.6	0.8	1.9	2.2	−1.8	3.6	3.3	2.9	2.9	3.2
挪威	1.2	2.5	0.8	1.1	−1.3	3.9	3.0	0.5	1.5	1.8
菲律宾	7.1	6.9	6.3	6.1	−9.5	5.7	7.6	5.5	5.8	6.1
葡萄牙	2.0	3.5	2.8	2.7	−8.3	5.7	6.8	2.3	1.9	2.3
俄罗斯	0.2	1.8	2.8	2.2	−2.7	5.9	−1.2	3.6	3.6	1.3
沙特阿拉伯	1.9	0.9	3.2	1.1	−3.6	5.1	7.5	−0.8	1.5	4.6
新加坡	3.6	4.5	3.5	1.3	−3.9	9.7	3.8	1.1	2.6	2.5
南非	0.7	1.2	1.6	0.3	−6.2	5.0	1.9	0.7	1.1	1.5
西班牙	2.9	2.9	2.4	2.0	−10.9	6.7	6.2	2.7	2.9	2.1
瑞典	2.4	1.8	1.9	2.6	−2.0	5.9	1.5	−0.2	0.9	2.4
瑞士	2.1	1.4	2.9	1.2	−2.3	5.6	3.1	0.7	1.3	1.3
中国台湾	2.2	3.3	2.8	3.1	3.4	6.6	2.6	1.3	3.7	2.7
泰国	3.4	4.2	4.2	2.1	−6.1	1.6	2.5	1.9	2.8	3.0
土耳其	3.3	7.5	3.0	0.8	1.9	11.4	5.5	5.1	3.0	2.7
英国	1.9	2.7	1.4	1.6	−10.3	8.6	4.8	0.3	1.1	1.5
美国	1.8	2.5	3.0	2.6	−2.2	6.1	2.5	2.9	2.8	2.2
越南	6.7	6.9	7.5	7.4	2.9	2.6	8.1	5.0	6.1	6.1

注：表中2024年及以后为预测值。

资料来源：IMF，World Economic Outlook Database，2024年10月。

世界经济黄皮书

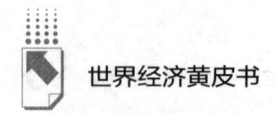

表1-3 市场汇率计GDP：部分国家和地区（2017~2025年）

单位：亿美元

2023年位次	国家和地区	2017年	2018年	2019年	2020年	2021年	2022年	2023年	2024年	2025年
1	美国	196121	206565	215400	213541	236812	260069	277207	291678	303372
2	中国大陆	122653	138418	143406	148626	177593	178485	177580	182734	195349
3	德国	37618	40538	39576	39370	43512	41669	45270	47100	49216
4	日本	49308	50409	51180	50541	50399	42719	42198	40701	43893
5	印度	26515	27029	28356	26749	31673	33535	35676	38891	42719
6	英国	26824	28750	28531	26987	31441	31254	33821	35875	37303
7	法国	25880	27828	27231	26458	29684	27985	30527	31741	32834
8	意大利	19700	21004	20198	19060	21807	21047	23016	23765	24596
9	巴西	20635	19169	18733	14761	16707	19518	21737	21884	23072
10	加拿大	16493	17253	17437	16557	20075	21615	21425	22148	23303
11	俄罗斯	15751	16530	16957	14881	18431	22699	20100	21843	21957
12	韩国	17102	18243	17510	17445	19423	17994	18391	18699	19471
13	墨西哥	11907	12563	13052	11208	13131	14633	17888	18481	18178
14	澳大利亚	13827	14193	13881	13648	16584	17240	17406	18020	18811
15	西班牙	13213	14323	14037	12888	14622	14476	16206	17315	18276
16	印尼	10156	10423	11191	10591	11865	13191	13712	14026	14926
17	荷兰	8479	9302	9290	9318	10552	10474	11547	12184	12730
18	土耳其	8590	7977	7604	7171	8079	9058	11300	13443	14554
19	沙特阿拉伯	7150	8466	8386	7343	8742	11086	10676	11007	11366
20	瑞士	6955	7259	7219	7413	8147	8284	8948	9423	9996
21	波兰	5248	5888	5960	5995	6814	6899	8117	8629	9155
22	中国台湾	5907	6092	6114	6732	7730	7609	7557	7750	8144
23	阿根廷	6439	5244	4468	3852	4860	6323	6455	6044	5742
24	比利时	5026	5435	5359	5256	6013	5841	6324	6622	6894
25	瑞典	5361	5513	5322	5451	6372	5799	5849	6090	6388
26	爱尔兰	3484	3956	4072	4362	5317	5490	5516	5606	5872

续表

2023年位次	国家和地区	2017年	2018年	2019年	2020年	2021年	2022年	2023年	2024年	2025年
27	奥地利	4171	4552	4446	4347	4796	4714	5177	5358	5592
28	泰国	4563	5066	5439	5005	5063	4956	5148	5289	5453
29	阿联酋	3905	4270	4180	3495	4152	5027	5141	5451	5686
30	以色列	3585	3763	4009	4132	4926	5277	5136	5281	5509
31	新加坡	3433	3769	3769	3495	4341	4985	5014	5307	5617
32	挪威	4017	4398	4087	3676	5034	5937	4853	5038	5065
33	孟加拉国	2938	3214	3512	3739	4163	4602	4515	4515	4819
34	菲律宾	3285	3468	3768	3618	3941	4044	4371	4701	5077
35	越南	2771	3045	3318	3463	3701	4080	4337	4685	5064

注：表中2024年及以后为预测值。
资料来源：IMF，World Economic Outlook Database，2024年10月。

表1-4 人均GDP：部分国家和地区（2023~2025年）

市场汇率计人均GDP（美元）					购买力平价计人均GDP（国际元）			
2023年位次	国家和地区	2023年	2024年	2025年	2023年位次	国家和地区	2023年	2024年	2025年
1	卢森堡	129810	135321	141080	1	卢森堡	148694	151146	154915
2	爱尔兰	103466	103500	107243	2	新加坡	141554	148186	153609
3	瑞士	101510	106098	111716	3	爱尔兰	126992	127750	131548
4	挪威	87703	90434	90320	4	中国澳门	117033	130417	140246
5	新加坡	84734	89370	93956	5	卡塔尔	111789	115075	118762
6	冰岛	83485	85787	90111	6	挪威	100154	103446	106540
7	美国	82715	86601	89678	7	瑞士	93055	95837	98145
8	卡塔尔	69541	71568	72760	8	文莱	86867	91046	95039
9	中国澳门	69080	77186	84276	9	美国	82715	86601	89678
10	丹麦	68619	69273	71967	10	丹麦	80211	83454	85789
11	荷兰	64829	67984	70606	11	荷兰	79586	81495	83823
12	澳大利亚	64547	65966	67979	12	冰岛	78250	78808	80318

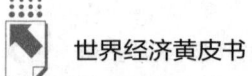

续表

市场汇率计人均GDP（美元）						购买力平价计人均GDP（国际元）				
2023年位次	国家和地区	2023年	2024年	2025年	2023年位次	国家和地区	2023年	2024年	2025年
13	圣马力诺	58249	59841	61518	13	圣马力诺	78122	80305	82579
14	奥地利	56856	58669	61080	14	阿联酋	74714	77251	82000
15	瑞典	55433	57213	59508	15	中国台湾	74409	79031	82615
16	比利时	53854	56129	58248	16	奥地利	71988	73051	74976
17	加拿大	53607	53834	55890	17	中国香港	71627	75407	78717
18	德国	53565	55521	57914	18	比利时	71035	73222	75187
19	芬兰	53131	54774	57183	19	瑞典	70047	71731	74143
20	以色列	52643	53111	54370	20	德国	69532	70930	72660
40	中国台湾	32404	33234	34924	40	立陶宛	51129	53624	55995
41	捷克	31630	31366	33038	41	科威特	50933	49736	51287
42	爱沙尼亚	30138	31531	33225	42	阿鲁巴岛	48968	52945	55055
43	巴林	29219	29573	29886	43	波兰	48799	51629	54498
44	葡萄牙	27835	29341	30947	44	波多黎各	47718	49594	50343
45	立陶宛	26998	28713	30514	45	葡萄牙	47226	49237	51257
46	斯洛伐克	24468	26290	28177	46	爱沙尼亚	47128	48008	49697
47	拉脱维亚	23176	24223	25681	47	克罗地亚	46005	48811	51224
48	巴巴多斯	23167	24759	26228	48	罗马尼亚	44974	47204	49944
49	希腊	22880	24342	25616	49	匈牙利	44961	46807	49147
50	匈牙利	22132	23881	25703	50	俄罗斯	44512	47299	48957
70	圣卢西亚	13358	14034	14561	70	安提瓜岛和巴布达	29423	31474	32736
73	中国大陆	12597	12969	13873	79	中国大陆	24503	26310	28008
100	图瓦卢	6695	7190	7713	100	多米尼加	17266	18391	19418
120	约旦	4488	4682	4904	120	牙买加	11856	12283	12755
180	利比里亚	808	855	887	180	布基纳法索	2713	2850	2986
185	尼日尔	621	698	752	185	尼日尔	1824	1978	2084

注：①表中只列出部分国家，排名时以所展示年份有数据的国家为准。各国家和地区购买力平价（PPP）数据参见IMF, World Economic Outlook Database。IMF并不直接计算PPP数据，而是根据世界银行、OECD、Penn World Tables等国际组织的原始资料进行计算。②表中2024年及以后为预测值。

资料来源：IMF, World Economic Outlook Database，2024年10月。

（二）世界通货膨胀、就业形势回顾与展望

表 2-1 通货膨胀率回顾与展望：部分国家和地区（2019~2029 年）

单位：%

2023 年位次	国家和地区	2019 年	2020 年	2021 年	2022 年	2023 年	2024 年	2025 年	2029 年
1	津巴布韦	255.3	557.2	98.5	193.4	667.4	635.3	23.6	5.1
2	委内瑞拉	19906.0	2355.1	1588.5	186.5	337.5	59.6	71.7	
3	黎巴嫩	2.9	84.9	154.8	171.2	221.3			
4	阿根廷	53.5	42.0	48.4	72.4	133.5	229.8	62.7	8.9
5	苏丹	51.0	163.3	359.1	138.8	77.2	200.1	118.9	8.4
6	土耳其	15.2	12.3	19.6	72.3	53.9	60.9	33.0	15.0
7	苏里南	4.4	34.9	59.1	52.4	51.6	19.1	12.8	5.0
8	塞拉利昂	14.8	13.4	11.9	27.2	47.7	36.6	18.0	7.5
9	海地	17.3	22.9	15.9	27.6	44.1	26.0	20.7	7.4
10	伊朗	34.8	36.5	40.2	45.8	40.7	31.7	29.5	25.0
23	匈牙利	3.4	3.3	5.1	14.6	17.1	3.8	3.5	3.0
34	波兰	2.2	3.4	5.1	14.4	11.4	3.9	4.5	2.5
36	斯洛伐克	2.8	2.0	2.8	12.1	11.0	2.8	5.1	2.0
39	捷克	2.8	3.2	3.8	15.1	10.7	2.3	2.0	2.0
50	爱沙尼亚	2.3	−0.6	4.5	19.4	9.1	3.4	2.0	2.2
51	拉脱维亚	2.7	0.1	3.2	17.2	9.1	1.4	2.2	2.2
54	冰岛	3.0	2.8	4.5	8.3	8.7	6.0	3.3	2.5
55	立陶宛	2.2	1.1	4.6	18.9	8.7	0.9	2.4	2.4
64	奥地利	1.5	1.4	2.8	8.6	7.7	3.0	2.5	2.1
66	智利	2.2	3.0	4.5	11.6	7.6	3.9	4.2	3.0
68	斯洛文尼亚	1.6	−0.1	1.9	8.8	7.4	2.0	2.7	2.1
71	英国	1.8	0.9	2.6	9.1	7.3	2.6	2.1	2.0
84	德国	1.4	0.4	3.2	8.7	6.0	2.4	2.0	2.0
88	瑞典	1.7	0.7	2.7	8.1	5.9	2.1	2.0	2.0
89	意大利	0.6	−0.1	1.9	8.7	5.9	1.3	2.1	2.0
94	俄罗斯	4.5	3.4	6.7	13.8	5.9	7.9	5.9	4.0

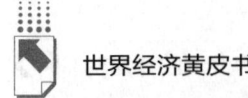

续表

2023年位次	国家和地区	2019年	2020年	2021年	2022年	2023年	2024年	2025年	2029年
95	新西兰	1.6	1.7	3.9	7.2	5.7	2.7	2.2	2.0
96	法国	1.3	0.5	2.1	5.9	5.7	2.3	1.6	1.8
97	澳大利亚	1.6	0.9	2.8	6.6	5.6	3.3	3.3	2.5
100	墨西哥	3.6	3.4	5.7	7.9	5.5	4.7	3.8	3.0
101	挪威	2.2	1.3	3.5	5.8	5.5	3.3	2.4	2.0
102	印度	4.8	6.2	5.5	6.7	5.4	4.4	4.1	4.0
105	葡萄牙	0.3	−0.1	0.9	8.1	5.3	2.5	2.1	2.0
106	爱尔兰	0.9	−0.4	2.4	8.0	5.2	1.7	1.8	2.0
114	新加坡	0.6	−0.2	2.3	6.1	4.8	2.6	2.2	2.0
120	巴西	3.7	3.2	8.3	9.3	4.6	4.3	3.6	3.0
127	芬兰	1.1	0.4	2.1	7.2	4.3	1.2	1.9	2.0
129	以色列	0.8	−0.6	1.5	4.4	4.2	3.1	3.0	2.1
130	希腊	0.5	−1.3	0.6	9.3	4.2	2.9	2.1	2.0
131	美国	1.8	1.2	4.7	8.0	4.1	3.0	1.9	2.1
132	荷兰	2.7	1.1	2.8	11.6	4.1	3.2	2.3	2.0
137	加拿大	1.9	0.7	3.4	6.8	3.9	2.4	1.9	2.0
140	印尼	2.8	2.0	1.6	4.1	3.7	2.5	2.5	2.5
145	韩国	0.4	0.5	2.5	5.1	3.6	2.5	2.0	2.0
149	西班牙	0.8	−0.3	3.0	8.3	3.4	2.8	1.9	2.0
151	丹麦	0.7	0.3	1.9	8.5	3.4	1.8	2.2	2.0
152	日本	0.5	0.0	−0.2	2.5	3.3	2.2	2.0	2.0
158	卢森堡	1.7	0.0	3.5	8.2	2.9	2.5	2.6	2.1
168	沙特阿拉伯	−2.1	3.4	3.1	2.5	2.3	1.7	1.9	2.0
171	比利时	1.2	0.4	3.2	10.3	2.3	4.3	2.1	1.9
174	瑞士	0.4	−0.7	0.6	2.8	2.1	1.3	1.0	1.0
189	中国大陆	2.9	2.5	0.9	2.0	0.2	0.4	1.7	2.0

注：①表中以消费者物价指数衡量的通货膨胀率，年度平均值。②按照当年的数值从高到低进行排序，排序仅考虑在当年有相应数据的国家。③表中2024年及以后为预测值。

资料来源：IMF，World Economic Outlook Database，2024年10月。

表 2-2　失业率：部分发达经济体（2019~2029 年）

单位：%

国家和地区	2019年	2020年	2021年	2022年	2023年	2024年	2025年	2029年
澳大利亚	5.2	6.5	5.1	3.7	3.7	4.2	4.4	4.5
奥地利	4.8	5.5	6.2	4.7	5.1	5.6	5.6	4.9
比利时	5.4	5.6	6.3	5.6	5.5	5.7	5.7	5.7
加拿大	5.7	9.7	7.5	5.3	5.4	6.2	6.2	6.0
塞浦路斯	7.1	7.6	7.5	6.8	6.1	5.3	5.1	5.0
捷克	2.0	2.5	2.7	2.2	2.6	2.8	2.5	2.4
丹麦	3.7	4.7	3.6	2.5	2.8	2.9	3.0	3.0
爱沙尼亚	4.4	6.8	6.2	5.6	6.4	7.5	7.1	6.5
芬兰	6.7	7.8	7.6	6.8	7.2	8.3	7.4	7.1
法国	8.4	8.0	7.9	7.3	7.4	7.4	7.2	6.9
德国	3.0	3.6	3.6	3.1	3.0	3.4	3.2	3.0
希腊	17.3	16.3	14.8	12.4	11.1	10.5	10.1	8.0
中国香港	2.9	5.8	5.2	4.3	2.9	2.8	2.7	2.7
冰岛	3.9	6.4	6.0	3.8	3.4	3.8	3.8	4.0
爱尔兰	5.0	5.8	6.3	4.5	4.3	4.4	4.4	4.5
以色列	3.8	4.3	5.0	3.8	3.5	3.1	3.4	3.9
意大利	9.9	9.4	9.5	8.1	7.7	7.0	7.2	7.6
日本	2.4	2.8	2.8	2.6	2.6	2.5	2.5	2.5
韩国	3.8	3.9	3.7	2.9	2.7	2.9	3.0	3.0
拉脱维亚	6.3	8.1	7.6	6.9	6.5	6.7	6.5	6.3
立陶宛	6.3	8.5	7.1	6.0	6.9	7.3	7.1	6.0
马耳他	4.1	4.9	3.8	3.5	3.1	3.0	3.0	3.0
荷兰	4.4	4.9	4.2	3.5	3.6	3.9	4.2	5.0
新西兰	4.1	4.6	3.8	3.3	3.7	5.1	5.1	4.4
挪威	3.7	4.6	4.4	3.3	3.6	4.3	3.8	3.8
葡萄牙	6.7	7.1	6.7	6.2	6.6	6.5	6.4	6.2
圣马力诺	7.7	7.3	5.2	4.6	3.9	3.9	3.9	3.9
新加坡	2.3	3.0	2.7	2.1	1.9	1.9	1.9	1.9
斯洛伐克	5.7	6.6	6.8	6.2	5.8	5.6	5.7	5.6
斯洛文尼亚	4.5	5.0	4.7	4.0	3.7	3.5	3.5	4.0

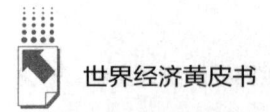

续表

国家和地区	2019年	2020年	2021年	2022年	2023年	2024年	2025年	2029年
西班牙	14.1	15.5	14.9	13.0	12.2	11.6	11.2	11.0
瑞典	6.9	8.5	8.9	7.5	7.7	8.5	8.3	7.3
瑞士	2.3	3.2	3.0	2.2	2.0	2.4	2.5	2.5
英国	3.9	4.7	4.6	3.9	4.0	4.3	4.1	4.0
美国	3.7	8.1	5.4	3.6	3.6	4.1	4.4	4.0

注：表中2024年及以后为预测值。
资料来源：IMF，World Economic Outlook Database，2024年10月。

（三）世界财政形势回顾与展望

表3-1 广义政府财政余额与GDP之比：发达经济体（2017~2029年）

单位：%

国家和地区	2017年	2018年	2019年	2020年	2021年	2022年	2023年	2024年	2025年	2029年
澳大利亚	-1.7	-1.3	-4.4	-8.7	-6.4	-2.2	-0.9	-1.7	-2.0	-1.0
奥地利	-0.8	0.2	0.6	-8.0	-5.8	-3.3	-2.6	-3.4	-3.3	-2.7
比利时	-0.7	-0.9	-2.0	-9.0	-5.4	-3.6	-4.4	-4.7	-5.1	-6.3
加拿大	-0.1	0.4	0.0	-10.9	-2.9	0.1	-0.6	-2.0	-1.0	-0.6
塞浦路斯	1.9	-3.6	1.3	-5.7	-1.8	2.7	3.1	3.1	3.2	1.4
捷克	1.5	0.9	0.3	-5.6	-5.0	-3.1	-3.8	-2.9	-2.3	-1.7
丹麦	1.7	0.8	4.3	0.4	4.1	3.4	3.3	1.8	0.9	-0.1
爱沙尼亚	-1.0	-1.1	0.1	-5.3	-2.4	-1.0	-3.5	-3.0	-4.1	-3.9
芬兰	-0.7	-0.9	-1.0	-5.6	-2.9	-0.5	-2.7	-3.7	-3.1	-2.1
法国	-3.4	-2.3	-2.4	-8.9	-6.6	-4.7	-5.5	-6.0	-5.9	-5.9
德国	1.3	1.9	1.3	-4.4	-3.2	-2.1	-2.6	-2.0	-1.7	-0.5
希腊	1.1	0.8	-0.1	-10.6	-7.5	-2.5	-0.9	-1.0	-0.9	-1.5
中国香港	5.5	2.4	-0.6	-9.2	0.0	-6.6	-5.7	-4.5	-2.5	0.9
冰岛	1.0	1.0	-1.6	-8.9	-8.5	-4.0	-2.0	-3.1	-1.1	-0.9
爱尔兰	-0.3	0.1	0.4	-4.9	-1.5	1.6	1.5	3.8	0.8	0.1
以色列	-1.1	-3.6	-3.8	-10.7	-3.4	0.4	-4.8	-9.0	-5.4	-4.3
意大利	-2.5	-2.2	-1.5	-9.4	-8.9	-8.1	-7.2	-4.0	-3.8	-3.1
日本	-3.1	-2.5	-3.0	-9.1	-6.1	-4.4	-4.2	-6.1	-3.0	-4.0

续表

国家和地区	2017年	2018年	2019年	2020年	2021年	2022年	2023年	2024年	2025年	2029年
韩国	2.1	2.4	0.4	-2.1	0.0	-1.5	-0.7	-0.5	-0.1	0.0
拉脱维亚	-0.8	-0.7	-0.4	-3.7	-5.5	-3.7	-3.5	-3.4	-2.9	-2.9
立陶宛	0.5	0.6	0.3	-7.2	-1.0	-0.7	-0.8	-1.6	-1.5	-1.2
马耳他	3.1	1.9	0.7	-8.7	-7.0	-5.3	-4.6	-4.0	-3.6	-3.0
荷兰	1.3	1.5	1.8	-3.6	-2.2	-0.1	-0.4	-1.6	-2.6	-2.9
新西兰	1.4	1.3	-2.5	-4.3	-3.2	-3.5	-3.3	-3.8	-3.5	0.2
挪威	5.0	7.8	6.5	-2.6	10.3	25.4	16.4	12.0	11.0	7.1
葡萄牙	-3.0	-0.3	0.1	-5.8	-2.9	-0.3	1.2	0.2	0.2	0.2
圣马力诺	-3.5	-1.6	-0.1	-37.6	-16.4	0.4	-1.6	-1.8	-1.5	-0.3
新加坡	5.3	3.7	3.8	-6.7	1.1	1.2	3.5	4.5	2.6	2.6
斯洛伐克	-1.0	-1.0	-1.2	-5.4	-5.2	-1.6	-4.8	-5.9	-4.7	-4.8
斯洛文尼亚	0.1	0.9	0.7	-7.7	-4.6	-3.0	-2.6	-2.6	-2.6	-1.6
西班牙	-3.1	-2.6	-3.0	-10.0	-6.7	-4.6	-3.5	-3.0	-2.8	-2.8
瑞典	1.4	0.8	0.5	-2.8	0.0	1.1	-0.6	-1.2	-0.4	0.3
瑞士	1.1	1.3	1.3	-3.0	-0.3	1.2	0.2	0.6	0.3	0.2
英国	-2.5	-2.3	-2.5	-13.1	-7.9	-4.7	-6.0	-4.3	-3.7	-3.3
美国	-4.8	-5.3	-5.8	-13.9	-11.0	-3.9	-7.1	-7.6	-7.3	-6.0

注：①广义政府财政余额对应的英文统计口径为 General Government Net Lending/Borrowing，等于政府财政收入和财政支出之差。取值为正代表财政盈余，为负代表财政赤字。②表中2024年及以后为预测值。

资料来源：IMF，World Economic Outlook Database，2024年10月。

表3-2 广义政府财政余额与GDP之比：部分新兴市场和发展中国家（2017~2029年）

单位：%

国家和地区	2017年	2018年	2019年	2020年	2021年	2022年	2023年	2024年	2025年	2029年
阿根廷	-6.7	-5.4	-4.4	-8.7	-4.3	-3.8	-5.4	-0.1	0.2	1.3
孟加拉国	-4.2	-4.1	-5.4	-4.8	-3.6	-4.1	-4.6	-4.6	-4.2	-5.2
玻利维亚	-7.9	-8.2	-7.2	-12.7	-9.3	-7.1	-10.9	-10.4	-9.7	-7.7
巴西	-8.0	-7.0	-4.9	-11.6	-2.6	-4.0	-7.6	-6.9	-7.3	-5.1
智利	-2.6	-1.5	-2.7	-7.1	-7.5	1.4	-2.3	-2.3	-1.4	-0.1
中国大陆	-3.4	-4.3	-6.1	-9.7	-6.0	-7.5	-6.9	-7.4	-7.6	-8.2

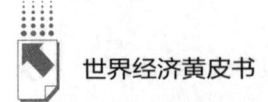

续表

国家和地区	2017年	2018年	2019年	2020年	2021年	2022年	2023年	2024年	2025年	2029年
埃及	-9.9	-9.0	-7.6	-7.5	-7.0	-5.8	-5.8	-10.1	-10.1	-2.7
印度	-6.2	-6.4	-7.7	-12.9	-9.3	-9.2	-8.3	-7.8	-7.6	-6.6
印尼	-2.3	-1.7	-2.1	-6.1	-4.4	-2.2	-1.6	-2.7	-2.5	-2.2
伊朗	-1.6	-1.6	-4.5	-5.2	-3.2	-2.8	-2.8	-3.1	-3.4	-2.3
伊拉克	-1.5	7.7	0.8	-12.1	-0.4	8.1	-1.2	-5.0	-8.2	-10.4
马来西亚	-2.4	-2.6	-2.0	-4.9	-6.0	-4.8	-4.6	-3.6	-3.5	-3.2
墨西哥	-1.0	-2.1	-2.3	-4.3	-3.8	-4.3	-4.3	-5.9	-3.5	-2.7
蒙古	-3.7	2.9	1.0	-9.2	7.8	0.7	2.7	0.4	-1.0	-1.7
缅甸	-2.9	-3.4	-3.9	-5.9	-7.0	-4.6	-5.7	-5.8	-6.1	-4.8
菲律宾	-0.8	-1.5	-1.5	-5.5	-6.2	-5.5	-4.4	-3.9	-3.9	-1.7
罗马尼亚	-2.9	-2.7	-4.6	-9.6	-6.7	-5.8	-5.6	-7.8	-7.4	-6.5
俄罗斯	-1.5	2.9	1.9	-4.0	0.8	-1.4	-2.3	-1.9	-0.5	-0.8
南非	-4.0	-3.7	-5.1	-9.6	-5.5	-4.3	-5.8	-6.2	-6.3	-5.1
泰国	-0.4	0.2	0.4	-4.5	-6.7	-4.5	-2.0	-2.4	-3.9	-2.8
土耳其	-1.9	-3.1	-4.8	-4.7	-3.0	-1.1	-5.3	-5.2	-3.6	-3.0
乌克兰	-2.4	-2.1	-2.1	-5.9	-4.0	-15.6	-19.6	-18.7	-19.2	-1.7
阿联酋	-0.2	3.8	2.6	-2.5	4.0	10.0	5.0	4.8	4.4	4.1
乌兹别克斯坦	1.0	1.6	-0.3	-3.0	-4.1	-3.7	-4.0	-3.5	-2.5	-2.5
委内瑞拉	-13.3	-31.0	-10.9	-6.6	-5.9	-6.8	-4.2	-	-	-
越南	-2.0	-1.0	-0.4	-2.9	-1.4	0.7	-2.5	-2.6	-2.2	-1.8

注：①广义政府财政余额对应的英文统计口径为General Government Net Lending/Borrowing，等于政府财政收入和财政支出之差。取值为正代表财政盈余，为负代表财政赤字。②表中2024年及以后为预测值。

资料来源：IMF，World Economic Outlook Database，2024年10月。

表3-3 广义政府债务与GDP之比：部分国家和地区（2017~2029年）

单位：%

国家和地区	2017年	2018年	2019年	2020年	2021年	2022年	2023年	2024年	2025年	2029年
日本	231.3	232.4	236.4	258.4	253.7	256.3	249.7	251.2	248.7	245.0
黎巴嫩	150.0	155.1	172.1	148.7	357.7	255.2	195.2			

续表

国家和地区	2017年	2018年	2019年	2020年	2021年	2022年	2023年	2024年	2025年	2029年
苏丹	149.5	209.8	216.5	278.3	189.6	186.8	252.2	344.4	237.1	162.0
希腊	183.2	190.7	185.5	213.2	201.2	179.6	168.9	159.0	152.9	139.4
委内瑞拉	133.6	175.3	206.0	329.1	249.7	160.7	146.3			
新加坡	107.8	109.4	127.8	148.1	142.9	158.2	174.8	175.2	175.8	178.4
意大利	133.6	134.0	133.6	154.1	145.5	138.1	134.6	136.9	138.7	142.3
老挝	57.2	60.6	69.1	76.0	92.9	130.7	115.9	108.3	118.3	126.7
佛得角	112.8	112.0	109.4	143.8	149.1	124.0	114.0	111.0	107.2	84.8
马尔代夫	63.7	70.6	77.2	155.7	123.4	120.0	123.1	131.8	133.6	126.5
美国	105.5	106.8	108.0	131.8	124.5	118.6	118.7	121.0	124.1	131.7
葡萄牙	126.1	121.5	116.6	134.9	124.5	112.4	99.1	94.4	89.8	76.2
法国	98.4	98.1	97.6	114.6	112.6	111.1	109.9	112.3	115.3	124.1
西班牙	101.1	99.7	97.6	119.2	115.6	109.4	105.0	102.3	100.7	97.1
加拿大	90.9	90.8	90.2	118.2	113.5	107.4	107.5	106.1	103.2	96.3
比利时	102.0	99.9	97.6	111.9	107.9	104.3	105.2	105.0	107.1	119.0
英国	86.7	86.3	85.7	105.8	105.1	99.6	100.0	101.8	103.8	108.3
阿根廷	57.0	85.2	89.8	103.8	81.0	84.5	155.4	91.5	78.5	51.5
巴西	82.7	84.8	87.1	96.0	88.9	83.9	84.7	87.6	92.0	97.6
印度	69.7	70.4	75.0	88.4	83.5	81.7	83.0	83.1	82.6	78.4
奥地利	78.5	74.1	70.6	82.9	82.5	78.4	77.5	78.7	79.6	80.7
中国	55.0	56.7	60.4	70.2	71.9	77.4	84.4	90.1	93.8	111.1
匈牙利	72.1	69.1	65.3	79.3	76.7	74.1	73.5	73.5	73.6	69.2
芬兰	66.5	65.3	65.2	75.3	73.1	73.9	77.0	81.4	83.4	85.3
斯洛文尼亚	74.9	71.0	66.0	80.2	74.8	72.7	68.4	67.4	66.4	61.6
冰岛	71.7	63.2	66.5	77.5	74.8	67.4	62.2	60.3	55.6	44.8
德国	64.0	60.7	58.6	67.9	67.9	64.8	62.7	62.7	62.1	57.8
以色列	59.6	59.9	59.0	70.7	67.4	60.2	61.4	68.0	69.3	70.1
斯洛伐克	51.5	49.4	48.0	58.8	61.1	57.7	56.0	59.1	57.8	68.5
墨西哥	52.5	52.2	51.9	58.5	56.9	54.2	53.1	57.7	57.9	58.1
澳大利亚	41.1	41.7	46.7	57.0	55.5	50.3	49.0	49.3	49.6	46.0
韩国	38.0	37.9	39.7	45.9	48.0	49.8	51.5	52.9	54.3	58.2

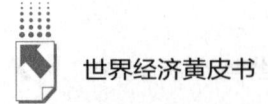

续表

国家和地区	2017年	2018年	2019年	2020年	2021年	2022年	2023年	2024年	2025年	2029年
波兰	50.8	48.7	45.7	57.2	53.6	49.2	49.6	55.5	60.0	66.3
荷兰	56.0	51.6	47.6	53.3	50.4	48.4	45.0	44.3	45.1	49.3
新西兰	31.1	28.1	31.9	43.3	47.5	47.1	45.8	47.2	48.6	45.2
爱尔兰	65.2	61.5	55.9	57.0	52.6	43.1	43.3	42.4	40.7	35.9
捷克	33.8	31.7	29.6	36.9	40.7	42.5	42.4	43.5	43.8	43.5
拉脱维亚	38.9	37.0	36.7	42.7	44.4	41.8	43.6	45.2	45.7	46.9
印尼	29.4	30.4	30.6	39.7	41.1	40.1	39.6	40.5	40.7	39.6
立陶宛	39.4	33.7	35.8	46.3	43.4	38.0	38.3	38.1	37.9	36.6
智利	23.7	25.8	28.3	32.4	36.4	37.8	39.4	41.0	41.6	41.8
瑞士	41.8	39.8	39.6	43.2	41.0	37.2	33.3	31.9	30.8	27.3
挪威	38.3	39.4	40.6	46.1	41.6	36.3	44.0	42.7	42.7	40.6
瑞典	41.1	39.5	35.7	40.3	36.8	33.8	36.4	36.4	35.4	31.7
土耳其	27.8	29.9	32.4	39.4	40.4	30.8	29.3	25.2	26.0	25.6
丹麦	35.9	34.1	33.8	42.2	35.8	29.7	29.7	28.2	27.3	27.3
卢森堡	21.8	20.9	22.4	24.6	24.5	24.7	25.7	26.7	27.8	30.6
沙特阿拉伯	16.5	17.6	21.6	31.0	28.6	23.9	26.2	28.3	30.6	35.3
俄罗斯	14.3	13.6	13.7	19.2	16.4	18.5	19.5	19.9	20.4	25.1
爱沙尼亚	8.9	8.0	8.3	18.3	17.6	18.3	19.3	21.8	25.4	37.3

注：表中2024年及以后为预测值。
资料来源：IMF，World Economic Outlook Database，2024年10月。

（四）世界金融形势回顾与展望

表4-1　广义货币供应量年增长率：部分国家和地区（2019~2023年）

单位：%

国家和地区	2019年	2020年	2021年	2022年	2023年
阿根廷	21.9	63.8	53.3	70.1	199.9
爱尔兰	16.0	21.0	8.2	3.4	1.4
爱沙尼亚	9.5	19.4	20.2	1.1	5.6
奥地利	4.4	9.3	4.8	3.0	-0.1

续表

国家和地区	2019 年	2020 年	2021 年	2022 年	2023 年
澳大利亚	2.4	12.7	9.4	6.5	5.0
巴西	8.7	29.0	8.1	18.2	15.7
比利时	5.1	7.9	5.1	1.7	−4.3
冰岛	3.7	22.5	16.4	7.5	6.6
丹麦	5.0	9.3	0.6	9.4	2.2
俄罗斯联邦	9.7	13.5	13.0	24.4	19.4
法国	7.5	15.9	6.8	5.8	−0.1
芬兰	3.8	14.4	6.3	1.2	−18.1
韩国	7.9	9.8	12.9	4.0	3.9
加拿大	7.7	17.8	8.7	3.5	3.9
捷克共和国	7.0	10.7	7.0	5.0	8.6
美国	6.7	24.8	12.5	−1.2	−2.7
墨西哥	5.8	11.3	10.0	9.7	9.1
南非	4.8	15.0	5.1	6.5	8.0
挪威	4.2	12.1	10.4	5.6	0.3
欧盟	5.8	11.1	7.1	3.8	−0.8
日本	2.1	7.6	3.2	2.5	2.0
沙特阿拉伯	7.6	9.7	4.9	6.0	9.4
土耳其	26.1	36.0	53.6	60.7	66.5
新加坡	4.4	10.7	9.7	7.8	3.2
新西兰	4.7	12.2	7.1	1.8	3.6
匈牙利	9.5	21.3	16.0	5.9	−0.9
以色列	6.3	26.0	17.5	4.9	−3.1
意大利	5.4	10.7	7.2	0.0	−2.7
印度	12.4	19.4	16.2	7.7	7.1
印度尼西亚	6.5	12.5	14.0	8.4	3.5
英国	1.2	14.7	6.1	3.0	−1.5
智利	10.3	4.9	12.2	2.6	6.9
中国	8.7	10.1	9.0	11.8	9.7

资料来源：CEIC 数据库，2024 年 10 月。

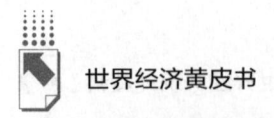

表 4-2　汇率：部分国家和地区（2017~2024 年）

单位：本币/美元

币种	2017年	2018年	2019年	2020年	2021年	2022年	2023年	2024年
欧元	0.89	0.85	0.89	0.88	0.85	0.95	0.92	0.92
日元	112.17	110.42	109.01	106.77	109.75	131.50	140.49	151.14
英镑	0.78	0.75	0.78	0.78	0.73	0.81	0.80	0.78
阿根廷比索	16.56	28.09	48.15	70.54	94.99	130.62	296.26	-
澳大利亚元	1.30	1.34	1.44	1.45	1.33	1.44	1.51	1.51
巴西里尔	3.19	3.65	3.94	5.16	5.39	5.16	4.99	5.24
加拿大元	1.30	1.30	1.33	1.34	1.25	1.30	1.35	1.36
人民币	6.76	6.62	6.91	6.90	6.45	6.74	7.08	7.20
印度卢比	65.12	68.39	70.42	74.10	73.92	78.60	82.60	83.40
韩元	1131.00	1100.16	1165.36	1180.27	1143.95	1291.45	1305.66	1352.41
墨西哥比索	18.93	19.24	19.26	21.49	20.27	20.13	17.76	17.72
俄罗斯卢布	58.34	62.67	64.74	72.10	73.65	68.48	85.16	-
南非兰特	13.32	13.23	14.45	16.46	14.78	16.36	18.45	18.47
土耳其里拉	3.65	4.83	5.67	7.01	8.85	16.55	23.74	

注：2017~2023 年为年内均值，2024 年为前三季度均值。
资料来源：IMF 国际金融统计，2024 年 10 月。

表 4-3　股票价格指数：全球主要证券交易所（2019~2023 年）

国家和地区	指标名称	2019年	2020年	2021年	2022年	2023年
美国	标准普尔500指数	2913	3218	4273	4099	4284
英国	金融时报100指数	7276	6276	7003	7357	7615
法国	CAC40指数	5458	5078	6427	6434	7237
德国	DAX指数	12109	12339	15210	13875	15671
瑞士	苏黎士市场指数	9748	10143	11681	11350	11079
比利时	BFX指数	3644	3412	4082	3829	3680
荷兰	AEX指数	559	560	737	702	753
挪威	OSEAX指数	978	922	1205	1366	1423

续表

国家和地区	指标名称	2019年	2020年	2021年	2022年	2023年
意大利	ITLMS指数	23380	21891	27516	25782	29884
西班牙	SMSI指数	922	753	863	822	928
瑞典	OMXSPI指数	610	675	924	818	831
俄罗斯	RTS指数	1312	1259	1611	1174	1024
以色列	TA-100指数	1483	1438	1782	1992	1802
日本	日经225指数	21697	22705	28837	27258	30717
印度	孟买Sensex30指数	38355	37941	53796	57834	63631
菲律宾	马尼拉综合指数	7909	6341	6853	6665	6484
马来西亚	吉隆坡指数	1631	1514	1563	1505	1439
印度尼西亚	雅加达综合指数	6296	5249	6229	6959	6857
韩国	KOSPI指数	2106	2220	3111	2522	2499
新加坡	海峡时报指数	3220	2711	3110	3236	3219
澳大利亚	普通股指数	6539	6238	7451	7283	7406
新西兰	股市NZ50指数	10310	11547	12788	11584	11666
多伦多	加拿大S&P/TSX综合指数	16315	16017	19828	20178	20101
墨西哥	MXX指数	42972	39127	49505	50124	53266
巴西	IBOVESPA指数	100660	98706	116891	109624	114197
阿根廷	MERV指数	34330	42381	65378	115719	465670
中国大陆	上证综合指数	2920	3128	3540	3226	3176
中国香港	恒生指数	27576	25302	27093	20346	19036
中国台湾	台湾加权指数	10790	12075	16938	15623	16386

资料来源：Wind数据库，2024年10月。

（五）国际收支形势回顾与展望

表5-1 国际收支平衡表：部分国家和地区（2019~2023年）

单位：亿美元

项目	2019年	2020年	2021年	2022年	2023年
美国					
经常项目差额	-4417	-6012	-8680	-10121	-9054

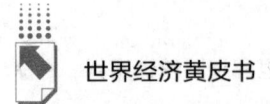

续表

项目	2019年	2020年	2021年	2022年	2023年
货物贸易差额	−8573	−9129	−10832	−11799	−10633
服务贸易差额	2979	2592	2351	2352	2784
初次收入差额	2474	1777	1191	1160	670
二次收入差额	−1298	−1252	−1390	−1833	−1875
资本项目差额	−65	−56	−14	−2	−63
金融项目差额	−5584	−6720	−8236	−8691	−9241
直接投资—资产	1149	2823	3420	3885	4541
直接投资—负债	3160	1371	4758	4090	3488
证券投资—资产	−115	4064	7115	3227	816
证券投资—负债	2335	9466	6141	7604	12311
金融衍生品差额	−417	−51	−390	−807	−156
其他投资—资产	2075	2571	235	301	4429
其他投资—负债	2828	5380	8860	3661	3072
储备资产变动	47	90	1143	58	0
误差与遗漏	−1101	−652	458	1432	−124
中国					
经常项目差额	1029	2488	3529	4434	2530
货物贸易差额	3930	5111	5627	6650	5939
服务贸易差额	−2611	−1525	−1012	−874	−2078
初次收入差额	−392	−1182	−1245	−1544	−1482
二次收入差额	103	85	159	201	152
资本项目差额	−3	−1	1	−3	−3
金融项目差额	−266	891	2199	3569	2142
直接投资—资产	1369	1537	1788	2101	1853
直接投资—负债	1872	2531	3441	1902	427
证券投资—资产	894	1512	1253	1801	773
证券投资—负债	1474	2468	1766	−1090	141
金融衍生品差额	24	108	−102	132	75
其他投资—资产	549	3363	4197	−1558	−441
其他投资—负债	−437	911	1625	−910	−407

续表

项目	2019 年	2020 年	2021 年	2022 年	2023 年
储备资产变动	−193	280	1895	996	43
误差与遗漏	−1292	−1596	−1331	−861	−384
日本					
经常项目差额	1766	1500	1965	903	1507
货物贸易差额	14	266	167	−1157	−479
服务贸易差额	−100	−342	−385	−422	−212
初次收入差额	1978	1818	2399	2677	2494
二次收入差额	−126	−241	−216	−195	−296
资本项目差额	−38	−19	−39	−9	−29
金融项目差额	2271	1299	1533	535	1673
直接投资—资产	2583	1501	2097	1749	1821
直接投资—负债	400	626	350	480	200
证券投资—资产	1849	1602	−56	−1743	1301
证券投资—负债	982	1243	1900	−364	−688
金融衍生品差额	34	79	200	384	450
其他投资—资产	−95	1571	801	2712	885
其他投资—负债	965	1672	−115	1952	3570
储备资产变动	247	86	628	−498	298
误差与遗漏	543	−182	−393	−359	194
德国					
经常项目差额	3179	2553	3121	1748	2785
货物贸易差额	2459	2097	2331	1333	2611
服务贸易差额	−151	76	23	−380	−683
初次收入差额	1439	987	1450	1490	1554
二次收入差额	−568	−607	−683	−695	−698
资本项目差额	−41	−120	−32	−226	−294
金融项目差额	2241	1968	2482	2125	2584
直接投资—资产	1728	1450	1989	1798	804
直接投资—负债	740	1769	1022	627	163
证券投资—资产	1589	1982	2117	116	1611

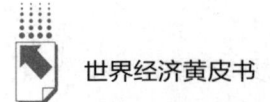

续表

项目	2019年	2020年	2021年	2022年	2023年
证券投资—负债	769	1701	-189	1	1604
金融衍生品差额	232	1049	568	447	433
其他投资—资产	-485	3690	4412	1086	17
其他投资—负债	-692	2731	6146	742	-1476
储备资产变动	-6	-1	375	47	9
误差与遗漏	-897	-465	-607	602	92

资料来源：IMF国际收支统计，2024年10月。

表5-2 经常项目差额与GDP之比：部分国家和地区（2019~2029年）

单位：%

国家和地区	2019年	2020年	2021年	2022年	2023年	2024年	2025年	2029年
阿根廷	-0.8	0.7	1.4	-0.6	-3.2	0.6	0.6	1.5
澳大利亚	0.3	2.2	2.9	0.9	0.3	-0.9	-1.1	-1.3
巴西	-3.5	-1.7	-2.4	-2.1	-1.0	-1.7	-1.8	-1.6
加拿大	-2.0	-2.0	0.0	-0.4	-0.7	-1.0	-1.3	-2.6
中国大陆	0.7	1.7	2.0	2.5	1.4	1.4	1.6	1.2
埃及	-3.4	-2.9	-4.4	-3.5	-1.2	-6.6	-6.4	-4.1
芬兰	-0.3	0.5	0.4	-2.5	-1.1	-1.2	-1.2	-0.9
法国	0.6	-2.1	0.3	-1.2	-1.0	0.1	-0.1	-0.1
德国	8.0	6.5	7.2	4.2	6.2	6.6	6.4	5.6
中国香港	5.9	7.0	11.8	10.2	9.2	9.8	9.2	8.5
冰岛	6.5	1.1	-2.6	-2.1	1.1	0.2	0.1	0.5
印度	-0.9	0.9	-1.2	-2.0	-0.7	-1.1	-1.3	-2.2
印尼	-2.7	-0.4	0.3	1.0	-0.2	-1.0	-1.2	-1.4
意大利	3.2	3.8	2.1	-1.7	0.0	1.1	1.4	2.5
日本	3.4	3.0	3.9	2.1	3.6	3.8	3.6	3.1
韩国	3.4	4.4	4.4	1.4	1.9	3.9	3.6	4.3
马来西亚	3.5	4.2	3.9	3.2	1.5	2.6	2.8	3.0
墨西哥	-0.3	2.4	-0.3	-1.2	-0.3	-0.7	-0.9	-1.0
新西兰	-2.8	-1.0	-5.8	-8.8	-6.9	-6.3	-5.0	-3.6
菲律宾	-0.8	3.2	-1.5	-4.5	-2.6	-2.2	-1.8	-1.1

续表

国家和地区	2019年	2020年	2021年	2022年	2023年	2024年	2025年	2029年
葡萄牙	0.4	-1.0	-0.8	-1.1	1.4	2.0	2.3	1.5
俄罗斯	3.9	2.4	6.8	10.5	2.5	2.7	2.6	1.7
沙特阿拉伯	4.6	-3.5	4.8	13.7	3.2	0.4	-1.8	-2.7
新加坡	16.0	16.6	19.8	18.0	19.8	17.8	17.7	14.3
南非	-2.6	2.0	3.7	-0.5	-1.6	-1.6	-1.9	-2.2
西班牙	2.1	0.8	0.8	0.4	2.7	3.4	3.2	2.2
瑞典	5.3	5.8	6.9	5.0	6.5	6.6	6.1	4.2
瑞士	4.1	0.5	6.9	9.4	6.9	8.2	7.6	7.6
中国台湾	10.7	14.5	15.3	13.3	13.8	14.8	14.6	17.8
土耳其	2.0	-4.3	-0.8	-5.1	-4.0	-2.2	-2.1	-1.9
英国	-2.7	-2.9	-0.4	-2.1	-2.0	-2.8	-2.8	-2.5
美国	-2.1	-2.8	-3.7	-3.9	-3.3	-3.3	-3.1	-2.1
越南	3.8	4.3	-2.2	0.3	5.8	3.0	2.7	1.3

注：表中2024年及以后为预测值。
资料来源：IMF, World Economic Outlook Database, 2024年10月。

（六）国际贸易形势回顾

表6-1 货物贸易进出口：部分国家和地区（2020~2023年）

单位：亿美元

2023年位次	国家和地区	货物出口 2020年	2021年	2022年	2023年	2023年位次	国家和地区	货物进口 2020年	2021年	2022年	2023年
	世界	176497	223002	248927	238133		世界	178716	225795	256568	242545
1	中国大陆	25900	33160	35444	33793	1	美国	24069	29353	33718	31725
2	美国	14249	17543	20652	20206	2	中国大陆	20660	26794	27065	25566
3	德国	13825	16367	16758	17183	3	德国	11718	14215	15826	14767
4	荷兰	6746	8400	9648	9364	4	荷兰	5951	7574	8975	8423
5	日本	6413	7560	7468	7173	5	英国	6383	6946	8235	7915
6	意大利	4998	6156	6586	6770	6	法国	5813	7151	8232	7862

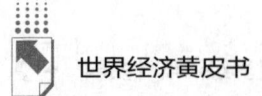

续表

2023年位次	国家和地区	货物出口 2020年	2021年	2022年	2023年	2023年位次	国家和地区	货物进口 2020年	2021年	2022年	2023年
	世界	176497	223002	248927	238133		世界	178716	225795	256568	242545
7	法国	4886	5850	6205	6486	7	日本	6355	7690	8972	7858
8	韩国	5125	6444	6836	6322	8	印度	3732	5731	7204	6722
9	墨西哥	4172	4949	5777	5930	9	中国香港	5698	7124	6676	6537
10	中国香港	5488	6699	6099	5739	10	韩国	4676	6151	7314	6426
11	加拿大	3908	5080	5990	5689	11	意大利	4269	5674	6943	6398
12	比利时	4227	5515	6264	5648	12	墨西哥	3933	5225	6263	6215
13	英国	3995	4705	5330	5210	13	加拿大	4209	5061	5835	5705
14	阿联酋	3353	4252	5156	4857	14	比利时	3961	5266	6139	5481
15	新加坡	3625	4574	5158	4763	15	西班牙	3262	4197	4943	4703
16	中国台湾	3472	4477	4778	4323	16	阿联酋	2470	3475	4205	4683
17	印度	2764	3954	4534	4316	17	新加坡	3298	4062	4756	4234
18	俄罗斯	3335	4942	5921	4242	18	波兰	2616	3421	3812	3701
19	西班牙	3083	3800	4155	4232	19	瑞士	2920	3241	3571	3641
20	瑞士	3193	3802	4007	4202	20	土耳其	2195	2714	3637	3618
21	波兰	2738	3406	3605	3815	21	中国台湾	2881	3821	4358	3590
22	澳大利亚	2508	3449	4127	3713	22	越南	2627	3325	3591	3258
23	越南	2826	3360	3713	3538	23	俄罗斯	2401	3010	2765	3033
24	巴西	2092	2808	3341	3397	24	泰国	2062	2669	3010	2898
25	沙特阿拉伯	1739	2762	4112	3200	25	澳大利亚	2118	2612	3092	2874
26	马来西亚	2348	2994	3521	3128	26	马来西亚	1909	2382	2938	2658
27	泰国	2316	2720	2874	2846	27	巴西	1663	2347	2922	2527
28	印尼	1633	2315	2920	2589	28	捷克	1711	2120	2367	2313

资料来源：WTO Statistics Database Online，2024年10月。

表 6-2　服务贸易进出口：部分国家和地区（2020~2023 年）

单位：亿美元

2023年位次	国家和地区	服务出口 2020年	2021年	2022年	2023年	2023年位次	国家和地区	服务进口 2020年	2021年	2022年	2023年
	世界	51892	62565	72184	78220		世界	49170	57225	66218	72486
1	美国	7043	7820	9198	9938	1	美国	4426	5445	6883	7227
2	英国	3943	4701	5027	5810	2	中国大陆	3775	4238	4615	5490
3	德国	3264	4023	4233	4328	3	德国	3218	4008	4602	5003
4	爱尔兰	2922	3541	3572	3972	4	英国	2138	2495	3169	3894
5	中国大陆	2781	3927	4224	3796	5	爱尔兰	3747	3481	3578	3894
6	法国	2452	3032	3432	3591	6	法国	2273	2627	2894	3201
7	印度	2025	2397	3087	3369	7	荷兰	2178	2491	2744	2955
8	新加坡	2163	2823	3362	3277	8	新加坡	2103	2468	2948	2952
9	荷兰	2267	2600	2826	3092	9	印度	1527	1950	2484	2454
10	日本	1600	1669	1660	2032	10	日本	1964	2074	2091	2235
11	西班牙	896	1184	1655	1971	11	瑞士	1397	1588	1606	1921
12	瑞士	1186	1385	1496	1665	12	意大利	935	1135	1393	1550
13	阿联酋	773	1020	1534	1650	13	比利时	1192	1345	1389	1529
14	卢森堡	1251	1552	1439	1478	14	加拿大	1053	1144	1386	1472
15	意大利	845	1030	1273	1469	15	韩国	1029	1238	1345	1455
16	比利时	1158	1331	1351	1439	16	卢森堡	984	1241	1142	1189
17	加拿大	985	1101	1233	1355	17	阿联酋	605	747	953	1078
18	韩国	888	1192	1295	1227	18	瑞典	674	843	988	1069
19	丹麦	756	968	1314	1139	19	丹麦	718	850	998	1067
20	波兰	662	809	951	1075	20	西班牙	614	767	864	969
21	瑞典	700	880	952	1033	21	沙特阿拉伯	385	626	700	865
22	土耳其	388	623	925	1011	22	澳大利亚	391	402	652	824
23	中国香港	668	790	830	975	23	奥地利	555	667	744	812
24	奥地利	644	698	825	888	24	巴西	504	569	780	805
25	以色列	552	739	866	832	25	中国香港	548	616	631	791
26	澳大利亚	488	440	510	731	26	俄罗斯	635	747	698	743

续表

2023年位次	国家和地区	服务出口 2020年	2021年	2022年	2023年	2023年位次	国家和地区	服务进口 2020年	2021年	2022年	2023年
	世界	51892	62565	72184	78220		世界	49170	57225	66218	72486
27	泰国	307	251	385	561	27	墨西哥	410	522	623	708
28	葡萄牙	253	324	468	557	28	波兰	401	495	571	650
29	中国台湾	410	518	570	537	29	泰国	452	576	626	645
30	希腊	258	413	502	529	30	中国台湾	369	390	439	633

资料来源：WTO Statistics Database Online，2024年10月。

表6-3 原油进出口量：部分国家和地区（2016年和2023年）

单位：千桶/天，%

2023年位次	国家和地区	2016年进口量	占世界比重	2023年进口量	占世界比重	2023年位次	国家和地区	2016年出口量	占世界比重	2023年出口量	占世界比重
	世界	44922	100.0	45890	100.0		世界	43792	100.0	43829	100.0
	OECD	26868	59.8	23783	51.8		OECD	6939	15.8	11059	25.2
1	中国	7625	17.0	11309	24.6	1	沙特阿拉伯	7463	17.0	6659	15.2
2	美国	7850	17.5	6478	14.1	2	俄罗斯	5079	11.6	4586	10.5
3	印度	4308	9.6	4674	10.2	3	美国	591	1.3	4058	9.3
4	韩国	2925	6.5	2735	6.0	4	伊拉克	3804	8.7	3467	7.9
5	日本	3158	7.0	2546	5.5	5	加拿大	2742	6.3	3401	7.8
6	德国	1837	4.1	1558	3.4	6	阿联酋	2408	5.5	2651	6.0
7	西班牙	1292	2.9	1243	2.7	7	巴西	891	2.0	1715	3.9
8	意大利	1226	2.7	1236	2.7	8	挪威	1372	3.1	1704	3.9
9	荷兰	1090	2.4	1085	2.4	9	科威特	2128	4.9	1568	3.6
10	泰国	853	1.9	957	2.1	10	尼日利亚	1738	4.0	1476	3.4
11	法国	1092	2.4	919	2.0	11	哈萨克斯坦	1230	2.8	1425	3.3
12	英国	798	1.8	830	1.8	12	伊朗	1922	4.4	1323	3.0
13	新加坡	897	2.0	798	1.7	13	墨西哥	1274	2.9	1085	2.5
14	土耳其	503	1.1	634	1.4	14	安哥拉	1670	3.8	1064	2.4

续表

2023年位次	国家和地区	2016年进口量	占世界比重	2023年进口量	占世界比重	2023年位次	国家和地区	2016年出口量	占世界比重	2023年出口量	占世界比重
	世界	44922	100.0	45890	100.0		世界	43792	100.0	43829	100.0
	OECD	26868	59.8	23783	51.8		OECD	6939	15.8	11059	25.2
15	比利时	642	1.4	609	1.3	15	利比亚	350	0.8	1024	2.3
16	加拿大	889	2.0	605	1.3	16	阿曼	888	2.0	919	2.1
17	希腊	472	1.1	471	1.0	17	委内瑞拉	1835	4.2	550	1.3
18	马来西亚	198	0.4	423	0.9	18	英国	620	1.4	492	1.1
19	瑞典	397	0.9	350	0.8	19	哥伦比亚	614	1.4	484	1.1
20	印度尼西亚	366	0.8	333	0.7	20	阿尔及利亚	669	1.5	483	1.1
21	巴西	134	0.3	290	0.6	21	卡塔尔	503	1.1	472	1.1
22	阿联酋	52	0.1	257	0.6	22	阿塞拜疆	655	1.5	389	0.9
23	白俄罗斯	366	0.8	239	0.5	23	厄瓜多尔	400	0.9	309	0.7
24	巴林	212	0.5	209	0.5	24	澳大利亚	200	0.5	258	0.6
25	智利	170	0.4	179	0.4	25	刚果	254	0.6	249	0.6
26	南非	432	1.0	169	0.4	26	马来西亚	343	0.8	211	0.5
27	澳大利亚	333	0.7	153	0.3	27	加蓬	205	0.5	204	0.5
28	罗马尼亚	153	0.3	151	0.3	28	巴林	132	0.3	148	0.3
29	菲律宾	212	0.5	126	0.3	29	苏丹	120	0.3	136	0.3
30	保加利亚	124	0.3	125	0.3	30	埃及	165	0.4	75	0.2
31	埃及	83	0.2	59	0.1	31	文莱	105	0.2	61	0.1
32	克罗地亚	51	0.1	46	0.1	32	越南	146	0.3	58	0.1
33	沙特阿拉伯	0	0.0	42	0.1	33	印度尼西亚	335	0.8	56	0.1
34	委内瑞拉	6	0.0	40	0.1	34	特立尼达和多巴哥	28	0.1	55	0.1
35	厄瓜多尔	6	0.0	16	0.0	35	赤道几内亚	158	0.4	54	0.1
36	乌克兰	10	0.0	13	0.0	36	中国	59	0.1	28	0.1

注：数据包括转口数据，每个地区只列出主要的而非全部国家和地区。

资料来源：OPEC Annual Statistical Bulletin 2024，Interactive Version，www.opec.org，2024年10月。

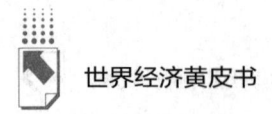

（七）国际投资与资本流动回顾

表7-1　国际投资头寸表：部分国家和地区（2019~2023年）

单位：亿美元

项目	2019年	2020年	2021年	2022年	2023年
美国					
资产	288452	320232	349429	314403	343996
对外直接投资	86688	93494	108478	91503	106068
证券投资	131242	143993	163139	140241	153341
股本证券	94780	106150	120613	102797	114826
负债证券	36462	37842	42526	37444	38515
金融衍生品	17904	25460	19830	25433	22028
其他投资	47474	51012	50860	50156	54785
储备资产	5144	6273	7123	7069	7774
负债	405116	467442	537755	477042	542528
外商直接投资	104547	118756	148659	122352	148091
证券投资	217636	251719	289716	247152	286168
股本证券	92962	118346	152506	121270	147365
负债证券	124673	133373	137210	125883	138803
金融衍生品	17703	25527	19609	24738	22083
其他投资	65231	71440	79770	82799	86187
中国					
资产	78464	88791	95216	92155	95817
对外直接投资	22366	25807	27852	27548	29391
证券投资	6575	9030	9791	10282	10984
股本证券	3853	6048	6477	5831	6226
负债证券	2722	2982	3314	4451	4758
金融衍生品	67	206	165	162	190
其他投资	17226	20184	23139	21098	20755
储备资产	32229	33565	34269	33065	34497
负债	55468	65923	73356	67939	66735
外商直接投资	27964	32312	36035	35766	35531
证券投资	14526	19558	21477	17999	17016

续表

项目	2019年	2020年	2021年	2022年	2023年
股本证券	9497	12607	13386	11340	10211
负债证券	5029	6951	8091	6659	6805
金融衍生品	65	129	104	182	194
其他投资	12913	13923	15740	13992	13993
日本					
资产	99927	110894	110067	100995	104882
对外直接投资	18710	20226	20508	20833	21682
证券投资	45361	50718	50780	40047	43502
股本证券	19049	20766	22256	18373	20332
负债证券	26312	29953	28523	21674	23170
金融衍生品	3143	4313	3112	5785	4392
其他投资	19481	21759	21510	22104	22401
储备资产	13231	13879	14157	12226	12904
负债	67223	76194	73477	69332	71670
外商直接投资	3146	3878	3563	3485	3560
证券投资	36313	41112	41262	34533	35622
股本证券	19238	21199	21363	17063	19780
负债证券	17075	19913	19898	17471	15842
金融衍生品	3052	4087	3074	5836	4489
其他投资	24712	27118	25578	25478	27999
德国					
资产	108642	129557	131256	130103	139000
对外直接投资	26175	30054	30945	30333	32363
证券投资	39073	45573	46483	38522	44244
股本证券	15194	18583	22264	19146	22126
负债证券	23878	26991	24219	19376	22118
金融衍生品	7022	10310	8389	16871	16430
其他投资	34134	40931	42478	41431	42734
储备资产	2238	2688	2960	2947	3229
负债	85398	102397	102184	100694	106250

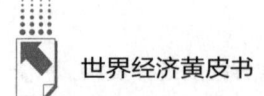

续表

项目	2019年	2020年	2021年	2022年	2023年
外商直接投资	18070	21741	21453	21002	22049
证券投资	34925	39895	38067	30163	35331
股本证券	13219	14386	14897	10796	12990
负债证券	21706	25509	23170	19366	22341
金融衍生品	7387	10427	8370	16331	16134
其他投资	25016	30335	34294	33197	32736

资料来源：IMF 国际收支统计，2023 年 10 月。

表 7-2 跨境直接投资流量：部分国家和地区（2021~2023 年）

单位：亿美元

国家和地区	流入量（FDI）			流出量（ODI）		
	2021年	2022年	2023年	2021年	2022年	2023年
世界	16218	13557	13318	18819	15747	15506
发达经济体	7318	4262	4644	13761	10232	10593
发展中经济体	8900	9296	8674	5058	5516	4913
澳大利亚	239	634	299	31	1181	98
比利时	99	116	230	301	203	121
巴西	507	734	659	205	321	299
加拿大	604	462	503	1049	830	896
中国	1810	1891	1633	1788	1631	1479
塞浦路斯	74	57	34	33	-9	-18
埃及	51	114	98	4	3	4
法国	341	760	420	551	528	724
德国	512	274	367	1476	1455	1013
匈牙利	80	93	60	41	41	33
印度	448	494	282	173	146	133
印度尼西亚	211	254	216	38	73	71
爱尔兰	-39	-251	-92	561	94	-66
意大利	-30	322	182	264	165	130
日本	343	342	214	2090	1621	1840

续表

国家和地区	流入量（FDI）2021年	2022年	2023年	流出量（ODI）2021年	2022年	2023年
韩国	221	250	152	660	658	345
马来西亚	122	169	87	47	133	76
墨西哥	318	363	361	−21	145	64
荷兰	−702	−804	−1684	924	382	−1422
秘鲁	63	120	33	11	2	9
菲律宾	120	59	62	23	3	13
俄罗斯	386	−152	84	641	115	291
沙特	231	281	123	247	270	161
新加坡	1267	1411	1597	614	522	630
瑞士	−768	−432	135	−762	−740	1050
英国	−712	149	−892	849	954	20
美国	3894	3324	3109	2785	3664	4043
越南	157	179	185	4	27	−10

资料来源：联合国贸发会数据库。

表 7-3　跨境直接投资存量：部分国家和地区（2021~2023年）

单位：亿美元

国家和地区	流入存量（FDI）2021年	2022年	2023年	流出存量（ODI）2021年	2022年	2023年
世界	471561	443751	491308	433859	405696	443806
发达经济体	328555	295919	334347	341906	311780	344045
发展中经济体	143007	147832	156962	91953	93916	99761
澳大利亚	7636	7768	8074	6249	6553	7106
比利时	5638	5310	5780	7178	6855	7705
巴西	7296	8781	9976	3023	2994	3658
加拿大	15488	14960	16658	24021	22878	27469
中国	36333	34964	36596	27852	27548	29391

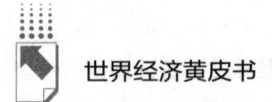

续表

国家和地区	流入存量（FDI）			流出存量（ODI）		
	2021年	2022年	2023年	2021年	2022年	2023年
塞浦路斯	580	635	908	270	281	483
埃及	1375	1489	1587	88	92	96
法国	9446	9472	10127	15638	15445	16357
德国	11054	10916	11283	21356	20780	21792
匈牙利	1058	1076	1190	397	400	461
印度	5141	5107	5369	2081	2226	2360
印度尼西亚	2597	2640	2857	966	1049	1120
爱尔兰	14242	13692	14101	14896	12001	13364
意大利	4545	4589	4935	5618	5586	5840
日本	2411	2254	2468	19357	19486	21326
韩国	2801	2723	2841	6051	6476	6820
马来西亚	1873	1992	2017	1309	1377	1444
墨西哥	5922	6627	7784	1929	1901	2227
荷兰	28408	27756	26782	36266	33954	33863
秘鲁	1170	1292	1325	99	101	109
菲律宾	1115	1096	1190	656	636	683
俄罗斯	4977	3600	2788	3746	2991	2582
沙特	2611	2689	2155	1547	1871	2038
新加坡	22242	23270	26324	15606	16386	17923
瑞士	11004	10380	11368	14739	13163	14730
英国	26900	27189	30489	23769	21685	21242
美国	128917	103839	128171	96676	79828	94339
越南	1926	2105	2290	119	145	136

资料来源：联合国贸发会数据库。

（八）全球大公司排名

表 8-1　2024 年《财富》全球 50 强公司排名

单位：百万美元

2024年排名	2023年排名	2022年排名	公司名称	营业收入	利润	总部所在地
1	1	1	沃尔玛（Walmart）	648125	15511	美国
2	4	2	亚马逊（Amazon.Com）	574785	30425	美国
3	3	3	国家电网有限公司（State Grid）	545948	9204	中国
4	2	6	沙特阿美公司（Saudi Aramco）	494890	120699	沙特阿拉伯
5	6	5	中国石油化工集团有限公司（Sinopec Group）	429700	9393	中国
6	5	4	中国石油天然气集团有限公司（China National Petroleum）	421714	21295	中国
7	8	7	苹果公司（Apple）	383285	96995	美国
8	10	11	联合健康集团（Unitedhealth Group）	371622	22381	美国
9	14	14	伯克希尔-哈撒韦公司（Berkshire Hathaway）	364482	96223	美国
10	11	10	CVS Health 公司（CVS Health）	357776	8344	美国
11	15	8	大众公司（Volkswagen）	348408	17945	德国
12	7	12	埃克森美孚（Exxon Mobil）	344582	36010	美国
13	9	15	壳牌公司（Shell）	323183	19359	英国
14	13	9	中国建筑集团有限公司（China State Construction Engineering）	320431	4372	中国
15	19	13	丰田汽车公司（Toyota Motor）	312018	34214	日本
16	18	16	麦克森公司（Mckesson）	308951	3002	美国

399

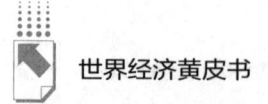

续表

2024年排名	2023年排名	2022年排名	公司名称	营业收入	利润	总部所在地
17	17	17	Alphabet公司（ALPHABET）	307394	73795	美国
18	24	21	Cencora公司（CENCORA）	262173	1745	美国
19	12	19	托克集团（Trafigura Group）	244280	7393	新加坡
20	26	26	开市客（Costco Wholesale）	242290	6292	美国
21	53	63	摩根大通公司（Jpmorgan Chase）	239425	49552	美国
22	28	22	中国工商银行股份有限公司（Industrial & Commercial Bank of China）	222484	51417	中国
23	20	27	道达尔能源公司（Totalenergies）	218945	21384	法国
24	21	23	嘉能可（Glencore）	217829	4280	瑞士
25	22	35	英国石油公司（BP）	213032	15239	英国
26	30	33	微软（Microsoft）	211915	72361	美国
27	34	36	嘉德诺健康集团（Cardinal Health）	205012	261	美国
28	31	29	Stellantis集团（STELLANTIS）	204908	20103	荷兰
29	23	37	雪佛龙（Chevron）	200949	21369	美国
30	29	24	中国建设银行股份有限公司（China Construction Bank）	199826	46990	中国
31	25	18	三星电子（Samsung Electronics）	198257	11082	韩国
32	27	20	鸿海精密工业股份有限公司（Hon Hai Precision Industry）	197876	4563	中国
33	35	30	信诺集团（Cigna Group）	195265	5164	美国
34	32	28	中国农业银行股份有限公司（Agricultural Bank of China）	192398	38049	中国

续表

2024年排名	2023年排名	2022年排名	公司名称	营业收入	利润	总部所在地
35	39	34	中国铁路工程集团有限公司 （China Railway Engineering Group）	178563	2153	中国
36	46	53	福特汽车公司 （Ford Motor）	176191	4347	美国
37	49	42	中国银行股份有限公司 （Bank of China）	172328	32758	中国
38	82	105	美国银行 （Bank of America）	171912	26515	美国
39	50	64	通用汽车公司 （General Motors）	171842	10127	美国
40	51	50	Elevance Health公司 （Elevance Health）	171340	5987	美国
41	57	59	宝马集团 （Bmw Group）	168103	12205	德国
42	47	38	梅赛德斯－奔驰集团 （Mercedes-Benz Group）	165638	15417	德国
43	43	39	中国铁道建筑集团有限公司 （China Railway Construction）	160847	1701	中国
44	44	44	中国宝武钢铁集团有限公司 （China Baowu Steel Group）	157216	2494	中国
45	99	141	花旗集团 （Citigroup）	156820	9228	美国
46	60	66	Centene公司 （CENTENE）	153999	2702	美国
47	52	46	京东集团股份有限公司 （Jd.Com）	153217	3414	中国
48	48	43	家得宝 （Home Depot）	152669	15143	美国
49	55	95	法国电力公司 （Electricité De France）	151040	10828	法国
50	36	49	马拉松原油公司 （Marathon Petroleum）	150307	9681	美国

注：表中"－"代表未进入50强，因此排名未知。
资料来源：财富中文网，http://www.fortunechina.com。

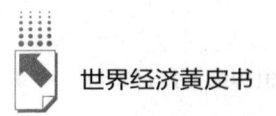

(九)世界开放指数排名

表9-1 世界开放指数排名:部分国家和地区(2016~2023年)

国家和地区	2016年	2017年	2018年	2019年	2020年	2021年	2022年	2023年
新加坡	1	1	1	1	1	1	1	1
爱尔兰	4	4	4	4	4	3	4	2
中国香港	2	2	2	2	3	4	2	3
德国	3	3	3	3	2	2	3	4
荷兰	8	7	12	7	11	10	5	5
英国	6	5	6	5	7	11	9	6
瑞士	5	6	5	8	8	9	7	7
马耳他	14	12	9	9	9	6	6	8
比利时	15	16	14	14	14	14	8	9
卢森堡	20	14	35	16	12	5	14	10
澳大利亚	9	8	7	6	6	8	10	11
塞浦路斯	32	25	15	15	15	12	13	12
加拿大	11	11	10	11	5	7	11	13
法国	12	13	11	13	13	15	12	14
新西兰	16	18	16	17	17	17	20	15
奥地利	21	20	21	20	21	18	15	16
中国澳门	34	31	26	24	41	34	26	17
瑞典	23	24	24	25	24	22	22	18
韩国	10	9	8	10	10	13	21	19
丹麦	22	22	22	23	25	20	17	20
希腊	58	58	54	34	30	24	19	21
日本	13	15	13	12	16	16	18	22
美国	7	10	19	22	23	21	24	25
匈牙利	19	23	25	19	18	23	16	26
西班牙	24	21	23	26	28	27	29	27
意大利	17	17	17	18	20	19	28	28
立陶宛	41	35	33	31	31	28	27	29
哥斯达黎加	28	30	29	36	26	29	30	30
葡萄牙	39	40	39	39	35	33	31	32
芬兰	36	37	37	33	38	35	33	33

续表

国家和地区	2016年	2017年	2018年	2019年	2020年	2021年	2022年	2023年
挪威	25	28	31	21	36	37	35	34
以色列	18	19	18	40	19	26	41	37
中国大陆	42	41	42	42	39	39	39	38
巴拿马	37	36	41	27	42	43	37	39
墨西哥	27	26	20	54	22	31	40	40
斯洛文尼亚	57	57	58	59	54	53	49	50
保加利亚	38	39	57	70	60	58	60	60
越南	77	75	73	64	65	64	65	63
赞比亚	66	69	70	69	66	68	64	66
蒙古	69	71	72	61	70	72	66	67
哥伦比亚	73	70	68	73	64	65	69	70
阿根廷	83	54	48	86	75	74	72	73
黎巴嫩	87	88	87	74	85	82	77	74
厄瓜多尔	70	68	67	80	71	69	75	75
洪都拉斯	81	81	78	82	81	79	74	76
印度尼西亚	82	85	81	66	82	81	76	77
沙特阿拉伯	65	66	66	72	69	70	78	78
泰国	86	86	84	100	72	71	82	80
斐济	97	98	98	90	95	89	80	81
乌克兰	99	99	88	79	87	86	81	82
菲律宾	79	78	79	89	79	80	83	83
摩洛哥	93	91	90	71	88	88	85	84
俄罗斯	63	65	65	84	77	77	88	85
印度	85	84	82	95	84	84	87	90
摩尔多瓦	96	97	95	98	97	94	89	91
埃及	109	94	93	93	98	96	92	92
南非	94	95	92	94	91	93	95	93
土耳其	80	80	96	103	92	97	93	94
老挝	103	104	104	97	105	107	103	101
肯尼亚	92	92	94	87	94	90	105	102

资料来源：中国社会科学院世界与政治研究所、虹桥国际经济论坛研究中心：《世界开放报告2024》，中国社会科学出版社，2024，附录一和附录二。

Abstract

After weathering multiple shocks, including the COVID-19 pandemic, geopolitical conflicts, high inflation, and monetary tightening, the global economy has demonstrated remarkable resilience. Global trade is gradually recovering, and the downward trend in international investment is expected to moderate. As inflationary pressures continue to subside, major central banks have embarked on a cycle of interest rate cuts, while fiscal policy stances remain relatively accommodative. These factors suggest that the global economy is poised for a continued, albeit slow, recovery. However, the world economy's performance is complicated by the interplay of short-term challenges and long-term structural issues. Economic growth momentum is notably insufficient, and downside risks cannot be overlooked. Looking ahead, several factors warrant close attention, including the Federal Reserve's monetary policy shift, the accelerated restructuring of the global industrial chain, the structural problems faced by the global labor market, artificial intelligence is leading a new round of scientific and technological revolution and industrial change, the marginal weakening of the role of the World Trade Organization, the U.S. and Western countries' allegations of China's "overcapacity". Considering the various indicators of global economic development and carefully assessing the potential impact of multiple factors, this report projects that the world economy will continue to operate on a medium-to-low growth trajectory in 2025, with an estimated growth rate of around 3.0%. It is crucial

Abstract

to remain vigilant about the possibility of a significant slowdown in global economic growth should there be severe geopolitical turmoil or a further escalation of trade tensions.

Keywords: World Economy; International Trade; International Invest; International Finance

Contents

I Overview

Y.1 Analysis and Prospects of the World Economic Situation in 2024-2025
  Xiao Lisheng, Yang Zirong / 001

Abstract: After weathering multiple shocks, including the COVID-19 pandemic, geopolitical conflicts, high inflation, and monetary tightening, the global economy has demonstrated remarkable resilience. Global trade is gradually recovering, and the downward trend in international investment is expected to moderate. As inflationary pressures continue to subside, major central banks have embarked on a cycle of interest rate cuts, while fiscal policy stances remain relatively accommodative. These factors suggest that the global economy is poised for a continued, albeit slow, recovery. However, the world economy's performance is complicated by the interplay of short-term challenges and long-term structural issues. Economic growth momentum is notably insufficient, and downside risks cannot be overlooked. Looking ahead, several factors warrant close attention, including the Federal Reserve's monetary policy shift, the accelerated restructuring of the global industrial chain, the structural problems faced by the global labor market, artificial intelligence is leading a new round of scientific and technological revolution and industrial change, the marginal weakening of the role of the World Trade Organization, the U.S. and Western countries' allegations of China's "overcapacity". Considering the various indicators of global economic development and carefully assessing the potential impact of multiple factors, this report projects that the world economy will continue to operate on a medium-to-low growth trajectory in 2025, with an estimated growth rate of around 3.0%. It is crucial to remain vigilant about the possibility of a significant slowdown in global economic growth should there be severe geopolitical turmoil or a further escalation of trade tensions.

Keywords: World Economy; Growth Divergence; Global Trade

II Country / Region Study

Y.2 US Economy: Continued Expansion

Yang Zirong / 017

Abstract: Since the third quarter of 2023, the United States real GDP growth rate has consistently surpassed its long-term potential level, demonstrating the economy's resilience and inherent dynamism in the face of a prolonged interest rate hiking cycle. Consumption remains the primary driver of economic growth, albeit with a moderation from its overheated pace to a more sustainable trajectory. Concurrently, corporate investment has resumed its positive growth trend, gradually emerging as another crucial pillar supporting economic expansion. As inflationary pressures subside and the labor market cools, the Federal Reserve is poised to initiate an interest rate cutting cycle in September 2024. However, the future trajectory of monetary policy easing remains subject to uncertainty. Looking ahead, the possibility of a "soft landing" for the U.S. economy is increasing, and if the new Trump administration introduces measures such as tax cuts for corporations, large-scale fiscal stimulus and deregulation, the U.S. economy is expected to continue to expand in the short term.

Keywords: US Economy; Interest Rate Cuts; Expansion

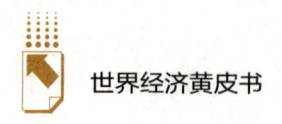

Y.3　The European Economy: A Lackluster Recovery for A Lukewarm Economy

Lu Ting / 040

Abstract: European economic growth stagnated in 2023 and started to recover in the first half of 2024. Headline inflation declined sharply due to the easing of energy price pressures and the ongoing impact of the restrictive monetary policy on the real economy. Despite the increase in real disposable income and the marginal improvement of consumers' confidence, the impulse from private consumption was still weak. High levels of interest rates, which were responsible for elevated household saving intentions and weaker business investment momentum, continued to weigh heavily on the European economy. To moderate the dragging effect from tight financing conditions, the ECB has conducted its first policy rate cut in five years in June 2024. However, given transmission lags, this won't deliver a boost before the second half of 2025. Overall, growth will remain subdued in the short term for Europe. The annual average real GDP growth is expected to be 0.4%-0.7% in 2024 and to reach 0.9%-1.2% in 2025.

Keywords: European Economy; Geopolitical Risks; Economic Growth

Y.4　Japan's Economy: Expected to be Under Pressure after Steady Growth

Zhou Xuezhi / 060

Abstract: 2023 will be a year of less disruption by external factors for Japanese economy. Japan's economy has performed better in 2023. However, it should also be noted that the narrowing of the merchandise trade deficit compared with 2022 is an important reason for the increase in Japan's GDP growth rate, and Japan's domestic demand, especially consumer demand, is still weak. Entering 2024, although the income of the Japanese people has increased due to the "the spring labor offensive.", the stimulation of consumption by the increase in income is relatively limited, and the actual growth rate of Japan's GDP was negative in the first half of 2024 due to the "Noto Peninsula earthquake" and the car company scandal in the first half of 2024. Given the relatively stable economic conditions in 2023, the Bank of Japan also ended its "negative interest rate" policy in March 2024. In the second half of 2024 and 2025, the global economy will face some downward pressure, and the Japan economy may face significant pressure.

Keywords: Consumption; Monetary & Financial Policy; Exchange Rate; Japan

Y.5   Asia-Pacific Economy: Growth Rate Slowdown

Ni Shuhui, Yang Panpan / 080

Abstract: The Asia-Pacific economic momentum was unexpected strong in 2023 amid downward pressure of inflation and continued recovery of international tourism. The positive trend continued in the first half of 2024, but with the gradual emergence of suppressive effects of tight monetary policy and the uncertainty of the Federal Reserve's monetary policy, the Asia-Pacific region's economy decelerated in the second half 2024, with the growth rate expected to be slightly lower than that of 2023. The weighted average economic growth rate of the 17 countries in Asia-Pacific region in 2024 is expected to be 4.5%, a decrease of 0.4 percentage points from 2023, but still 1.3 percentage points higher than global economic. At the same time, the inflation in the Asia-Pacific region continues to decline, and the impact of price increases brought about by the increase of international tourists is limited; under the expectation of Federal Reserve's interest rate cut, the currencies of most economies in Asia-Pacific region have appreciated against the US dollar; the current accounts of various countries have diverged mainly affected by commodity exports, the decline in demand from Europe and United States result in the deterioration of some countries' current accounts, while the growth of demand for semiconductor and electronics industry has led to some countries' current accounts improving. Looking forward to 2025, the Asia-Pacific economic growth faces many uncertainties, especially the US elections and the Federal Reserve's monetary policy, which will impact on economic growth within the region through trade and financial channels. However, the robust growth of internal demand under loose monetary and fiscal policies, the growth of external demand for the semiconductor and electronics industry, and the progress on regional trade agreements will effectively drive region's economy, allowing it to continue to play an active role in global economic growth process.

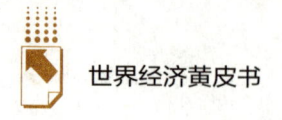

Keywords: Domestic Demand; Loose Policy; Asia-Pacific Region

Y.6　Indian Economy: Strong Rebound

Jia Zhongzheng / 098

Abstract: India's economy rebounded strongly in FY 2023-2024 against the background of earlier recovery, with real GDP growth rate of 8.2%, the fastest among the world's major economies. India's economic prosperity is relatively high, and the Purchasing Managers' Index (PMI) has been in expansionary range. Inflation is on a declining trend and has fallen below the inflation target. Inflation in rural area is significantly higher than that in urban area, but both inflation rates are on a downward trend. The Wholesale Price Index (WPI) is slowly picking up. Unemployment rate has continued to decline, with male's unemployment rates significantly lower than that of female. The labor force participation rate reached a record high. The real effective exchange rate of the Indian rupee continued to recover and hit a six-and-a-half year high. The Indian stock market continued its upward trend, and reached record highs. Fiscal policy is actively expanding, and the scale of debt is gradually increasing.

Monetary policy remains stable, but the interest rate cuts may be approaching. Going forward, the external factors that will influence the course of the Indian economy include the course of the global economic recovery, the pace and intensity of accommodative monetary policies in advanced economies, the degree of volatility in commodity prices, the level of geopolitical risks, and extreme climate weather; and the internal factors include final consumption expenditures, government investment, services and manufacturing activity, and the trend in inflation rate. Taking all factors into account, this report expects India's real GDP growth rate to be around 7% in FY2024-2025, and its economy will continue to grow at a high rate in FY2025-2026.

Keywords: Economy; Stock Indexes; Fiscal Policy; Monetary Policy; India

Y.7　Russian Economy: Sanctions and Inflation

Lin Shen, Wang Yongzhong / 118

Abstract: Influenced by factors such as increased domestic consumption demand, growth in government defense spending, stabilization of energy and food prices, and successful adjustments in oil export flows, the Russian economy achieved positive growth, with a 3.6% increase in 2023 and growth rates of 4.8% and 3.8% in the first and second quarters of 2024, respectively. However, challenges such as the continuous depreciation of the ruble, persistently high inflation rates, and rising fiscal deficits remain. Looking ahead to the future of the Russian economy, positive factors include strong economic endogenous resilience, robust consumer demand, stable energy and food exports, and increased manufacturing investment. Negative factors include defense spending crowding out private investment, high inflation rates, risks of ruble depreciation, restrictions on technology and equipment access due to US and Western sanctions, insufficient supply of high-end goods, and labor shortages. It is expected that Russia's economic growth rate will likely reach around 3% in 2024 and drop to about 1% in 2025.

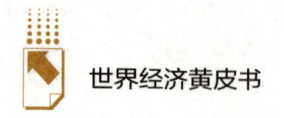

Keywords: Economic Growth; Wartime Economy; Energy Sanctions; Inflation; Russia

Y.8 Latin American Economy: Slow Growth

Xiong Aizong / 135

Abstract: The economic growth rate of Latin America and the Caribbean (LAC) may further decelerate in 2024, with economic growth projected to slow to 1.8% from 2.2% in 2023. The continued decline in the level of headline inflation in LAC has allowed monetary policy to remain accommodative in most countries in the region, but inflationary pressures persist in some countries, limiting the scope for monetary policy easing. Most countries in Latin America and the Caribbean still face significant government debt pressures, and the increased burden of debt repayment forces governments to cut fiscal expenditures, reducing their ability to stimulate the economy. The rise in global economic uncertainty may also lead to a further slowdown in external demand for Latin America and the Caribbean. Under these circumstances, the economic growth rate of LAC may rebound somewhat in 2025, but it is expected to remain on a low growth path. LAC has always been an important region for "dollarization". In recent years, some country has been rethinking their "dollarization" policies and taking measures at the domestic and regional levels to actively promote "de-dollarization" as a means of promoting the region's monetary and financial independence and reducing the vulnerability of regional economic development.

Keywords: Economic Situation; Dollarization; Latin America

Contents

Y.9 Economies of West Asia and Africa: Increased Regional Uncertainty and Weak Economic Recovery

Sun Jingying / 151

Abstract: Economic growth in the West Asia and Africa region has been undermined by volatility in global financial markets, fluctuating commodity prices, slowing economic activity in developed economies and further geopolitical fragmentation, with a number of countries in the region experiencing a sharp and simultaneous economic downturn in 2023 that has not been witnessed in almost a decade, which has weighed on the overall economic growth rate in the region. Against this backdrop, economic growth in West Asia and North Africa was 1.4 per cent in 2023, and the region is expected to continue to grow at a low rate of about 1.5 per cent in 2024. Sub-Saharan Africa's economic growth reached 3.6 per cent in 2023 and is expected to remain unchanged in 2024. In addition to outside uncertainties, inside challenges such as regional conflicts, extreme climate change and a widening development finance gap also plague the future development of the West Asia-Africa region, but a number of national economies have shown greater resilience and may serve as stabilizers or enablers of regional economic development in the future.

Keywords: Regional Conflict; Climate Change; West Asia; North Africa; Sub-Saharan Africa

Y.10 China's Economy: Seeking New Drivers of Growth While Boosting Aggregate Demand

Xu Qiyuan / 166

Abstract: In the first half of 2024, China's cumulative GDP growth rate reached 5%, solidifying the target of achieving around 5% growth for the entire

413

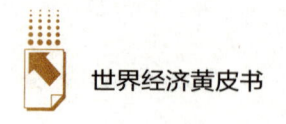

year. However, the GDP deflator has recorded negative year-on-year growth for five consecutive quarters, reflecting some deflationary pressure in the Chinese economy. This deflationary pressure primarily stems from insufficient aggregate demand, which has put pressure on employment, tax revenues, corporate profits, and has sparked discussions about new drivers of economic growth. A comparison with Japan's historical experience suggests that China's current deflationary pressure is more cyclical, but it still requires close attention and robust measures to prevent the issue from evolving into a long-term challenge. To this end, China should leverage its advantages, such as strong government financial capacity and a reasonable debt structure, by increasing fiscal spending and adopting more proactive monetary policies to stimulate aggregate demand and avoid repeating Japan's mistakes. Furthermore, macroeconomic policies should focus on fostering new growth drivers, particularly in areas like education and healthcare, where there is significant growth potential. These sectors can serve as new engines for growth. Through structural reforms, China is expected to emerge from the shadow of deflation in the short term and achieve sustainable growth in the long run.

Keywords: Insufficient Aggregate Demand; Macroeconomic Control; New Growth Drivers; Service Industry

Ⅲ　Special Reports

Y.11 Review and Outlook of World Trade: Weakly Rebounding and Will Continue Warming up

Ma Yingying, Su Qingyi / 175

Abstract: After the slowdown of world goods trade growth in 2022 due to factors such as the Ukraine crisis, inflation, and tightening monetary policies , the growth rate of world merchandise trade further declined in 2023 under the influence of the above factors, with a real growth rate being -1.2%, lower than 3.0% in 2022. Due to falling commodity prices, particularly energy prices, the nominal growth rate of world goods trade in 2023 was lower than the real growth rate. But the world export of business services was 7.54 trillion US dollars, growing by 8.9%. In the first half of 2024, the growth rate of world trade in goods was 0.9%, while the growth rate of trade in services remained relatively stable. In the second half of 2024, the growth rate of world trade in goods will pick up slightly, and trade in services will maintain good performance. The real growth rate of goods trade throughout the year of 2024 will be between 1.5% and 3%, indicating a a weak rebound compared to 2023. It is expected that world good trade will continue warming up in 2025, but attention should be paid to the potential impact of uncertainties such as geopolitical conflicts, inflation resurgence and U.S. election.

Keywords: Trade Situation; Energy Price; Business Services

Y.12 Review and Outlook of International Financial Markets: Monetary Policy Pivot and Market Turbulence

Yang Panpan, Xia Guangtao / 191

Abstract: In 2024, the overall performance of global financial markets was relatively stable, with global inflation risks declining compared to the previous year. However, against the backdrop of a shift from tightening to easing monetary policies in major economies, several risks persist in the global financial markets: first, the inconsistent shift in central bank monetary policies, with the Federal Reserve's delayed interest rate cuts leading to market volatility driven by changes in interest rate spreads and expectations; second, significant adjustments in the Japanese and the U.S. stock markets in August; third, emerging market currencies faced depreciation pressures in the first half of 2024; fourth, rising debt risks for emerging markets and low-income economies. In terms of market categories, the fluctuations in long-term government bond yields in developed countries, excluding Japan, were relatively small, and the net issuance of international debt securities in major economies showed little change from the previous year. The global stock market continued its upward trend, the U.S. dollar index exhibited volatile growth, and the Chinese yuan exchange rate index experienced an initial rise followed by a decline, remaining overall stable. Looking ahead to 2025, the easing monetary policies in major economies and the subsequent trajectory of domestic economic policies will determine the primary tone of international financial markets which may become volatile again in the event of unanticipated changes in monetary policy shifts. The high level of sovereign debt continues to pose a challenge to global financial stability.

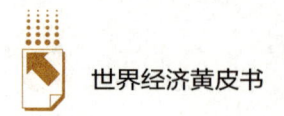

Keywords: International Financial Risks; Monetary Policy Pivot; Bond Market; Stock Market; Foreign Exchange Market

Y.13 Review and Prospect of International Direct Investment Situation: Geoeconomic Fragmentation and Climate Goals are Reshaping FDI Patterns

Wang Bijun, Zhao Jiajun / 214

Abstract: In 2023, global foreign direct investment (FDI) declined by 2% to $1.33 trillion, influenced by factors such as weak growth prospects, increasing geoeconomic fragmentation, geopolitical tensions, and supply chain restructuring. There was a noticeable divergence among different types of FDI: international project financing and cross-border mergers and acquisitions were severely hit due to tightening financial conditions and stricter regulatory scrutiny. However, cross-border greenfield investment reached the highest level on record, providing strong support for global FDI. Many economies actively adjusted their investment policies to adapt to the changing international investment prospects. On the one hand, Developing economies have increasingly focused on investment facilitation measures as the cornerstone for attracting investment, meanwhile the importance of market access policies diminishing. Developed countries, on the other hand, are leading in less favourable investment policies, particularly by strengthening security review mechanisms. Geoeconomic fragmentation alignment is increasingly determining the geographic distribution of FDI, but intermediary countries are gradually becoming "connectors," acting as bridges between major powers and mitigating trade and investment disruptions to some extent. Against the backdrop of improvement in the high-interest-rate environment and high profit levels of multinational enterprises, FDI is expected to achieve moderate growth in 2024. In the long term, FDI is tending toward a service-oriented and asset-light model, indicating that greater openness in the service sector is key to stabilizing and promoting foreign investment.

Keywords: International Direct Investment; Investment Facilitation; Security Review; Geopolitics; Climate Goals

Y.14 The Retrospect and Prospect of Global Commodity Market: Volatility and Divergence

Zhou Yimin, Wang Yongzhong / 229

Abstract: During the past year, global commodity markets have encountered a series of challenges, including slowing economic growth, intensified geopolitical conflicts, uncertainties brought by climate change, and the pressure to transition towards a green economy. Despite the overall stability of the commodity price index from August 2023 to August 2024, there has been significant differentiation among various commodities. Specifically, crude oil prices fluctuated widely around $80 per barrel, grain prices fell overall, while copper and aluminum prices rose, and iron ore prices declined. Looking ahead to 2025, the global commodity price index is likely to remain largely unchanged compared to 2024. In terms of energy, although geopolitical tensions and expectations of a decrease in the value of the US dollar will provide some support to oil prices, the growth in oil production from non-OPEC countries will lead to an increase in inventories. This, combined with a slowdown in the expected growth of international crude oil demand, will pose upward resistance to prices. Regarding grains, the global supply and demand situation is expected to remain stable. Excluding scenarios of adverse weather and supply interruptions, overall prices are projected to stay at relatively low levels. Concerning industrial metals, expectations of loose supply are likely to continue to cause prices to fluctuate downward. However, new energy metals such as copper, lithium, and nickel are expected to bottom out and stabilize due to growing demand from economic transitions.It is expected that the average Brent crude oil price in 2025 will remain around $75 per barrel.

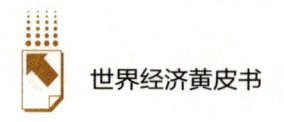

Keywords: Commodity; Market Supply; Demand; Price

Ⅳ Hot Topics

Y.15 From Rate Hikes to Rate Cuts: The Shift in the Fed's Monetary Policy and Its Underlying Reasons

Yang Zirong, Luan Xi and Xiao Lisheng / 252

Abstract: Since the outbreak of the COVID-19 pandemic in 2020, the United States has experienced an extraordinary economic cycle. To combat the impact of the pandemic, the U.S. government introduced unprecedented fiscal relief programs and unconventional loose monetary policies. While these policies helped the U.S. economy achieve a "V-shaped" recovery, they also brought about the highest inflation in decades. Faced with persistently rising inflationary pressures, the Federal Reserve initially misjudged high inflation as a temporary phenomenon, leading to a significant surge in inflation. Subsequently, the Fed was forced to implement consecutive substantial rate hikes to catch up with inflation. In 2024, as inflationary pressures gradually eased and the job market cooled, the Federal Reserve embarked on a new round of rate cuts. However, under the current complex and evolving economic environment, the future pace of rate cuts remains highly uncertain and will largely depend on the performance of key economic indicators such as inflation and employment. The Federal Reserve's transition from rate hikes to rate cuts reflects some structural changes taking place in the U.S. economy.

Keywords: Federal Reserve; Rate Hikes; Rate Cuts; Monetary Policy

Y.16 The So-called "overcapacity" in China's Green Industry: Controversies, Facts, and Responses

Chen Yihao / 266

Abstract: Western economies, such as the US and EU, have condemned the issue of China's "overcapacity," which has its unreasonable aspects. Economic realities and theories both indicate that underutilization of production capacity, large-scale export trade, declining profit margins, and business exits from the market, as well as potential capacity exceeding estimated demand, cannot be used as suitable indicators to measure or warn of overcapacity. China's green industries have strong competitiveness in the international market, and the relevant industrial policies adhere to the principle of competitive neutrality. In contrast, however, protectionist policies of various countries and competition among domestic regional industrial policies have induced capacity issues in some of China's industries. In response, China needs to firmly advance the process of globalization to achieve global capacity cooperation; accelerates the construction of a unified national market, optimizes the relationship between government and market, and achieves benign development of capacity.

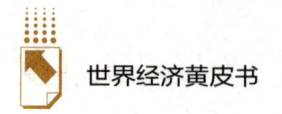

Keywords: Overcapacity; Industrial Policies; International Trade; Geopolitical Competition

Y.17   The Impact of Artificial Intelligence on the Global Labor Market

Song Jin, Liu Dongsheng / 286

Abstract: Artificial intelligence (AI) has a profound impact on employment, manifesting both a "disruption effect" by replacing traditional jobs through automation, and a "creation effect" by generating new industries and job roles. AI significantly alters the structure of job tasks, expands demand for new skills, promotes human-machine collaboration, and enhances productivity. However, AI development remains constrained by its capacity to handle complex tasks and by considerations of social ethics. The impact of AI varies across industries, reshaping the job market as a whole, bringing both challenges and opportunities. Due to differences in labor supply and industry structure, AI has heterogeneous effects on labor markets across countries. Developed countries, facing labor shortages, can leverage AI to alleviate this issue, and their human capital is generally better aligned with the demands of new job roles. In contrast, developing countries, which rely on low-skilled labor in global supply chains, may see their comparative advantage eroded by the proliferation of AI, exacerbating mismatches in labor supply and demand as well as unemployment issues. Moreover, many of the high-skilled jobs created by AI are concentrated in the service sector, benefiting primarily developed countries, while jobs most susceptible to AI substitution are often in manufacturing and agriculture, sectors critical to developing countries. In the long term, the diffusion and application of AI are likely to widen employment disparities between developed and developing nations. AI's advancement intensifies international technological competition, with developed countries reaping AI-related dividends due to their substantial investments and technological dominance, potentially reinforcing their influence in global affairs. In contrast, developing countries face dual challenges of technological barriers and disruptions to traditional development pathways, and these differential impacts raise new challenges in global governance.

Keywords: Artificial Intelligence; Labor Market; Employment

Y.18 The Impact of the U.S. Election on the U.S.-China Relation and Global Economic and Trade Landscape

Yao Xi, Shi Xianjin / 300

Abstract: This paper provides an outlook on the potential impact of the U.S. election on the U.S.-China and global economic and trade patterns, and the main conclusions are as follows. In terms of the impact on the U.S.-China economic and trade pattern: ⅰ. Whichever of the two parties is in power, the U.S.-China economic and trade relations will still show a slow decoupling trend. ⅱ. If Trump is elected, in the short term, trade conflicts will intensify, both the U.S. and China will suffer, may be forced to reach a bilateral agreement. In the long term, policy uncertainty rises, and the transaction costs of bilateral economic and trade activities permanently rise and drag down economic growth in both countries. There is more room for China to seek cooperation with other western countries. ⅲ. If Harris is elected, "alliances with allies" and "small yards with high fences" will continue to characterize his economic and trade policy toward China, and the U.S.-China economic and trade relationship will continue to decouple in key areas and slowly spread under precision strikes, with potential areas of cooperation including exchanges of scientific and technical personnel and climate change. In terms of the impact on the global economic and trade pattern: ⅰ. Whichever of the two parties is in power, the U.S. will uphold a trade protectionist stance that focuses on its own workers and industries, and will continue to strengthen the importance of national security in its economic and trade policies, and reverse globalization, regionalization, and alliancing will continue to be the general trend of the global economic and trade pattern in the future. ii. If Trump is elected, a new round of beggar-thy-neighbor tariff wars will open up, and uncertainty about the global economic policy will rise. iii. If Harris is elected, industrial policy continues to boomerang, and the U.S. and Europe compete fiercely in new energy, chips and other industries.

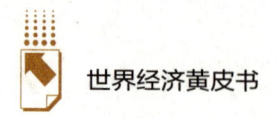

Keywords: U.S. Election; U.S.-China Economic Relations; Global Economic and Trade Pattern; Outlook

Y.19　Important Progress in WTO Negotiations

Dong Yan, Zhang Lin and Guo Ruonan / 310

Abstract: The negotiations of the World Trade Organization (WTO) during 2023-2024 cover multiple critical areas, including investment facilitation, e-commerce, digital trade, fisheries subsidies, agricultural subsidies, climate change and trade rules, as well as reforms in the dispute settlement mechanism. Amid challenges to global trade governance, such as de-globalization trends, rising trade protectionism, and geopolitical tensions, the WTO's role in emerging issues like climate change and digital trade is becoming increasingly prominent. The signing of the Investment Facilitation Agreement and the E-commerce Agreement reflects the WTO's progress in investment and digital trade, while negotiations on fisheries and agricultural subsidies underscore the urgent need for sustainable global economic development. The future of WTO negotiations is expected to focus more on addressing and resolving emerging issues, while also adapting to the challenges posed by shifts in the global economic and political landscape.

Keywords: Multilateral Trading System; Digital Economy; Environmental Sustainability; Dispute Settlement Mechanism

Contents

Y.20 Global Supply Chain Restructuring: An Analysis of the Trends and Characteristics of Reshoring, Nearshoring, and Friend-shoring

Li Yuankun, Su Qingyi / 328

Abstract: This paper aims to quantitatively assess the development process and main characteristics of the fourth global industrial chain restructuring, characterized by reshoring, nearshoring, and friendshoring. The results indicate that from 2020 to 2023, global trade has successively shown significant trends of nearshoring, friendshoring, and reshoring. By economy, the United States began reshoring in 2011 and exhibited notable nearshoring and friendshoring trends from 2020. In Europe, the reshoring trend has long been less evident, but policies are increasingly encouraging reshoring, with nearshoring being more prominent and friendshoring showing divergence. Japan and The Republic of Korea have not shown significant trends in any of these categories. By industry, reshoring is most prevalent in high-tech industries, while nearshoring and friendshoring are mainly associated with low-tech industries. Overall, the short-term global trends of reshoring, nearshoring, and friendshoring, led by the United States, are quite evident. Future developments in the regionalization, politicization, and fragmentation of global trade warrant ongoing attention.

Keywords: Industrial Chain Restructuring; Reshoring; Nearshoring; Friendshoring

Y.21 Economic Issues Focused on by Global Think Tanks

Wu Liyuan, Chang Shuyu / 350

Abstract: From 2023 to 2024, amidst the ongoing tightening of monetary policies by central banks in the United States and Europe, inflation has continued to decline notably, gradually approaching target levels. Prior to the pandemic, developed economies generally experienced low inflation. However, at the onset of the pandemic, policymakers and researchers widely underestimated the extent of inflation in Europe and the United States, which soared to its highest level in four decades. Consequently, the trajectory of inflation has challenged established perceptions and garnered significant attention. The future trends of inflation and monetary policies in the US and Europe have emerged as pivotal issues in the global macroeconomic landscape for some time to come. Furthermore, the rapid growth of China's exports for certain products this year has drawn notable attention, prompting the United States and the European Union to impose substantial tariffs on select Chinese goods. This paper summarizes three hot issues discussed by global think tanks from October 2023 to September 2024. It mainly focuses on three hot issues that have been widely discussed by global think tanks during the topic selection period. Firstly, the issue of inflation in Europe and the United States. Think tank articles mainly delve into the dominant factors driving inflation and its persistence, or "inflation stickiness. Secondly, the question of monetary policy. These articles center on the adjustments to the monetary policy frameworks of central banks in developed economies, a retrospective analysis of the current monetary policy cycle, and the potential shifts in monetary policy directions. Lastly, the issue of China's production capacity. The articles primarily examine Western commentary on China's production capacity concerns, Western tariffs against China, and assessments of the effectiveness of these policies.

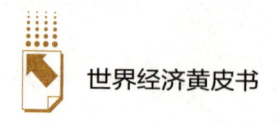

Keywords: Inflation; Monetary Policy; Overinvestment and Overcapacity

V　Statistics of the World Economy

Y.22　Statistics of the World Economy

Xiong Wanting / 367

社会科学文献出版社

皮书
智库成果出版与传播平台

❖ 皮书定义 ❖

皮书是对中国与世界发展状况和热点问题进行年度监测，以专业的角度、专家的视野和实证研究方法，针对某一领域或区域现状与发展态势展开分析和预测，具备前沿性、原创性、实证性、连续性、时效性等特点的公开出版物，由一系列权威研究报告组成。

❖ 皮书作者 ❖

皮书系列报告作者以国内外一流研究机构、知名高校等重点智库的研究人员为主，多为相关领域一流专家学者，他们的观点代表了当下学界对中国与世界的现实和未来最高水平的解读与分析。

❖ 皮书荣誉 ❖

皮书作为中国社会科学院基础理论研究与应用对策研究融合发展的代表性成果，不仅是哲学社会科学工作者服务中国特色社会主义现代化建设的重要成果，更是助力中国特色新型智库建设、构建中国特色哲学社会科学"三大体系"的重要平台。皮书系列先后被列入"十二五""十三五""十四五"时期国家重点出版物出版专项规划项目；自2013年起，重点皮书被列入中国社会科学院国家哲学社会科学创新工程项目。

皮书网

（网址：www.pishu.cn）

发布皮书研创资讯，传播皮书精彩内容
引领皮书出版潮流，打造皮书服务平台

栏目设置

◆ 关于皮书

何谓皮书、皮书分类、皮书大事记、
皮书荣誉、皮书出版第一人、皮书编辑部

◆ 最新资讯

通知公告、新闻动态、媒体聚焦、
网站专题、视频直播、下载专区

◆ 皮书研创

皮书规范、皮书出版、
皮书研究、研创团队

◆ 皮书评奖评价

指标体系、皮书评价、皮书评奖

所获荣誉

◆ 2008年、2011年、2014年，皮书网均在全国新闻出版业网站荣誉评选中获得"最具商业价值网站"称号；

◆ 2012年，获得"出版业网站百强"称号。

网库合一

2014年，皮书网与皮书数据库端口合一，实现资源共享，搭建智库成果融合创新平台。

皮书网

"皮书说"
微信公众号

权威报告·连续出版·独家资源

皮书数据库
ANNUAL REPORT(YEARBOOK) DATABASE

分析解读当下中国发展变迁的高端智库平台

所获荣誉

- 2022年，入选技术赋能"新闻+"推荐案例
- 2020年，入选全国新闻出版深度融合发展创新案例
- 2019年，入选国家新闻出版署数字出版精品遴选推荐计划
- 2016年，入选"十三五"国家重点电子出版物出版规划骨干工程
- 2013年，荣获"中国出版政府奖·网络出版物奖"提名奖

皮书数据库　　"社科数托邦"微信公众号

成为用户

登录网址www.pishu.com.cn访问皮书数据库网站或下载皮书数据库APP，通过手机号码验证或邮箱验证即可成为皮书数据库用户。

用户福利

- 已注册用户购书后可免费获赠100元皮书数据库充值卡。刮开充值卡涂层获取充值密码，登录并进入"会员中心"—"在线充值"—"充值卡充值"，充值成功即可购买和查看数据库内容。
- 用户福利最终解释权归社会科学文献出版社所有。

数据库服务热线：010-59367265
数据库服务QQ：2475522410
数据库服务邮箱：database@ssap.cn
图书销售热线：010-59367070/7028
图书服务QQ：1265056568
图书服务邮箱：duzhe@ssap.cn

社会科学文献出版社　皮书系列
卡号：321371178776
密码：

基本子库
SUB DATABASE

中国社会发展数据库（下设12个专题子库）

紧扣人口、政治、外交、法律、教育、医疗卫生、资源环境等12个社会发展领域的前沿和热点，全面整合专业著作、智库报告、学术资讯、调研数据等类型资源，帮助用户追踪中国社会发展动态、研究社会发展战略与政策、了解社会热点问题、分析社会发展趋势。

中国经济发展数据库（下设12专题子库）

内容涵盖宏观经济、产业经济、工业经济、农业经济、财政金融、房地产经济、城市经济、商业贸易等12个重点经济领域，为把握经济运行态势、洞察经济发展规律、研判经济发展趋势、进行经济调控决策提供参考和依据。

中国行业发展数据库（下设17个专题子库）

以中国国民经济行业分类为依据，覆盖金融业、旅游业、交通运输业、能源矿产业、制造业等100多个行业，跟踪分析国民经济相关行业市场运行状况和政策导向，汇集行业发展前沿资讯，为投资、从业及各种经济决策提供理论支撑和实践指导。

中国区域发展数据库（下设4个专题子库）

对中国特定区域内的经济、社会、文化等领域现状与发展情况进行深度分析和预测，涉及省级行政区、城市群、城市、农村等不同维度，研究层级至县及县以下行政区，为学者研究地方经济社会宏观态势、经验模式、发展案例提供支撑，为地方政府决策提供参考。

中国文化传媒数据库（下设18个专题子库）

内容覆盖文化产业、新闻传播、电影娱乐、文学艺术、群众文化、图书情报等18个重点研究领域，聚焦文化传媒领域发展前沿、热点话题、行业实践，服务用户的教学科研、文化投资、企业规划等需要。

世界经济与国际关系数据库（下设6个专题子库）

整合世界经济、国际政治、世界文化与科技、全球性问题、国际组织与国际法、区域研究6大领域研究成果，对世界经济形势、国际形势进行连续性深度分析，对年度热点问题进行专题解读，为研判全球发展趋势提供事实和数据支持。

法律声明

"皮书系列"(含蓝皮书、绿皮书、黄皮书)之品牌由社会科学文献出版社最早使用并持续至今,现已被中国图书行业所熟知。"皮书系列"的相关商标已在国家商标管理部门商标局注册,包括但不限于LOGO( )、皮书、Pishu、经济蓝皮书、社会蓝皮书等。"皮书系列"图书的注册商标专用权及封面设计、版式设计的著作权均为社会科学文献出版社所有。未经社会科学文献出版社书面授权许可,任何使用与"皮书系列"图书注册商标、封面设计、版式设计相同或者近似的文字、图形或其组合的行为均系侵权行为。

经作者授权,本书的专有出版权及信息网络传播权等为社会科学文献出版社享有。未经社会科学文献出版社书面授权许可,任何就本书内容的复制、发行或以数字形式进行网络传播的行为均系侵权行为。

社会科学文献出版社将通过法律途径追究上述侵权行为的法律责任,维护自身合法权益。

欢迎社会各界人士对侵犯社会科学文献出版社上述权利的侵权行为进行举报。电话:010-59367121,电子邮箱:fawubu@ssap.cn。

社会科学文献出版社